国家艺术基金

CHINA NATIONAL ARTS FUND

国家艺术基金项目『让你爱上中国字』系列图书

書法教學論

怎样教书法

『才而『教』，触类而『学』书法教、研、学共读之书

张振忠 著

北方联合出版传媒(集团)股份有限公司

万卷出版公司 VOLUMES PUBLISHING COMPANY

ⓒ 张振忠 2021

图书在版编目（CIP）数据

书法教学论：怎样教书法 / 张振忠著. — 沈阳：
万卷出版公司，2021.9
ISBN 978-7-5470-5644-8

Ⅰ．①书… Ⅱ．①张… Ⅲ．①书法课—教学理论—研究—中小学 Ⅳ.①G633.955.2

中国版本图书馆CIP数据核字（2021）第151147号

出 品 人：王维良
出版发行：北方联合出版传媒（集团）股份有限公司
　　　　　万卷出版公司
　　　　　（地址：沈阳市和平区十一纬路25号　邮编：110003）
印 刷 者：辽宁新华印务有限公司
经 销 者：全国新华书店
幅面尺寸：170mm×230mm
字　　数：450千字
印　　张：23.5
出版时间：2021年9月第1版
印刷时间：2021年9月第1次印刷
责任编辑：赵新楠
责任校对：尹葆华
装帧设计：张　莹
ISBN 978-7-5470-5644-8
定　　价：98.00元
联系电话：024-23284090
传　　真：024-23284448

目录

書法教學論
書
怎樣教書法

绪　论

书法与书法教学

民国时期有一群大先生，个个是中西文化的饱学之士。他们研究文化、文学、文字、艺术、美学、哲学等，并希望从文化的研究中找出中华民族未来的富强发展之路，被今人称为"清流"。这其中有一个人叫林语堂。

林语堂是一个多才多艺的人，他写过小说、散文，创办过《论语》《宇宙风》等刊物，"两脚踏中西文化，一心评宇宙文章"。写过《苏东坡传》，出版过《当代汉英词典》，在清华、北大做过教授，做过联合国教科文组织的美术与文学主任，还发明过明快中文打字机，并申请获得了专利。当然，他还是个名副其实的书法家。1935年他在美国用英文写作的《吾国与吾民》，出版发行了七次，足见影响之大。他在书中"中国书法"部分里这样写道：

> 学习书法艺术，实则学习形式与韵律的理论，由此可见书法在中国艺术中的重要地位。我们甚至可以说，书法提供给了中国人民以基本的美学，中国人民就是通过书法才学会线条和形体的基本概念的。因此，如果不懂得中国书法及其艺术美感，就无法谈论中国的艺术。比方说，中国的建筑，不管是牌楼、亭子还是庙宇，没有任何一种建筑的和谐感与形式美，不是导源于某种中国书法的风格。
>
> 这样，中国书法在世界艺术史上的地位实在是十分独特的。毛笔使用起来比钢笔更为精妙，更为敏感。由于毛笔的使用，书法便获得了与绘画平起平坐的真正的艺术地位。中国人已经充分认识到这一点，他们把绘画和书法视为姐妹艺术，合称为"书画"，几乎构成一个单独的概念，总是被人们相提并论。假如要问二者之中哪一个得到了更多的喜

①林语堂《中国书法》，见《民国书论精选》，西泠印社出版社，2011年第1版，第102页。

爱，回答毫无疑问是书法。于是，书法成了一门艺术。人们对之报以满腔热忱和献身精神，以及它丰富的传统，人们对它的尊崇，这些都丝毫不亚于绘画。书法标准与绘画标准一样严格，书法家高深的艺术造诣远非凡夫俗子所能企及，如同其他领域的情形一样。中国的大画家，像董其昌、赵孟頫等人，通常也都是大书法家。赵孟頫是最著名的中国画家之一。他在谈到自己的绘画时说："石如飞白木如篆，六法原与八法通。若也有人能会此，须知书画本来同。"①

这是一个学贯中西的民国大先生对书法作为一门艺术的认识，不仅阐明了书法自身的独特性，还在与绘画、建筑等艺术形式的比较中，阐明了书法在中国传统文化以及包括士大夫文人在内的广大人民大众心目中的地位及存在意义。当我们重读这一段写于八十六年前的文字时，会更加深刻地认同书法在继承和弘扬中华优秀传统文化中的历史地位、文化地位和现实意义。

第一节
书法是什么？

书法作为中华优秀传统文化，历时千载，常论常新，时至现代科技改变传统生活模式的今日，仍然家喻户晓，妇孺皆知。如果问"什么是书法"，大家会说：王羲之《兰亭序》是书法。但如果问"书法是什么"，却不能说书法是《兰亭序》。"什么是书法"与"书法是什么"构成了人们对书法的认知态度及差异。前者是现象的、感知的、个别的，后者则是本质的、理论的、普遍的。

书法是什么呢？众说纷纭，无须列举。本书认为：书法是运用传统工具和材料对汉字进行合规范、合技巧、合规律、合精神书写

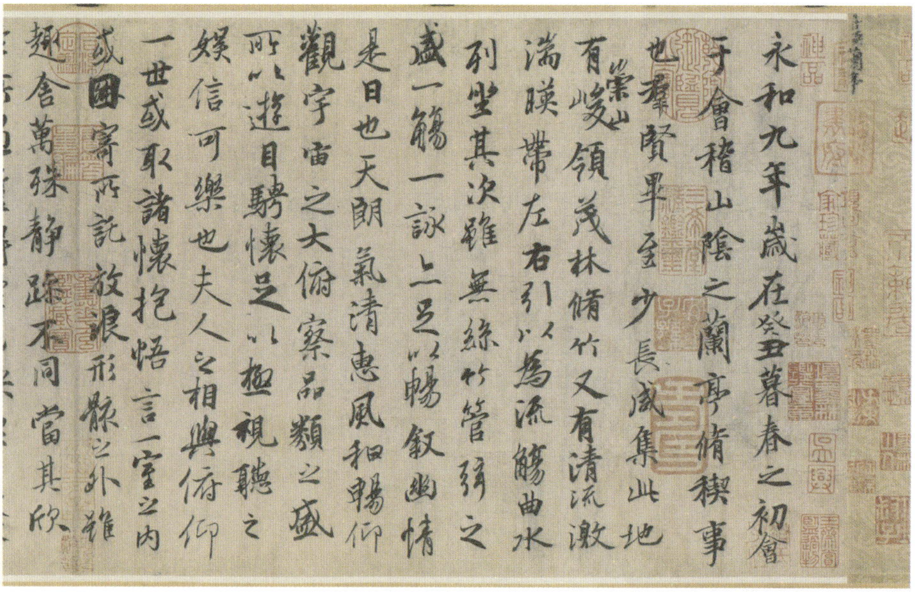

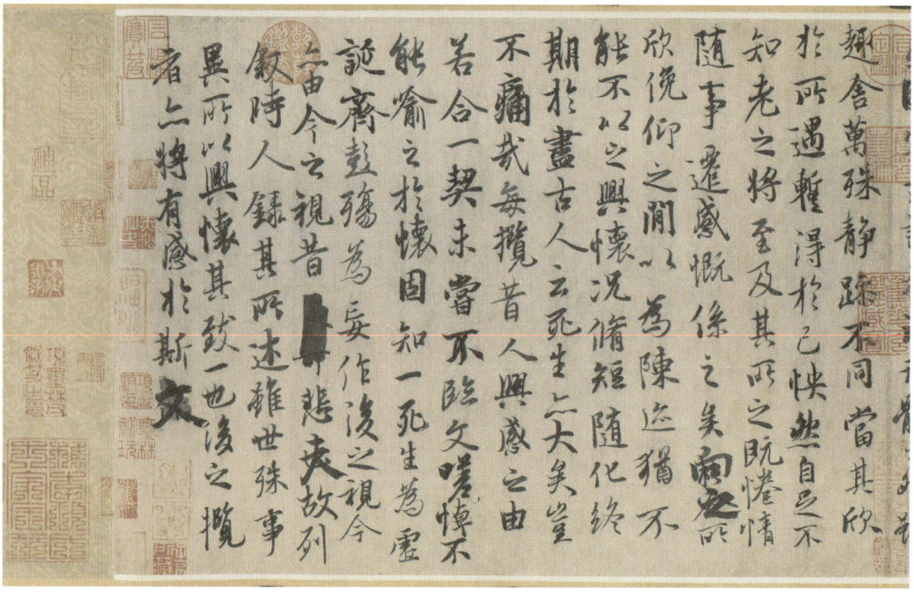

晋·王羲之《兰亭序》

的表现性艺术。

一、运用传统工具和材料，指的是毛笔、墨和宣纸，以此与现代的所有硬笔相区别

传统工具材料的笔、墨、纸，由于有其自身的特性，笔软、墨湿、纸洇，形成了一套特定的使用方法和技巧，成为一种特别的书写技能。所以，对工具的强调，就是对传统技法、技艺、技能的强调。传统工具除笔、墨、纸、砚"四宝"外，还包括笔架、笔搁、笔筒、笔床、笔洗、墨床、纸刀、镇纸、砚滴、水盂、砚屏以及印章、碑帖等一系列工具，明清之后称为"文房清供"，既是书写的工具或材料，又作为文人心性品格的表现，构成了工具文化。

二、书写的对象是汉字

汉字作为书法艺术书写的对象，与其他文字书写是有本质区别的，其根本原因在于汉字构成文化的源头是"近取诸身，远取诸物"，是以象形为基础的。尽管汉字及其字体历经演变，但象形的本质并没有改变。汉字是形、义、音的统一体，研究字形的学问称为文字学，核心是以形见义；研究字义的学问称训诂学，在于传承古义，用今天的语言解析传达；研究汉字声音的学问称为音韵学，研究汉字的声音、调值、韵律及演化过程。对于书法而言，文字学是书法的基础学科。而汉字作为书写对象，因其几千年一脉相承的特点，今天的字体、形态、写法是对象，历史上的任何形体、写法也都是书写对象。

笔

笔筒

砚滴

三、书写是一种行为，是一个实践过程

许慎在《说文解字》中说："著之竹帛谓之书。"甲骨文的"书"字写作，会意以手持笔记下口中所言。古时称为书，今天叫作写。所有的书法，都不能离开书写的过程。就行为方式而言，我们通常所说的写字和书法创作没有区别。

四、书写要做到"四合"

一是合规范。文字有规范，不能妄作，要有规范意识和敬畏之心；书写有规范，称为笔法，不能想怎么写就怎么写。比如笔顺。现在许多书家晒抖音，字写得不错，但笔顺经常出错，甚至错到不可理喻的程度。殊不知，笔顺的背后，是一个表述、传达、观察、行事的逻辑关系，是科学性的标志。字体有规范，隶有隶的风采，楷有楷的模样，篆有篆意，草有草法，规范就是要合体、得体。二是合技巧。如何用笔，如何结字，如何用墨，如何布局，都有一定的法度技巧，不可妄为胡创，更不可自以为是。三是合规律。汉字的演变是有规律的，书法的体式演变是有规律的，技法的形成变化

①汉·蔡邕《笔论》，见《历代书法论文选》，上海书画出版社，2014年6月第1版，第6页。

是有规律的，大而言之是时代风尚、个人品性与汉字书写的关系，小而言之是笔画形态与现实生活的关系。这些规律，对于书法艺术的继承和发展、传承和弘扬有指导和借鉴作用。按规律办事则事半功倍，违背规律则可能弄错方向，误入歧途。四是合精神。古人称书法为"小道"，是相对修身齐家治国平天下的大道而言的，道就是理，就是文化精神，就是形而上。器有道，字有道，行为有道，艺境有道，品格有道，传习有道。学习、研究书法，就是从书写中感受文化精神、提升个人品质、修炼艺术境界、传承文化血脉的过程。个中的法、艺、道，有时不是用语言去表白、去传授，而是体会在过程之中。蔡邕在《笔论》中说："夫书，先默坐静思，随意所适，言不出口，气不盈息，沉密神采，如对至尊，则无不善矣。"①这里讲到的"思""意""气息""神采"，绝不仅仅是提笔写字那么简单、表面，而是一种心神意气的修炼状态，很有仪式感，很庄严，很内在，甚至很神秘；绝不仅仅是一种行为过程，而是一种状态、一种境界。这就是"合"。

五、书法是一种艺术

就学科门类而言，书法是传承沿袭最早的，却是分门别类最晚的。时至今日，书法学还是美术学的一个子类、分支。从已发现的最早的汉字形态甲骨文看，已经有了书契风貌上的明显差异，是可以以类相别的。由于文字书写传达信息的工具性特征，在很长的时段里，实用的价值湮没和掩盖了艺术的价值。用今天的眼光看，尽管人们在历史传承中看到的大多是实用的意义，但法度的意义乃至书写意识、美的意义以及追求意识，从甲骨文时代就已经存在了。我们可以把书法的美学意识觉醒、社会化意义定格在汉末到晋这个历史阶段里，但书法的形象性特征，是从造字初便作为一种规律存在的。象形是造字的基础，意味着形象是汉字的基础，是书法的基础。所有的艺术都离不开两大特征，一是形象的，二是情感的。汉字书写的历史，就是一个以形象为基础的情感化过程。形象是书法作为艺术的外在标志，初始而然，是凝结在骨子里的。汉字审美意识中的情感因素，成为书法作为独立的艺术门类的内在标志。尽管

如此，直到放弃使用毛笔的传统书写方式，书法的艺术品格一直隐含在实用品格的工具性特征之中。由于书写工具、传达信息方式的改变，当代的书法，是以艺术性的凸显和实用性的丧失为分野的。所以，汉字书写到书法艺术，经历了一个从实用到实用性与艺术性并行，由艺术性不断彰显到书法艺术时代来临的历史过程。这个过程是与汉字发展史、汉字字体演变史及汉字艺术史重叠吻合的，又以形象的抽象化和情感的表现性为基本特征。

六、书法作为一门艺术是表现性的

表现的动力是情感驱使。书法作为艺术表现的形式之一，表现出如下特征：一是情感驱使，即情感无意识。书写人虽然是在情感的驱使下进入书写，但书写者并不是清晰地意识到了情绪的性质、特点、类型等，不论是喜悦、哀伤、愤慨还是焦虑，都是这样，也不是为了表达某种具体的情感才去书写。二是自然而然。书写不是刻意的行为，也没有刻意的追求，更不会有诸如布局设计、风格效果之类的任何思考。所谓"意在笔先"，这个"意"，对于绝大多数表现性的书写而言，都是情之所至，意之所至，笔之所至。三是心性表露。表现性的书写是全部个人心性的外化，人格、能力、经历、素养、环境、境遇及特定的情境等，是一种综合性的表现。所以才说书者如其学、如其志、如其人。四是表现的情感具有社会性。书写是个性的自我表现过程，但作品足以打动人心，唤起欣赏者的共鸣，或韵味，或神采，或情绪，或美感，耐看、吸引人，激发情感，并具有持久的艺术魅力。五是书写者不思考怎么写，不顾忌形式，但知道写什么，即文字所传达的内容。文字在此既是有意义的内容载体，更是情感的表现媒介。由于书法作为艺术有意义内容与书写对象双重媒介的意义，所以表现可以是得心应手的，可以是心手双畅的，也可以是心手两忘的，不思考手中的笔、笔下的墨、墨写的字，但绝不是对文字一无所知。这种内容的清晰明确与情感表现不自知的书写状态的统一，使书法艺术不是纯粹意义的表现，而是表现性的。六是表现不等于表达和表述。表达和表述对书写内容和情绪状态都是清晰明确的，是告知，而表现性是对内容的

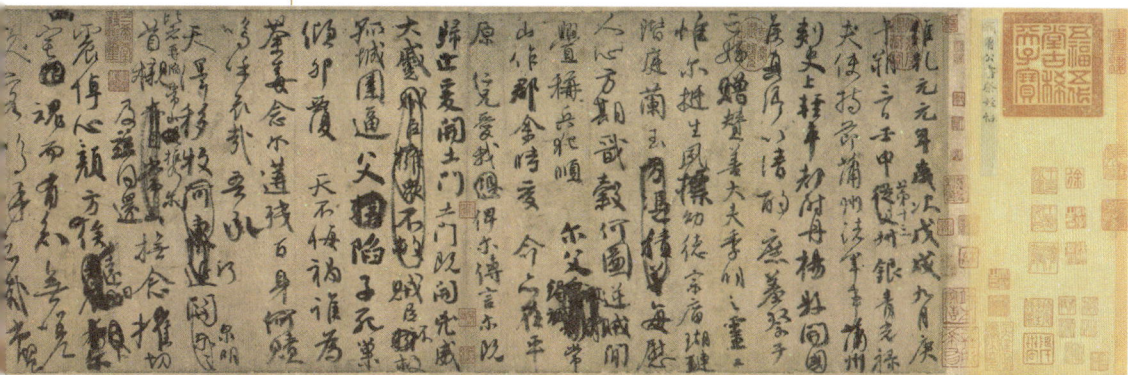

唐·颜真卿《祭侄文稿》

自知和书写情感状态的不知。

这就是书法作为艺术的性质、特点。

因此，可以这样概括：书法首先是用传统工具合规范地书写汉字，即书法是写字，包括书写的技巧，即书写之法，包括了具体的行为过程，还包括了书写的结果，即完成的具体作品。其次，书法是艺术，书法要达到一定的艺术标准。这个标准不仅仅合规范，合技巧，还要合于艺术规律，合于艺术精神。书法是有形象的。作为形象的抽象，从象形到符号；作为抽象的形象，用笔画和结构、体势和气韵、情感和神采，展示象外之象，即抽象的形象。所以说，中国的汉字书法，是世界上最早、最神奇的抽象派艺术。运用抽象的汉字符号、笔画表现情感色彩，是书法艺术的基本表现特点。再次，从以上的意义可以见出，中国书法是在两个层面上体现其文化特征的。合基本规范和技巧的书写，是书法的初级阶段，以实用特点为基本标准，一手好字，书也有法。这个初级的、低级的阶段，是书法作为艺术进阶不可逾越的阶段。在此基础上，把字写到艺术达标和情感表现的状态，把字写到充满个性特征的程度，便把字写成了艺术品。这是合于艺术表现规律和艺术精神的书写。那种把写字与书法、书法与写字、实用与艺术、传达与表现完全割裂开来的观点既不合于书法史的发展实际，又不符合书法艺术传承的基本规律。最后，要处理好一手好字与书法艺术的关系。一手好字一定是合规范、合技巧的，但还不等于书法。书法讲求表现性，在本质上是讲求个性。缺少个性的书写不能称为书法，也不能称其为艺术。所以，一方面是写字，实用的传达，一方面是艺术，表现的书写。反对把书写概念化、程式化、僵化和世俗化。在这个问题上，大众书写与书法艺术的差异，就在于有无个性化的表现。

书法是什么？是书写之法，是有法度地书写，是个人心性的表现，是表现性艺术。

第二节
书法教学论的三个基本观点

书法教学论或称书法教学法，再说得通俗一点，就是怎样教书法。既然称为教学论，就是在讲述怎样教的同时，还要阐明为什么这样教。教学论有自身的学科范畴和理论框架。对于书法教学论而言，又有自身的内在逻辑性和学科特点。理论色彩、科学方法、实用价值，是书法教学论追求的目标。

作为一种教学理论和方法，首先要阐明三个基本观点。

第一，书法不是教会的，而是学会的。所有的技能性、技艺性教育活动，都有一个共同特点，就是不能把"教"放在第一位，而应把"学"放在第一位。在这一类教育活动中，不仅仅是书法，只要是技能性、技艺性的皆如此，讲明白了，听懂了，不等于学会了。会是体现在实践过程和结果之中的。对于书法而言，谁都不能打包票，说一定能教会。

第二，所有技能性、技艺性的学习，虽然不否认自学，但最佳的选择，都是选一位好老师，或者当徒弟，进师门，或者当学生，进学堂。这是比自我摸索更便捷、更省时省力、更能见成效的途径。因为所有技能、技艺的传承，都是一种经验的累积。有条件的一定要从师，"学而不从师，其为惑也，终难解矣"，书法当然也不例外。作为途径之一，可以自学、自悟，但却是以浪费时间为代价。

第三，一个教不会，一个要从师，构成了技能培养、技艺传承的基本教学特性。老师教不会，学生又最好从师，岂不矛盾？恰恰是这种矛盾，决定了书法教学的特性，核心是教者的主要作用在点拨、指导、启悟，学生的主动性体现为实践、感悟和自我提高。

明确了这样三个基本观点，教师和学生各归其位，各司其职，各尽其责，互相依存，教学相长，再来谈书法教学，就比较容易理解和把握了。

什么是书法教学？最简单明了的解释是"教写字"。老师教，学生写，内容是字。说得复杂一点，用概念的方式表述，书法教学就是用科学的方法对书写汉字进行讲授和训练的教育活动。第一位的是方法，是方法的科学性。所以，教学法讲的不仅仅是理论，不仅仅要明"道"，还是方法论，讲途径、手段，是"途"。其次是书写，书写的是汉字，是教学的实践性。光是老师讲，老师讲得再明白，再鞭辟入里，学生如果不动手写，永远学不会。再次是讲授和训练，老师讲授，学生练习，是书法教学的互动性、反复性，边教边练，边练边指导，把老师的能动性、学生的主动性都发挥出来。最后，书法教学是一类教育活动，这类教育活动是以文化传承、艺术传承为特征的。老师传道授业，学生释疑解惑，老师传授技艺，学生提高技能，讲的是继承性。

从这样一个概念中，我们可以梳理出书法教学法的基本性质、范畴和逻辑脉络。概括起来就是谁教、教谁、教什么、怎么教、教得如何。当然，还可以加上为什么教、依据什么教，加上怎么学、为什么学、学得如何。

谁教？当然是老师教。但对这个老师是有要求的，当书法老师是有条件的。教的人不一定都称得上师，学高才为师。所以应该这样说，应该让那些有知识、能示范、知正误、懂历史、会指导、善表达、有研究、素质高、懂文化、有责任感的人来教。

教谁？当然是教学生。但这个学生可能来自方方面面：有中小学生，有成功人士，有知识分子，有家庭主妇，有艺术家，有领导干部；有零基础的，有亟待提高的，有准备冲刺国展的；有来学艺术的，有来消磨时间的，有来看你怎么教的……形形色色，基础、目的、素养、文化背景千差万别。

教什么？当然是教写字。内容怎么确定、调节，教材怎么选择、增删，是不是有体系、有步骤，走的是正路还是偏锋，没基础的从基础知识讲起，有基础的从何入手，那些写得已经很好但走到了瓶颈的人怎么突破，等等，这些绝不仅仅是技法问题、怎么写的问题，也绝不是以不变应万变的问题。

怎么教？这是方法、途径的问题。从不同的角度出发，就会选择不同的路径；不同的内容就会选用不同的课型；不同的对象就会选择不同的方式，形成不同的侧重；不同的基础就应采用不同的训练方式。对于学习书法而言，书法有法，但法无定法；对于书法教学而言，教法讲法，因情定法。

谁教、教谁的问题解决了，教什么、怎么教的问题解决了，还有个教得如何的问题。既要看过程，更要看结果，用老师的传授训练启迪学生，用学生的成效评价教学、评价教师。

所以说，书法教学是一门科学。所谓书法教学法，就是研究书法教育规律的科学。这样，我们就把"教写字"这么平常、朴素、简单的活动，提高到了科学的、学科的高度。

现实需要书法教学法。对于所有从事书法教育的人员而言，学习书法教学法不仅是必要的，还是至关重要的。

一、由于书法学科的复杂性，决定了书法教学内容的多样性、方法的灵活性和课程模式的特定性，决定了教书法的人不仅要懂书法，还必须学习教学法

书法教学从学习用笔到艺术创作，过程内容环节多，而且细微、多样，如何精准地选择内容施教，如何增强针对性，如何变复杂为简洁、单纯，需要按科学的规律去粗取精，去伪存真，这首先是方法问题。既不能墨守成规，内容单一无变化，又不能没有体系，东一耙子、西一扫帚。这种灵活性又是由书法课程的特定性、规定性决定的，就是不能离开"因人施教、点拨促悟"这一核心。有的书法教师以不变应万变，内容就这么多，讲法就这样一种形式，内容没错，却不一定适合学生；方法本可多样，若只是千人一律，便会影响教学效果。所以，书法教学论讲的是方法科学，不仅是内容决定方法，而且是对象决定方法，方法调节内容。

二、由于书法教师的非专业化现状，决定了教学现状、使用方法的非科学性，即不专业。所以必须学习教学法，掌握书法学科的教学规律

沈阳市宣和艺术馆招收在职书法教师的高级研训班，在报名的近500人次的教师中，受过系统训练的只有两人，也就是我们常说的科班出身。而绝大部分，既没有受过专门的书法教育，又没有过系统的书法训练，更没有书法教学的经历、经验，当然也没有学过书法教学法。所以，书法教师的从业现状，决定了教学现状。有的老师是教语文的、教历史的，有的是教美术的、音乐的、外语的，

还有是教体育的，可以想象，他们更多的是借鉴其他学科的教学经验在教书法。现在全国有上百所院校开始招收书法专业的本科生、研究生、博士生，但学历层次分布中，招硕士研究生的最多，而本科生相对较少。既然实际需要本科生就可以，为什么招研不招本呢？问一个大学书法院的院长，他说，因为本科生不出成绩。本科生是从高中生中招收的，书写经验、水平、高度有限，而判断一个书法专业硕士的普遍性社会标准，第一位的仍是写得如何，所以，大部分院校招收的都是本科非书法专业但有较好、较高书写水平的学员。而这些人毕业后，很多人并不从事书法教育工作。客观地说，教育部在规定了学校开设书法课后，在我们这个有几千年书法史的大国里，能够从事这一专业教学的不是太多，而是太少。而勉为其难的转岗、上岗、代岗开课，急需进行教学法的补课。

三、由于书法教学论研究相对滞后，造成了方法缺失，决定了所有从事书法教学的老师，必须边教学、边学习、边研究、边总结，急需切实可行、高效科学的教学法和教学理论指导

就教学现状而言，绝大部分书法教育工作者用的还是传统的师傅带徒弟的方法。有的教师还在"打字头"，每课一字。字头打完了，学生写就是了。所谓师傅领进门，就是一个字头。至于如何设计课程，如何强化指导，如何因人施教，如何把握、创设课型，既无尝试，又无思考。一句话，是一种放任自流的盲目状态。过去不开书法课，自然不会有人去研究书法教学理论；现在开了课，还是很少有人研究，很少有人去讲授教学理论和方法。久而久之，书法教学的非学科状态、非科学状态、非规范状态、非有序状态就成了常态。而这些，必须通过系统的书法教学论学习来尽快解决。

四、普及书法教育和提高全民、全社会的书法总体教育水平和教学质量，客观要求系统的书法教学论

虽然教育部确定中小学生开设书法课已经十个年头了，但由于各种各样的原因，全国的书法教育仍处在刚刚起步的阶段。由于学

校重视程度不够、师资缺乏、条件不够等原因，有些学校至今没有开课。社会力量办学看到了群众的文化需求，看到了书法教育的潜在市场，各地的培训班一哄而起，参差不齐可想而知。所以，一方面是该开课的没开，另一方面是不负责任地抢开，从而造成了书法教育从学校到社会的空白和混乱状态。有的社会书法班，教还不如不教，因为走了一条不正确的路，做了一件不负责任的事，甚至给孩子打了一个错误的基础。所以，无论是学校还是社会，是书法家还是勉为其难的教师，是在读的书法专业的学生还是赶鸭子上架的社会辅导班的教师，都应该学习书法教学论，掌握书法教学法。这是从学校到社会提高书法教育质量、水平，用科学方法育人从教的客观要求。

第五节　书法教学论的理论架构

书法教学论作为一门学科，需要用科学的态度、方法来对待。首先，书法教学论应该是实用的，为所有从事书法教学的教师提供教学依据。本书的阅读使用对象，包括准备和正在从事书法教学的学校教师和社会人员，包括书法教育的管理者和教研人员，也包括对学习书法感兴趣的各类人员和学生家长。其次，书法教学论具有一定的理论色彩，从理论上回答如何教、怎么教，尤其是要回答为什么这样教的问题，还要回答书法教学的教育策略一类的问题。再次，书法教学论构建了一个科学的学科体系，以现实、现状、客观需求和发展要求为针对性，力争做到科学、全面、系统、有效，从而为提高全民书法教育水平和学校、课堂书法教学质量贡献一种逻辑思路。

从学科建设的角度说，书法教学论的学科性质，属于书法学与教育学相结合的交叉学科、边缘学科。由于书法学科建设的滞后和不完备，虽然有了博士、硕士、本科的层级招生和学位，但仍然寄寓在美术学等学科的门下，对书法教学论学科建设的影响是不言而喻的。处于探索和初创阶段的书法教学论，可参照的成果除古代书论和现当代的一些散见的研究外，几乎没有现成的理论思路可以借鉴。所以，书法教学论理论框架的设计，只能把教学规律与书法教学的特殊性结合在一起进行思考和确定。

从教学实践的角度说，许多招收书法本科以上的高等院校，他们确定的培养目标大多是书法家和理论研究者，甚至不设书法教学论这样一门课程。而立足于培养书法教师的师范类院校，研究生以上的层次，也大多不以培养书法教师为基本目标。因此，在高等院校的书法教学中，书法教学论是一个可有可无的选项，课程可有可无，自然研究甚少。对于中小学校的书法教师而言，绝大多数是从美术、语文等其他学科的教师中转来的、兼课的，没有接受过书法教学论的专门学习，也没有机会学习，只是凭借其他学科的教学经验在摸索中实践，在实践中摸索。至于社会力量办学中的书法教学，就更谈不上系统的理论学习和研究了。总体而言，书法教学的方式、方法是经验式的，摸索性的，从历代书法教育、写字教学的方法中沿袭和传承下来，没有理论架构可言，甚至没有理论色彩可言。这是书法教学研究的现实需要和理论探索的必然要求。

从书法教育策略的角度说，由于理论研究的肤浅和实践教学的非理性，决定了书法教育策略的研究几乎是一个空白。策略研究的核心，在于根据目的，结合实践，确定理路，追求成效。书法教学的目的是明确的，《中小学书法教育指导纲要》（下文简称《纲要》）中明确规定为提高书写能力，培养审美能力和传承书法文化。但是，如何处理写、赏、传的关系，从何入手，如何确定重心，怎样摆正当前与长远、个体与社会的关系，《纲要》并没有细致的阐释。而这对于确定书法教育策略是至关重要的。书法教育的实际又是怎样的呢？有的学校没有开课，有的学校缺少教师，有的地区管理部门及校长不重视，有的学生不爱学，有的家长认为学了没用，等等，不能离开这个实际谈书法教育教学。另一方面，社会上又有大量的学习需求。所谓确定理路，就是面对实际，采取措施，研究策略、步骤、方法，从实际走向目的，达成目的，并在实施的过程中注重教育效果、效率。可见，对于中小学书法教育教学而言，策略问题，必须作为一个关键性的问题加以研究，并体现在推进书法教育的实践中，体现在书法教学论的体系框架中。

基于这样的思考，本书理论架构形成的出发点是书法教育实际，终点是书法教育的基本目的，注重教育主体的主导作用，按教育的基本规律和书法教育的特殊性，在有机结合中研究谁教、教谁、怎么教、教什么以及如何评价教学等一系列问题。有教就有学，教者要明确依据什么教，以现实的书法教育政策为依据；学者要明确为什么学，即学习目的。至于教育内容，除在"怎么教"的阐述中有所体现外，主要在教材建设中进行体现。

书法教学的理论架构既来源于书法教育的实际和实践，又必须对书法教学具有切实的指导意义，这正是本书形成的内在逻辑所蕴含和追求的。

书法教学论

书

怎样教书法

第一章

《中小学书法教育指导纲要》解读

2011年，可以认定为中国新时期书法教育的元年。因为在这一年8月，教育部下发了《关于中小学开展书法教育的意见》。文件阐明了中小学开展书法教育的重要意义，提出了总体要求和应该为书法教育提供必需的条件保障。

这是一个太过简约的文件，但意义重大。

可以回顾一下文件出台的具体背景。2011年3月，在全国两会期间，一些文化界的政协委员，共同提出了开展书法教育的提案。教育部的文件，应该是对提案建议的肯定性答复。毫无疑问，在经历了改革开放后经济迅猛发展的社会背景下，教育问题、文化问题、继承和弘扬中华优秀传统文化问题，正在成为新一轮经济社会发展的社会关注焦点，在中小学生中开展书法教育，正在成为全社会有识之士的共识。这一年，在辽宁省1月召开的"两会"期间，一位政协常委就提出了"在全省中小学生中开展书写工程"的提案。提案列举了中小学生书写水平下降的种种现象，从全社会重视的角度提出了十个方面的建议。1月、3月、8月，从省到全国到决策部门，社会共识转化成了公共政策。因此，即便教育部下发的意见略显浅近，仍然具有划时代的意义。2013年1月，《纲要》的下发，对书法教育进行了全面、具体的政策规定，从而使中小学书法教育有了明确的政策依据。

中小学开展书法教育，是实现中华民族伟大复兴中国梦的必然要求，是学习、继承、弘扬中华优秀传统文化的客观需要，是全面落实教育方针、德智体美劳全面发展、实施素质教育的重要举措，是推进教育教学改革、提高教育质量的必然选择，是培养学生文化自信、增强爱国情怀、认同文化归属的有效载体。

　　《纲要》的基本理念是"以语文课程中识字和写字教学为基本内容，以提高汉字书写能力为基本目标，以书写实践为基本途径，适度融入书法审美和书法文化教育"。这些规定通俗明确，基本内容、基本目标、基本途径及拓展性内容都十分清楚。但在具体的四条规定中出现的一系列对应概念，却需要认真梳理和明晰。一是"在面向全体，让每一个学生写好汉字"的要求中，提及了"识字"和"写字"的关系；二是在"硬笔与毛笔兼修，实用与审美相辅"的要求中，提及了"硬笔"和"毛笔"、"实用能力"和"审美能力"的关系。三是在"遵循书写规范，关注个性体验"的要求中，提及了掌握汉字书写的基本规范、基本要求和书法欣赏中的"体验、感悟和个性化表现"的关系。四是在"加强技能训练，提高文化素养"的要求中，提及了"书法技能"和"书法文化"的关系。

一、关于识字和写字

　　对于中小学生来说，尤其是小学低年级的学生，语文课的第一要务是识字，即识字教学。中国汉字是一个形、音、义统一的符号系统，首先是认知、读音，明白是什么意思，然后才是书写。从本质上说，识字和写字是两种不同的认知方式和思维结构。识字是认知，是记忆；写字是实践，是能力。认知是书写的前提，书写是认知的巩固和强化。因为写字是实践性的，是比认知更难、更深刻的学习方式和内容。

二、关于硬笔和毛笔

　　所谓硬笔，指的是通常使用的铅笔、钢笔、圆珠笔一类的笔触是硬的各类笔，是现代书写工具。毛笔则是传统书写工具，笔头是各种毛制作的，是软的，且有笔头大小、笔锋长短、笔毛软硬之分。即便是笔毛比较硬、比较短的毛笔，掌握的难度也要比硬笔大得多。所以《纲要》规定，小学低年级（即一、二年级）的学生开始使用铅笔，中年级（即三、四年级）开始使用钢笔。小学三、四年级开始接触毛笔。显然这是从笔的使用难易程度思考规定的。

工具决定方法。对于硬笔来说，由于笔尖是硬的，无所谓锋，无所谓变化，所以，硬笔书法的基本要求是平直方正。平直指的是笔画，方正指的是结构，横平竖直，工整大方，对于小学生而言已经足够。随着年级增长提高书写速度，便可以满足书写的需要了。硬笔书法普遍追求的毛笔化倾向，是不应提倡的。

毛笔就不同了。由于毛笔的毫、锋是软的，使用的墨是水性的，所用的宣纸是湮的，很难控制。写出的笔画有方圆曲直，有粗细轻重，有了无数的变化，有了出其不意的效果。所以，从古至今积累了用毛笔书写的一系列方法。从工具到技巧，从实用到法度，从艺术到文化，完成了毛笔从传达信息的工具到富有个性的艺术表现的升华。

也正是因为这些特点，才有了专门的书法教学法。

三、关于实用能力和审美能力

文字书写的首要意义是工具性、实用性。它是刻在甲骨上的卜辞，是写在竹简上的历史，是作战双方下的战表，是臣子给皇帝上的奏折，是经生们抄在硬黄纸上的经文，是记录一生功绩盖棺论定的碑志书丹，是"烽火连三月，家书抵万金"，是举子们春闱时写的卷子。汉字书写的实用性，表现为信息传递、记录的工具。因此，实用书写的能力，要求的是清楚、美观、易识和有一定的速度。最典型的例子是馆阁体，写得乌、光、亮，规范、标准，千篇一律、千人一面。为什么会这样呢？因为这是实用的、工具性的，就是要规范和标准。秦朝的小篆、唐人的《干禄字书》、明清的馆阁体，都可归到此类。历史上有很多科举时因字迹不合格而落第的例子，不是因为他们写得不好，而往往是因为不规范。浙江有个梅调鼎，若说到他的书法价值，现代书法家沙孟海先生认为"清代二百六十年没有这样高逸的作品"①，但就是因为书写不合格、不

①沙孟海《近三百年的书学》，《民国书论精选》，西泠印社出版社，2011年第1版，第56页。

文入妙素無過熟

書逢整雪更須察

裕君仁先大人屬

梅調鼎

梅调鼎作品

规范，被取消了乡试资格，最终没能取仕。

审美能力则完全不同。首先，书法审美是以书法作为艺术为前提的，可以说，中国书法从汉末完成了体式的创制后，到了晋代，以王羲之为代表的书法艺术，便有了自觉的艺术追求。所以，中国几千年的文明史、文字史、书法史，既是一个实用文本的历史，也是一个艺术文本的历史。既然是艺术，就是可欣赏的、供欣赏的。书法的审美能力，就是以书法为对象发现美、欣赏美直至创造美的能力。而欣赏书法之美，就在于取法自然的形态之美、情感投入的风韵之美和个人心性的神采之美。

可见，实用的书写能力和作为艺术的审美能力，是在不同的层面和境界上体现出来的。

四、关于基本规范、要求与个性化体验、感悟、表现

这里所说的基本规范和要求，首先以语文课的识字、写字教学为标准。《纲要》规定：按照《中华人民共和国国家通用语言文字法》有关规定，硬笔教学应使用规范汉字，毛笔临帖要以经典碑帖为范本。可见，硬笔与毛笔的要求是有区别的。硬笔要写简化字，毛笔则可以写繁体字。即便这样，从规范的角度说，有些规范也仍是相同的，必须坚持，如笔顺的要求、笔画写法、名称的规范等。

书法教育的个性化体验、感悟和表现应该是相对毛笔而言的。同样是一支毛笔，按的轻与重，笔画的粗与细、曲与直，行笔的快与慢，用墨的润与枯，等等，每个人的体验、感受是不同的。体会的不同，又会形成认知的差异。而作为艺术表现时，情绪状态、心性品格更是千差万别。因此，在书法教育中关注学生的这些体验，成为书法教学的基本价值观、教学观。

五、关于书写技能与书法文化

强调书法技能，是提高书写水平的需要；强调书法文化，是了解书法的文化价值、提高自身文化修养的需要。在教育实践中，注重书法技能从来不是问题，诸如怎样用笔、如何结字、怎样临帖、

如何训练，每一个教师都会作为基本内容讲到。但书法文化就不同了。什么是书法文化？仅就这个概念，可能就会有多种不同的理解。2017年申报的国家艺术基金项目"让你爱上中国字"书法作品展，项目的宗旨是以书法为载体，传播汉字文化，激发爱国情怀，提高文化自信，让人们爱上中国字。汉字文化是由构成文化、书写文化、传承文化和应用文化构成的。这里所说的书写文化，也包括了书法文化，包括了工具文化、介质意义、字体演变、书体呈现、书写技巧、艺术风格、书法精神、作品流通、艺术消费等一系列内容。书法文化必须回答书法与时代的关系，与载体的关系，与作者的关系，与社会流通的关系以及书法哲学、美学等。只有这样，才能真正弄通书法丰富的文化内涵。为什么说书画同源？为什么要道法自然？为什么中国人讲法，韩国人讲艺，日本人讲道？为什么晋人尚韵，唐人尚法，宋人尚意，明清尚质？每一个题目都是一篇大文章，色彩丰富，内容深邃。

这些都是我们从基本理念中选择的关键点。正是这些点、这些关系，构成了书法教育基本理念的概念、内容和系统。

第二节
目标与内容

《纲要》中书法教育的目标与内容，是以总分结构的形式公布的，既有总体的目标、内容，又有硬笔书法与毛笔书法的分论。众所周知，2003年全国中小学陆续开展课程改革以来，走的是"一纲多本"的路子，任何一门课程，都会有教学大纲、课程标准，这是统一的。任何一个学科都有多家出版社出版的教材，供各地选用。因此，大纲和课标，在学科教学中具有十分重要的位置，是纲领，纲举目张，是标准，是衡量教育教学的基本尺度。书法教育没有具体的课程标准，这个《纲要》就具有了纲要兼课标的功用。因此，其地位、作用是可想而知的。2018年以后，一些课程"一纲多本"的情况才有所改变。但大纲和标准，对教育教学来说仍然至关重要。

《纲要》在"目标与内容"的总体要求中提出：

1.学习和掌握硬笔、毛笔书写汉字的基本技法，提高书写能力，养成良好的书写习惯。

2.感受汉字和书法的魅力，陶冶性情，提高审美能力和文化品位。

3.激发热爱汉字、学习书法的热情，珍视中华优秀传统文化，增强文化自信和爱国情感。

综合起来，我们把书法教育的目标与内容概括为以下方面：

一、了解汉字

汉字是书法教育的书写对象，那种书法教育中只重线条、忽视或忽略文字内涵的观点不适用于书法教育。汉字从发现最早的文字甲骨文算起，已经有三千三百多年的历史。甲骨文已是一个完备的汉字系统，这个系统从创造到完成，也许经过了更加漫长的发展过程。更加重要的是，从甲骨文到今天的简化字，虽几度变迁演化，但基本的造字方法和形态始终没有改变。这种汉字文化一脉相承的优势支撑了中华文明源远流长、文脉相续的文化体系。"周礼八岁入小学，保氏教国子，先以六书"，就是让孩子在学习汉字的同时先了解汉字的构字方法。蒙学的《三字经》中也说："唯书学，人共遵。既识字，讲说文。"写字，识字，了解汉字的构成方法，是一个行之有效、互相促进的训练体系。什么是"六书"呢？就是许慎《说文解字》中阐述的六种造字和用字方法：象形、指事、会意、形声、假借、转注。汉字的构字基础是"象形"，只有明白了这一点，才能真正弄懂为什么书法可以成为艺术，才能为书法的创作、欣赏、审美打下深厚的文化和理解基础。

二、掌握技法

汉字的书写技法，对于毛笔字而言，首先是如何用笔、运笔的问题。用笔是技艺，运笔是书写，是方法。当然还有如何结字，如何进行篇章布局，如何调整墨色变化，以及如何创造美感、抒情写意等一系列内容，但用笔和掌握技法是第一位的。所谓"用笔千古不易"，就是这个道理。对于书法学习而言，硬笔的重点是结构，毛笔的重点是用笔。

三、提高能力

《纲要》中提到了两种能力：一是相对技法而言的书写能力，一是相对书法艺术而言的审美能力。前者强调"写"，后者强调"赏"。前者是动手能力，光学习了、知道了用笔的技巧是不够的，还要在书写实践中学以致用。学习技法不是目的，提高书写能力才是目的。对于硬笔，《纲要》中说："学习正确的运笔方法，逐步体会起笔、行笔、收笔的运笔感觉，逐步感受硬笔书写中的力度、速度变化，逐步体会铅笔、钢笔的书写特点。"书写中的"力度"，就是按笔时用多大劲儿的问题，不能太轻或太重，要适度，这只能在书写过程中感受。书写中的"速度"变化，是快与慢的问题，要在感受与把握中从生疏到熟练，逐步提高书写速度。毛笔比硬笔的难度更大，三、四年级要求初步掌握起笔、行笔、收笔的基本方法；五、六年级，要求比较熟练地掌握毛笔运笔方法，能体会提按、力度、节奏等变化；到了初中，则要求"力求准确"地临摹楷书的经典碑帖了。很明显，这是一个循序渐进的进阶过程，通过书写的训练，达到提高书写能力的目的。

审美能力是另一种能力，是在对书法有了初步的了解、认识或实践之后，对汉字、对经典作品、对艺术创作的感知过程。对于硬笔而言，《纲要》只提出了力求书写美观的要求，因为硬笔主要是实用的。对于毛笔就不同了。从小学五、六年级开始，先要了解和欣赏书法作品中的幅式，如条幅、斗方、楹联等，显然，这是从外在的装裱形式入手的一种欣赏路径。每一种幅式的出现和应用，都有其文化渊源和使用要求，这也是书法文化的一部分。接下来，便要了解和欣赏篆、隶、草、楷、行字体的演变过程和不同字体之美了。到了初中、高中，则要对最具代表性的书家和作品进行欣赏，认识书法的丰富内涵和文化价值。所以，如果说写是一个提高自身的运用能力、实践能力乃至创造能力的过程，那么，赏则是一个提高眼光、视野、境界、品位的过程。没有书写能力，就失去了书法教育的实践价值，没有欣赏能力，就失去了书法艺术的文化价值；写得好了，体会深了，自然会促进欣赏、审美能力的提高；审美能力、欣赏能力提高了，也必然会促进书写能力提高，提高艺术品位和境界，激发对书法文化和艺术的追求动力。

四、培养习惯

书法学习是一个日积月累的过程，可以是一个伴随终身的追求，不能浅尝辄止，也不会一蹴而就。在这个漫长的学习过程中，养成什么样的习惯至关重要。《纲要》把养成良好的书写习惯作为目标，是很专业、很有远见的。

从书法教育的角度说，培养书法习惯是两个层面的事。一是学习习惯，一是书写习惯。学习习惯包括时间安排、阶段进度、比较参照、书写体悟等。学习书法最好保持天天写，即"笔不离手"。一天不写，就会手生。坚持书写，日久天长，就会感到一天没写字，就像生活中少了什么，就会把学习书法、练习书法变成生活的一部分。当然，这样的书写，并不是为了熬时间、求字数而去写，在写的同时，要有思考、有比较，从实践到体悟、到认知，才能见出成效。"学而不思则罔"，就是这个意思。二是书写习惯。每个人在书写时都会逐渐形成自己的习惯，如执笔的习惯、用笔的习惯、下笔的习惯、运笔的习惯，也包括结字、用墨、布局以至使用幅式的习惯等。书写过程的这些习惯，对于一个成熟的书家而言，就会成为书写特征的一部分，当代人称之为书法语言。而这个习惯的养成，是充满个性化色彩的，是有行为记忆的，是作为风格的底色体现出来的。从坚持学习、练习到形成自己的风格，习惯培养的重要性可想而知。

五、激发情感

实践证明，语言文字是人类文化归属感的重要载体，即每一个民族个体，都可以从自己的文字中找到生存的价值、安全感、亲切感、历史感、文化自豪感和文化自信。最直接的例子是一个民族个体到了一个新的、陌生的、非母语的环境中，如果看到了自己的文字，都会产生喜悦、兴奋甚至安全的情绪。正是因此，人们可以从书法学习中，从经典书法作品的欣赏中，从自身书写的进步中，产生文化慰藉和文化自信。所以，热爱汉字，学习书法，敬畏文字，发现汉字之美，提高书写和审美能力，是为每一个民族后人找到文化自我搭起的桥梁和通道。

学习汉字书法激发情感的另一个深层次的原因，是以汉字为载体承载的中华文化和中华文明，是沉浸其中的深邃的历史感和汉字及书法自身特有的艺术特质。每一个中国人，都有写好汉字的潜能。不学不知道，一学真奇妙。

正是因此，《纲要》确定的中小学书法教育的目标和要求，既是现实的、实际的、可行的，又是长远的、必要的、理性的。

第三节
建议与要求

《纲要》在这一部分中提出了三个方面的建议与要求：一是教学的，二是评价的，三是关于教学用书编写的。我们仅对教学的建议和要求进行一下解读。

《纲要》在教学建议中提出了九个方面的内容：1.合理安排书法教育的教学时间。2.注重培养学生的书法基本功。3.重视养成良好的书写习惯和态度。4.遵循书法学习循序渐进的规律。5.强化书写实践。6.明确书法教学中文字的使用要求。7.发挥教师的示范作用。8.倡导多样化的教学方式方法。9.重视课内外结合。对于这九个方面，我们归纳成四个关键词：态度，规律，示范，实践。

一、关于态度

在书法既不考试又不与升学挂钩，既较难学又不可能尽快见成效的大环境下，主观态度至关重要。《纲要》中只提出教师要对学生的书写态度严格要求，看似轻描淡写但却意义深远。在现实生活中，不是所有的学生都喜欢学书法，不是所有的家长都理解书法教育，不是所有的校长、班主任都对书法课很重视，在这种情况下，态度就十分重要了。书法教育的首要任务，是让学生明白我们为什么要开书法课，为什么要学书法，从而激发学生的学习热情，培养学生的学习兴趣，养成学生的学习习惯。毫无疑问，全社会的书法热情在升高，但这是一个慢热的过程，很多时候是家长催热的，功利拉热的，少数案例炒热的。热得最慢、最末梢的是学生，所以要严格要求。什么叫严呢？课时必须保证，课上必须认真，课后必须作业，结果必须有用。上海市所有的中小学生都要有一个书法成绩了，许多省要把书法与升学挂钩了，等等，这些都是外在的。重要的是让每一个学生爱上中国字、爱上书法，明白从小写好中国字与长大做好中国人的内在联系。

二、关于规律

建议书法教学要以书写笔画为起点，从结构简单的字到结构复杂的字，从单字练习到篇章练习，从观察字例、临帖到独立书写，这是一个从简单到复杂、从易到难的过程。除了内容的选择、安排是有规律的外，还要遵从认知规律、实践规律、过程规律，循序渐进。序是步骤、次序，讲阶段性，讲先后，讲内在联系，讲科学合理。

循序渐进是总体规律，对于具体的环节而言，还有具体的规律。如对书法的认知理解、了解书法史、提高欣赏能力，激发学习兴趣、保持学习热情是前提。如培养书法的基本功，临摹是一种基本方式，要经过读帖、摹帖、临写、对比、调整等不同阶段，要经历入帖、悟帖、出帖的过程，从描红到对临、背临、意临到创临。就临写的初始阶段而言，要学会用格，学会观察笔画形态、结构位置和比例关系，等等。所以，教学过程就是按规律办事的过程。

三、关于示范

示范是对教师的要求。狭义地说，书法教学过程中教师要示范，从笔画到结构、篇章。在更大范围内，则建议各科教师在板书、作业批改和日常书写中发挥表率作用，给学生做榜样。

四、关于实践

实践是对学生的要求。一是在课上，通过课堂练习、课上作业以及相关学科的作业，强化书法实践。显然，这更多地体现在硬笔书法学习上，把练字与其他学习结合起来，在应用中学，学以致用。二是课后，要求有课后练习、课后作业，对于毛笔书法，这也是培养学习习惯的有效途径。三是活动。既要通过校园文化活动为学习书法搭建平台，如书法社团活动、校园书法比赛、校园书法艺术节等，结合节假日和专题活动，拓展书法学习、交流的形式，又要利用少年宫、美术馆、博物馆、名胜古迹等社会场所，拓展学习空间，还可以跨校、跨区域组织专题书法活动等。

实践既是提高学生书写能力的过程，也是开阔眼界、自我激励、交流学习、展示成果的过程。

第四节
落实《纲要》必须处理好的几个关系

《纲要》是大纲，既不可能面面俱到，也不可能适合每一个对象和环节。《纲要》面对的主要对象是中小学生，对于成年人的教育仅具有参考意义，对于有一定书写基础的学生和教育对象，可能要调整目标、内容和实践要求。所以，对于教育实践可能遇到的这样那样的问题，必须实事求是地找到解决之道。

一、八个基本笔画与"永字八法"的关系

《纲要》的附录中，给出了一个"汉字笔画名称"表，共列出了28种笔画和名称，并且提供了例字。在现代汉语的字典、词典中，笔画索引的基本笔画是5个：横、竖、撇、点、折，是汉字起笔的笔画；而书法中常用的基本笔画是8个：横、竖、撇、捺、折、钩、提、点。《纲要》中列出的28个笔画，可以全部归入以上8类。

现归纳如下：

一横（十）

二竖（中）

三撇（八）：横撇（水），横折折撇（边），竖折撇（专）

四捺（人）

五折（弯）：竖弯（四），横折弯（船），横折（口），撇折（去），竖折（山）

六钩：竖钩（小），弯钩（子），斜钩（我），卧钩（心），竖弯钩（儿），横钩（农），横折钩（月），横折弯钩（九），竖折折钩（马），横撇弯钩（那），横折折折钩（奶）

七提（虫）：横折提（话），竖提（民）

八点（六）：撇点（好）

统计：钩11种；折5种（含弯，上折下弯）；撇4种；提3种；点2种；横1种；竖1种；捺1种。

在书法教学中，28种笔画及例字，都应成为基本的教学内容，这样才符合《纲要》"书法教学要以笔画为起点"的要求，即使归类教学，至少也应该讲到8种笔画。

传统的书法教学，同样是以笔画为起点的，具体的教学内容是"永字八法"。古人为了便于学习、训练和记忆，以一个"永"字为例字，讲解八种笔画。从数量上看，当代书法教学的八类笔画与"永字八法"的数目是相同的，但对应起来就会发现，这两个"八"原本不同。比较如下：

側 —— 点
勒 —— 横
弩 —— 竖
趯 —— 钩
策 —— 提
掠、啄 —— 撇
磔 —— 捺

对应后会发现两个问题：一是永字八法中有两个撇，一个称为掠（长撇），一个称为啄（短撇）；二是永字八法中没有折。

"永字八法"在晋唐时已有称论了，为什么没有折笔呢？仔细研究初成于秦、流行于汉的隶书就会发现，隶书是没有折笔的。隶楷演变之际，相对于篆书，隶也是楷，楷也称隶。这正是"永字八法"形成的时代依据，隶书向楷书的转换时期，应在汉末。作为书法教育教学，有必要向学生讲清楚这种差异形成的原因。

钩笔画和折笔画合计16种，这在隶书中都是没有的，隶书的钩写作撇或捺，或者说，隶书钩的写法与撇和捺相同，而折笔总是分成横竖两笔书写的。作为大多从楷书入手的书法教学，必须注意这两类笔画在整个笔画中的数量和分量。

二、笔顺与汉字结构和思维的关系

人们在长期的书写实践中，对汉字笔画的书写顺序形成了规律性的认识，并编成了口诀：

先左后右，先上后下；

先横后竖，先撇后捺；

先中间后两边，先两边后中间；

先外边后里边，先围内后周边；

先立门后进人，先进人后关门。

汉字是方块字，有上下左右内外之别，有独体字和合体字之分，有各种不同的组合形态。做一个比喻，笔画好比是建筑材料，而一个一个的字，就是不同材料组合而成的建筑。任何一个建筑在建造过程中都是有顺序的，破坏了这个顺序，就会感到不顺手，一如我国古代榫卯结构的建筑框架，就会不合牙，出现安排不当、结合不紧、里出外进、若即若离的情况。只有顺序对了，才能自然和谐、顺理成章。所以，就书写而言的笔顺，本质是书写规律的体现。这种规律反映在书写者的大脑中，则是一种观察、认识的思维顺序和理解、创造的思维方式。

在我们看到的笔顺口诀中，有些是因字而异的，如先中间后两边和先两边后中间，或甲或乙，会感到不好理解，无所适从。举个简单的例子，大小的"小"字，一定是先中间后两边，这样才能把"小"字左右的两个笔画摆放合理、匀称；而"水""火"两个字，"水"是先中间后两边，"火"则是先两边后中间。这种情况是需要特别说明和记忆的。先外边后里边，如"同""风"等字；而先围内后周边，最典型的是带"辶"旁的字，如"过""边"，但"题""赵"等字则完全相反。至于"山""幽"等字，还是先中间，后周边的，都属于需要特别记忆的特例。

当把笔顺与人的思维方式联系、对应起来时，笔顺的重要性就凸显出来了，如果笔顺的忽略乃至错误会造成思维的混乱或无序，对于教书育人而言，必须引起足够的重视，必须解决笔顺不对的问题。这个问题已经紧迫到从教师自身入手的程度了。

三、简化字与繁体字的关系

根据《通用语言文字法》，教学用的是简化字。《纲要》要求硬笔书写要写简化字，但毛笔则要以经典碑帖为范本。我们现在见到和选用的可供临摹的碑帖，无一例外都是繁体字，有的还有异体字。因此，书法教育要处理好简化字与繁体字的关系。

简化字在书法实践中是时常被诟病的，其实大可不然、大可不必。汉字演变的历史，总体趋势是从繁到简，简化是趋势性的。以隶、楷之后为例，很多简化字在汉代就已经存在了，当时称为俗字。1930年，刘复、李家瑞出版《宋元以来俗字谱》，收集了八九百年间的俗字1600多个，1932年国语统一筹备委员会出版的

殷　甲骨文

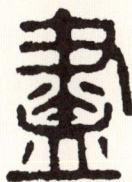 

秦　泰山刻石　　　　　　　　秦　泰山刻石

汉　朝侯残碑　　　　　　　　汉　石门颂

唐　虞世南　　　　　　　　　唐　欧阳询

清　王铎　　　　　　　　　　隋　智永

　　"书""尽"二字的甲骨文、篆书、隶书、楷书、草书，简化的依据是草书。

《国音常用字汇》，收入了大部分这样的字。国民党政府教育部1935年8月公布了"第一批简体字表"，可叹到1936年2月就停用了。新中国成立后，1956年1月31日，《人民日报》发表了国务院《关于公布〈汉字简化方案〉的决议》和《汉字简化方案》。1986年10月，国家语言文字工作委员会重新发表《简化字总表》，共收字2235个。其中第一表是不作偏旁用的简化字350个，第二表是可以用作偏旁的字132个和14个偏旁；第三表是应用第二表所列简化字和简化偏旁得出的简化字1753个。也就是说，我们真正简化的汉字只有350个加132个，即482个。《汉语大字典》收录汉字54678个，简化字在汉字中所占的比例是很小的。当然，这些字大多是常用字。

人们非议简化字的重要原因是不合于"六书"，而在"六书"中，象形是基础，由于多是独体字，简化的不多；形声字是简化最多的，但大多简化的是形旁；指事字是在象形字上加标识，象形字简化很少，指事字自然简化少。假借、转注本来就不是造字方法，而是用字方法。所以，单字简化最多的是会意字，有的是因为音近、音同简化的，如发与"發""髮"，有的是从草书取形简化的，如"书""尽"。对于书法而言，这应该算不得一个问题了。

当然，一位书法教师不仅要让学生在认识简化字的同时，尽可能多地认识和会写繁体字，指出碑帖中繁体字对应的简化字，处理好简化字与繁体字的关系，还要处理好繁体字与异体字乃至与草书、篆书的关系。

四、实践能力与基础知识的关系

在书法教学过程中，实践能力与基础知识表现为练与讲的关系。

以培养学生的书写能力和提高书写水平为目标，决定了书法教育的实践性特征。就是说，练习书写、强化实践是第一位的，也是正确、有效的。正是因此，就出现了老师只是带着学生写，不讲或讲得很少的情况。在处理这个关系的过程中，该讲的必须讲，尤其是基础知识和基本理念，要讲好、讲透、讲到位。

书法教学中的基础知识是十分重要的。一是作为一种文化去讲。一支毛笔，从形态、特征、使用方法、制作过程到演变过程、考古发现、历史故事、制笔名人，可讲的内容很丰富。一是作为一种常识去讲。什么是文房？为什么叫文房清供？除了文房四宝之外还有什么文房器具？它们的功用、特点是什么？这些常识性的内容、知识性的内容，同样是一种文化遗产，是宝贵的知识财富。一是作为一种激发兴趣的手段去讲。王羲之为什么爱鹅？萧翼赚《兰亭》是怎么回事？什么叫"锥画沙""折钗股""屋漏痕""印印泥"？蔡邕在什么生活场景启发下创造了"飞白"书？对于初学的中小学生来说，书法课绝不能是一味地写写写，而是一个走进历史和励志的过程，在知识的传播中激发学习兴趣、激励学生热情、教育学生完善自我的过程。当然，基础知识也是初学入门的指导过程，言之昏昏，如何使人昭昭？不讲光练，如何提高实践的理性？

五、学习一帖一体与学习用笔的关系

由于老师基本功和教材内容的限制，书法教育中存在的一个突出问题是单一化。老师写颜真卿，一个班级的学生就都学颜真卿。教材上用的是赵孟頫，一个学校、一个区域写的都是赵孟頫。教的是楷书，学的是褚遂良，学生就只能写楷书写褚遂良。出现这种现象的根本原因，是没能处理好一人一体一家与用笔的关系。

什么是书法学习的正态？从道理上说，这是学习者的选择权问题。学哪种字体，临哪一本字帖，应该先听听学习者的意见。这与其他的课程内容有所不同。语文课上是阅读还是写作，数学课上是乘法还是除法，历史课上是说唐还是讲宋，生物课上是讲人体还是讲昆虫，都是按课程计划、进度安排的，内容对每一个个体都是适合的，带有公共课程、基础知识的特征，所以更讲普遍性。书法则不同，一个学生喜欢什么字体，喜欢什么字帖，本质上是审美观的问题。人们在最初学习时，总是选择与自己审美习惯一致的内容。所以，正常的书法教育，应该把开始时学什么、写什么的权利交给学生。

问题来了。除了教材的规定性，或者说是限定之外，最主要的问题在教师，学颜真卿的写不了欧、褚，学隶书的教不了楷书。原因何在呢？从根本上说，不是教师的水平问题，而是教育的基点问题、落点问题。如果侧重在一体一家，便没有办法处理这种问题。而如果调整这个基点，超越一体一家，把重心放在用笔上、笔法上，这个问题便不难解决了。因为所有楷书的笔法都是一致的，不同书家表现出来的形态差异，仅是外在的风貌而已。所以，每个书法教师都应把重心放在笔法上，让学生打的是笔法的基础，而不是颜、柳、欧、赵。

六、汉字文化与书法文化的关系

汉字文化包括了构成文化、书写文化、传承文化和应用文化。书写文化中，包括了不同载体的刻、铸、镌、写，包括了从篆到隶、草到楷、行，包括了从繁到简，也包括了从民间书写到官方书体，当然，更重要的是从实用工具到艺术品格。可以说，书法文化只是汉字文化的一个组成部分。

《纲要》要求在教学活动中进行书法文化教育，目的是"使学生对汉字和书法的丰富内涵及文化价值有所了解，提高自身的文化素养"。在书法教学中，重书写轻文字的现象十分普遍，偶尔涉及文字，也是从书写对象的角度就文字说文字，好像汉字文化是书法文化的一部分。因不能从汉字文化的角度出发谈文字，就没有办法解释汉字书法的形象性，就容易用线条取代笔画，也不可能更加深入地了解汉字的文化价值和书法的艺术价值。

七、学习过程中书写与体悟的关系

在书法教育中，老师教的目的是让学生写，会用笔，会写字，写好字。从实践的层面上说，这是没有问题的。但从认知规律的角度分析却有问题。所有实践技能的掌握，都不能仅停留在做了、做过的层面上。老师教会了写"人"字，学生学了，写了，写会了，写好了，但要学生自己去写"八"、写"入"、写"大"，学生又不会写了。因为老师没教过。老师教一个写一个，是实践；老师教什么就只会什么，不是书法教育的目的。因为老师教的永远是有限的。所以，书法教育不是一个学生跟着老师写的过程，而是一个举一反三的过程，是在实践中体悟的过程。老师教一个"人"字，学生不仅要悟到如何写撇写捺，还要悟到如何组合，还要会写任何字的撇捺和在任何组合中的撇和捺，这才是学会了，这才是目的。

可以说，在书法教育中，写过了，写会了，甚至写好了，不等于就达到了目的。这种情况在临帖过程中表现得最典型。有的学员临什么像什么，怎么临怎么像，但一旦脱开帖，一旦写到帖中没有的字，便立刻不成样子了，与临帖相比相去甚远，一落千丈。有人认为这是学死了，归根结底，这样的学员学的是具体的字，学的是具体的笔法，学的是老师所教，是表面学会了，其实没学会，因为没有悟。在所有技能性、技艺性的教育过程中，悟到了的才是真正懂了、会了。只有悟了，才能举一反三，转化成自身的书写能力。

学生体悟，教师促悟，书法教育尚悟，是解开书写转化为能力的一把钥匙。什么是悟？说得通俗一点，就是体会到了，想明白了。

八、书法学科与语文、历史、美术等学科的关系

《纲要》规定，书法教育的时间安排，义务教育阶段"以语文课为主，也可在其他学科课程、地方和校本课程中进行"。小学3—6年级每周安排一课时用于毛笔字学习。普通高中可开设书法选修课。教育部在印发《纲要》的通知中还要求"中小学语文教师应逐步达到能兼教书法"。占用语文的课时，对语文教师提出能教书法的要求，是从学科的角度思考的。语言表达为语，文字书写为文。

在书法教育中，书法学科与语文、历史、美术等学科有着同源或交叉的关系。书法史是历史的一部分，时代、人物、作品、书体、传承、艺术成就、文化影响。试想，如果没有天下第一行书，会有多少人知道王羲之写的那篇序文呢？又会有多少人知道王羲之呢？更重要的是，又有多少人会从一篇序文的书法中，去了解、揣摩、解读晋代的文人风范呢？美术就更是如此了。书画同源，源于汉字的造字过程中遵循的第一原则就是"近取诸身，远取诸物"。

在画家笔下的树，在书家的笔下就是"木"字，在画家笔下的湖上泛舟，在甲骨文里就是一个"航"字，就是一个人持篙撑船的画面，等等。实践中发现，对书法教育最感兴趣，或者说参与、转岗最多的不是语文学科的教师，而是来自美术学科的教师。

甲骨文"航"

所以，书法教育离不开语文，离不开历史，离不开美术。反之，在学科融合、整合、渗透的过程中，语文、历史、美术等学科，同样承担着书法教育的任务和责任。

第二章

书法教师的条件和素养

通常情况下，在人们的心中，书法教师起码要有两种功夫，一是会写，二是会讲。仔细想想，不会写不行，光会写也不行；不会讲不行，光会讲也不行；会写会讲还不行，要会指导才行；其实会写会讲会指导了还不行，品格修养完备才行。这就是一个书法教师不同于书法家、不同于其他学科教师的地方。怎样写与怎样教不是一回事，怎样教和教得怎样也不是一回事。对于书法教师而言，会写是独善其事，会教是惠及天下；条件具备是够格，德、行、才、学俱佳才是合格。所以，谈一个书法教师的条件和素养，成就教学的核心理念是"达"。自身达道，过程达意，结果达成。

第一节
识字知体

识字知体是书法教师的基本条件。教师要认识五种字：通用的简化字，对应的繁体字，经常不用的异体字，从甲骨文到大、小篆的三代文字和草书字。

书法教师教写字，认识的字理应比一般人要多一些，这个要求也是对语文教师的要求。2013年，国务院公布《通用规范汉字表》。通知中说："制定和实施《通用规范汉字表》，对提升国家通用语言文字的规范化、标准化、信息化水平，促进国家经济社会和文化教育事业发展具有重要意义。"《通用规范汉字表》共收

8105个字，分为三级。一级字表为常用字，收字3500个；二级字表收字3000个，使用度次于一级字。这两个表共计6500个字，基本可以满足出版印刷、辞书编纂和信息处理的用字需要。三级字表收字1605个，主要是姓氏人名、地名、科技术语和中小学语文教材文言文用字中一、二表中没有收入又比较通用的字。可见，文化教育事业的发展及中小学教学需要既是目的，又是基本收字依据。那么，一个书法教师应该认识多少简化字呢？

和简化字对应的是繁体字，因为毛笔书法教学以经典碑帖为范本，都是文字简化之前的写法，书法教师必须学习，必须会认、会写。由于年代的不同，文字在演变过程中又出现了许多异体字，即繁体字的一字多写，除经典碑帖中经常可见异体字外，为了避免书写过程中一个字写法、样式、形态的千篇一律，追求变化，书法创作中会经常用到异体字，这当然应该成为书法教师的基本功。《通用规范汉字表》中附录了规范字与繁体字、异体字对照表，为书法教师学习、使用提供了方便。

此外，还要认识草书。草书是书法的最高境界，是书法大家庭中最具表现力、抒情性和艺术性的书体，所以，讲书法艺术，一定不能不讲草书。但草书是与隶书、楷书完全不同的一套符号系统，既以隶楷为基础，又超越了隶楷，形成了草书的自成体系又别具特色的艺术语言，我们称为草法。草书有三个基本形态，一是章草，从隶书演化而来，有人称之为隶书的草写，既带有隶书用笔的特征，又在结构形体和笔画特征上脱离了隶书。之后在楷书和章草基础上形成的草书，相对章草而称之为今草，一种以王羲之、智永、孙过庭为代表，字与字之间多不相连，但每个字的笔画和形态已基本脱离了楷书；另一种是以张芝、王献之、张旭、怀素、黄庭坚为代表的狂草，特点是"一笔书"，与前一种的草法是相同的，但创造了另一种书写方式和境界。草书作为一种艺术，既是对汉字本原的抽象，又是由特定符号系统和写法创造的新形象，是有极高欣赏价值的抽象派艺术。对于这样一种境界的书法，书法教师要认知、掌握、欣赏、传承是理所当然的。

当然，还要认识篆书。我国的汉字及其书写样式，现存最早的是甲骨文，笔画瘦硬劲挺，但字数不多，表现形式还不够丰富，实用色彩远远大于艺术品格。到金文大篆，即在青铜器上保留的錾刻文字，不仅字数多于甲骨文，字的形态也呈现出不同的风格色彩，艺术品格得到了很好的发挥。几乎与此同时期的简帛文字，尤其是楚简，不但地域风格鲜明，文字本身也多呈异态。直到秦始皇统一中国，书同文，李斯作小篆，才出现了带有官方文字性质的规范性文字。从甲骨文到大篆、小篆，通常称为古文字。作为汉字的源头，书法教师同样应该有所了解。

所以，仅就识字而言，书法教师就应该认识五种文字，即简化字、繁体字、异体字、草书和篆书。至于字体演变的过程、风貌及与时代的关系，以及不同字体的技法，同样需要书法教师掌握。

第二节
通史赏鉴

一种字体，一种技巧，一家一帖，只有放到历史的发展脉络中，才能真正读懂它的价值，才能真正说明白来龙去脉，溯本追源。对于书法教育而言，讲解的内容、学习的内容可能只是一个个的点，但这个点从来不是孤立的，而是历史汪洋大海中的一滴水。所以，通晓历史，鉴真知赏，是每个书法教育工作者桶里应有的水。

中国书法史，首先是文字演变史，其次是书写传承史，再次是应用发展史，最后是艺术创造史。不能通晓历史发展的脉络、过程，便不可能找准一字一体的文化定位，也不可能从文化的角度发现赏鉴其艺术价值。这就是通史的必要性。

举例说明。隶书还有一个称谓，叫"八分"。为什么叫"八分"？唐人张怀瓘在《书断》中说：

①唐·张怀瓘《书断》，《书学集成（汉—宋）》，河北美术出版社，2002年第1版，第146页。
②北宋《宣和书谱》，同前，第604页。

案八分者，秦羽人上谷王次仲所作也。王愔云：次仲始以古书方广少波势，建初中以隶、草作楷法，字方八分，言有模楷。……案蔡邕《劝学篇》，上谷王次仲初变古形是也。始皇之世，出其数书，小篆古形犹存其半，八分已减小篆之半，隶又减八分之半。然可云子似父，不可云父似子，故知隶不能生八分矣。本谓之楷书。楷者，法也、式也、模也。……盖其岁深，渐若八字分散，又名之为八分。①

把这段话概括起来：一说上谷王次仲创造了八分书；二说相对于古文字形，小篆存一半；三说可以认为隶书是从八分来的，不能说八分是从隶书演变来的；四说八分的特点是方广少波势，时间久了，因其越来越像八字的两笔，左右分散，所以才称为八分；五说八分原来称为楷书，有法式楷模的意思。所以张怀瓘才说："八分则小篆之捷，隶亦八分之捷。"当然，小篆又是大篆之捷。

至宋，徽宗作《宣和书谱》，有八分书叙论："为八分之说者多矣。一曰东汉上谷王次仲以隶字改为楷法，又以楷法变八分，此蔡希综之说也。一曰去隶字八分取二分，去小篆二分取八分，故谓之八分，此蔡琰述父中郎邕语也。前世之善书类能言其书矣。然自汉以来，至于唐千百载间，金石遗文之所载，特存篆、隶、行、草，所谓八分者何有？至唐则八分书始盛，其典刑盖类隶而变方广作波势，不古不严，岂在唐始有之耶？杜甫作《八分歌》，盛称李潮、韩择木、蔡有邻，是皆唐之诸子，而今所存者又皆唐字，则希综、蔡琰之论安在哉？盖古之名称与今或异，今所谓正书，则古所谓隶书；今所谓隶书，则古所谓八分。至唐则犹有隶书中别八分以名之。然则唐之所谓八分者，非古之所谓八分也。"②《宣和书谱》的认识应该属于宋人官方的说法了。在他们看来，仅仅是名称叫法的不同而已。今天的正书，就是古时的隶书，今时的隶书，就是古时的八分。知道了什么是八分，再来理解郑板桥说自己的书法是"六分半书"，便可以理解了。八分书的形态是什么样子的呢？建议参考一下《祀三公山碑》和《裴岑纪功碑》。现在，隶书、八分已经不分，前两碑我们都称之为隶书了。

汉《祀三公山碑》（局部）

不了解书法史，这些便难以做出确切的解释。我们现在说到字体时，都只讲篆、隶、草、楷、行五种字体。如果人家问你什么是"八体"，怎么回答？许慎在《说文解字·叙》中说："秦书有八体，一曰大篆，二曰小篆，三曰刻符，四曰虫书，五曰摹印，六曰署书，七曰殳书，八曰隶书。"①这是书法史的常识。后来南朝梁代庾元威在《论书》中，甚至谈到书有"百体"，而且一一著录名目；唐代韦续作《墨薮》，列五十六种书，俱列何人所作，非通史不可知者。

一个对书法史有系统认知的书法教师，客观上会提高欣赏和鉴别两种能力。欣赏主要是发现书法作品的美，并能用语言系统地表达出来，回答好在哪里，为什么说好，而不是矢口赞叹，人云亦云。对经典书作、法帖的欣赏，是需要较高的理论素养和分析能力的，需要对作品本身认定，也需要在比较中分析。辽宁省博物馆举

①汉·许慎《说文解字·叙》，中华书局，1963年12月第1版，第315页。

046

办"又见大唐"的展览，参观者络绎不绝，成群结队，可以见到张旭《草书四帖》的真迹。要欣赏这件作品，除了掌握关于草书的基本知识和对张旭其人及作品传承的了解外，还要对王羲之、智永、孙过庭、怀素风格的草书有所了解，有所比照，这样才能欣赏张旭草书的独绝之处。当然，还要对高闲的草书有所了解，有所比照。这样，我们才能对张旭在书法史上的地位、艺术特色及对书法史的贡献欣赏到位。这是欣赏，还不等于鉴别。鉴不仅要知其好，还要知其不足，即明品位，定优劣，识真伪。随着社会的发展进步和对古籍整理的新成果及考古新发现，人们可以见到各种各样的古代墨迹、青铜大篆、楚汉竹简、秦汉帛书、各类墓志等，作为历史文献和考古实物，这些文字自有其历史价值。但作为书法，仍然有优劣高下之分。虽然每一件遗存都可以从不同角度反映时代的文化和书写状态，但绝非都可以作为学习范本和法书。这就需要书法教师的鉴别能力。甄别的目的是选择取舍，可以作为教材和临摹范本使用的，一定应该是经典性的、可传承的。对于书法教育而言，这是必须进行的工作；对于书法教师而言，这是一个很高的要求。

第三节 书写示范

书写和示范是书法教师的两种基本能力。

首先，书法教师要会写，自己不会写，却去教学生如何写，这是不可想象的。书法教育进校园、进课程以来，遇到的最大问题是教师短缺。因此，教育部在印发《纲要》的通知中说："学校要充分发挥本校优秀书法教师的专长，指导和引领全校教师提高书写水平，为整体提高学校书法教育教学水平创设条件。要充分发挥书法教育学术团体的作用。学校可以聘请书法家、书法教育工作者、有书法专长的家长等作为兼职指导教师。"这里提到的本校书法教师、书法家、书法教育工作者，包括有书法专长的家长，其实概括起来，就是会写毛笔字的所有社会资源。在教育工作的文件中，这个口子可以说是开得最大的。因为会写是一个基本条件。

其实，一个书法教师，绝不仅仅是会写就行。仅就书写而言，要会写楷书，会写隶书。一个合格的书法家，一个合格的书法教师，光会写一种字体远远不够。即便如此，会写而能从师执教的，已经是供不应求了。更何况这里还有一系列用人制度、待遇和其他条件的限制。

示范与会写，在教育过程中是两种不同的能力。换言之，并不是所有会写的人都能起到正确的、合要求的示范作用。示范不是自己写，不可以随心所欲，是根据学生需要、课程需要、指导需要、解决问题需要所进行的书写。假如一个教师能写一手很漂亮的颜体

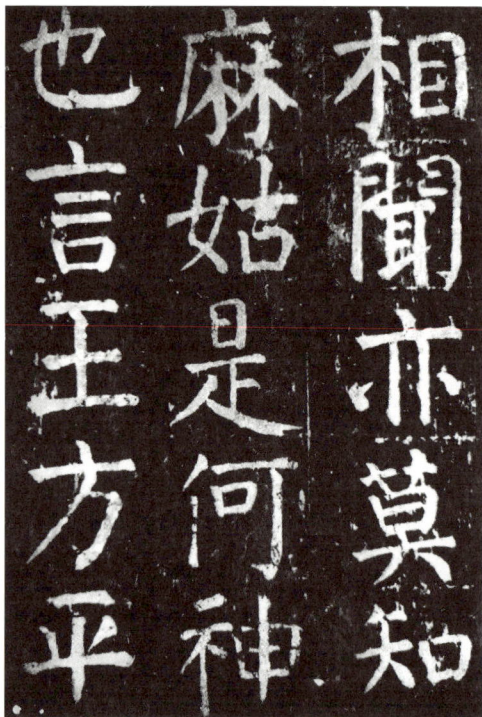

唐·颜真卿《麻姑仙坛记》（局部）

①北宋·朱长文《续书断》，《书学集成（汉—宋）》，河北美术出版社，2002年第1版，第295页。

字，但是有的学生要学大篆，他能示范吗？就简单的书写而言，回答是否定的；但就一个合格的书法教师而言，应该是可以的。北宋的朱长文在《续书断》中评价颜真卿书法时说过："自秦行篆籀，汉用分隶，字有义理，法贵谨严，魏晋以下，始减损笔画，以就字势。唯公（指颜真卿——笔者注）合篆籀之义理，得分隶之谨严，放而不流，拘而不拙，善之至也。"①北宋称颜鲁公书有篆籀气的，还有大书法家米芾，他是专就行书《争座位帖》而言的。但朱长文所列之《中兴颂》《家庙碑》《麻姑仙坛记》《元次山铭》等皆是楷书。那么，颜书的篆籀气及笔法合篆籀之义理是如何体现的呢？最直接的理解，是笔法与篆籀相合，一是笔法不减损，二是有分隶结构之谨严，三是放而不流、拘而不拙。再具体一点，以技法论，颜书起笔多藏锋，如篆法，折笔多有断，如隶法，这与唐初诸家不同，与魏晋诸家亦不同。当代书法教学中多有习颜者，开始便教孩子如何逆锋起笔，呈藏锋之妙，与晋人入笔出锋大异，孩子们十有八九难得其要，感到很难，完全是这种篆籀笔法造成的。而对一个能掌握颜书技巧的书法教师而言，讲篆书的基本笔法，如何逆锋起笔，如何笔笔藏锋，则应是声气相通的。这些已远不是会不会写的问题。示范与书写的不同就在这里，光会写不一定能示范的道理也在这里。书写和示范是两种不同的能力，玄机还在这里。

第四节
守正知谬

守正的含义是坚持正确的，知谬的含义是发现错误的，这同样是书法教师的基本功。

怎样才能做到守正呢？一曰持正态，二曰走正路，三曰传正法。

所谓持正态，就是对学习书法与人的全面发展有一个正确的评估，不能过分夸大学习的意义，也不能对应采取的态度置之不顾。包括书法在内的需要动手实践的艺术形式有一个特殊的功能，就是促进人的左右脑同时发展。科学发现表明，人的左右脑是有分工的。左脑的功能是控制平衡、掌握语言的语速、概念记忆、数字判断、分析能力、逻辑推理等，右脑则主要是对音乐、图片、绘画、几何图形的感知以及由此而产生的联想、想象进行控制。所以，人们通常认为左脑是逻辑的，右脑是形象的。那么，书法是什么呢？汉字书法的对象是语言文字，书写一首诗："白日依山尽，黄河入海流。欲穷千里目，更上一层楼。"首先是语言文字，是由左脑支配的，同时，书写的文字又是有结构、形象化的，是由右脑支配的。把文字形象化，形象地表现文字，是书法艺术的基本特征。所以有人认为，书法是开发智力最好的学习内容。迄今为止，脑科学还不是一门十分发达的科学，人类对大脑活动的认识十分肤浅和初级，但学书法使人双脑活动，大家基本是认同的。

当然，持正态还有一个主观态度的认知问题。正确的态度应该是对个人潜能、兴趣的一种激发和保持，但绝大部分学习者与此大相径庭。有的是为了高考的卷面加分，有的是想让孩子将来成为书法家，有的是看别人都在学，所以自己也强迫孩子学了，等等。这些虽然表面但很功利的态度，会直接影响学习效果。作为书法教师，应该坚持从孩子的兴趣出发，摆正目的，回归正态。

所谓正路，就是走一条科学的学习之路，门径正确，方向正确。门径就是如何入手，方向就是走向何处。第一层意思，是学习的内容与追求的方向是否一致。如果追求的方向是草书、狂草，可以从楷书入手，也可以从大篆入手，但若偏偏选择从魏碑入手，恐怕就会增加难度，因为从用笔到结体，都有太大的距离，打下的基础与要追求的目标不匹配，不搭调。如果追求的是章草，偏偏不从隶书入手，而是去练唐楷，也是在走弯路。第二层意思，是追求的目标、方向是否正确。当代学书法的人很多，在展览文化的驱使下，一些人盲目追求创新，而对创新的理解又十分偏颇，以与人不同为创新，所以便有了不很好打基础而求怪求异的路数。这种由于方向不正确而导致的一系列问题，如剑走偏锋，选择别人不经常接触的古人书进行临摹仿效；求怪求异，没打好基本功就想展示个性；追求现代派，从一些现代书法中拾人牙慧，奉若神明，自以为是；急于求成，哪个容易学哪个，渴望一夜成名，等等。这些都属于方向出了问题。还有相当多的一部分人，弃经典而求时人，某人某书入展了，便蜂拥而上，争相效仿。这些都是方向性的问题，是不正之路，想抄近路结果走了歪路、歧路甚至邪路。

所谓正法，就是正确的、科学的学书之法。对于书法而言，走进传统，持之以恒，久久为功，必有收获。无数人的实践表明，书法学习中见异思迁的人太多太多。初入一帖，开始时不见效，后来刚刚入了门，有了一点成效，有三分模样了，本该坚持下去，可是变了，又选一帖，又从头开始，等到又有了三分模样，又想变了。对于书法而言，任何一体一家，都可以练出成效来，东一锹西一镐，东一个坑西一个井，是最忌讳的方法。还有一种方法也是不科学的，就是本来是临摹，是学习过程，有一点点模样便要脱帖，便要自创，便要写出自我。临得不精，入得不深，悟得不到，自以为是，也是方法有了问题。至于别人右手写，我学左手；别人一只手写，我用双手；别人正面写，我反面写；别人实写，我画轮廓；以至别人用手，我用脚、用嘴、用鼻子写，均属旁门左道，为学书者所不取。

持正态，走正路，传正法，是一个方向性、科学性的问题，来不得半点含糊。在此基础上，书法教师要随时发现学员身上存在的各种各样的问题，既有上述守正的大问题，又有实际训练中的用笔、用墨、行笔等书写中存在的各种技巧性问题。西晋卫铄在《笔阵图》中说："善笔力者多骨，不善笔力者多肉。多骨微肉者，谓之筋书；多肉微骨者，谓之墨猪。"[1] 在实际书写训练中，何谓骨？何谓肉？什么样的笔画是筋书？什么样的字是墨猪？作为书法教师，应该知其理，识其态，指出不正确、不完美的。守正必须知谬，知谬才能守正。教师仅仅发现"墨猪"还不行，还要知道写成"墨猪"的原因，并从方法技巧上纠正错误的写法。有人总结了书法的十六种败笔，称为牛头、鼠尾、扫帚、竹节、蜂腰、鹤膝、钉头、折木、柴担、锯齿、尖棱、发丝、垂尾、耸肩、脱肩、柳叶。

① 西晋·卫铄《笔阵图》，《书学集成（汉—宋）》，河北美术出版社，2002年第1版，第23页。

作为书法教师，应该知其病态，究其病因，明其病理，治其病体。所谓知谬，就是告诉学生什么是不对的。

守正知谬，归根结底，是告诉学生应该怎么做和不应该怎么做。守正是根本，知谬是现象。

第五节
指导训练

指导是解决之道，训练是入道之法。

教师对教学过程中发现的问题，要及时做出指导。所谓指导，就是找到解决问题的方法，由学习者在实践中解决问题。有时指导的是微观的、细节性的问题，有时则可能是方向性的问题，要区别对待。

比如，一种书写技巧的学习和问题解决，就是微观的、细节性的问题。一个朋友学习书法，自学，有模有样。一天，在工作室里喝茶、聊天时间："我对那个竖钩怎么也写不好，给我点拨一下。"他用了一个很准确的词——点拨。点就是指点，就是发现问题，找出问题的根源；拨就是指导，拨乱反正，把错的、不正确、不准确的引向对的、准确的。怎么点拨呢？他先写一遍，比如"永"字的竖钩，抑或"小"字的竖钩，"于"字的竖钩，"争"字的竖钩，都可以，在写的过程中发现他的问题，找到问题的症结。然后，告诉他问题出在哪里了。再后，点拨者做示范，尽可能用分解式的笔触把运笔的过程展示给他。他听懂了，看懂了，然后由他来写，再告诉他写法是否可行，让他自己感受用笔的过程和书写的效果，两三遍之后，他就觉得懂了、会了。这是小问题，不难解决。有的问题则不那么简单。沈阳市书法教师高研班的学员在交作业的时候，一位学员交了一份柳体楷书的作业，骨骼硬朗，行笔爽利自然，结构谨严，柳味十足。但这位同学进入高研班时提交的作品、平时练习的书体都不是柳体。讲评时得知，他练过很长时间的柳书，后来放下了。问为什么，他的回答让人感到吃惊：他说在历届国展中，柳体几乎没有入展的。而在他所有的作业中，柳体的功力最深，最扎实。问题来了，如何指导？一是不能为了国展而学书。诚然，如果柳体写到出神入化了，相信一定可以入国展。二是建议不要弃柳，在现有的基础上坚持练下去，日久天长，必有收获。三是弃柳而习其他，柳书的功底基础仍然会起到基础的作用，要把这种基础体现在其他书体的学习、创作中，最好选择与柳书一脉相承的书体或柳书所从来的书体去学习，会更加得力。这也是指导，但与细节、笔画技巧的微观指导完全不同，而是方向性的、涉及审美取向的解决之道了。

至于训练，应该是指导的内容之一。提供一种系统的训练方式，往往需要十分具体。孙过庭在《书谱》中曾说："初学分布，但求平正；既知平正，务追险绝；既能险绝，复归平正。初谓未及，中则过之，后乃通会。通会之际，人书俱老。"[1]仔细玩味这段话，便会发现，其实说的是一个训练的基本过程和内在规律。对于所有的初学者来说，结字的第一阶段就是平正。用今天的话说，就是横平竖直。"但求"，就是不要想别的，什么风格呀，特色呀，自我呀，表现呀，通通不要想，能做到横平竖直，一字立稳，就是最初的训练尺度和准则。"结构平正曰稳。"等过了这一关，便可追求一点超越平常的内容了。孙过庭用了两个字——险绝。什么叫险呢？唐人窦蒙在《述书赋语例字格》中解释说："不期而然曰险。"[2]用今天的话说，不期而然是意外，本来没想这样写，结果出乎意料，是写成了非意所有的样子。再说得通俗一点，险绝是超出了自己的意料，自己都不知道下一笔该如何连续承接的状态。在这样的情况下，还要把字稳稳当当地立在那里，就是险绝。可以说，今天的绝大部分书家，追求的就是这样一种境界。在孙过庭看来，"既能险绝，复归平正"才是正路。这一次的平正与初学所求的平正自然不是一个境界了，而是一次升华，是波澜不惊中有险象环生，是平稳之下的险绝。所以，孙过庭总结说：初时的平正

①唐·孙过庭《书谱》，《书学集成（汉—宋）》，河北美术出版社，2002年第1版，第135—136页。
②唐·窦蒙《述书赋语例字格》，《书学集成（汉—宋）》，河北美术出版社，2002年第1版，第242页。

是未及，是初级阶段求平正而达不到平正；到弄险的阶段，又弄过了头，过犹不及；只有到了最后的阶段，又回到了平正，才达到了"通会"的境界。所谓通会，就是贯通融合，就是无论平正、险绝，都是自然而然的事，而不是故意为之，达到的艺术效果都是平正。所谓"不激不励，风规自远"，所谓"平淡乃绚烂之极"，都是这个道理。这就是"人书俱老"的境界。看看弘一法师书法的前后变化，对此便会有所体悟。

所以，先从横平竖直做起，打好一般性的基础，再追求个性，信马由缰，放纵跌宕，以期表现心性自我，最后归于平正，自然平和，简净豁达，这就是书法训练的大程序、三段论。而指导，正是在这个过程中体现的，是在训练过程中的方向指引和细节得法。

第六节　语言表达

教师是一个以语言为职业手段、以内容为质量水准、以声色为行业区别的职业。教师不能像播音员那样讲话，不能像话剧演员那样说话，也不能像辩论者那样表达。教师的语言是有多种形式的，有讲述性语言，叙述性、论述性、描述性语言，有介绍性语言，也有欣赏性、解说性、答问性、导引性语言。可以说，教师是使用语言传达思想、文化、知识、技能、方法的职业。如果说识字知体、通史赏鉴是以知识为特征的，书写示范、守正知谬、指导训练是以能力为特征的，都属于书法教育工作者的专业条件，那么，语言表达，就是教师的基本条件，是职业要求必须具备的条件。

实践证明，并不是书法家都能做教师。我们会认定说，他写的还行，没说的，但不会讲。其实，这是一个认识的误区。生活中确有不善于表达的书法家，即所谓"茶壶煮饺子"，肚子里有，倒不出来。但这种情况只能是表达生动性的问题，不应是倒不出来的问题。如果肚子里真有，无论如何都能倒出来，真正的问题可能不是语言表达的问题。那问题在哪里呢？

教师语言表达的第一个层次是知识性传授。知识是学来的，靠的是积累和消化。积累不够，消化不良，就可能出现传达上的语不达意。这种情况，要从知识面（广度）和对知识的深刻把握（深度）两个方面去找原因。知识的学习从来不是记忆的问题，而是理解的问题，有理解的内容才能成为真正的记忆。靠死记硬背，靠现学现卖，浅尝辄止，这样获得的知识，当然不会深刻；靠零碎的记忆，缺乏系统把握，一知半解，道听途说，也一定不能顺理成章，周延完全。所以，倒不出来的首要原因是知识体系问题，是对知识的掌握程度问题。满腹经纶，学富五车，桶是满的，要取一勺水，怎么都是够用的。

教师语言表达的第二个层次是体悟性表达。这对书法教师以及所有技能性、技艺性传承的师者来说都至关重要。在这一层面上，确实会出现语言表述的差别，甚至是重大差异。有些教育内容，不是从书本上积累的，也不是在一个知识体系里深入理解的，而是在自身的实践中自己体会到、悟到的。对这些内容的表达，如何组织语言把所感所悟讲出来、说明白，确有一些人是做不到、做不好的。这首先是一种概括、归纳、总结、解析的能力，然后才是语言表达的能力。在这个环节上，许多书法家被推到了书法教育工作者的门外，这也是做书法教师比做一个书法家要求更高、不是会写就能当教师的根本原因。而在书法教育中，对实践体悟的表达，是比一般性知识更重要的内容。

教师语言表达的第三个层次是思想性交流。思想性的交流，既不是感性的知识，又不是知性的体悟传达，而是理解的、深刻的、逻辑的、思想的、精神层面的传达。马克思说过："语言是思想的直接现实。"说得好就是想得好。这种传达，不是零碎的、个性的，而是系统的，上升为一般性真理的内容。在这个层面上，仅有一点肤浅的知识不够用，靠自己的实践感受也难以达到，是一个思想体系的系统而深刻的表达，是从实践中认识，而后形成的理论，是用理论指导书法实践，在实践中检验真理性。在这个层面上，会写也能讲出一些道理的教师也达不到标准了。

因此说，书法教师的语言表达，是知识体悟和思想体系的外部形式，只有心里有数，才能口上能言。语言功夫的提高，应该打在知识、实践体悟和理性认识上。

对书法教育的语言是有要求的。一要正确、确切，二要简洁、明白，三要生动、形象。

正确和确切，指的是内容正确，表达准确。表达的确切是为内容的正确服务的，也是以内容的正确为前提的。正确是不伪，是真理性要求，只有内容是对的，表达才能对。而表达的确切，就是准确、确凿，不能模棱两可，似是而非，不能产生歧义。在讲笔法时，我们会讲到"撅"和"拓"。怎样表达？元人陈绎曾在《翰林要诀》的十二章中，第一章"执笔法"解释"撅"字说，大指骨下节下端用力，欲直，如提千钧。[1]他指的是执笔的方法，不是行笔。沈尹默先生在谈到"二王"书法时曾说，大王用撅笔，小王用拓笔，是父子的最重要区别。后人用"内撅外拓"来区别"二王"书迹，很有道理，大王"内撅"，小王"外拓"。试观大王之书，刚健中正，流美而静；小王之书，刚用柔显，华因实增。他在谈到学习王字的经验时说："要用内撅法，先须凝神静气，收视返听，一心一意地注意到纸上的笔毫，在每一点画的中线上，不断地起伏顿挫着往来行动，使毫摄墨，不会溢出画外，务求骨气十足，刚劲不挠。"[2]元代袁裒在《评书》中说："右军用笔内撅而收敛，故森严而有法度；大令用笔外拓而开廓，故散朗而多姿。"如果把这些话说给中小学生，大概仍是不甚了了，一头雾水。我们在解释时说，所谓内撅，就是笔力趋向字中，向字的中间使劲；所谓外拓，就是向外使劲、用力。撅字有压抑的意思，内压而不使张扬。拓的意思是扩充、拓展、开张，外推，所以笔要向外使劲、扩展。这样一说，佐以示范，学生就明白了。意思要正确，表达要准确，而最大的前提，是让人能听懂，能准确领会其中的含义。

简洁和明白，指用最少的话语把内容表达清楚。语言简洁明了

[1]元·陈绎曾《翰林要诀》，《历代书法论文选》，上海书画出版社，2014年第1版，第479页。

[2]沈尹默《学书有法》，中华书局，2006年8月第1版，第64页。

是一个很高的要求，即语言的简洁性。在现实生活中，见得最多的情况是把很简单的一件事说得很复杂，让人丈二和尚摸不着头脑。实践证明，把一件事说复杂并不难，无非是引经据典，旁征博引，绕来绕去，东拉西扯，像是在捉迷藏，既显得有学问，又不需要很较真儿。但要把一件复杂的事用最简洁的语言说明白，就比较难了。要真知灼见，要鞭辟入里，要去粗取精，要一语中的。这要很强的归纳、概括能力，也需要认真地字斟句酌。书法教育中很多用语，需要化复杂为单纯。如锥画沙、屋漏痕、折钗股、印印泥这些形象用语，指的是什么？如何解释？很容易坠入把简单的道理说得很复杂的境地，成为故弄玄虚一路。

生动和形象是对教学语言的高标准要求，即语言的生动性、形象性。就教学语言而言，有三种情形是应该克服的。一曰索然无趣。讲课像背书、像念经，学生听不听，听得如何，不闻不问，自己一味地照本宣科，仿佛是在完成一项工作任务，必须把时数凑够一样。二曰干瘪无味。干瘪是无内容，肤浅平白、太多废话或无意义的重复，喋喋不休，令人烦厌，毫无思索回味的空间。三曰喧杂无用。表面上听起来热热闹闹，自己也够卖力气，但过后思索，有用的内容很少，言之无物，言之无用。为了克服这些现象，一要具体，有内容，选择有用的事例，既不是空洞的理论、肤浅的知识，也不是泛泛地举例，而是能有事实、有脉络地进行讲解，给学生留下思索的空间。二要深刻、在理、有较强的内在逻辑性。逻辑的力量就在于能调动学习者的思维，层层深入，一环扣一环，直到问题得到解决或得出结论。最后要理论联系实际。这个实际，就是学习中出现和存在的现象，可以具体到一人一事，条分缕析，明理解惑。实践表明，联系实际是最生动的讲解方式。至于具体的语言，可以妙语连珠，可以幽默风趣，可以文采飞扬，也可以平实真切。具体的语言是色彩问题。只要克服了常见的不足，有内容，有逻辑，有指导意义，是不愁不生动形象的。

第七节
研究能力

书法教学中值得研究的问题俯拾皆是，但一个基本的原则是从实践中来，到实践中去。即从教学实际出发、从问题出发展开研究。这些研究，可以是理论问题，也可以是方法问题，可以是普遍性的大问题，由大及小，也可以是个别性的小问题，以小见大。归根结底，是书法教师应该具有相当的研究能力。

研究能力第一个应该具备的条件是理论基础。对于书法教师来说，起码要有三个方面的理论基础，一是书法理论的基础，二是书法教学论的基础，三是诸如哲学、文艺学、美学等其他公共理论和相关理论的基础。书法理论的核心是对书法艺术本质规律的认识，既可以用这些认识观照历史、现象、理念、书家及其作品，也可以用来指导实践。书法教学理论是一个书法教师必须有的理论素养，包括教育学、心理学等，主要是指如何进行书法教学的规律方法的认识。用这些认识可以发现教学中存在的方方面面的问题，从而解决问题，指导教育、教学实践。其他的公共理论，则是更加基础性的理论。研究书法，完全可以从哲学的角度，认识书法创作的辩证统一关系。比如计白当黑。在书法创作中经常会有意留一些空白，创造空间感。这些白的存在，恰恰强化了那些墨迹的感染力、协调性和艺术效果。这样的辩证统一关系，就可以从哲学的角度进行分析了。辩证统一就是矛盾统一，大与小、方与圆、正与奇、疾与迟、避与犯、曲与直、连与断、静与动、疏与密等，在书法中，这样的辩证统一关系比比皆是，都可以进入哲学的视野并加以研究。而文艺学、美学、美术学等理论，作为艺术创作与批评的基本原理，可以书法为对象直接进行理论研究。至于文字学、古代书论等一些基础，更应是理论基础的基本内容了。

研究能力必备的第二个条件是实践经验。书法教师要求会写，有书写的基本实践，因为可以在自己的书写过程中体验、体会、体悟诸如技法、规范、要求、效应一类的实际。文献记载王羲之写《兰亭序》，用的是蚕茧纸、鼠须笔。有的书家试了，鼠须笔根本不能用，可能就是硬毫笔。有了这个体验和体会，在指导教学时便会有话可说，不再人云亦云。如锥画沙，周汝昌先生在实践后认为，应该是在湿的沙地上画，而不应是干沙，但目的、要旨是笔在画中行，中锋用笔。他实践了，发现了干沙、湿沙对锥画沙理解的差异。给小学生上过毛笔书法课，就会发现通常的执笔方法对一些孩子不实用，所谓指实、掌虚、笔直，孩子执笔就是不实。因为有的孩子的手指细细的、软软的，纤弱而无力，就是拿不住、拿不稳这支笔。这时候就要另想办法，因为通常的方法可能不切实际了。实践对于书法教师自身而言，是实践出真知，在实践中体悟理论的正确性，可行性；对于教学而言，则是发现学生中存在的学习问题、实践问题，以期找到解决问题的方法。

研究能力必须具备的第三个条件是掌握研究方法。马克思在《政治经济学批判·导言》中曾明确指出，所有的方法归纳起来不外乎两种：历史的和逻辑的。历史的便是实证的，逻辑的便是分析的。在实践的过程中，就要用事实、数据、实例说话，可以证真，也可以证伪，还可以在一定的理论框架下，对问题进行分析、归纳、推论。对于书法教师而言，就是在实践中发现问题，用科学的方法论证、分析问题，从而找出解决问题的办法。

举一个实例。沈阳市书法教师高级研训班共办了五期。第一期举行的时候，讲笔法讲了摹拓、提按、转折、推颤等笔法，在内容分量上是平均的，没有侧重。摹拓大家生疏，让大家熟悉；提按司空见惯，强调方式；转折本非一法，主要强调区别；推颤所用不多，举例说明。后来在学员的实践中发现，学员中存在的最突出问题是提按。发现了问题，以后的事情就好办了。根据学员实际，有针对性地在此后的教学中加大了这种笔法的讲解和训练，问题有了很大的改观。分析这个过程不难看到，发现问题是第一位的。没有实践，不在实践中认真观察、归纳，就不能找准问题。找准问题之后，就要分析问题产生的原因。书法教师高研班的学员是经过提交作品、初评合格、现场书写、综合评定等环节选拔出来的，有较好的书写基础，许多是正在教学第一线工作的书法教师。但他们学习书法的经历，大多是爱好引发的兴趣，工作产生的需要，很少有人经过系统的书写训练。即便接受过一些老师的指点，也是零散的、肤浅的、不系统的。分析了这个原因后，结合学员的学书经历和书写实际，我们讲了笔画中的提按，转换笔锋时的提按、重新起笔时的提按以及提按的功能、作用及变换技巧，学员们都觉得受益匪浅。其实这个过程，就是分析问题、解决问题的过程。这样的研究，是对一些小问题的研究，但很实用，很解渴，既有针对性，又有一定的理论性。当然，还有一些宏观课题的研究，如北碑的风貌与地域特征，宋人尚意与时代特征以及如何激发学生学习书法的兴趣，等等，这些题目就需要更加系统、深入地研究了。

第八节
识器鉴拓

　　启功先生是大家熟悉和喜爱的当代书法家，但先生从来不称自己是书法家，而是自称为"教师""教书匠"。启功先生于书法、绘画、诗词诸艺之外，尤擅文物书画鉴定。1983年，启功先生到日本东京参加现当代中国著名书法家书画展，在鸠居堂购得一个小铜骆驼镇纸，遂名斋号为"小铜驼馆"。他在《小铜驼铭》中说："镇纸小铜骆驼，数年朝夕摩挲。静伏金光满室，助吾含笑高歌。小铜骆驼，购于日本鸠居堂已数年矣。日伏纸上，助我学书。因颜斗室曰：小铜驼馆。驼原作古青铜色，青绿斑斓似出土物。日夕持以压纸，其锈渐失，遂露黄铜本色。时日愈久，铜肤愈显光泽。今已可比真金矣。辛未酷暑，坚净翁识。时年周七十又九。"清室后人，当代鸿儒，把一个小铜骆驼说得如此非凡贵重，惹人喜爱。有人说，那个小铜驼也就几十年的东西，不是古物；有人说，启功先

墨铭

生把这样一件平常之物说得如此不平常，恰恰是平常心。不一而足。说明什么呢？书家好古弄器，恰恰是心性修养的一种表现。

文房的器物，到了明清时期，成为文人生活的一个重要组成部分，是器具，是摆设，是玩物，更是一种情趣寄托、品格写照。在明人列出的文房清供中，笔墨纸砚之外，从古琴、盆景、香炉、彝器到笔筒、笔山，水盂、笔洗，多达四十余种。

在我国传统价值观中，许多器物都是带有人文色彩的，即物的人化。最经典的认识是成己成物，物以载道。人们根据自己对宇宙、人生的理解创造了各种器物，又用这些器物载道、传道、达道。在文房器物中，这种价值观表现得十分突出。无论是笔杆、墨铭、纸笺、砚铭还是水盂、笔洗、笔筒、印章、印盒、碑帖，都是一种理念的产物。如瓷器文房：官窑器庄重、高雅、有贵气；民窑精品大气、清雅、有文气；一般普品多用民俗寓意，以俗为雅，亲切流便，有福气。因此，无论是雕龙画凤、山水名物还是素朴无文，以物寓意，都寄托着创作者的理念。这些器物一旦摆上了文人的案头，成为书家的实用工具和摆设，便投射了书家的寄托、情趣、追求和价值观。

文人好古，自古亦然。当一个书家欣赏、摆放、把玩和使用一件古物时，便意味着与古人的直接对话。正是这样的耳濡目染，润泽了后人的心性，从而使书家下笔时更能深切地理解古人书写的情境和心境。对于搞文化艺术的人而言，接触古器物是一门必须学习的大功课。沙孟海先生曾在浙江大学任教，就开过古器物学的课程。今天的书家和书法教育工作者，对这一门课程已经生疏了。

在识器的过程中，有一种器物对于书法教学十分重要，即碑拓。我们现在学习的金文、汉碑，都是錾金刻石的拓本。王羲之《兰亭序》及一些书札，都是唐人的摹本，即双钩加墨本，也称为

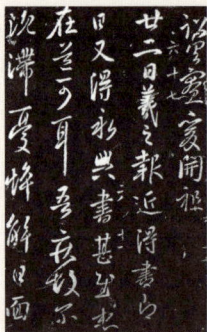
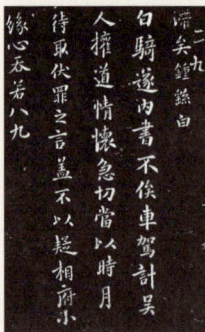
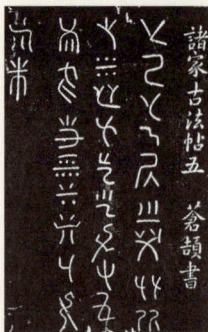

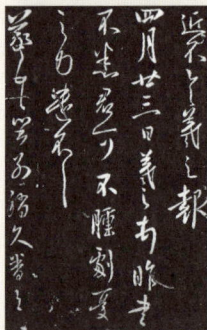
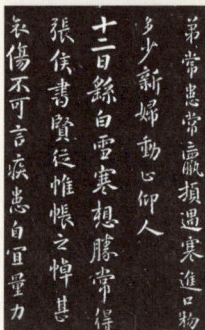
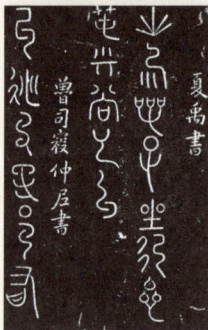

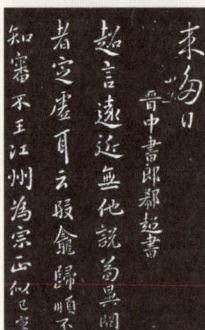
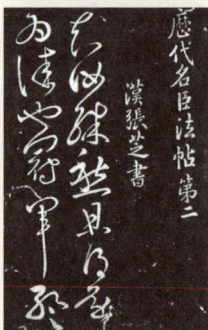

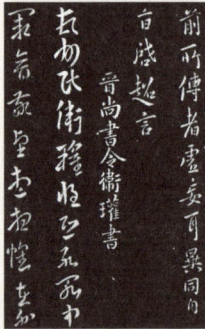
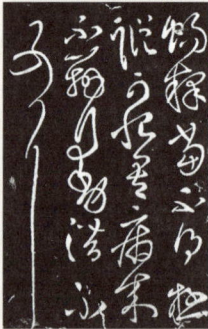

淳化阁帖

影本、响拓。古代的碑刻、摩崖石刻以及出土的墓志，都是把字直接写到石上，然后镌刻的，这些作品的拓片通称为碑拓。而那些纸本的墨迹通常称为帖。到了后来，由于文化传承和书法学习的需要，一些纸本集中起来，也上石刻版、拓印装池，于是便有了刻帖。最早的是宋淳化年间的《淳化阁帖》，之后又有《太清楼帖》《大观帖》《停云馆帖》等众多的刻帖。这些从刻石上拓下来的所有碑帖，都称为拓片、拓本。而捶拓的历史从唐代就已经开始了，唐人窦臮在《述书赋》中记载说，岐州雍城南有周宣王猎碣十枚，并作鼓形，上有篆文，今见打本。今见打本三体经四纸，石既寻毁，其本最稀。在敦煌的藏经洞中，也发现了拓本的实物。

碑拓是古代书法墨迹传承的重要形式、手段和载体，许多文字碑刻已经损毁湮没了，但由于世传拓本，便成为有迹可循、有文可证的重要历史文献。大家熟知的《张黑女墓志》，就是何绍基在市肆上得到的墨拓孤本，原刻不见，其他拓本亦不曾见，其价值珍贵，可见一斑。因此，书法教师不仅应该有拓本研究、鉴识的基本常识，知文鉴拓，还应通过拓本的比较研究，得见书法史的发展过程和演化实证。

第九节 综合素养

一个人的综合素养是从多方面体现出来的，包括思维方式、价值观、行为方式、生活情趣、审美取向等。作为一个合格的书法教师，具体地说，综合素养中还应该包括四个方面的内容：书法理论中的古代书论，文化修养中的书法精神，综合修养中的文学水平，艺术品位中的艺术通感。

一、书法理论中的古代书论

中国古代书论是全部书法理论中的一份极其珍贵的理论遗产。汉末中国书法的各种字体形态已经完备，关于书法的各种研究，关于书写实践的各类总结已经形成，出现了崔瑗的《草书势》、赵壹的《非草书》、蔡邕的《篆势·隶势》等专论文献。魏晋南北朝时期，书法的艺术特质得到彰显，书法创作进入自觉的有意识时期，书法研究也蔚然成风。索靖、卫恒、卫夫人（铄）、王羲之以及羊欣、萧衍、庾肩吾等都有文章传世。这一时期的最大特征，是书法家对书法实践的总结。唐代尚法，是一个为书法艺术立规矩的时代，因此，涌现出一批书论的名家名篇，如孙过庭的《书谱》、张怀瓘的《书断》、窦臮的《述书赋》、韦续的《墨薮》等，历史上著名的那些书家，如虞、欧、颜、柳等，都有书论传世。这是一个书法创作与书法理论并驾齐驱的书法艺术繁荣时代。而宋以后的繁荣滥觞，使中国古代书论走上了系统化的阶段。

总结中国古代书论，呈现出三个基本特征。一是史论，讲传承。从文字、书体的演变到时代的传承，成为立论的重要内容，以史说今、鉴今、开今。二是法论，讲技法。出现了如"永字八法"一类对书法技巧的系列总结性文献。这些文献不仅是感悟性的，更是知性的、实用的，立足于对书法实践产生直接的指导作用。三是评论，对书家作品进行品评，从等级的划分到书家特点的概括、具体作品的赏鉴，细致而精到。当然，按照今天的研究方式，对于纯粹的书法理论，即性质论，中国古代书论研究的并不多。所以，中国古代书论更多地体现在法的层面上，而不是道的层面上，更讲究学以致用，言之有物，而不尚泛泛地空谈，坐而论道。换一个角度说，这些书论对书法教学而言是更加实用的理论。

二、文化修养中的书法精神

书法作为一种文化载体，一种文化现象，一种文化传承，是有其内在精神的。书法绝不仅仅是用传统工具书写汉字的简单过程，它有着深厚的文化积淀。对于书法精神，我们的研究几乎是一个空白，但粗略一想，也能从中见出一些精神层面的内容来，如传承发展精神、勤学苦练精神、兼收并蓄精神、天人合一精神、书以载道精神、自我完善精神等。在此，试着用几个字概括一下书法精神。

一曰敬。敬就是敬畏。对于书法，首先要对文字产生敬畏。那是古人的文化智慧、创造精神的结晶，就中华文化传承的历史而言，这是比四大发明影响更大也更加具有普遍意义的发明。其次要对体式产生敬畏。一种字体代表了一个时代，是一个时代历史特征的凝结。再次要对法度产生敬畏。书法的法度，不仅是前人对书写规律的认识和总结，还是价值观、民族性格的体现。"心正则笔正"；崇尚含蓄，不事张扬；刚柔相济，中和之美；尚沉实而不尚浮滑，尚古拙而不尚纤巧；等等。这些法度的提炼与规范，背后是中华民族几千年人文精神在书写中的体现。最后要敬惜字纸。此事虽小，所及事莫大焉，是以小见大的精神体现。

在当代，对书法、文字不敬畏的现象已经比比皆是了，丑书、乱书、吼书及各种杂耍式的书式，在本质上都是反传统的、反文化的、反理性的，都是一种不敬。

二曰合。合就是合规律、合目的。上合书道自然，中和社会规范，下合个人心性。中国的文字是从人事和物事两个自然中效法而来，身之形态行动，物之状貌变化，构成了文字和书法的本源。即使文字从以象形为基础走向了今天的符号化，但在文字的结构中，仍然保留着原始的物象，仍然在创作中以抽象的方式追求形象的品格，从而使书法成为世界上最古老的抽象派艺术。二合社会规范。除了文字、书法自身的规范性要求外，社会标准、时代特征同样是书法艺术的本质追求。汉隶之兴，表现了汉代人的审美，奠定了今天的楷则，也是汉代"独尊儒术"在文字、书法上的表现，使汉字从纵向伸展变作横向扩张，褒衣博带，潇洒飘逸，有高谈阔论之风、雍容中和之态。这难道不是汉代人遵经、注经、解经的经典式表现吗？而晋人的纵逸、萧散与玄学之风，唐人的法度森严与文化繁荣、兼蓄并容之象，宋人的意气风发与个人风采，等等，无不因时而变，因时而成。不合时则不入时，这是由时代性的政治、经济、文化特征决定的。三合个人心性。每个人的身上都带着时代、环境、经历、风尚的痕迹，但每个人都是一个独立的个体，所以，当用书法服务现实生活和时代时，也必然带上个人的理解、体悟、天赋、功夫的痕迹。有一百个读者就会有一百个哈姆雷特，一百个学王羲之的人，一定有一百个王羲之。在书法上，有千人一体、绝不会有千人一面。当代有的学者说，我们的书展在本质上都是临摹，或王或颜，或苏或米，或北碑或唐楷，或王觉斯或何绍基，几成千人一面，何则？都是在临摹，便都压抑和消磨了个人心性。合于个人心性不是故意的，而是一种自然而然的表现。所谓"书，如也。如其学，如其才，如其志，总之曰如其人而已"①，就是对合于个人心性的最好概括。学就是学养、知识体系；才就是自然禀赋、品格基础；志就是价值观、世界观、艺术观，是主观追求。刘熙载用"学、才、志"三字概括一个人的天才禀赋、学养追求，代表的就是一个人的全体，所以才说如其人。他是深明了"合"字的真理性的。

三曰悟。书法是讲悟的，本义是通过实践，体会其中的奥妙，成为自我能力的一部分，即行为上的掌握。同时，书法作为一种艺术形式，具有全民参与、大众艺术的特点，每个中国人都具有写好中国字的天然禀赋，关键在于实践和体悟。书法之悟作为一种社会实践，悟到的绝不仅仅是法度技巧。这种感悟会升华到社会人生的层面和哲学、世界观的层面。所以，书法之悟可以从悟法、悟艺、悟道三个层次上，体现为悟自然心，悟秩序感，悟无我境。

悟法而得自然之心，书法史上可举出许许多多的例子。北宋朱长文在《续书断》中评述张旭草书时曾说，始见公主担夫争道，又闻鼓吹，而得笔法之意，后观倡公孙舞剑器，而得其神，由是笔迹大进。盖积虑于中，触物以感之，则通达无方矣。天下之事，不心通而强以为之，未有能至焉者也。②张旭见公主与担夫争道，悟避犯布白之法，闻鼓吹，悟轻重节奏之变，观公孙大娘舞剑器，悟盘纡往复、回环变幻之神。朱长文所说的"触物以感，通达无方"，是那种如果不是"心通"，则很难达到的艺术境界，有点像今人所说的灵感，是精神高度集中的情况下，由外物触发而达到的高度活跃的思维状态，从而产生了触类旁通的艺术效应，积虑很久、百思

①清·刘熙载《艺概·书概》，上海古籍出版社，1978年第1版，第170页。
②北宋·朱长文《续书断》，《书学集成（汉一宋）》，河北美术出版社，2002年第1版，第296页。

不解的问题一下子豁然开朗，找到了答案。这就是悟，对于书法而言，是运用各种生活联系启迪和激活对法度的理解和升华过程。这种可遇不可求的状态，亦是本于自然之心。

悟艺而通法理之序。从微观的角度说，书法是从笔力、结体入手体现理序的，如无往不复、无垂不缩，如天覆地载、让左让右。而从宏观的角度说，则是在处理字与字、行与行、多与少、有与无等一系列关系。因此，在书法的法度理序中，充满了主次、引带、上下、伸缩、正斜、收放、大小、疏密、远近、抑扬等关系。这些关系，虽不是社会结构、秩序的直接反映，但可以从中悟出变化、调节，追求和谐、通畅的顺序及其意义。一幅好的书法艺术作品，总是主次分明、格调一致、前后呼应、秩序井然的。任何艺术都是现实生活的反映，书法艺术则是深深潜埋在民族文化性格中礼制的反映。

悟道而入无我之境。中国书法在发展的过程中，始终把法放在第一位，然后才去论艺达道。中国书法不是不讲道，而是视为"小道"，这是由书法的大众化和文化体系的宏远高致决定的。法是实用层面的，艺是欣赏层面的，道则是精神层面的。在法的层面，讲心手相应，讲心手双畅，讲心手两忘。在艺术的层面，则讲心性与书艺的关系，讲意，讲个性追求，讲有我，即自我的特点、风格、色彩、神韵。而到了道的层面，则讲究无我，以我手写我心。何谓无我？指的是书法境界中我向自然的回归。所以，中国书法的最高境界是自然，是自然之性的自然流露，而绝不是任何带有主观愿望色彩的追求。因此，中国书法对道的达成，不是口头的、表面的，不是心性的、行为的，不是一种仪式、一种自我强迫，而是境界的达成，忘我的表现。

四曰美。汉字书法之美以自然之美为本，因为汉字的本源在于观法于天，观象于地，是包括人在内的自然的写照。以形态之美为体，一如南宋姜夔《续书谱》所说："点者，字之眉目，全藉顾盼精神，有向有背，随字异形；横直画者，字之骨体，欲其坚正匀净，有起有止，所贵长短合宜，结束坚实。八者，字之手足，伸缩异度，变化多端，要如鱼翼、鸟翅，有翩翩自得之状。／亅者，字

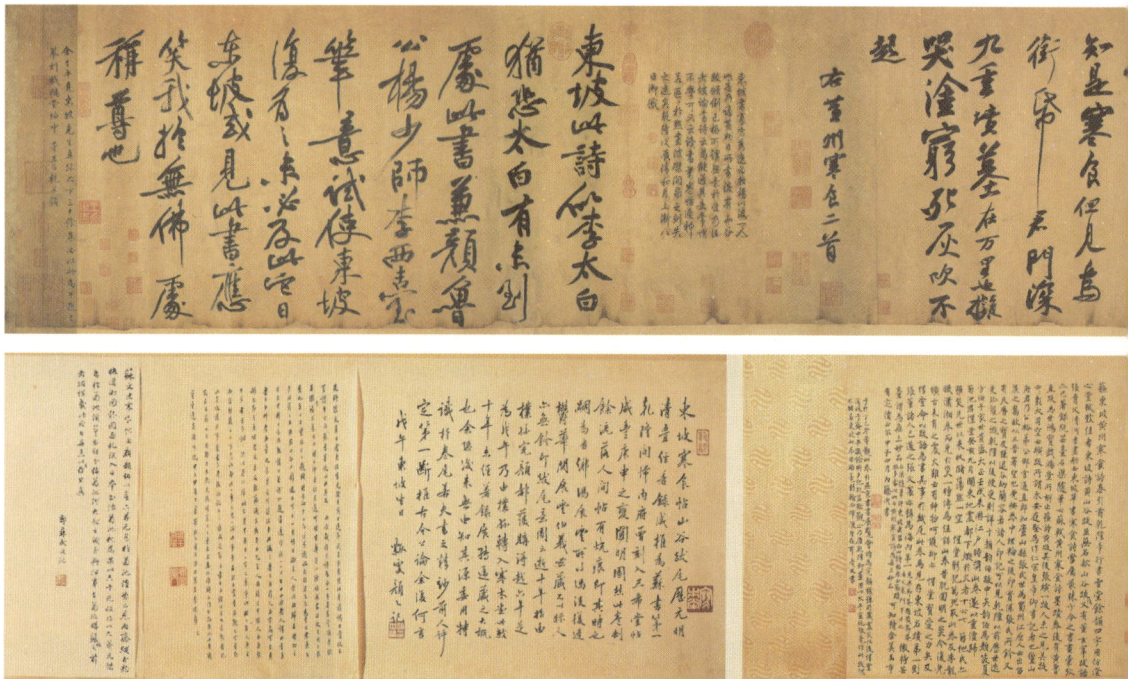

北宋·苏轼《黄州寒食诗帖》及历代题跋

之步履，欲其沉实。……"[1]眉目、骨体、手足、步履，俨然一个活生生的人，因情势而动，因需要而变。所以，汉字是有形象的，书法艺术是灵动的。以艺术之美为用。书法的第一要义是"美"，本源形态决定了汉字书法的艺术特质。而创作过程，正是赋予其灵魂、血肉、心气、风采的过程，或雄强、或秀润，或丰腴、或瘦劲，或妩媚、或朴茂，或纤丽、或浓艳，或古拙、或清雅，不一而足，而不同风格的外表下，都有一个共同的特质，即是美。中国书法这种美的特质，在经历了天然无雕饰的原始态度之后，汉晋以来，已经成为所有书写者、欣赏者、应用者一种自觉的追求了。

三、综合修养中的文学水平

在书法教师的诸多修养中，文学修养是必需的，是与书法艺术联系最密切的内容之一。纵观书法史，首先是一部文字书写史、记录史，书契在龟甲兽骨上的、青铜礼器上的、竹简上的、石碑上

① 南宋·姜夔《续书谱》，《书学集成（汉一宋）》，河北美术出版社，2002年第1版，第619页。

的，无非文而已。在宋以前的文字典籍及书写文本中，很少见到书写他人的作品，直到宋元之后，才从书法墨迹中见到了黄庭坚、赵孟頫书写的《廉颇蔺相如传》《洛神赋》，鲜于枢书写的《石鼓歌》之类，而绝大部分墨迹都是在书写自作的诗词文赋。《兰亭序》《祭侄文稿》《黄州寒食诗帖》，历史上的三大行书，均为书家自己的作品。因此，书法教师，必须是一个能为文作赋、写诗填词的人。

当代的书家中，能诗能文的人正在多起来，但所占比例、综合水平等都有待提高。作为一个合格的书法教师，提高文学水平是当务之急。其要有六。

一曰属对。即能对对子，这是古文学习的入门课程，要求对仗工稳，用词准确。

二曰写诗。我国是诗的国度，从诗经到楚辞、汉乐府，从魏晋南北朝的咏史诗、山水诗、田园诗、叙事诗到唐代的诗歌，把中国的诗歌创作推向了高峰，其格律也越来越严格。要学习写作格律诗，能用新韵，也能用平水韵，合辙押韵，起承转合，不失对，不失粘，力争有诗意韵味，以诗抒怀。

三曰填词。宋代词兴，称长短句。词是能吟唱的，故有词牌，要按词牌的要求填写，字数、平仄、韵律要符合要求。

四曰为文。即能写一些简短的文言小文，如书信、题跋、感言之类，用简洁的语言表情达意，增加古雅之气。

五曰作赋。汉魏南北朝时期，赋兴，讲究铺排扬厉，四六句对仗。因其繁复，后被诗词取代。今世又兴文赋之风，各地均赋。可作小赋，感时而言，言不必多，练习笔墨。

六曰阅读。阅读是文学的基本功，那些古代的辞章典故，今人读懂已属不易，何况经史子集，篇帙浩繁。要做到能基本读懂古文字、先秦散文、历史笔记、各类典籍、唐宋散文，增加自己的文学功夫。

文学是情感的文字，书法是形象的汉字，二者是一对双胞胎，难分彼此的。离开了必备的文学修养，做书家不合格，做书法教师更不合格。

四、综合修养中的艺术通感

一如书法与文学的关系，书法与其他的姊妹艺术，存在着天然的本质联系，即所有的艺术都是相通的，因为都离不开形象和情感。古琴的松、琵琶的密、昆曲的柔、秦腔的野，尽管载体不同，表现形式不同，但艺术的感觉是共同的、共通的。在京剧中，一人挥了几下装饰性的马鞭，便是千军万马、千山万水了，是以少少许胜多多许的典型手法，在书法中，就是阴舒阳惨。而那个长长的拖腔，抑扬顿挫，跌宕起伏，是一波三折的行笔，是峰回路转的折颤。剑舞的疾、太极的徐，可以作为书法节奏直接进入书写。经常有人问起类似书写是应该快还是应该慢一类的问题，观剑舞、看太极自然明了。至于音乐的旋律与节奏，舞蹈的动作与造型，绘画的线条与布局，雕塑的姿态与神韵，无不与书法直接相通。一次与一位围棋选手交谈，书法与围棋有三个共同点：一是都为黑与白，知

①宗白华《与沈子善书》，《民国书论精选》，西泠印社出版社，2011年3月第1版，第169页。

白守黑，他点头称是；二是都讲究布局，计白当黑，他感到惊讶；三是都以静为动，阴阳变换。他十分惊奇地说，太对了。举一个例子，棋手在落子的时候，大体布局的思路已在心中了，手无闲子，每一个子都是整体的一部分，而且子落势成，牵一发而动全身。至于变化，则是因势利导，因应调整，这与书法是完全一致的。正如孙过庭所说："一点成一字之规，一字乃终篇之准。"也与所有音乐的定调是一致的，本质上是部分与整体的关系。因此，书法必须从其他艺术品类形式中汲取营养。

第十节　教育态度

"尝以为今日书学之衰微，学校教育，未能重视，实为主因。古代中国书艺，为社会普遍文化，汉代边疆小吏，六朝善男信女，往往意趣甚高，今则号称书家，未能免俗，整个艺术空气之颓废，其奈之何。"①读这段话，感觉就是说当下之事，教育之责，风气之颓，书家之俗，无不一语中的。这是宗白华在20世纪40年代写给沈子善信中的话。沈子善寄了两册《书学》杂志给宗白华，所以他写了这封回信。《书学》杂志创办于1943年，共出刊五期，主旨在弘扬书法艺术。今天的书法传承，较之那个时期，应该是更见衰微了。所以，对于书法教育的态度，绝不仅仅是课如何上的问题，必须提高认识，既要在如何教上体现态度，更要在为什么教、为什么开课、为什么要重视上提高认识。宗白华是我国现代美学的先行者和开拓者，当年他就认为：中国文化与艺术，自有其特具精神贯注于一切中，而书法自为其中心代表。这样的认识，确是比当下的许多理论家、书法家及书法教育工作者的认识更高一筹的。

应该怎样认识书法教育的历史和现实意义呢？

一、书法教育是实现中华民族伟大复兴中国梦的必然要求

进入21世纪，尤其中共十八大以来，实现中华民族的伟大复兴，迎接中国共产党成立和中华人民共和国成立"两个一百年"，我们使用的形象话语，就是实现中国梦。中国梦是富强梦，是富足梦，也是在经济、社会迅猛发展的同时，实现文化复兴之梦。回顾中国的文化史、思想史，从先秦诸子百家争鸣的轴心时代开始，到汉代的独尊儒术，从魏晋玄学的思想解放到唐代文化高峰的儒道释合一，从宋儒的理学、心学到元明清的文化大融合，直到近代以来中西文化的碰撞，中国文化以其极大的包容性，既保持着主流的位置，又兼收并蓄，融合发展，从而使中华文明五千年源远流长，从未间断。与之一路同行，起着传播、工具、载体作用的就是中国的文字与书法。因此，文化的复兴，必须包含书法的复兴，而且是标志性的复兴。如果中国人连中国字都不会写了，都写不好了，都丢弃了，都不以为豪了，何谈复兴！

21世纪以来，文化软实力的概念走进人们的视野。说得通俗一点，经济是有力量的，体制是有力量的，军事是有力量的，民心是有力量的，环境是有力量的，文化同样是有力量的。强国绝不仅仅是经济富强，军事强大，更内在的是文化的感召力、吸引力、影响力和凝聚力。习近平总书记2013年12月30日在中共中央政治局第十二次集体学习时曾说："提高国家文化软实力，要努力展示中华文化独特魅力。在5000多年文明发展进程中，中华民族创造了博大精深的灿烂文化，要使中华民族最基本的文化基因与当代文化相适应、与现代社会相协调，以人们喜闻乐见、具有广泛参与性的方式推广开来，把跨越时空、超越国度、富有永久魅力、具有当代价值的文化精神弘扬起来，把继承传统优秀文化又弘扬时代精神，立足本国又向面世界的当代中国文化创新成果传播出去。"

因此，我们提出了核心价值观。文化安全问题，文化自信问题，文化实力问题，文化化人问题，改革开放四十多年来，从未像今天这样重要和受到重视。在这样的发展背景下思考书法教育，文

字是中华民族文化基因，书法是具有广泛参与性、富有永久魅力、可以跨越时空、跨越国度的艺术形式。因此，书法教育已经不仅仅是教育内容、学科、方法的问题，而是一种立足民族未来的必然选择了。

二、书法教育是学习、继承和弘扬中华优秀传统文化的客观需要

2017年1月，中共中央办公厅、国务院办公厅在《关于实施中华优秀传统文化传承发展工程的意见》中提出：中华文化独一无二的理念、智慧、气度、神韵，增添了中国人民和中华民族内心深处的自信和自豪，而实施中华优秀传统文化传承发展工程，是建设社会主义文化强国的重大战略任务，对于传承中华文脉、全面提升人民群众文化素养、维护国家文化安全、增强国家文化软实力、推进国家治理体系和治理能力现代化，具有重要意义。在重点任务中提到，"丰富拓展校园文化，推进戏曲、书法、高雅艺术、传统体育等进校园"等。不难看出书法在中华优秀传统文化体系中的地位。正是从这个角度说，上好书法教育课，必须站在继承和弘扬中华优秀传统文化的高度来认识。

何谓传承？传就是传授、传播。所谓传道授业，正是为师的本分。承就是继承、承续，而前提是学习。何谓弘扬？弘即是大，扩大、光大，大范围、大众、大效果。扬是高举，是传播，是播撒。因此，传承的基本形式是教学，弘扬的基本含义是传播。显然，这与教育的社会功能是完全一致的。从书法教学的角度说，通过教学，使人们了解书法、学习书法、欣赏书法、精通书法，从而形成全社会的书法氛围，并不断地发扬光大，是继承弘扬中华优秀传统文化职责所系。这样再来理解宗白华七十多年前所说的书学衰微，学校教育未能重视实为主因，便不会觉得所言沉重了。

三、书法教育是全面落实教育方针、实施素质教育的重要举措

进入21世纪，我国教育的一个重要方向，就是全面实施素质教育。这是针对应试教育的诸多弊端提出的方向性、趋势性、时代性

命题。素质教育的主线，就是全面落实教育方针。

从1952年教育部颁发《中小学暂行规程》（草案）提出"实施智育、德育、体育、美育全面发展的教育"到1957年毛泽东主席提出"中国的教育方针，应该使受教育者在德育、智育、体育几方面都得到发展"，从1986年《中华人民共和国义务教育法》"使儿童、少年在品德、智力、体质等方面全面发展"，1995年《中华人民共和国教育法》规定"教育必须为社会主义现代化建设服务，必须与生产劳动相结合，培养德、智、体等方面全面发展的社会主义事业的建设者和接班人"到中共十六大"教育为社会主义现代化建设服务，为人民服务，与生产劳动和社会实践相结合，培养德智体美全面发展的社会主义建设者和接班人"，到《国家中长期教育改革和发展规划纲要（2010—2020）》中对党的教育方针的论述，"坚持教育为社会主义现代化建设服务，为人民服务，与生产劳动和实际相结合，培养德智体美全面发展的社会主义建设者和接班人"，教育方针的不同表述中可以看到，德智体全面发展还是德智体美全面发展，不同时期的认识是有差异的。有人认为，美育的内容，已经包含在德育的内容中了，也有人认为，德育是方向，智育是核心，体育是基础，美育是升华，言外之意，德育不能完全涵盖美育，更不能替代美育。另一个现象是，没有强调德智体美的时期，正是美育相对薄弱的时期。因此，在2019年《中共中央国务院关于深化教育教学改革全面提高义务教育质量的意见》中，明确提出了"培养德智体美劳全面发展的社会主义建设者和接班人"的指导思想，强调坚持"五育"并举，全面发展素质教育。在增强美育熏陶一节中说："实施学校美育提升行动，严格落实音乐、美术、书法等课程，结合地方文化设立艺术特色课程。"

书法作为一门课程设置的现实意义，在学校教育中，认识是存在差距的。长期以来，书法是作为美术的一个分支出现的，是一种可有可无、能有则有、没有便无的状态。中央文件中在谈到美育课程设置时，把书法与美术并列起来，表明了中央对书法教育的基本认识和重视。而认真审视书法课程就会发现，书法教育传承中华优秀传统文化，是德育的题中之意；书法教育是识字写字，有智育内容；书法能够修炼身心，健体养气，是体育方式；书法是实践操作，具有劳动的特征。当然，书法教育最核心的内容，是发现美、欣赏美、创造美，是美育的内容。书法教育的综合性特征，五育兼修的特点，决定了书法教育在实施素质教育中的特殊地位。

四、书法教育是推进教育改革，促进学生全面发展，完善教育体系的科学尝试

书法进校园、进课堂，书法教育的常态化、正规化，对于任何校园而言，可能仅仅意味着增加了一门课。然而，当对这门课的设课背景、课程内容、教学方法、教学目的等一系列问题进行思考时，便会忽然发现，事情也许不是这样单纯。书法教育在中国文化史、教育史、艺术史上流行了几千年，有一整套的理论、内容、方法、评价体系，这是不需要实验的课程。甚至书法教育的传统体系，还会为教育改革提供一种常用常新的借鉴。也许人们在经历一段实践后会豁然觉悟，我们离开这样一种教育体系已经太久了。

一是书法教育体系中能力结构对于知识结构的反拨。书法是技能性、技艺性的，书法教育的第一要义是提高学习者的书写能力，不是书写理论、书写知识、书写记忆、书写理解，离开了能力培养，书法教育就会失去方向。根据教育部的安排，书法课是从语文课的时间中"挤"出来的。如果看一下当下的语文课，已经沦落到没有文学只有文字、没有文字只有文法的地步了。许许多多的语文课，是在肢解文章的过程中完成的，从阅读分析到问题设计，无不如此。语文课的工具性价值，在偷梁换柱的课程体系中变成了知识性记忆。语文课价值在读和写，读在于理解能力的提高，写在于表达能力的提高，而现今的语文课，阅读分析走进了钻牛角尖的死胡同，作文写作变成了程式化的填词造句。书法课则完全不同。书法教育也需要理解力，但不能靠记忆知识和技法的说辞来完成；书法教育也倡导表现力，那是用生命情感完成的心性表达。更加重要的是，离开了动手实践，书法教育将失去全部意义。毫无疑问，这是对现行语文教学体系的提示和棒喝，更是学以致用、文以载道的一次回归。时人喜欢造句，出了个新词叫"大语文"。语文原无大

尚書省郎官石記序
朝散大夫行右司
負外郎陳九言撰
吳郡張旭書

夫上天垂象北極著
於文昌先王建邦南
官列為會府六官既
辟四方是則大緫其

綱小持其要禮樂刑
政於是乎連而王道
偹矣聖上至德光被
睿謀廣運提大象以

祐生人師典為以風
天下三台淳曜百辟
承寧動必有成舉無
遺榮年和俗厚千載

行矣夫尚書郎廿四
林殫松秀盡在於周
綱羅俊逸野馨蘭芳
一時而攡搜擇茂異

司九六十一人上應
星緯中比神仙咸擅
國華以成臺妙徐詞
制天一之議伏奏為

朝廷之容信杞梓之
藪澤衣冠之領袖頭
朝榮初拜或省美中
遐異降年名各書廳

壁訛誤多矣惚載闕
如非丙以傳故實示
不朽者矣令諸公六
聯同事三署並時排

金門辭華擊鷟臨鳳
時肩隨武接而不回
僉謀補其闕典其於
義也無乃太簡乎左

司郎中楊公慎餘於
是合清論劍新徽
追琢之良工伐荊藍
之美石刊剗為記建

於都省之南榮斷自
開元廿九年咸列名
于次且往者不可及
來者不可遺非貴自

我蓋耶隨時班位以
序昭其度也豐約從
且昭其儉也碑夫金
石長固英華靡絶不

編班固之年自然成
表未讀馬卿之賦已
輒同時不其偉歟
開元廿九年歲

次辛巳十月戊
寅朔二日己卯
建

唐·張旭
《郎官石记序》

小，语文语文，以文为语，通过文字传达信息、感情而已。或者说，语文从来都大，从咿呀学语到识字为文，贯穿一生，时不或离，何曾小过？别人传，读者懂为达；作者传，以别人能懂为达。

二是书法教育体系中综合训练模式对单一训练模式的反拨。书法教育需要一个科学、全面、综合、有效的训练体系，这一点我们会在后面专门讲解。所谓综合，就是从手段到内容都不是单一的，而是包括了多种方式和内容。现行学校教育的训练体系则不同，头疼医头，脚疼医脚，所有的训练都趋向单一性，而且形式化、表面化。为了体现主动学习，许多课上会采用学生讨论的方式进行。因为这些讨论是教学、课堂安排，除了内容的限定外，时间、方式都是限定的，所以就成了课上老师做戏、学生演戏。对于书法而言，实践是自我的，不需要讨论，是个性化的，不适于讨论，是在书写过程自悟或呈现问题的，主动性自在其中。而训练的系统，是书写客观规律的体现。换言之，书法训练体现的是规律，而不是形式，是系列的，而非孤立的。这种训练方式的综合性、系统性特征，无疑是对学校教育现行模式的一种启发和提示。

三是教育体系中实用目的对应试目的的反拨。中国书法首先是实用的，然后才是艺术的。在漫长的发展、演变历史中，实用一直是书法学习的主流。因此，书法教育即使在今天，虽然展厅之用已经占有主导地位，仍然要始于实用，合于实用，在工整、规范的基础上，才去追求个性和艺术品位。这客观上决定了书法教育体系建构的以实用训练为目的。完全不同的是，在全部教育内容中，以实用为目的的内容太少了，而以应试为目的的内容远远超过了实用内容。即便那些以实用为目的的内容，如思想品德教育，也在这样的思想体系和模式下变成了不切实际或大而空的说教。书法教育无疑将为所有实用目的的教学提供一个务实的范本。

综上所述，书法教育所标识的政治价值、文化价值、教育价值是远超课程本身的。遗憾的是，很少有人从这样的角度对待书法课程。而由于认识不到位，宣传不到位，也客观上影响了书法教育的推行与落实。

作为一种教育态度，另一个层面上，则是书法教育工作者的使命感、时代感、责任心和奉献精神。有了社会文化层面的认识，使命感、责任感不难理解。教育的本质是文化传承，教师的职业是传道授业，教育的理想总是与历史、现实、未来紧密联系的。至于责任心和奉献精神，则是更现实的教育态度。

书法作为一门技能、技艺，古来大多是私相授受的。一是古之学者必有师；二是求师难；三是拜得名师，授受过程带有私密性。许多老师是不教的，一句"师傅领进门，修行在个人"，便把"授"字打了折扣；一句"教会徒弟，饿死师傅"，那"授"字又打了一层折扣。最有说服力的例子是颜真卿向张旭请教书法的故事。

颜真卿是历代称颂的大书法家，在中国书法史上的位置可谓举足轻重。在传为颜真卿撰写的《张长史十二意笔法》中，记载了这样一个故事：颜真卿"罢秩醴泉"，特意赴古都洛阳到裴儆家拜访张旭，请教笔法。此时，张旭在裴儆的宅上已经待了一年了。众人向张旭请教，"张公皆大笑而已"。就是裴儆本人，所得也仅仅是"绢屏素本数轴"，向他请教，只是告诉裴儆倍加功夫临写，"书法当自悟"。颜真卿在裴儆家待了一个多月，趁裴儆在场与张旭晤谈之机，向张旭请教笔法，而且态度诚恳。张旭什么反应呢？文中说："长史久不言，乃左右眄视，拂然而起。仆乃从行，来至竹林院小堂。张公乃当堂踞坐床，而命仆居乎小榻，而曰：'笔法玄微，难妄传授，非志士高人，讵可与言要妙也。'"之后谈了十二意笔法。①

从这个故事中不难看到古人传授笔法的玄奥过程。一曰"书法当自悟"，言外之意，不教；一曰"笔法玄微，难妄传授"，言外之意，不是谁都教；一曰"非志士高人，讵可与言要妙"，言外之意，只教志士高人。显然，现代教育体系下的书法教育完全不同了。老师要教，而且有教无类。所以，改变传统的不相授受的玄奥，让学生听明白、写明白，听懂学会，需要教师的责任心，更需要胸怀和奉献精神，做到毫不保留，无愧教师的职业尊严和理想追求。

①唐·颜真卿《张长史十二意笔法》，《书学集成（汉—宋）》，河北美术出版社，2002年第1版，第208页。

第三章

教学对象分析

在教师的职业生涯中，有一门常修常新的功课，叫作"读学生"。不读学生的教师一定不是好教师。因为不读学生，就不可能因人而异，因材施教。不会读学生、读不懂学生的也一定不会是好教师。因为不懂学生，就不可能在教学内容、方法、步骤、节奏上做出调整。读学生是老师的基本功。从不同的学生身上，会读到不同的内容。这是比读教材、写教案、设计方法等教育环节更加重要的前提条件，是上好一门课的始点。

读什么？怎么读？读学生与读书本质上没有区别。读一本理论著作，要么从理论基点出发分析事物，要么从事实出发得出结论，或者是逻辑推论，或者是事实证明。读一部叙事作品，就要搞清楚人物、故事、情节、细节以及环境、情感等等。归根结底，所谓读学生，就是对教育对象的分析、概括、把握、认知过程。

第一节
年龄分析

年龄是分析对象的外在标志，分析的重点在其身心发展水平。同样的教学方法，由于年龄不同，身心发展的差异，会采取不同的态度及行为方式。

一位书法家在他的领导55岁时劝其学书法，根据领导钢笔字的特点，中宫收紧，笔画开张舒展，为其选定了黄庭坚，并为领导选购了字帖。遗憾的是领导没有学书法，而是学了摄影，从摄影、器材到照片的后期处理，都有模有样。十年后，领导退休了，一次闲谈时问到领导为什么没学书法而学了摄影时，领导说了两个原因。一是因为年龄大了，不可能像小学生那样从基础入手，一板一眼地临帖练字了。二是周围的人一旦知道了他在学书法，如果让他写来看看，结果不成样子，没入门，会觉得不好意思。所以弃书学影了。

领导的两个原因说明了两个问题。一是年龄不同，想问题的方式、角度不同，态度、思考不同了，而且年龄越大，想得越多。二是对于不同年龄的学习者，不可采用同样的学习、训练方法，要根据年龄特点确定方法步骤。

在书法教学中，这样的例子比比皆是。如果对年龄段做一个大致的划分，可以分为三大类、四小段。所谓三大类，是不同年龄段的学习工作特征，即学习化生存阶段、工作化生存阶段、休闲化生存阶段。一是9岁到15岁之前阶段，由于年龄小，刚刚开始学校生活，处在无选择的知识灌输期，还没有形成一个完整的知识结构，还没有对事物形成自我判断能力，所以这一阶段是最听话的阶段，完全可以按照老师的规定去学习，内容、进度、方式，基本是老师怎么说，学生怎么做。因此，这一年龄段的总体教育方式是少讲多练。讲的时候力求明确、单纯、平白，有利于学生掌握，切忌讲得多、繁、深。但练习要加强增多，保证时间，打好基本功，形成好习惯。二是15岁到结束学业这一段，即高中、大学的阶段。因为有高考的压力，这个阶段课外学习书法的人相对较少，大学生除了专业性的和少数爱好者外，人数更少。这一阶段的学习者大多有了一定的基础，且大多出于自我爱好，更加有了一定的知识积累，理解力强了，也有了自己的好恶和社会评价能力，策略应是既讲又练，讲、练的分配要各到50%。因为学员更能从知识的角度、历史的角度、欣赏的角度感受和体悟书法艺术了，也对为什么开始产生兴趣，但大多不允许用更多的时间从事训练了。三是从参加工作到退休这一段。凡是在这一段坚持书法学习的，有的已经有了很好的基础，有的已成为特长，有的以书法为自身的业余生活，有的则因为工作需要或生活理想。这一阶段的教育策略是化整为零，边讲边练，随讲随练，放慢发展节奏，不离不弃，不急不躁，在保证正常工作、生活的同时，坚持书法学习。大多在工作之余多年坚持书法学习的，都是心性守一、悟性较高的人，要像文火煲汤一样，既不能急，又不能断。四是已经退休的60岁以后的书法群体，他们有丰富的人生阅历，见多识广，有的有一定的基础，要在晚年用书法填充闲暇的时光。这个年龄段的策略是多讲少练，有些内容要一笔带过，不可像小学生那样一味地写，而是要讲清为什么，克服他们在书写实践中存在的问题。这是最固执的一个群体，每个人都有自己的见解，用讲解取得共识是关键，而写得如何已在其次。在针对这一群体的讲解内容中，要强化和加大欣赏类的内容，使其津津乐道而有所道，能道人所未道。这个群体因为时间充足，大多能自觉完成训练，但往往进步较慢，疏于成效。在这种情况下，开展活动，提供展示空间，让每个人获得成就感是十分重要的。

在学校教育中，年龄都是大致相同的，一个群体只有一个年龄段，可以用同一策略开展教学。但在社会的书法教学中，不同年龄段同处一室的情况就存在了。根据年龄区别对待，能收到更好的教育效果。

第二节
基础分析

这里所说的基础仅指书写基础。

对于那些初学者，我们称为零基础，属于无法期。这一时期的学习者对执笔、用笔、行笔几乎一无所知，是一张白纸，老师教什么是什么，是最容易指导的时期。无法期的教学核心是入法，从笔法、字法、墨法等一路讲来，使其在实践中入手、入门，然后循序渐进地学习、进步便可以了。

基础分析的第二个类型是有一定的基础和尝试的群体，有两类情况。一部分学员路数正确，教学的重心在于使其尽快得法。得法已经不再是教的问题，而是在书写实践中深入体悟的过程。因此，这一人群的特点不是教，而是根据书写中出现的问题给予及时有效的指导。一部分学员属于虽然学过，有一些基础，但路子不对，甚至有了坏习惯。这部分学员的教学难度甚至比初学的还要大，因为改掉一个毛病比掌握正确的技巧更难。我们在公益书法实验班教过两个这样的学生，他们在写横画的时候，总是进一笔退半笔，在同一方向上前行后退，出现"挫"的用笔方式。开始发现第一个学生这样写时，我们让他走路，然后问他，为什么不走一步退半步，孩子想了想说，没有那样走路的。我们告诉他，写字也是一样，没有写字时时进时退的。后来又发现一个这样行笔的学生，我们认为应是一个老师教的。对于这两个学生的运笔，教起来比初学难了许多。书写过程中形成的手腕的记忆，会在学习过程中不时表现出来。

基础分析的第三个类型，是那些颇得法度但徘徊不前的群体。这样的学员大多有一定年龄，或临一帖，或临多帖，有模有样，不失规矩。问题在于有的不够精到，或得形而失神，或反复而无韵；有的则表现为不能出帖，临帖时得法合度，一旦离开帖，便立即失了标准，与临帖形成很大的反差。这两种情形的共同特点是功夫下了许多，但体察不细，体悟不深，入得不够，所以出不来。对于这一类型，关键在于促悟，从细处入手，体会法度精神，度过困难期。对于书法学习而言，任何人都要经历许多个困难期，写了一段时间后，忽然觉察不到自己的进步了，甚至感到退步了，怎么写都不顺畅、不对路，都感到不满意。这种阶段性特征，这一基础的群体表现得最多、最充分。而一旦开悟，便会峰回路转，出现一个全新的境界。

在书艺展厅化时代，会经常见到一些为了冲刺某个展览而参加培训学习的人，称为提高班、冲刺班、创作班等。许多展览已经形成了相对固定的审美标准、书风，包括入展参评的技巧，这些培训对于达到参展的目的是有用的。但从长远来看，这一类的书法教学，有太过功利、太过狭隘的指向性，不属于我们所说的教育范畴。

第三节
目的分析

从理论上说，没有没有目的的行为。也就是说，所有的行为都是有目的的，不论目的的直接、显明还是间接、潜在。书法教育也不例外。所有的学习都应该有目的，而且目的决定了态度。对于教育而言，则要根据对象的目的、目标，设定内容、方法、步骤及教学策略。

一、没有目的的学习

这与前面说的相矛盾，但却是书法教育的客观现实。在书法的学校教育和课外教育中，这种现象都有所发现，而学校似乎更加多见。有一部分对书法没有任何兴趣的人在课堂上学书法，或因为这是一门课程，不想学也得坐在教室里，或因为父母的强迫，走进了书法补习班，不想学、不愿学，走进这个课堂完全出于外部条件因素的规定、限定和决定。这部分对象的目的就是行为以合适的方式存在，处于完全被动的状态，基本表现是听不进去、写不下去、敷衍塞责、得过且过。而究其原因是对书法没有任何兴趣，或因为主观态度，或因为觉得没用，或因为自认不是学书法的料，心里自卑，等等。

这是一个不应放弃的群体对象，关键在于激发他们的兴趣，变被动学习为主动适应。首先把目标定在最外在的课程概念上，不管个人是否喜欢，作为学习任务就应该完成。其次是在被动学习过程中找出赞美点、肯定点，采用激励、表扬、展示等一切可能的办法，激活兴趣，增强自信。再次是通过内容调整激发和提高兴趣，从书写训练调整为书法欣赏，变写为听，变能力为知识。最后是让学习者自己看到效果和进步，通过巩固兴趣而形成目的，通过被动适应走向主动响应。

二、满足兴趣的学习

目的仅仅在满足兴趣，没有其他更高更长远的追求。按照一般规律，有兴趣的事物就可能具有开发潜能的作用。诚然有五音不全的人爱唱歌，但爱唱的人大多是五音全的人。不全的人偶一为之，抑或经常参与，久而久之，便会因各种原因放弃，而既爱唱又能唱的人就不同了。对于因兴趣而参与书法学习的对象，关键在于分析和了解对象属于哪种情况，是基础太差的喜欢、审美欠缺的喜欢，还是信心不足的喜欢、尝试性参与的喜欢。

对于书法而言，每个中国人都具有写一手好字的潜质，但由于条件、环境、经历等各种因素的限制，有些人失去了接触书法学习的最佳时机，所以当认定自己的兴趣时，已经有了各方面的限制，但依然为了兴趣去参与学习。满足兴趣是一件很容易的事情，而在这一部分学习者的情感深处，都有一个当书法家的梦想，写一手好字的梦想，通过书法体现人生价值和审美情趣的梦想。因此，根据这些学习者的基础和悟性适当引导，确定短期目标和长远目标，是很重要的指导内容。

三、提高水平的学习

这一类是有了一定的基础，经过多年的坚持，为了提高水平，达到一个既定目标而参加学习。这些对象的特点是对书法有很深的情感，并下过相当的功夫。或始于自学，或偶尔询师，往往因为在走入书写瓶颈时迷失了方向。他们是来寻求突破的，要走出瓶颈，要突破自我，要上一个新的台阶。

对这部分对象的指导是方向性的，更多的不是技巧，不是怎么写的问题，而是眼光、视野、境界的问题。所以，提高的方式如果仅停留在书写技法上则很难突破。要提高他们的鉴赏力，多看，扩大视野，从书法美学的角度提高境界。功夫在字外，对这一对象群体意味深长，为书而书，为参展而书，陷到书法的小圈子、小框子里寻找出路已经找不到了。

四、工作需要的学习

因为工作需要而学习书法有一个很大的群体，如艺术圈子的工作人员，学校的领导、教师，机关的文秘类人员，从事艺术品鉴定、交易的人员，以及一些领导干部、企业老总等。对于这些对象而言，有所了解、不外行、特定场合能提笔以及丰满自我形象是其学习书法的基本目的。这个群体的大多数人是急功近利的、现学现卖的，他们几乎不可能按照书法学习、训练的基本理路进行。因此，对于这部分学习对象的教育最好因人而异，个别指导，满足所需。

以领导干部为例。这里所说的领导干部，指县处级以上职级的公务人员。就社会阶层而言，他们的手中拥有公权力，属于精英阶层。对于这样的群体，能够走进书法课堂，从师学书，是一件很值得提倡的事情，这对提高他们的综合素养、制定文化政策、支持文化事业、净化从政环境都是十分有益的。但这些人的特点是因为工作忙，学习上难免三天打鱼，两天晒网，往往浅尝辄止，大多半途而废。说到底与"功利"相关。对于这一对象的教学策略是以书留人，通过书法的艺术魅力及诸多好处，让他们发自内心地尝到甜头，做到放不下。即便时间上不能连续，也要保持潜在需要的连续性。一旦具备条件，他们会重拾兴趣，回归学习。

五、充实生活的学习

在今天的现实生活中，文化需求的内容、范围、人群越来越大，越来越多，文化消费正在成为一种新时尚。我们过去把消费狭隘地理解为使用，甚至从来不把学习理解为一个消费过程。但现在不同了，许多人是以学习的方式进行文化消费的，这其中最受欢迎的，便是学习书法。

为了充实生活而学习书法是一个很高的文化层次。首先，以书法为乐的，学习者期待在书法学习中获得乐趣。其次，以书法学习为精神生活的基本方式，这种方式超越了许多世俗的方式，如打麻将、跳广场舞等。再次，以书法学习为人生价值的体现方式，不是为了书法，而是把自己交给了书法。因此，这一对象的特点是以淡化世俗功利为特征，以充实精神生活、提升文化品位为客观特征的，对象以中老年知识分子为主体。有许多50岁左右的知识分子，孩子工作了、出国了，时有余闲；工作经验丰富，社会地位不错，单位里受人尊敬，经济条件允许，自我清高，不愿意随波逐流，交友谨慎，有较高的文化品位，业余可以在家看看书，做做家务，练练厨艺，学学养生，但容易陷入孤独，最终选择了学习，学习国学，学习绘画，学习唱歌、舞蹈、瑜伽，当然也包括学习书法。客观上是在为自己选择和建立一个全新的生活圈、文化圈，回到学生时代，找回青春，丰富自我。

对于这一群体的教育策略，要力争生动、鲜活。他们对学习认真、刻苦，为了作业可以晚睡，有了进步乐于交流，经济条件允许他们装裱作品、搞小型展览。尤其是在与人交流时，系统的历史知识、人物故事、名作法书、当代现象以及评价作品、欣赏名作，都有自己的话语和见解。这确是起到了充实生活的作用。所以，对这一群体的作用是讲则讲透、练则取精。可以减少传统教学方式中临帖的分量，降低楷书的要求，而把书写的乐趣和精神愉悦提升到更加重要、迫切的地位。

目的分析是大致的。在具体书法教育工作中，必须因人而异，因环境、条件而异。中小学校、大学课堂、夜大书法班的分析是总体性的，而在日常生活的书法教学中，或一二人、或目的各异、或各方面差异很大，便需要教育工作者下一番"读学生"的功夫了。

第四节
特点分析

根据学习者的行为和思想特点，书法教学中必须对以下几种类型的特点予以特别的注意，以便发现问题，提供指导。

一、学勤功半型

这部分学习者的特点是勤奋、认真，上课听得认真、记得认真、练得认真，课后不论是临帖、读书还是交流都十分认真、勤奋，但到头来，进步的速度慢，提高的幅度小。究其原因，是教一则一，不能举一反三，教多少是多少，不能启发领悟。本质上是悟性问题。这一类型可以把一本字帖写到很像、很熟的程度，但一旦离开字帖，离开字帖上的字，便会立刻露马脚。从笔画的角度看，用笔用锋，一板一眼，但就是不会结字，不会在结字时调整笔画形态。悟性差主要表现在结构布局上。结构布局上的问题，多半是审美的问题。不应讳言，人与人之间的审美是有差异的，审美主观上的差异就是天赋不同。针对这一类型的特点，只能用笨办法解决，即临帖、背帖、多临多背，把一种帖临到字在心中、字在眼前的娴熟程度，在离帖书写时做到不走样。之后，再学习以部件的形态组合结字，以偏旁部首、独体字与固定程式相结合。这样做，一熟二久，定会大有成效。

二、眼高手低型

所谓眼高，本质上是审美水平高、标准高、心里有一幅合于美学理想的图画；而手低，则是书写的技巧、行为、程度跟不上心里所想。眼高手低问题的核心在于练得少，功夫下得不到，手不应心，手不随心，所以出现了书写不能达到心理标准的现象。眼高手低类型者一般都有较强的感悟能力，即悟性很好。看到一幅好的作品，看到别人的书写，听到老师的欣赏性讲解，包括在日常生活中的见闻感悟，都可能产生动笔的冲动，但笔墨一落在纸上，不是心中所想了，变形了，失态了，扭曲了，不到位了。这种情况在教学中会时有发生，通过学习，眼光提高得很快，但手上的功夫跟不上眼光提升的速度。方法自然很简单，多练便是。这也客观上证明了一个道理，书法是在实践中提高的，是写出来的。讲可以促悟、开悟，但不等于提高了书写水平。

三、见异思迁型

经常可以见到这样的学习者，篆、隶、草、楷、行，颜柳褚欧赵，任何一个都喜欢，学习过程中试试这个，写写那个，人不守一，一不守人，结果是什么都没学好，什么都不精。最好的比喻是挖井，只要深挖，抱定目标，一定能挖出水来。如果东一锹、西一镐，哪一个地方都试，哪一个地方都不能深入，自然是挖了许多坑而不见水，功夫没少费，但收获甚微。

见异思迁可以从两个方面找到原因。一是美学观问题。即对书法美的追求是含混的，目标不清晰，表面上看是兴趣广泛，本质上是认识问题、目标问题。二是偷奸取巧、寻找捷径的心理作怪。试试这一个，很难，见效慢，放弃了；试试那个，依然难，短时间内仍然不见成效，又放弃了。所谓见异，在这种认识、目的面前变成了"见易"，换来换去的原因不是因为自己认定是否适合自己，而是想走个捷径。对于书法学习而言，学习过程中发生兴趣变化、追求变化是正常的，进境知非，知非进境，允许对自我有一个认识、把握过程，但学习者总能发现自己最喜欢什么，即便一时不能确定，但随学习的深入，终能明确自己的美学追求。至于为了走捷径而变来变去，则是学习态度问题了。学习书法，本无所谓难易。对于目的端正、肯下功夫的学习者而言，难也是易；对于目的不端正，不肯下笨功夫、苦功夫的人而言，易也是难。见异思迁、变来变去，浅尝辄止、寻找捷径的态度必须纠正。方法其实很简单：选择自己最喜欢的，下死功夫。别无他法。

四、自以为是型

在书法学习的过程中，自以为是的情形屡见不鲜，突出的表现是听不进别人的建议，见不得别人说不好、不行，既想请教、解惑，又对指导怀疑、否定。尤其那些有一定书写基础的学习者，自以为是会以各种形式的行为表现出来。比如，老师说人能守一，一能守人，你就写颜真卿，先不要去写隶书。他一面应承，一面继续自己的做法。比如老师说，你这样执笔，由于笔不正，所以偏锋、侧锋太多。他却觉得偏锋很好，并举出某书家用笔时大多用偏锋的例子。自以为是本质上是态度问题。书法教学是要按规律办事的，对于那些不合规范的内容要求，是可以不采纳的，对于不同的建议，也可以有自己的见解和态度。但如果觉得就是自己的好，就是自己的正确，别人的建议、指导一概听不进，便属于自以为是了。对于书写过程中养成的坏习惯，更不可用自以为是的态度处之。

第五节 背景分析

教学对象的背景分析是一种深层次的分析，就读学生这门教学基本功而言，读出的不仅是什么，形成外在判断，还要读出为什么，从生存环境、人生经历、文化素养、个性品格等方面研究学习者。

生存环境对一个人的影响是无形的、深远的，决定了一个人的视野、气度、兴趣等。所谓环境塑造人，正是这个道理。在今天的现实生活中，每个学习者的生存环境都可以用类化的形式表示了，如城市、农村，古都、新市，偏僻、繁华，落后、现代，南方、北方，东部、西部，发达、贫穷，国内、国外等。一个在绍兴长大的孩子，从小就对王羲之耳熟能详，谈到书法《兰亭序》，全在自己的生存记忆里。当然，也有这样的土豪，问手下谁的书法最好，告之以王羲之，他会说：把他请来，给我们公司写几幅字。手下告诉他请不来的时候，便财大气粗地说：他要多少钱？给他钱不就完了吗？这是文化段子，但你不能用在绍兴人的身上。当代有一个大家喜爱的女书家叫孙晓云，她的外祖父叫朱复戡。介绍朱复戡的文字说，朱七岁为上海怡春堂写春联，每对两块大洋，当时吴昌硕的对联润格是四块大洋。十二岁为宁波阿育王寺题写"大雄宝殿"横匾，后随吴昌硕学篆刻，十七岁时被吴称为"小畏友"，并与冯君木、罗振玉、康有为等过从甚密。朱留学法国，曾为上海美专教授，为中国书协名誉理事，西泠印社理事。所以，孙晓云有条件三岁始承家传学习书画。环境影响中最重要的是家庭，父母学识、品位，家庭气氛、教养，接触的事物、人群等。书香门第，商贾之家，处境贫陋，出入官宦，身居异域，随家屡迁，家道中落，暴发门户等，对一个人的影响一定会体现在书法学习的目的、态度、方式及勤奋、刻苦程度上，也一定会在学习者的心理、悟性、价值取向、行事品格上留下印记。

人生经历塑造和形成了一个人的世界观、价值观、生存观和艺术观。在中小学，我们面对的可能是一群刚刚懂事、提笔时间不长的孩子，即便这样，也同样有成长经历的痕迹。说孙晓云三岁承家传习书画，你信吗？一般人都不会信，三岁，涂鸦而已。但对于一个书画之家的孩子、幼儿而言，文房用具可能就是他的玩具，涂鸦时可能就接受了如何拿笔的教育，这使他从小就对笔墨纸砚有了亲近感，对碑帖印章熟识到无睹。对于那些有一些阅历的青年学生、成年人就不同了，有的人十几岁去过西安碑林，有的人从小在少年宫学习书画，有的父母都是教师、知识分子，从小的习惯就是看书，有的家中多古物，从小就上手过钟鼎彝器。有的当过兵，有严格的自我约束训练，有守阵地、攻山头的拼命精神。有的留过洋，感受过中国文字、文化的亲切感，有系统的家国情怀和文化意识等。所有这一切，都会直接影响到对书法艺术的认知和学习态度。

文化素养不以学历为标志，也不以读了多少书为标志，而是一种个体价值体系、行为方式、生活品位、审美情趣的综合表现。素就是平常，养就是养成，是一个人在日常生活中养成的，而非刻意追求和装点的习惯和态度。我们通常说，文化是所有物质财富和精神财富的总和，有器物层、制度层、行为层和精神层，人是这些财富和层面的综合承载者、体现者。所以，一个人的文化素养，主要体现在精神境界、行为品位上。一个文化素养很高的人，不会把学习书法当成追名逐利的工具，不会见异思迁、自以为是，也不会浅尝辄止、偷奸取巧，经纶满腹却很谦虚，水平很高却很勤奋，当书法作为他们的学习内容时，会以虔诚、恭敬的态度，认真、努力的态度去对待学习。而越是文化素养需要提高的人，才有装腔作势，才有自我感觉良好，才有挑三拣四，才有有失体统的行为。

个性品格与书法学习的关系，是一个书法学习的全新研究范畴，迄今为止，还没有一个这样的成果，证明什么样的人更适于学习什么样的书体，走什么样的训练路径。我们对个性的认定，还停留在行为特点的认知上，没能深入到性格、人格的层面。历史上苏黄米蔡的舍京而定襄，就是很典型的例子。蔡京为世人不齿，所以，宋代四大书家蔡的帽子便戴到了蔡襄的头上。秦桧也是一个书家，但因为品性太差，干脆没人注意他的字了。这里有历史评价问题，善恶判断起了决定性作用。但不是那些品格低劣卑鄙的人的书法肯定不好。所以，政治伦理上的善恶便与艺术品格上的美丑发生了冲突。而蔡京、秦桧是不是学习阶段就丑而恶呢？或者说，少年劣行，心气乖戾，品性低下，是不是就学不好书法呢？再进一层，书法学习，对于少小妄为之性，是否有校正引领之功呢？这些都要在对象的背景分析中加以思考。

20世纪90年代初，中央电视台在大学生辩论赛中出过这样一个论辩题："'干一行，爱一行'，还是'爱一行，干一行'。"过了三十年，我们今天再看这个题目，会有一个更深的理解，即人生的许多事情是有前置条件的，如果这个前置条件是时代特点，大概就很难进行自我选择了。在计划经济条件下，在每个人的职业、工作由社会统筹、分配的条件下，干什么有时不是自己可以选择、可以说了算的，所以，"干一行"作为一个客观存在，是前提，是需要，是饭碗。尽管所干的职业可能不是自己所好，但不等于不可以出成绩，一定要尽心尽力地做好。这就是"干一行，爱一行"的条件和要求。今天的情况就完全不同了。实现中华民族伟大复兴的中国梦，为每个人的梦想实现提供了一个广阔的时代性平台，通信发达了，交通便捷了，世界变小了，创业可能了，每个人都可以按照自己的爱好选择自己的职业，把自己的人生之梦与民族的振兴之梦结合在一起，这时，再说"爱一行，干一行"，便是一件很现实的事情了。但是，爱一行干一行，并不等于就一定出成果、出成绩，甚至不等于就能获得快乐。喜欢书法，学习书法，将来要当一个书法艺术家，假设真的喜欢，真的努力了，真的拜师求学，勤奋刻苦，就一定能够成为书法家吗？当然不一定。因为"爱一行"作为前置条件成立时，还需要其他的条件。

书法学习就是一件不一定真喜欢就一定有成就、达成目标的事情，喜欢是前提条件，还需要其他条件。对于个人而言，就是悟性，是艺术天赋。而书法教育过程中，对象的天赋如何，是教师必须给予足够注意的功课，即发现学习者的潜能。

人的书法潜能可以从三个层面上进行划分。一是妙悟型。这是为数极少的天赋人群，特点是主观上酷爱，达到痴迷的程度；兴趣持久，深入骨髓，甚至排斥其他爱好。这些人悟性极高，一点就透，能够主动学习、自觉练习，成为生活不可或缺的一部分，不仅把书法融入了生活，还把人生融入了书法；同时，有极强的举一反三、一通百通能力，富有表现力。二是启悟型。书法学习人群的绝大部分属于这一类型。喜欢不痴迷、热爱不专注；任务性学习、训练，说不到主动，但依然勤奋；遇到问题，能主动发问，亦能通过练习解决；专注于一体一帖，日久年深，得法得体；有表现力，但不稳定，容易流俗。三是迟悟型。学习认真，但悟性较差，教一得一，举一反三的能力较弱，缺少灵活性变化，是很好的学习者，不是很好的表现者。入之虽慢，但仍然很深；出之维艰，甚至终于不悟。这也是很少的一部分人。

书法教育作为事业，是以大众性艺术感知为目的的，要充分调动每个中华后人都能写一手好字的潜能。同时，书法教育不能否认在书法脱离了实用的工具性之后的艺术品格，书法艺术是小众的，成就者终于寥寥。作为教育者的天职，就是面对大众的多数，发现小众的少数，从苗头抓起，不埋没任何一个书法人才，为有潜力的学习者创造学习条件。写好中国字，靠的是70%的努力和30%的天赋；成为书法家，靠的是70%的天赋和30%的努力。两者是连接的、相通的。从写好中国字到成为书法家的路上，有一道极其关键的门槛，就是天赋禀性。书法如此，所有的艺术门类都大致如此。

第四章

书法教学
的原则

书法教学论　书　怎样教书法

　　教学原则是从无数的教学实践中总结出来的行为准则，可以用它来解释实践，也可以以此来指导实践。而书法教育的原则，与所有技能性、技艺性教学具有同样的原则。

　　现行的学校教育制度是欧洲工业革命后的产物，优点是可以让更多人接受教育，是大工业生产方式在教育上的应用；缺点是普遍性排斥了特殊性，公共化限制了个性化。在我国，则形成了重知识轻能力、重书本轻实践的教育痼疾。

　　我国技能性、技艺性教育是以"师父带徒弟"的方式传承的，这是传统手工业生产方式在教育上的体现。"师父带徒弟"中那个"带"字十分重要。带不是一般意义上的教，而是带领，是言传身教，是师父领进门，修行在个人。这种教育形式有三大特点：一是在实践中学习。徒弟从做杂活、打下手开始，是在给进入技能性学习做前期的准备，是在熟悉行业特点，然后按照师父的样子去动手做，照葫芦画瓢地去实践。师父不会讲一篇大道理给徒弟，也不会讲一套行业规范、注意事项之类。学中做，做中学，实践是第一位的。二是主动学习，徒弟不仅要看师父怎么做，还要在自己做的过程中体验、感悟。只有在多次实践、问题明确、反复实践没能解决的情况下，学生才好向师父请教、发问。徒弟向师父提问是一件很谨慎的事情，不能什么都问，不能没做先问，不能试一下就问。因此，这个主动学习的过程中，学生提的问题是有质量的、关键性的，是难点，是技巧中的巧处，是技艺中的艺术。三是师父绝不是有问必答，人问必答。师父会根据徒弟的实践努力情况和悟性，有的问题答，有的问题不答，有的人答，有的人不答。有的可能手把手地教、讲、试，有的则可能只告诉继续做，不言一字。为什么这样不同呢？因为徒弟的个性特点不同。有的悟性较差，则需要详细说明、指导，有的悟性好，便可以从实践中深入体悟。这就是因材施教。

技能性、技艺性内容的教育，师父带徒弟的方法至今依然实用。国家提倡工匠精神，指的就是这样技艺的传承，不能放弃传统的教育方式。在各行各业，尤其是技能性、技艺性强的行业，拜师学徒，仍然十分流行。换一个角度，从教育现代化的角度说，在社会回归自然、回归人性、回归个性的背景下，教育现代化的核心，是用最先进的理念、途径、方式、手段推进教育适应经济社会发展，适应教育自身发展和人的全面发展的历史进程，这种"师父带徒弟"的教育方式，将在新时代的历史条件下发挥新的作用。也正是从这种历史经验的总结中，针对书法教育的特点和现状，阐释如下原则。

第一节
基础性原则

书法教育是为每一个学习者打基础的，尤其是中小学校的书法教育，包括大学本科的书法教育，直接培养书法家不是追求的目标，以培养的学生参加国展为务，便违背了书法教育的基本原则。而为学习者打基础，可以从三个层面上加以体现。

一、书法基础

书法教育要把书写的最基本要领、技巧讲明白，练习好，让学生初步掌握。显然，这个基础是从如何执笔、如何运笔、如何结字、如何成章、如何用墨开始的。这些是基本的，也是根本的。以执笔为例。古人总结了五个字，叫擫、押、勾、格、抵，说的是五个手指与笔杆形成的关系和体现的作用，称为"拨镫法"。

所有写字的人都要从如何执笔开始，这是第一个门槛，谁也绕不过去，这自然是最基本的了。为什么称"拨镫法"呢？要讲清楚，但绝不是所有人都能讲清楚，说明白。因为到南唐后主李煜那里，在五字之后又加了"导、送"二字，变成了七字，便弄得混乱不清了。其实问题出在那个"镫"字上，有人理解为马镫之镫，而本义是"燈"。古时"镫""燈"二字通用，拨镫即是拨燈，燈的简化字写作灯，是用五个手指持灯钎挑灯芯的姿势动作。这个说明白了，还要讲到指实、掌虚、笔正、腕活之类。何谓指实？用多大力为实？其实也是很难说清楚的，没办法定量。大家常讲的一个例子是王献之小时候练字，王羲之在身后偷偷地抽他的笔杆的故事，以笔杆不能从手中抽出为实。如果做个实验，对于那些书法大家而言，偷偷抽笔，也是能够抽出的。抽不出不叫"实"，而叫"死"。笔握死了，字画不能活。那什么是实呢？在握住与抽不出之间，个中力道，恐怕要认真领会才能味得。因为执笔的目的是写字，只要写字时每个手指都能发挥作用，也便可以认为是"实"了。问题又来了，写字时是以指运笔还是以腕运指呢？这一个如何执笔，便还要讲下去。所以，最终可能要落到"法无定法"上。法是有的，那是要领、规范、要求、做法，但到每一个具体的人身上，会出现许许多多的差异，是不固定的，不会千篇一律，要根据不同的条件、因素变化。而执笔的核心，是以手执笔，以腕带笔，以心运腕的过程，这才是执笔要强调的核心。清朝戈守智在《汉溪书法通解》中专有执笔一卷，列出"拨镫法"之外的十几种执笔法，并有执笔图，足见这并不是一成不变之法。

对于书法学习而言，执笔无疑是最基础的，而运笔之法，结字之法，篇章之法，用墨之法，同样是基础性的，所以都要讲。把这些基础性的知识讲明白，把这些基本的要领弄清楚，达到能写会用的程度。

二、书艺基础

书艺基础也可以称为书业基础。书法学习不是一朝一夕的事，

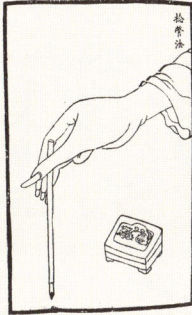

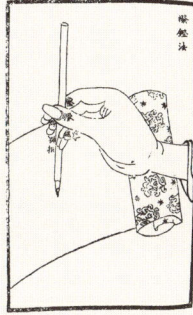

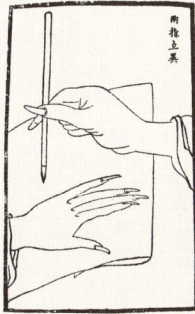

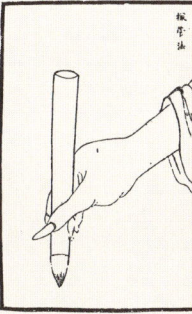

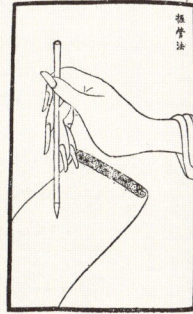

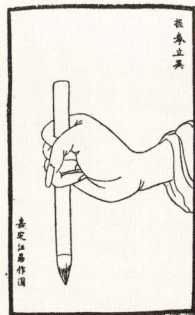

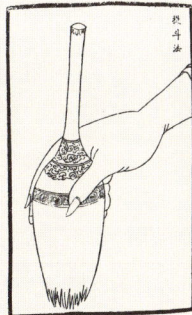

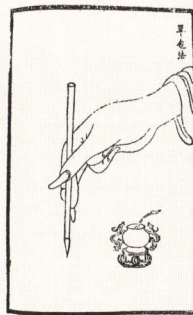

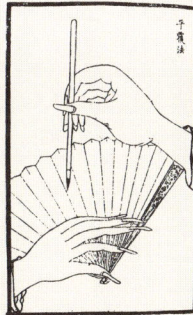

清人戈守智《汉溪书法通解》执笔图

不可能一蹴而就，没有速成法。因此，打基础不仅仅要打书写技法一类的基础，还要打下保持兴趣、成为爱好、发展成特长以至最终成为专家的基础。

对于书法学习而言，如何保持兴趣，是一个十分重要的基础性问题。兴趣是所有人做好一件事、从事一项事业的始发点、原动力，是全心全意、全神贯注投入一项事业的内生条件。兴趣可以改变，可以失去，也可以培养、保持、激发和促进。保持书法学习的兴趣可以说六句话：走出神秘，解决问题，享受乐趣，持之以恒，激发灵感，养成习惯。许多兴趣的产生就是因为有神秘感，但如果一直神秘下去，也会消磨兴趣，从兴奋点上降下来，甚至失去兴趣。书法本来是一件没有那么神秘的事情，但由于长久的疏离和一些书家的故弄玄虚，倒是弄得神秘了。所谓走出神秘，就是引导所有的初学者走出玄虚，还书法学习的本质。书法就是合规律、技巧地去写字，只是改铅笔、自来水笔、钢笔为毛笔而已。只要掌握了毛笔的使用方法、技巧，本来是一件人人可学、人人可以写好的事。走出了这个神秘的圈子，就没有神秘感了吗？初学者很快就会发现，说得容易做起来难，那支毛笔并不那么听使唤，这时候就要解决书写中遇到的实际问题了。遇到的新问题，仍然有神秘感，于是激发学习者保持兴趣，克服困难，继续探求。而攻克的每一个难题、书写的每一点进步，都是对神秘感的再次打破，都会在进步中享受到书写的乐趣。就是这样知一重非，进一重境，用勤奋、用时间、用探究的态度和持之以恒的坚持、努力，书法学习、训练会变得越来越容易，越来越有追求探索的兴趣。书法学习是慢功夫，日久天长，在坚持不懈中会有许许多多的体悟，每一次悟出、进阶、豁然开朗，都会有灵光闪现的感觉。这时，书写的欲望会屡屡地被调动、激发起来，以至成为习惯：学习的习惯、临写的习惯、探究的习惯、克服困难的习惯等。这个时候，兴趣变成了爱好。爱好是什么？是由于兴趣而形成的习惯。

对于书法教育而言，一个学习者从兴趣出发到形成习惯、爱好，就打下了一个自觉、主动学习的基础，剩下的便是自我修行，不用扬鞭自奋蹄了。从习惯、爱好到特长、专长，是一个书家的必经之路。没有哪一个书法家从一开始就是书法家，但任何一个书法家都始终保持着对书法的兴趣。动力不竭，注意力专注，不离不弃，终成正果。我们看到的所有对书法艺术如醉如痴的学习者，终能在坚持与求索中收获一手好字，乃至成为一个书法家。

三、书道基础

道是形而上的，中国古人讲法多于讲道，识书法为小道，因为较之修身、齐家、治国、平天下，书法是一件小事情。但书法一旦上升为道，便有了哲学意味。世界上所有的道，归根结底是人生之道，人生之理。书法也好，插花也好，饮茶也好，一旦上升为道，这些行为过程，就仅仅是一个修炼的过程和仪式、仪规性质的载体了。中国古人以书写为工具，所以多讲法，多讲致用，而不去讲道。

书法学习要为书道打基础，本质是通过学习、训练、感悟的过程，悟到人生之理。概言之：奠定根基，立足高远，视野宽博，心性静穆。书法学习打的是书写基础，基础打不好，便会影响后来的进步发展。书法如此，人生也是如此。书法打基础和人生打基础的道理是一致的，当然根基要深，要扎扎实实、一丝不苟。学习者在临帖的时候，开始是一个粗放的、求形的、练习、熟悉笔法的过程，临到一定程度了，就要讲细节了，要精致、入精微。再进步，便是求骨气、体势、神采、风韵了。而人生不也同样要讲骨气、讲精气神，要站得高、看得远，视野广博宽阔吗？所以，书法学习也要讲历史渊源、慎思追远，也要讲时代性、服务社会，也要讲见多识广，以避孤陋寡闻，更要讲追求高雅，以避流俗。所以，通过书法学习，打的不仅是书写基础，更是人生发展的基础。

在中小学生的公益书法实验班，教师对家长说得最多的一句话是：书法不重要，重要的是练性。指的是学生的心性。对传统的敬畏感，能否平心静气、不急不躁地完成一个学习过程，在这个过程中如何规范自己的行为，磨炼自己的意志，如何做到胜不骄、败不馁，如何提高眼光、胸襟，睥视千古、放眼天下，这才是最重要的。书法可以让躁动的孩子静下来，可以让看惯既得利益者改变心态，可以培养持之以恒的探究精神，这还是简单的书写吗？这就是道。书法可以为人生打下一个好的基础。

书法的基础性原则要求功底扎实，提高品位，拓宽视野，深入领悟，即所谓实、高、宽、深，应该是不难理解的。

第二节
继承性原则

书法教学的主题是传承。继承什么呢？

一、器具文化

笔：从笔的样式、笔的历史到一支毛笔制作的工序、技艺、过程，以及历代著名的笔工等。

墨：墨的演变史，制作过程、工艺、纹饰、品种。历代墨工。

纸：纸的发明创造与造纸的历史，历史上的名纸、品种与区别等。

砚：历史、材质、砚品、雕饰以及产地、砚铭等。

文房：四宝之外的其他文房器具的样式、功能、历史、材质、品位、著录等。

印章：材质、用法、内容、功用、传承等。

碑帖：摹本、拓本、鉴藏、伪本、传拓、装池、题跋等。

二、书体文化

甲骨文、大篆、小篆、隶书、章草、今草、楷书、行书、篆刻等。

又："六书"，飞白，古文，奇字，"八体""六书"等。

三、载体文化

甲骨、钟鼎、摩崖、刻石、碑碣、帛书、简书、尺牍、砖文、写经、绢本、纸本等。

四、书写文化

执笔、运笔、结字、用墨、篇章、用格、临摹，以及篆法、隶法、草法、楷法等。

五、应用文化

不同用途的幅式及书写要求，中堂、条幅、对联、斗方、横幅、牌匾、条屏、扇面、圆、手卷、册页、书稿、批注、信笺、帐幔、拜帖、契约以及榜书、展览、馈赠、润格、题款等。

在应用文化中，还要特别提到装裱。

六、鉴赏文化

包括论述、鉴赏、批评、著作、法书、名家、品位、语汇等等。

这里的几十项内容，有的已认定为非物质文化遗产，如笔墨的制作；有的已经和正在失去使用价值，如甲骨简牍；有的已经改变了原有的形态，如墨、拜帖；有的则有待进一步阐释开发，如鉴赏语汇。在书法教育中，这些都是书法文化的基本内容，课上未必都讲，但都是与书法直接相关的。举个例子。当代书风对"宁拙勿巧"观视为圭臬。什么是巧，什么是拙？《说文》说："巧，技也。"《老子》言"绝巧弃利"。这里的巧是作伪乱真之意。《礼记·月令》："毋或作为淫巧。"这里的淫巧，指的是过而奇，过则伪，奇则怪。这些用到书法上，就是不要过于逞技，不要做作，不要失去书写的本真。那什么是拙呢？唐朝窦蒙在《述书赋语例字格》中解释说"不依致巧曰拙"。意思是说，不要考虑技艺的事，顺其自然，就是拙。所以，拙的最通俗解释应是自然书写而不为技巧而技巧。所谓继承，就是要把老祖宗留下来的财富搞明白，传下去。

讲到继承性，不可回避的一个问题是创新问题。创新是时代进步的动力，有鲜明的时代色彩，所以各行各业、各个方面都讲创新，如理论创新、制度创新、科技创新、方法创新、工作创新、社会创新等等。这个创新一旦引入了书法，问题便来了。怎么创新？工具不能创新，文字、字体不能创新，载体、法度不能创新，所以就在行为上、形式上玩起了花样，吼书、射书、反书、空心书等，变成了杂耍。许多已经远离了书法、书艺、书道的内容，都给自己戴上了创新的帽子。再不成，在形式上拼拼接接，留个毛边，弄个杂色炫人眼目，也便充得创新了。书法文化源远流长，博大精深，对于教育而言，首先是把优秀的文化传统继承下来。学还没学好，谈什么创新？

况且，书法至今，或无创新可言。

第三节
实践性原则

实践是书法教育的不二法门，是学习者学习、提高、传承的必经之路。《中小学书法教育指导纲要》中就实践提出建议，要引导学生在生活中学书法、用书法，积极开展书法教育实践活动。通过社团活动、兴趣小组、专题讲座、比赛展览、艺术节、文化节等多种形式，创设书法学习环境和氛围。充分利用少年宫、美术馆、博物馆、名胜古迹等资源，拓展书法学习空间。有条件的地区、学校还可开展校际、地区以及国际书法教育交流活动。鼓励学生在学习、生活中应用书法学习成果、发展实践能力。可见，书法教育实践不仅是写，还要走出去、请进来，实践形式是丰富多彩的。可以从课上书写实践、课后相关实践、校园文化实践、社会活动实践等多种实践方式体现实践性。具体可概括为六个字：

一、看

看示范。书法教育讲了、懂了、练了还是不够的，要看书法家是怎么写的，这一点十分重要。在书法课堂上，学生看到的示范动作，一般来说是教师的、学生自己的，是规范的、演示性的，这样的书写最容易出现的问题是注重了笔法、细节，忽略了过程、章法、意趣以及书写感。学习者经常会问到书写时是慢好还是快好一类的问题。对于疾、徐的把握，可能会因人而异、因书体而异、因书写时的情绪状态而异，甚至因书写的情境、环境而异。最好的实践方式是看书家的书写，不是为了教学而做的示范，而是实际的书写状态，让学生从中观察、学习书写时的节奏、动作、状态、方式等。看的重点在过程，看一幅作品从一张白纸到作品产生、完成的全过程。

二、读

读也是看，但看的不是过程了，而是作品、法帖。学生要临帖，一定要学会读帖，优秀的书法作品也包含其中。读什么呢？读神采、读韵味、读气势、读细节。读就是琢磨、玩味。除了读形态之外，还要读笔画关系，读文字联系，读篇章构成，读空间疏密，读个别文字的处理方式，读笔墨纵横捭阖的智慧和艺术性。读是借鉴过程，与看不同的是，看有稍纵即逝之感，过程很快结束了，凝结成了作品。而从凝结的作品回味揣摩书写过程的状态，可以反反复复，不断深入地品味、体察。

三、访

访人访碑。访人就是登门求教，可以是一人一事的，也可以是集体求访个人，看看书家的书房、工作室、摆设，感受气息。这是一个调动学生积极性、满足和激发兴趣的过程，是学习的场景化。当然还要听一听被访人的介绍，看看被访人的作品，以至看看被访人的示范等。

访碑是另一种访。你想看看颜真卿的书法，颜真卿如何用笔书写，不可能现场观摩了，但可以从碑刻遗迹中体会想象。清人访碑流行，以黄易等为代表，涉足名山大川，历史遗迹，发现其中的墨迹，然后捶拓、描摹、记录、著述、解读、赏鉴。我们现在讲龙门百品、龙门二十品、龙门四品，当年黄易只选了一品，即《始平公造像记》。现在的访碑与过去不同了，碑在何处、墨迹风格如何，记述论例，清清楚楚，主要是让学习者身临其境，感受历史的沧桑感，见识心摹手追的碑刻气势和韵致。况且，今天的条件已非同以往，交通便利、目标明确。汉中石门、西安碑林、龙门造像、泰山摩崖、孔府诸刻、云峰刻石等等。正是在这个走出书斋、校园、课堂的过程中，让学生感受书法与祖国山河、文化遗迹的关系。

四、观

参观展览。带领学员参观各种展览，感受书法的艺术高度，在特定的氛围中提升每个人的眼界与见识，是很好的实践形式。在文化复兴的当代，各类文化场馆很多，各种展览很多，不乏名人、大家、专业水平很高的展览，要带领、组织、号召学员参观学习。还有一些难得一见的古代经典法书的展览，博物馆馆藏碑刻、墨迹的展览，都要抓住机会前去学习观赏，不可错过。多看真迹，多看作品，多看高水平的展览，对于书法学习是十分有益的。

五、赛

组织、参与书法比赛活动。学校内部、校际间、社会组织甚至国际性的书法交流比赛很多，比赛就要把平时所学变成具体的作品，就要加强练习，甄别选择，同时也是接受社会评价的过程。因此，组织和参与比赛，是个借力的过程，用社会外力推动学习者的努力。现在展览很多，有综合性的大展，如国展、命名展，也有单项的如大字、行书展，有对老年人的、机关公务人员的，也有对中小学生的，有国内的，也有国际的。书法已经从实用性走到了展厅，展赛已成为书法服务社会的主流形式，所以不要回避赛事。

北魏《始平公造像记》

六、写

写就是自身加强训练。有了上面的五种实践形式，学习者会经常地处于书写冲动之中，有所感发，体现在自身上，就是提笔实践。书法的写是需要一个量的，写得少是许多学习者提高缓慢的根本原因。不写则不悟，不悟则不得，不得则不进。日积月累，熟能生巧，化巧为生，知非进境。

实践表明，书法教育的实践性，是以多种形式体现出来的，那种只有一个课堂、一张桌子、一支笔的实践观是狭隘的。那种丰富多彩、条条大路通罗马的实践之后归于一宗，要自己动手，也是不可逾越的必由之路。二者兼有，相得益彰。

第四节
个性化原则

书法教育的个性化原则体现在两个层面上。一是个性化教育，即因材施教；一是书写的个性，即个人风格特点的追求。

因材施教的典型例子见于《论语·先进篇》，讲的是孔子与弟子的一件事。子路问："闻斯行诸？"子曰："有父兄在，如之何其闻斯行之？"冉有问："闻斯行诸？"子曰："闻斯行之。"公西华曰："由也问，闻斯行诸？子曰，'有父兄在'；求也问闻斯行诸，子曰'闻斯行之'。赤也惑，敢问。"子曰："求也退，故进之；由也兼人，故退之。"[1]翻译一下：子路问孔子："我听到了一种正确的意见，应该即刻就去做吗？"孔子回答说："有父兄在，怎么可以听到了是对的就可以做呢？是不是要先听父兄的意见呀？"子路走后，冉有来问孔子同样的问题，孔子回答说："对的，就应该立刻去做。"冉有走后，一直在孔子身边的公西华问孔

[1]《论语·先进篇》卷六，《四书集注》，巴蜀书社，1986年2月第1版。

子："先生，他们两人问了一样的问题，你的回答却完全不同。我想问问，这是为什么呢？"孔子回答说："冉有做事犹豫不决，所以要肯定地告诉他，立刻去做，不必迟疑。子路做事爱逞能，所以告诉他先不要立刻做，问问父兄，三思而后行。"因为冉有与子路的性情不同，即便是同样的问题，也要因人而设教，根据不同人的不同特点选择相对应的教育方法，就是因材施教。

对于书法教育而言，人与人之间的最大差异，无非是天赋与性格的差异，这些差异会以各种不同的方式表现出来。所以，最好的教育是一人一方案、一办法、一策略。对于那些有天赋但缺少耐心和毅力的，要少教、少讲而多练、多做。你告诉他的道理、规范，他一点就透了，一说就懂了，但他可能做得不够好，坐不住，没耐性，下不得笨功夫，所以要少讲多练。对于那些悟性不是特别高，但用心、认真、刻苦、勤奋的学生，则应相对多讲，把问题讲透、嚼烂，帮助他们理解、消化，加上他们自身的韧劲，收效会更快。对于那些悟性不高又不能下笨功夫的，要细讲严要求，耳提面命，功夫加倍。对那些悟性好又勤学刻苦的，则适当点拨即好。一人一方案的因材施教，就是师父带徒弟的办法。施教的依据是学习者的个性特点。实践表明，施教的内容、方法越符合学习者的个性，效果便会越好。

第二个层面是书写的个性强调。所有的艺术品都讲求个性，本质上是一个作者创造力的体现。在中国书法史上有一种特别的书体叫馆阁体，是科举考试广泛应用，广大学子争相学习的书体，特点是方正、圆润、工整、光洁。馆阁体在当今书法家的眼中不是褒义的，就是因为没有个性所做的判断。中国的科举制度从隋朝开始到清朝末年废止，延续了1300多年。科举试卷的书写有统一的标准和要求，唐代有了《干禄字书》，就是这种标准的范本。到了明代，由于皇帝的提倡，科考更看重书写，所以这样的书写大行其道。明时称台阁体，台阁本指尚书，尚书台位于宫廷之内；馆的本意是学馆。可见，这是明清两代宫廷、学馆最通行、流行的书体样式。馆阁体的缺点是缺少个性，工整、流畅、典雅、庄重则是其长处。从写字的角度说，馆阁体是一手好字；从书法的角度讲，缺少了个性，千篇一律，千人一面，形同印版，无疑是对艺术个性和艺术丰富性的一种限制。但馆阁体同样要下一番功夫的，绝不是因为缺少了个性色彩就一无是处。

书法教育从平正开始，从普遍入手，终于个性，呈现个人特点。个人特点指的是什么呢？应是个人心性、个人理解、个性追求和自我表现。个人心性即每个人的天赋、性格、气质等方面的特点，个人理解是基于不同的文化素养对书法、书写的认知水平和独到之处，追求则是个人的主观愿望，由自己的美学理想决定的目标、品位、境界，表现则是不自主的书写流露过程。所以，书法个性化的强调是正态的、自然的，水到渠成，顺理成章。把个性化简单、片面地理解为与众不同、与他人不同、与古人不同，是一种很浮浅的认识。书法个性化是在传承书法艺术过程中，体现了自己理解的实践，是心性、情绪、追求等一系列个人经验的客观体现。众人都学王羲之，如果都是写成了一样的、一类的、一种精神风貌的王羲之，同样未能体现出真正的个性。什么时候在学王羲之的作品中见到了个人的特点，就体现了个性化。所以，从本质上说，书法教育中的个性化准则，是一个学习者自我实现、自我表现的过程。真正的自我是束缚不住的，总会呈现出自己的风貌。这也是个性化原则的理论基础。

第五章

书法教育的路径

　　书法学习是一条很漫长的路，而且还要走正路，不走弯路、小路、歧路、邪路。书法教育的一个重要作用，就是老师为学生指路，指一条正确的光明大道，而不是偏邪的羊肠小道。

　　什么是正路呢？古人说："取法乎上，仅得其中。"什么是上呢？古人又说："书不入晋，终为下品。"所以，从晋人取法，是一条取法乎上的大道。说到晋人，人们自然会想到一个人，一个晋人书法乃至中国书法的旗帜性、代表性人物——王羲之，被后人誉为"书圣"。晋人书是中国书法的峰值时代，而王羲之是众峰高耸中的最高峰。晋人书所以是最高峰，王羲之所以成为晋书的代表，是有历史和现实原因的。书法至汉末，所有的字体已经齐备，此后再无新创，这是历史传承的原因；同时，两晋的时代，进入了新一轮的百家争鸣，开创了全新的文化局面，儒道释开始融合，人们的思想追求更加多元和解放，同时伴随着新一轮的文化繁荣，有顾恺之的画、谢灵运的山水诗、陶渊明的田园诗、竹林七贤的诗酒品题和嵇康的琴，以及农学、历法、医药、地理等著述。正是在这样的时代背景下，加上王羲之的家族文化传承，才有了王羲之及王氏一门的墨迹风采，从而成为难以逾越的高峰。就书法而言，晋以降不是没有高峰，如唐人的书法、宋四家的书法，等等，但没有能超越王羲之的。取法乎上，入晋人格，就要走近王羲之，接触王羲之，领略晋人的逸韵风采。这时就会发现：王羲之是一个高峰，高山仰止，其投下的巨大的、长长的阴影，将永远笼罩着你。不走近，则不能得识庐山真面目；走得越近，便被笼罩得越深，便越难转出高峰投下的阴影。所以，取法乎上，入晋人格，是一件很难的事，是正途，但维艰。

　　要想走出阴影，大概有两条路。一是爬上顶峰，站在峰尖之

① 明·陆深《书辑·下》,《书学集成(元—明)》,河北美术出版社,2002年第1版,第319—320页。

上,山高人为峰。迄今为止,还没见到哪个老师告诉学生说:你跟我学书法,咱们超越王羲之。前不久有位当代书家称当代书法已超过古人,已然大哗,因为这个评价不合实际。要超过王羲之,谈何容易!王羲之距今一千七百年,他还是高高在上。这条路走不通了,怎么办?老师会告诉你一个走出阴影的好办法,从山下穿过去,那里有一条古往今来开通的隧道。

任何一个学书者,都要走进这条隧道。不知道这条路有多长,没办法判断要经过多少时日。这条路不仅幽暗深邃,中间还有岔路,稍不注意,还会误入歧途,永远不见光明。但这是走出阴影的唯一通道,必须摸索着向前走,老师只能把你领到隧道的洞口。走进去,走下去,克服困难,耐住寂寞,摸索前行,久久为功。忽然有一天,你看到了光亮,你走出了阴影,你迎来了光辉灿烂。当你回味反思的时候,你会陡然发现:你只记得走进去的路径,但分不清什么时候开始走出来的。只知进,不知出,只知前行,不明分界。这就是书法学习的漫长之路。

第一节 认准基本路径

临帖,将是每个老师为学生选定的走入学书隧道的必经之路。这里所说的临,包括对临、背临、意临及读帖、对比等多种形式。临帖与临摹不尽相同。明朝的陆深是弘治十八年的进士,书法真、行、草皆精。他在《书辑》中说:"初学之士,所贵临摹,盖节度其手,易于成就耳。对书之谓临,覆书之谓摹。夫临书易失古人位置而多得古人笔意,摹书易失古人笔意而多得古人位置。是故临书易进,摹书易忘。"① 所谓对书,就是对着写,照着写,模仿着写。所谓覆书,就是把纸盖在字帖上,对着透出的笔画摹写,更多的时候是用双钩的方法，把字的轮廓描摹下来，然后填墨书写，也称双钩加墨或墨水廓填。现在的描红，省去了对帖描摹的过程，直接在红色的轮廓中下笔书写，其实就是摹的方法。至于临与摹的利弊比较，陆深已说得十分清楚了。"临书易进，摹书易忘。"所以，初学者多用临帖之法。

临什么呢？在书法教学的现实中，体现最多的是两种说法：一是说临其形，追求形似；一是说临其神，力倡神似。这是一种过于笼统、表面的说法。其实临帖要临的，一是笔法，二是笔画，三是结体，四是体势，五是神采。

笔法就是用笔的方法。只要进入书写，笔墨落在纸上，就会有一个落墨起笔、行笔、收笔的过程。所谓笔法，就是对照法帖，看古人是怎么起、行、收的。字帖是凝结了的过程，动态的状况已经不可见了，但完全可以从笔画的方向、走势中追寻和见出，所以要临写笔画，也按照起、行、收的方向、走势去模仿，所谓落笔成画就是这个道理。楷书的笔画，统而观之有8种，即横、竖、撇、捺、折（弯）、钩、提、点；细言之，则有28种，我们在前面已经说过了，这里再行提示，即横折、竖折、撇折、横折弯、竖弯，横钩、竖钩、弯钩、斜钩、卧钩、横折钩、竖弯钩、横折弯钩、横撇弯钩、竖折折钩、横折折折钩，提、竖提、横折提，点、撇点。其中，横、竖、捺各一，撇四，折（弯）五，钩十一，提三，点二。而把各种不同的笔画组合在一起，便成了字，即所谓结体，包括独体字、合体字、半包围字、全包围字。独体字有横、纵、方、偏、散之分，合体字有上下、左右、上中下、左中右之别，半包围有上包、下包、侧包、左上包、右上包、左下包；而上中下结构的字，又有上左右、中左右、下左右，左中右结构的字，又有左上下、中上下、右上下，以此变化推演，结构布排，以至千变万化。为了书写、记忆的方便，对于不同结构的字，又形成了偏旁、部首的类分。因此，笔画、部首、结构，又成为一个有规律组合的序列。至于碑帖的体势特点和神采风格，则只能从整字结构中把握、临习了。

在临写的过程中，还有更加内在的内容，也成为临帖时必须把

① 元·陈绎曾《翰林要诀》,《书学集成(元—明)》,河北美术出版社,2002年第1版,第162—163页。

② 明·丰坊《书诀》,《历代书法论文集》,上海书画出版社,2014年第1版,第506页。

③ 清·刘熙载《艺概·书概》,上海古籍出版社,1978年12月第1版,第166—167页。

④ 清·鲁一贞、张建相《玉燕楼书法》,见《书学集成(清)》,河北美术出版社,2002年第1版,第31页。

握、学习的内容,即古人所说的筋、骨、血、肉。

筋骨的话题,最早见于卫夫人《笔阵图》:"善笔力者多骨,不善笔力者多肉。多骨微肉者谓之筋书,多肉微骨者谓之墨猪。多力丰筋者圣,无力无筋者病。"前有所述。宋元以降,书家、学者多有专门的阐发。一曰"筋在锋势"。元陈绎曾在《翰林要诀》中说:"字之筋,笔锋是也。断处藏之,连处度之。"二曰"骨在结构"。陈绎曾解释说:"字有骨,为字之骨者大指下节骨是也,提之则字中骨健矣,纵之则字中骨有转轴而活络矣。"三曰"字生于墨,墨生于水。水者字之血也"。四曰"字之肉,笔毫是也"。①用明人丰坊《书诀》中的一段话做一个概括:"书有筋骨血肉。筋生于腕,腕能悬则筋脉相连而有势,指能实则骨体坚定而不弱。血生于水,肉生于墨,水须新汲,墨须新磨,则燥湿调匀而肥瘦得所。"②古人的话不好懂,用今天的话做一个解释会更加直接。筋是什么?是笔锋的运用所产生的效果,体现在笔画中,就是包蕴内含,能在行笔的墨线中看到有内在联系的力道、弹性、张力。筋与骨是密切关联的,骨是结构,筋力要从结构中体现出来。骨就是支撑起架构的每一个笔画的刚性、支撑力。所以清人刘熙载说:"字有果敢之力,骨也;有含忍之力,筋也。用骨得骨,故取指实;用筋得筋,故取腕悬。"③骨力和筋力由何而来呢?骨力得于指实,这就是陈绎曾所说的大指下骨节用力,或提或纵,得健得活。唯会心于直紧二字,即黄庭坚所说的画中有墨痕。筋力得于腕悬,悬腕运笔,才能做到笔锋的"藏"和"度",才能产生含蕴有力的效果。至于血肉,则资于水墨,墨者字之肉,水者字之血也,并直接与用锋用毫相关,与用笔的轻重、铺毫的程度相关。水墨调畅,用笔轻则瘦,落笔重则肥。所谓"字之肉系乎毫之肥瘦、手之轻重也。然尤视乎水与墨,水淫则肉散,水啬则肉枯;墨浓则肉痴,墨淡则肉瘠。粗则肉滞,积则肉凝"。④所以,血体现为笔画的流畅程度,在疾徐变化、润泽浓淡中展示活性、活力。肉则因为笔画的粗细肥瘦丰瘠,体现笔画的柔性和厚度。

作为书法教育,当带领学生走进那个漫长的隧道时,临帖是必经之路,这些内容的传授教习,则是必要内容。如何着力,如何用锋，如何调整笔墨，轻重缓急，以求笔画的弹性、刚性、活性和柔性，是临帖学习的深层次内容。

第二节
用笔能力的培养

　　书法教育反复强调，这是一种技能性、技艺性教育。除了有形、无形和赋形的那些知识，哲学层面的美学、理论、精神之外，最重要的是中间层面的能力。知识是感性的、感知性的、既定的，理论是理性的、思维的、形而上的，能力则是知性的、悟性的，在实践中获得的。书法教育尤其强调能力培养，主要关注用笔能力、结构能力和审美能力。

　　用笔能力是书法教育的核心能力。什么是用笔能力呢？说得直白一点，就是控制笔的能力，让手中的笔听使唤，想怎么写就怎么写，想写成什么样子就能写成什么样子，想怎么变化就怎么变化。控制的水平有三种境界：一是意在笔先，得心应手。二是随心所欲，心手双畅。三是无间心手，心手两忘。所以，对于笔的控制，说到底是心与手的关系，从心在先、手在后到心手同时，再到不在意心手关系，最高的境界是自如。自如就是如自，像笔长在自己的身上，是身体器官的一部分一样，直接命笔，可以把手的动作环节省略一样。

　　控制什么呢？

一、起落

　　起就是提起，落就是按下。开始时何时落笔，怎样落笔都是要设计的，有想法的，即意在笔先；什么时候提笔，提到什么程度，也是刻意的。这种情况下，笔是在完成设计的动作，很生疏，

①唐·孙过庭《书谱》,《书学集成（汉—宋）》,河北美术出版社,2002年第1版,第135页。

很笨拙,有时候该按了,没按下去,没按到位,该提了,又提不起来,拖拖拉拉。这就是不听使唤,自然也就达不到书写效果。从生到熟,直到手指手腕有了记忆,像下意识反应一样,想按的时候,笔已经按下去了,感觉按笔的动作与想法是同时发生的,而且很到位。想提的时候,笔已经提起来了,很及时,很准确。这就是熟了。等到主观上似乎没有意识到,但笔已经到了,笔似乎比想法来得还要早,还要到位,所谓不假思索、行云流水,便有了很高的控制能力了。这就是孙过庭所谓的"心不厌精,手不忌熟。若运用尽于精熟,规矩闲于胸襟,自然容与徘徊,意先笔后,潇洒流落,翰逸神飞"。①

二、方向

笔在手中,以笔落墨,笔一旦着纸,就有个方向的问题。方向是受笔画制约和规定的。横勒,从左至右;竖弩,自上而下;撇掠,从右上到左下;捺磔,从左上到右下;提策,从左下到右上;至于折弯钩趯,则在行笔中出现方向的转换变化;而点,则落墨顾盼,随机取向。更加重要的是,这种落墨的方向,有时会因为用锋、连带、书体等的需要,从一开始就是异向的、逆向的。同样是写一个横画,楷书的落墨方向,出锋45°,魏楷、方隶90°,隶书135°,篆书、楷书藏锋,180°左右,而且落笔之后,立刻会出现方向的变化、转换,这就需要极强的控制调节能力了。中小学生初学书法,如从楷书学起,写藏锋入笔之横,大多会感到很难。这个笔锋的方向控制主要在一个"调"字上,即调控。调整得好,顺畅而有意韵;调整得不好,便会在入门时卡壳。所以,中小学生初学楷书,写横时宜出锋入笔,以便调锋转向,顺利进行。

方向控制继之而来的问题,便是在毛笔书法中,本无直画可言。横勒本为平直,又含一波三折之妙,是直中带曲,从入锋、转笔、行笔到回锋收笔,四五个连续的动作,所以看似简单的一个笔画,控制笔的能力却有很高的要求。如横如竖,总体上还是平正易学的,至于弯钩、斜钩、卧钩之类,动作之外,方向本非平正,又要与其他的笔画组合搭配,掌握的难度就更大了。很多书家在教学

家 飛 武 心

生时，会让学生练习"家""风""飞""武""心"诸字，大概与这些字主要笔画的方向难以控制把握相关。而方向问题在结字时起的作用，便是生势、定势、取势。所以，虽是控制一笔的方向，已经涉及一字之构、一篇之准了。

三、速度

形容速度的词汇，通常以快与慢概言之，又如疾与徐、迟与速、缓与急等。其实仔细斟酌，这些词语所用是有细微差别的。疾与徐，宜用于入笔；迟与速，宜用于接笔；缓与急，宜用于行笔；而快与慢，则是笼统而言，无复细分了。

笔速的控制，是由主客观两个因素决定的。所谓主观，就是书写者的状态和意识。由于毛笔和墨水的特征，在宣纸上行进时慢则易湮，快则不湮，所以初写者主观上都会形成这种特别的注意，并大都写得较快，久而久之，就会形成书写速度的惯性。所以，对于初学者而言，宜慢不宜快。慢不仅可以从落墨入笔到调锋、行笔、收束、回锋的全过程都能把握得比较准确，还能从一开始就注意笔墨纸的关系。初学者慢写，最普遍的毛病是小心翼翼，不敢大胆落墨，有描画之弊。一旦对于执笔、用墨、行笔较熟悉了，就要适当提高速度。慢的优点是沉实，稳健，易于控制，而缺点是不够灵动，多乏神采。所谓客观，是由于笔画的特征决定了用笔的快慢。以"永"字为例，侧、勒、弩、磔需要慢，而趯、策、掠、啄则需要快，转折处亦需要慢。这是笔画的要求，因为有的笔画慢才能沉实有力，有的快才能焕发神采。快与慢是用笔需要。

快和慢总是相对的，因人，因时，因文字，因环境，因情绪，因字体而异，都会出现快与慢的调整。作为一种控制能力，总体而言是生时慢、熟时快，求生拙需慢，求流美需快。

四、幅度

在楷书、隶书的学习中，一个基本的要求是"到"。即笔画要到位，不能缺斤少两、收缩短缺。反言之，则不能"过"，即不能过于延展，舒伸无度。对于控制力而言：一是体现为笔画的长与短，这是外在的；一是体现为用笔着力的技艺。用指掌推送牵曳则不容易把握，而以腕运笔则能分寸适度。至于细微处的笔执在什么位置，是伏纸、枕腕还是悬腕、悬肘，都会对幅度产生影响。就书体而言，欧阳询尚短，黄庭坚、赵佶则宜长，小篆纵向宜伸，隶书横向欲展。这些都会对具体的幅度把握产生影响。

明人赵宦光《寒山帚谈》中认为，初学者临帖仿书时，不可先着宋人以下纤媚之笔入眼。而且认为不学则已，学必先晋，晋必王，王必羲，羲必汰去似是而非诸帖。如果用指不用腕，则画成点而不庄。能正腕而不正锋，则形如刷而不典。他强调持心缜密，不能形成野笔。野笔净尽，方入雅调，否则终是卑格。他这里说的"野笔"，就是在幅度控制上出了毛病。他说："何谓野笔？当突而锐，当直而曲，当平而波，当注而引，当撇而镝，当捺而牵，当缩而故延之，当纤而故浓之。"[1]

幅度本质上是分寸问题，是控制力的精微处，所谓多一分则长、少一分则短，就是从控制幅度的笔力中体现出来的。

五、力度

说到笔力，一定要说到力道、力度。人们在欣赏书法时通常所说的写得很有劲，大概就是指力道、力度而言的。这种力包含了从间架结构见出的骨力、刚性，从笔画质量见出的筋力、弹性外，其他便是力度了。周汝昌先生在20世纪80年代初出版的小册子《书法艺术答问》中曾这样说，学书者常听说"笔力"，可是不知道这毕竟指什么。最糟的是有一种错解误教，以为把笔"拼命"地在纸

①明·赵宦光《寒山帚谈》，《明清书论集·上》，上海辞书出版社，2011年5月第1版，第308页。

上"使劲"画，猛拉硬抹，这是有"笔力"。周先生是著名的红学家，年轻时写了两篇文章给当时的文坛领袖、北大教授胡适，一篇是评《红楼梦》的，一篇是关于书法的。在胡适先生的举荐下，写《红楼梦》的文章发表了，且有了很好的反响，所以周先生走上了红学研究之路。他在晚年说，如果当年发表的文章是书法的，他可能这一生就去搞书法了。而在红学与书法之间，他说更喜欢书法。所以，他对于书法艺术问题的答问，多是有自身的学书体会在内的，绝非纸上谈兵。那这个"笔力"指什么呢？周先生说了两种力，一种是笔和纸之间产生的摩擦力，立笔下，却要平写，这是横劲、竖劲的相互矛盾。另一种是右手执笔向右行笔，好向左边有一种力在牵掣着，不让右行，就是与行笔的方向相反的力，即反拉力。明确了两种力，前者是笔立而平行的上下之力，后者是与行笔方向相反的牵掣之力，如何控制便容易下手了。①

笔立而平行的力，控制点在下笔的轻与重。下笔轻，则用锋；下笔重，则铺毫。笔轻则力弱，务必保持笔锋在字画中行，即中锋行笔，做到笔不虚过，务求沉实。笔重铺毫，难免有侧锋出现，尤其是小笔写大字的时候，毫不能铺开，便不足以满足字大而笔迹粗的需要，往往会出现侧锋用笔，要做到血肉丰满、力求厚重。那种方向相反的牵掣之力，在用笔的把握上最难体会，与用锋行笔的速度、运笔的力度都直接相关，是一种既行走又走不动的感觉。周汝昌先生称这种力为"遒劲"。他专门写了一篇文章解说"遒媚"二字，写了两万字。他认为"遒"是控制、驾驭"气"（运行着的力）而恰到好处的"火候"的一种境界。遒不是僵硬，也不是狂乱、冲动，是骏爽峻利，紧洁生起，不松不垮，不塌不倒，不败不懈，不薏不悴。因为有一种反作用力，所以宜"涩"不宜"滑"，有皴擦的感觉，宜"迟"不宜"疾"，有想快但快不起来的感觉，宜"鳞"不宜"顺"，有一种反刮鱼鳞的倒戗的感觉。②

用笔力度的控制从何处体现呢？现在应该清楚了，即把握"轻重牵掣"四字。

①周汝昌《书法艺术问答》，文化艺术出版社，1982年8月，第1版，第27—28页。

②周汝昌《永字八法》，广西师范大学出版社，2015年11月第2版，第189—198页。

六、变化

在书法学习中，变化是绝对真理，对于用笔绝无例外。而随机变化，是用笔控制力的最高境界。在书写过程中，提按的变化会影响节奏，方向的变化会影响体势，力度的变化会影响笔画的质量，所以要求变。这个变不应该是主观故意的，而是在客观需要变时，应时、应节、应机、应需而变。客观规定性就是"机"，是事物内部的必然性、必要性、合理性。书法之机在字。一个字的笔画关系，决定着笔画的变化规律。所以，判断用笔变化的一个重要标准，就是能否在不同的字中用不同的笔法写出不同的笔画。如果一个人在任何字中的笔画都是一种写法，一种笔法，就是缺少变化，没有变化，就是"死"。而在不同的字中因字制宜地变化笔法、写法，赋予笔画不同的形态特征和动感质量，就是"活"。比如，从一个人的一幅作品中把所有同一种笔画都抽取出来，放在一起加以比较，如果用笔的方式、笔画的形态都是一致的、雷同的，就是用笔较死。如果笔法、形态因字而异，笔画变化丰富多样，就是用笔较活。

①清·唐岱《绘事发微》，《画学集成（明—清）》，河北美术出版社，2002年第1版，第437页。

清人唐岱在《绘事发微》中专门有一节说"笔法"。书画同源，完全适用于书法。他说："用笔之法，在乎心使腕运，要刚中带柔，能收能放，不为笔使。"意思是说，写字人不能为笔所使，即被笔束缚、制约，而应心使腕运，让笔听人使唤。是人控制笔，而不是笔使唤人。他又说，昔人云："用笔三病，一曰板，二曰刻，三曰结。板者，腕弱笔痴，全亏取与，物状平扁，不能圆浑也。刻者，运笔中凝，心手相戾，勾画之际，妄生圭角也。结者，欲行不行，当散不散，与物凝碍，不得流畅也。此千古不易之法。"①概言之，刻板凝滞即是死。反之，随机命笔就是活。这个活，除了心活，即根据字的需要改变用笔方式和笔画形态外，还要有驾驭笔墨的功力，能控制笔的角度方向，力点力度，方圆曲直，等等。

第三节
结构能力的培养

　　结构能力的核心是组织搭配能力。用笔能力解决的是笔画的问题，结构能力解决的则是笔画关系问题。就一个字而言，笔画是材料，是部件，只有把这些材料、部件组织到一起，紧密、和谐、有机地搭配起来，构成一个整体，才成为字。明人赵宧光在《寒山帚谈》中说："凡用笔如聚材，结构如堂构；用笔如树，结构如林；用笔为体，结构为用；用笔如貌，结构如容；用笔为情，结构为性；用笔如皮肤，结构如筋骨；用笔如四肢百骸，结构如全体形貌；用笔如三十二相，结构如八十随好；用笔如饮食，结构如衣裳；用笔如善书，结构如能文。"①所以，结构能力也称为结字、结体能力。在结字时，不建议使用布局能力的概念，布局应是相对章法而言的。

一、正奇

　　人们总愿意把作字的结构过程比喻为盖房子搭屋。盖房子的地基要打牢，房子的柱子要立直，房梁要摆平，墙壁要砌正，这样房子才能稳妥牢固地矗立在那里，而不至于倾斜倒塌。所以，正是第一位的。在正的前提下，牢的前提下，房子可出檐、起脊、连廊、搭个天井之类。清人张树侯在《书法真诠》中就说过："作字如造屋，虽玲珑奇巧，未有尽藏，而基础之奠定，栋宇之相衔，莫不以平正整齐为首要。不此之审，虽穷极华焕，而欲其巩固难矣。"②

　　那么，怎样理解结构组织中的正、奇呢？所谓正，指的是循规蹈矩。规者圆，矩者方，当圆则圆，该方则方，按规律、要求办事，这就是正。但这种"正"在书法实践中，并不为广大书家及鉴赏者认同，因为这样做会方方正正，毫无趣味、个性可言。南宋姜夔在《续书谱》中就曾明言："真书以平正为善，此世俗之论，唐人之失也。"他以真书写得入于神妙的钟繇和王羲之为例进行分

①明·赵宧光《寒山帚谈》，《明清书论集成·上》，上海辞书出版社，2011年第1版，第302页。
②清·张树侯《书法真诠》，《中国古代书论类编》，安徽教育出版社，2009年8月第1版，第183页。

①南宋·姜夔《续书谱》，《书学集成（汉—宋）》，河北美术出版社，2002年第1版，第169页。

②清·徐用锡《字学札记》，《明清书论集·上》，上海辞书出版社，2011年5月第1版，第738页。

析，"今观二家之书，皆潇洒纵横，何拘平正？良由唐人以书判取士，而士大夫字书，类有科举习气。颜鲁公作《干禄字书》是其证也。矧欧、虞、颜、柳，前后相望，故唐人下笔，应规入矩，无复魏晋飘逸之气"。①他认为唐人的应规入矩、但求平正有科举习气，是以书判取士造成的，晋人潇洒纵横，本无平正可言。其实，平正的要求，就是从晋人开始的。传为王羲之所作的《书论》中，就有"夫书字贵平正安稳"的话了。那什么是奇呢？不袭常轨曰奇。不袭常轨就是不应规入矩，就是偏斜不平正，就是奇崛险绝。这种超乎寻常与平正构成了对比关系，于是有了奇正相生的辩证思考。没有奇崛，无所谓平正；没有平正，也无所谓奇崛。对于结构安排而言，在总体不失平正安稳与具体的笔画安排所形成的关系中，则可以出奇化正，奇正相倚。所以结构的平正，有以正为正之正，也有以奇为正之正，还有奇正相倚之正。清人徐用锡在《字学札记》中说过一句很有见地的话：结字要得势，断不能笔笔正直，所谓"如算子便不是书"。到字成时，自归于体正而行直。②

举一个欧阳询《九成宫醴泉铭》的范字。欧阳询是唐初四大书家之一，与虞世南、褚遂良、薛稷并称。元代的虞集认为欧是四家之冠，尤以结构谨严、风神遒劲见称。欧书平正，但不乏险绝。什么是险绝呢，就是一个笔画写下去了，由于不袭常轨，会造成下一笔不好接续的难度。而往往书家在写出了这样的笔画之后，又能顺理成章、自然顺畅地完成下一笔的接续。欧书中有一个"深"字，左右结构，以左让右，所以三点水所占地步很小，第二个点更像一个悬针的短竖，与最后一点在同一纵线上，第三个提点，短小、精致而有力，已见其巧。最重要的是右部的"罙"字，秃宝盖的左点与宝盖下八字形的左点，又出现了在一条直线上，与三点水的前两点形成并列之势。秃宝盖已经盖不住八字点形的两笔。其下"木"字的上横，又是左舒右缩之态，"木"字的撇紧贴竖笔，而反捺如长点，与"木"字的竖笔疏离。分析整个"深"字，三点水的布排为一奇，秃宝盖的上下为二奇，"木"字的安排为三奇。左右两边又极其和谐地组合在一起，各显地步，让者不显局促，放者舒展有度，和谐而工稳，整字见奇。《九成宫醴泉铭》中还有一个"琛"

深 琛 深

欧阳询"深""琛"字，柳公权"深"字

字，虽只是三点水换成了"王"字旁，但地步、穿插、搭配、组合已有了明显的变化。最重要的变化是因为"王"字旁三横向笔画构成左低右高之势，所以，秃宝盖第二笔的横钩，横画较"深"字上扬的笔势调整为平低，从而与"王"字旁形成了一扬一抑、一高一低的呼应。笔画还是那些笔画，但走势、抑扬等都在不同字的结构组合中做了调整。如果把欧书与柳公权所书"深"字做个比较，何谓正，何为奇，何为循规蹈矩，何谓不袭常轨，高下立见。

在楷书中，说到正与奇，最值得关注的是北魏《张猛龙碑》，是以奇为正的最佳范本。笔法雄奇，结体险峻，清人杨守敬在《评碑记》中称其"书法潇洒古淡，奇正相生，六代所以高出唐人者以此"。[1]

用笔能力是一种以笔画书写为基础对象的能力，结构安排则是以整字为对象的能力，而且，结构将对笔画形成限定和制约。有了很好的用笔能力后，可以根据文字的构成需要选择不同的笔画形态，也可以根据自己的主观追求形成不同特点的结构，从而使用、安排、调整、变换不同的笔画。清人刘熙载在《艺概·书概》中说："书宜平正，不宜欹侧。古人或偏以欹侧胜者，暗中必有拨转机关者也。"[2]这个拨转机关是什么呢？其实就是欹侧平正互参之理。有一笔左低右高，可能就会有一笔左高右低，从而欹侧呼应，以求平衡稳妥。奇与正相生如此，其他的结构能力也是如此。

[1] 清·杨守敬《评碑记》，《碑帖精华第四卷》，北京图书馆出版社，2001年12月第1版，第121页。
[2] 清·刘熙载《艺概·书概》，上海古籍出版社，1978年12月第1版，第166页。

① 明·赵宦光《寒山帚谈》,《明清书论集·上》,上海辞书出版社,2011年第1版,第305页。

② 唐·窦蒙《述书赋语例字格》,《书学集成(汉—宋)》,河北美术出版社,2002年第1版,第242页。

③ 南宋·姜夔《续书谱》,《书学集成(汉—宋)》,河北美术出版社,2002年第1版,第627页。

④《老子》,上海古籍出版社,1999年3月第1版,第11页。

二、疏密

在结构的组织搭配过程中,疏密是最常见的情形,也是最容易解决的问题。但就能力而言,则是最要相机而用的。疏密不是一个主观性问题,是由文字笔画多少和堆叠交错状态客观决定的。在同样大小的空间里,字画多者则密,字画少者则疏。明赵宦光说:"书法味在结构,独体结构难在疏,合体结构难在密,疏欲不见其单弱,密欲不见其杂乱。"①古人讲密不透风,疏可跑马,就是对这种客观的字画状态的认识。问题在于如何处理不同的疏密状态,并从规律中形成把握能力。所以唐人窦蒙在《述书赋语例字格》中对疏密进行了专门解释:"违犯阴阳曰疏","间不容发曰密"。②

南宋姜夔在《读书谱》中说,书以疏为风神,密为老气。如"佳"之四横,"川"之三直,"魚"之四点,"畫"之九画,必须下笔净劲,疏密停匀为佳。当疏不疏,反成寒乞;当密不密,必至凋疏。③这段话说了三层意思。一是疏可以使书字有风采神气,让人感到爽利、精神,不颓靡。密则容易使字变得老气横秋、没精打采。二是以四个字为例,一讲用笔要净劲,即干净利落,不可拖泥带水,下笔有力,神气十足。二讲笔画的结构安排要停匀,间隔有致。三是当疏则疏。既然字的构成笔画少,已决定了疏,那就要放开间隔,大大方方,不能小家子气,不大方,给人一种寒酸、委琐的感觉。该密的时候就要密,要紧致而匀称,不能像秋风吹落叶一样,零落稀疏,飘乎杂沓。因此,不论是疏还是密,下笔净劲,结构停匀是第一要义。如何理解"违犯阴阳"呢?《老子》有一句经典的话,可以为注脚:"万物负阴而抱阳,冲气以为和。"④阴阳各得其位,相背相合,各有秩序,不能乖戾,便是把握"疏"的要诀。或者说,笔画少的字,更要合于内在书写规律,或相对,或相背,不可违犯不合。

在颜真卿请教张旭十二意笔法中,曾谈到"均为间","密为疏","称为大小"。间不容光,筑锋下笔皆令宛成,不令其疏,以及大字蹙之令小,小字展之为大,兼为茂密,都是与疏密相关的话题。①在处理这些关系时，注意笔画之间的"均""疏"是关键。笔画多的字，以安排使疏为目标，尚通透；字画之间以均为目标，不使零落。而把笔画少的字写得粗大一些，便是基本的布排规律了。清末黄自元作楷书间架结构摘要九十二法，仅说了八个字："疏者丰之，密者匀之。"②

三、松紧

松和紧是书法学习过程中经常使用的一对概念。有的指执笔、行笔的过程，松是放松，紧是不放松。不放松、不轻松则不畅达、不自然。有的指作品达成的状态，松是松懈，紧是拥挤，字与字、行与行之间或气脉中结，或紧致窒闷。其实在这两者之间，就结字而言，同样有松紧的问题。一字的结构组合或松或紧，松则疲弱，没精打采，紧则亢奋，透不过气。所以要松紧适度。但如何松、何时松，如何紧、何时紧，便成为一种需要理性把握的能力了。

"松"字的繁体字写作"鬆"，本义是鬓发蓬乱的样子。古人不论男女，束发盘头，都要整束讲究，鬓发蓬乱便是有失体统，便与礼相悖，所以不能、不可。所以松就是不紧，就是不严格，就是解开、放宽、不整束。作为做人的常礼，头发不可蓬乱，对于字而言，也不可乱了法度，但可以不紧，可以宽松。什么是紧呢？唐窦蒙《述书赋语例字格》中说"团和密致曰紧"。没有"松"字，但有"宽"字。"疏散无检曰宽。"③而"检"指的就是约束和法度。所以，对于一个字中如何组织安排笔画关系，可以松，也可以紧。清人苏惇元《论书浅语》中说："结构之法，须四围笔势向中间环拱，则字紧结不散漫。"④

在中国书法史上，对北魏楷书的评价有一个共识，叫"中宫收紧"。古人把一个正方的空间分为九等份，称为九宫，居于正中的那个格子称为中宫。所谓中宫收紧，就是所有的笔画向中间聚拢，外围松、形长，中间紧、收敛。如果把魏楷和唐楷做一个比较，特点则一见便知了。其实同是魏碑，不同风格也有区别。《始平公造像记》紧，《郑文公碑》松。同是唐楷，也有区别。欧阳询紧，颜真卿松。以"平"字为例。就字本身而言，这个字笔画不多，变化

① 参见《张长史十二意笔法》，《书学集成（汉—宋）》，河北美术出版社，2002年第1版，第209页。

② 《黄自元楷书间架结构摘要九十二法》，上海古籍书店印行（影印本）。

③ 唐·窦蒙《述书赋语例字格》，《书学集成（汉—宋）》，河北美术出版社，2002年第1版，第241、243页。

④ 清·苏惇元《论书浅语》，《明清书论集·下》，上海辞书出版社，2011年5月第1版，第1156页。

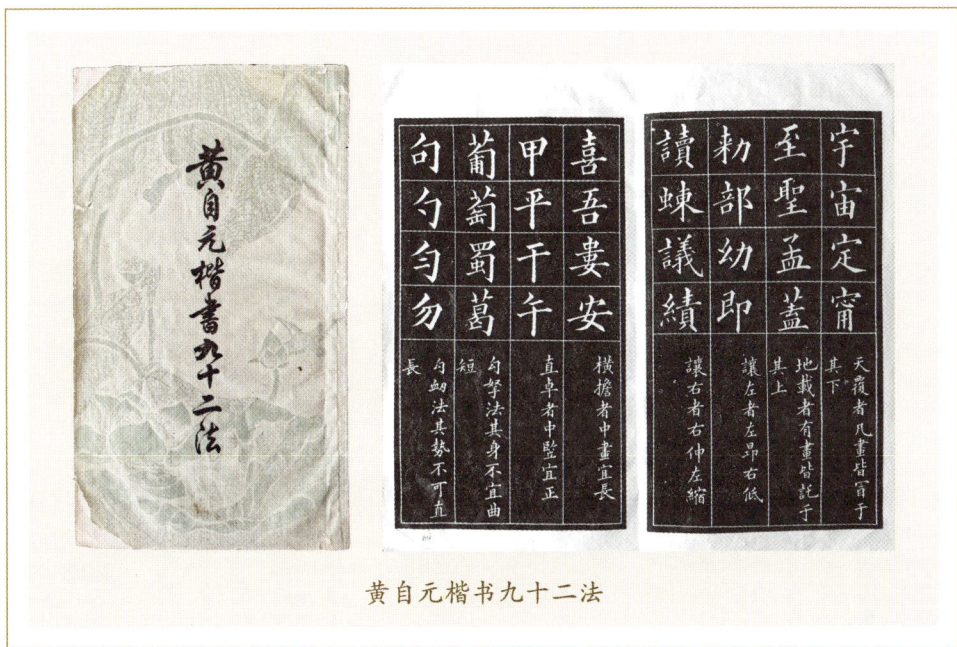

黄自元楷书九十二法

的空间较大。《始平公造像记》的"平"字，所有的笔画都连在一起，完全是"团和密致"，加之笔画浓重平直，紧的感觉明显，显得刻板而死气沉沉；《郑文公碑》则不同了，他安排那两个点与横和竖都不直接交叠，加之笔画筋力遒曲，松的感觉明显，充满意趣，显得活脱而姿态非凡。所以，在一个字之内，所谓紧，就是联结紧密；所谓松，就是笔画各得其位，独立风神。《始平公造像记》中"父"字不止一个，与《郑文公碑》的"父"字放在一起比较，对这种紧与松的情态趣味的理解便会更加深切了。

欧阳中石先生讲过一个"泉"字的写法。他说这个字上部的"白"字，如果让中横与两边的竖连在一起，字便死了，了无精神，如果不与两竖相连，像眼睛中眼眸的顾盼，字便有了精神色彩。这中间的横可以有几种不同的写法，不妨一试。至于对于一字何处当紧致，何处当宽松，恐怕并无一定之规，只可在书写中注意笔画之间的松紧关系，从结构的角度巧于安排了。

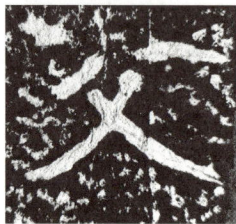

《始平公造像记》与《郑文公碑》"平、父"字比较

"泉"字写法示例

四、方圆

就书法笔画的形态而言，不出方、圆、曲、直四字，有方笔圆笔，有曲线直线之分。所以，结构布排就是把不同形态的笔画组织在一起。在楷书中，曲是以笔画的固有形式体现出来的，或折或弯或钩，不存在选择排布的问题。一字中有钩，不用钩的笔画就离开了字之本来面目。因此，所能掌控的，便只有方与圆了。

①明·张绅《法书通释》引《变通异诀》语，《书学集成（元—明）》，河北美术出版社，2002年第1版，第199页。
②南宋·姜夔《续书谱》，《书学集成（汉—宋）》，河北美术出版社，2002年第1版，第626页。
③清·沈道宽《八法筌蹄》，《书学集成（元—明）》，河北美术出版社，2002年第1版，第473页。

今人常以方笔、圆笔评书论艺，方笔凌厉，刚健，斩钉截铁，铮铮然有不可犯之气。所以，多以方笔论强。圆笔含蓄内敛，无外露之态，深厚可喜，浑浑然有包容之态。所以，方以刚，圆以柔；方有天行之健，圆有地势之坤。就体势而言，篆隶用笔多圆，楷则多方；草多圆，行多方，与书写时的体势及用笔行笔状态直接相关。

从用笔的角度说，或方或圆，并不是难事，一技而已。但在结构时如何处理方圆关系，却是一种基本能力。一字尽方，则易生戾气；一字尽圆，则多见臃态。只有方圆相济，时方时圆，有方有圆，才能称得上字里乾坤。舍方求圆，则骨气莫全；舍圆求方，则神气不润。"方不变谓之斗，圆不变谓之环。此书之大病，学者切宜慎之。"①所以姜夔才说："方者参之以圆，圆者参之以方，斯为妙矣。然而方圆、曲直，不可显露，直须涵泳，一出于自然。"②

五、错落

清人沈道宽作《八法筌蹄》，其中有言："结体最要错综变化，如：两画之字，一仰一俯；三画之字，一仰一平一俯；四画之字，一仰二平一俯。两竖、三竖、四竖者，亦必向背不同。而点、掠亦仿此。"③这段话说出了一个书法结构中最常见的现象，即相同的笔画安排组织在一起时，最忌整齐划一。如果三横的形态、取向、长短都完全一致地堆叠在一起，便成了三根死木棒了，了无生气，毫无情趣。因此，在结构安排的过程中，最讲错落。

何谓错落？一曰不整齐，二曰不规则。上下左右、高低长短、同中求异、阴阳向背。上下左右，可以涵盖合体字的绝大部分，高低长短要错落；对于那些相同的笔画，要各有形态，不可千画一律。如带四点的字，不可求齐，那些大小不一的部件，不可平置。这些还是最基本的。在此基础上，还要讲究情趣韵味，错落而有致，才是最佳的安排。

六、黑白

在结构安排中，黑白的讲求是最高境界。所谓黑，就是笔画墨迹；所谓白，就是空间布白。为什么这就是最高境界呢？因为就结构安排而言，已经超越了笔画的范畴，进入了计白当黑的层次。换一种说法，前面我们谈及的结构安排，都是笔画关系，而黑白，不仅考虑笔画，还考虑空间，甚至重点在考虑空间，把非笔画的白放到与笔画同等重要的位置来思考和安排。

书法结构安排中的布白能力，本质上把握的是一种辩证关系。在疏与密的关系中，疏则白；在简与繁的关系中，简则白；在增与减的关系中，减笔则白；在断与连的关系中，断笔则白；在松与紧的关系中，松则白；在虚与实的关系中，虚即是白；在无与有的关系中，无是白；在阴与阳的关系中，阴是白。这些关系，几乎涵盖了前面我们讲到的所有关系。在具体的书写实践中，布白则是从三个方面体现出来的。一是体现在章法上的布白。通过对文字大小的处理、纵横延展的处理以及弃行腾空的处理，产生有意留白的效果。这不是我们要讲的内容，而是章法的布局。二是在文字规定性下通过对比产生的布白。比如一个"中"字，中间的竖笔，可以偏左，也可以偏右。大多数时候居中。一竖居中，对"口"字分割成的两个方框，空间大小基本一致，虽稳妥但平庸，但靠近左右任何一侧，由于方框的空间形成了对比，便会立刻形成布白的效果。还有一系列带方框的字，如固、困、国、团等，写得紧时，笔笔相接，便是一个完全固定的空间了。在颜真卿的《颜勤礼碑》中，"国"字不止出现了一次，方框第二笔的横折，横多不与第一笔的竖相接，最后一笔的横，也与两边的竖保持一定的距离。因此，这个"国"字不是紧紧圈在一起的空间，而是通透的，与外部有空间联系的，活脱而不沉闷。在《自书告身帖》中的"国"字就完全是另一种样子了。把两帖中的"国"字并列在一起进行比较玩味，空间的布排不仅与疏密、松紧、连断的安置直接相关，凡是有留白空间的，便会有不沉闷、活脱的意趣了。颜书告身中的"国"字，在一个固定的框架内，里边的笔画也是或有疏离的。假如笔笔相接，大概就会因为空间地步的拥堵而一团死气了。三是主观安排上的留白与取舍。同是带方框的字，如"图"字，空间限定很死，有的书家会取用另一种写法，去掉外框而写作"啚"，空间感就完全不同了。有的则通过拉大空间的方式展示，如颜书告身中的"思"字，

颜书"国""图"字，魏碑"顯"字

下部的"心"字明显是在从扁向纵的方向伸展，"思"字的整体从正方变成长方。魏碑的"顯"字就更加特别了，北魏《杨大眼造像》《崔敬邕墓志》干脆省去了"日"字下双"糸"的一半，写作"顯"，使笔画由多变少，结构由密到疏，空间变大了。这些书写的用心，无不与空间布白直接相关。而在行书、草书中，由于笔画的省减、字法的变化以及篇章布局的有意安排，这种计白当黑的艺术追求，就更加司空见惯了。

空间关系的形成，以少少许胜多多许，通过留白产生以白当黑的艺术效果，既是艺术的、结构安排的，更是哲学的、辩证的、心性的。也正是因此，才说这是结构组织安排的最高境界。

结构安排的能力，表面上看是一种组织排布的能力，而能力的背后，是一个人审美天赋的客观表现。

第四节
审美能力的培养

审美能力是一种要求更高的能力范畴。培养和发展学生的审美能力，是书法教育的重要内容和目标，对当前的书法普及、书法综合水平提升具有很强的现实针对性甚至决定性的作用。怎样欣赏书法作品，已经成为一个带有普遍意义的社会问题，所以必须从书法教育做起。

就审美能力而言，书法是作为一门艺术体现其品格的。审美不否认写一手好字的美观性，如工整、流畅、稳妥、和谐等特点，但作为艺术，显然这些还远远不够。书法作为艺术，首先要从艺术的基本特征入手去欣赏，如形象、情感、风格、韵味等。

一、因形味象

任何艺术都是有形象的，书法的形象怎样体现呢？当代的欣赏者喜欢使用一个概念，即"线条"，因为所有的笔画无论曲直、长短、粗细、轻重，都与中国画中的线条具有一致性。然而，准确地说，书法只有笔画，不是线条。因为笔画是有明确规定性的。尽管在行草书中笔画会发生变化，但最基本的八种笔画没有改变。汉字的一笔一画，经过组合安排，用文字的形式呈现出来，不仅有笔画的形态，还有文字所承载的音和意，这与线条的概念是完全不同的。而文字是符号，不是形象。那么，怎么理解书法是有形象的及其形象性呢？

我国的汉字起源于形象，最初仰则观象于天，俯则观法于地，近取诸身，远取诸物，依此创造了文字，即象形字。象形字的最大特征是"象"人物、"象"动物、"象"植物、"象"自然、"象"器物，等等，是最简洁的简笔画，表现了古人超乎寻常的概括能力、表现能力和文化智慧。在此基础上，或象形与象形结合，或象形与符号结合，或象形与表音的字符结合，形成了新的造字方法。《汉书·艺文志》称造字方法的"六书"为象形、象意、象事、象声，很合于来源于形象的实际。所以，从本质上说，以象形为基础创造的中国汉字，无一例外都是有形象的。随着时间的推移、文字形态的演变，汉字从象形的形象走向了符号的抽象，但最初的形象，仍然不同程度地保留在结构之中，从而完成了汉字符号化的第一个过程——形象的抽象。

今天的所有书写都是对汉字符号的书写，而不再是"画成其物，随体诘诎"了。当人们在书写时赋予这些符号以情感、追求、心性和主观色彩时，也为这些符号赋予了新的形态、体势、韵味和神采，这个符号已不再仅仅是表意表音的符号，而是有了生机、活力、血肉、灵魂的符号。这时，转化和凝结在符号结构中的形象因素被再次唤醒，面貌变了，神还在。这一个形象已不再是画成其物的物象，而是以抽象为基础的象外之象。所以说，中国书法艺术是人类发展史上最早出现的抽象派艺术。这样的书写是有形象意味的，是抽象的形象。

书法的审美过程，面对抽象的形象，人们始终企图还原最初的形象本身，于是形成了以喻言形的欣赏传统，就是用一个新的形象，来比喻书法的形象及艺术性。南朝梁袁昂作《古今书评》，给二十五位书家下评语，说钟繇书"若飞鸿戏海，舞鹤游天"，说萧思话书"若龙跳天门，虎卧凤阁"，说薄绍之书"如舞女低腰，仙人啸树"，[1]有形象，有动作，有姿态，有气势，就是用欣赏者心目中的一个新形象，晓谕已经抽象了的原有的形象，这是比原本的形象更高、更具艺术色彩的还原过程。对于这样形象的比喻，宋代大书法家米芾在《海岳名言》中说过一段很有针对性的话："历观前贤论书，征引迂远，比况奇巧。如龙跳天门，虎卧凤阁，是何等语？或遣词求工，去法愈远，无益学者。"[2]米芾是性格孤傲狂放、很敢讲话的一个人，更加见识广、格调高，所以往往出言不俗。他这番话是对的。但以形象语喻抽象化了的艺术，古来的传统一直流行不改。原因很简单，只有那些形象的、可以琢磨、理会的比喻，才最能接近书法艺术形象的本质。明人王绂作《书画传习录·论书》，征引历代书评书论，其中引录米芾评十四家书一则，这样写道：

> 僧智永书，虽气骨清健，大小相杂，如十四五贵胄情性，方循绳墨，忽越规矩。褚遂良，如熟驭战马，举动从人意，而别有一种骄色。虞世南，如学休粮道士，神宇虽清，而体气疲尔。欧阳询如新瘥病人，颜色憔悴，举动辛勤。柳公权如深山道士，修养已成，神清气朗，无一点尘俗。颜真卿，如项羽挂甲，樊哙排盾，硬弩欲张，铁柱特立，昂然有

① 南朝梁·袁昂《古今书评》，《书学集成（汉—宋）》，河北美术出版社，2002年第1版，第76页。
② 北宋·米芾《海岳名言》，《书学集成（汉—宋）》，河北美术出版社，2002年第1版，第364页。

不可犯之色。李邕如乍富小民，举动倔强，礼节生疏。徐浩如蕴德之士，动容温厚，举止端正。沈传师如龙游天表，虎踞溪傍，神情自若，骨法清虚。周越如轻薄少年舞剑，气势雄健而锋刃交加。钱易如美丈夫，肌体充悦，神气清秀。蔡襄如少年女子，访云寻雨，体态妖娆，行步轻缓。苏舜钦，如五陵少年，骏马青衫，醉眠芳草。张友直，如宫女插花，嫔嫱对镜，别有一种娇态。①

另，明朝项穆在《书法雅言》中亦对智永至元十六人等作评，在谈到苏轼、米芾时说：

> 苏似肥艳美婢，抬作夫人，举止邪陋而大足，当令掩口；米若风流公子，染患痈疽，驰马试剑而叫笑，旁若无人。②

仔细回味这些评语，哪个不是形象？智永《千字文》，褚遂良《倪宽赞》《大字阴符经》，虞世南《孔子庙堂碑》，欧阳询《九成宫醴泉铭》，柳公权《玄秘塔碑》，颜真卿《多宝塔碑》《颜勤礼碑》《自书告身帖》以及苏轼《黄州寒食诗帖》，米芾《蜀素帖》，都是今天学书人手头上的法帖。原来这些书法都是有形象的，都是活生生而姿态容颜各有声色的。这就是形象。这些形象与我们见到的字是否一致呢？以大家熟悉的颜真卿为例：项羽挂甲，威风凛凛；樊哙排盾，勇往直前；硬弩欲张，力重千钧；铁柱特立，顶天立地。如此，与颜书的森严、庄重、筋力张扬、骨力劲健是完全一致的。以人喻之，自是昂然不可犯。这就是从颜书的笔

①明·王绂《书画传习录·论书》，《明清书论集·上》，上海辞书出版社，2011年5月第1版，第33页。
②明·项穆《书法雅言》，上海辞书出版社，2011年5月第1版，第284页。

画、结构、情采、韵致中见出的形象，铁骨铮铮，卓然挺立。

二、缘态见情

书法作为一门艺术，情感是通过书写过程及作品墨迹体现出来的。但面对作品，过程已经凝结在文字之中了，窥见情感过程的最直接凭借，便是作品本身。更确切地说，是墨迹的"态"。对于形象而言，以形味象，以喻呈象，虽因欣赏者的不同会有不同的设喻取譬，但对形的体味，比起对态的把握，终究要容易一些。因为，对态的认知也是在形的基础上开始的，只是比形更加内在和深入而已。这个深入，就在于不仅需要以墨迹为对象，还要对创作者、事件、背景以及当时的情绪状态进行过程还原。大家对颜真卿的《祭侄文稿》有近乎一致的理解，就是因为对颜真卿、对文稿的内容、事件及书写时的情绪状态有一致的认同。

书法作为一门艺术，是可以作为抒情载体的。最典型的事例是韩愈对张旭草书的认识。他在《送高闲上人序》一文中说："往时张旭善草书，不治他枝，喜怒窘穷，忧愁愉佚，怨恨思慕，酣醉无聊不平，有动于心，必于草书焉发之。见于物，见山水崖谷，鸟兽虫鱼，草木之花实，日月列星，风雨水火，雷霆霹雳，歌舞战斗，天地万物之变，可喜可愕，一寓于书。故旭之书，变动犹鬼神，不可端倪，以此终身而名后世。"[1]韩愈是在张旭去世不足十年后出生的，他的评价带有当世人的色彩，可见唐人对书法的理解。在韩愈的笔下，张旭不治他技，书法是他抒发情感见闻感受唯一的一个宣泄手段，所以不论是情绪变化还是有所见闻，"一寓于书"。对于张旭而言，是以书寓情，喜怒、忧愁、怨恨、思慕、无聊，无不

① 唐·韩愈《送高闲上人序》，《唐宋八大家散文·韩愈卷》，辽宁人民出版社，1999年1月第1版，第278页。

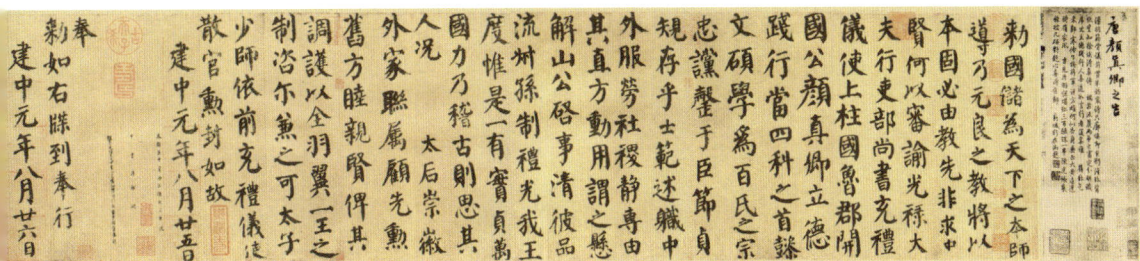

唐·颜真卿《自书告身帖》

如此；对于后人而言，包括韩愈，就是要从他神出鬼没、不可端倪的墨迹中，见出他的情感状态，是喜还是愕？是怒还是愁？见于笔墨之情，察之笔墨之态。

不同的情绪付诸笔墨，本是有规律可循的。这种规律，就是今人面对不同作品时缘态见情的直接依据。元人陈绎曾在《翰林要诀》中总结说："喜怒哀乐，各有分数。喜即气和而字舒，怒则气粗而字险，哀即气郁而字敛，乐则气平而字丽。情有重轻，则字之敛舒险丽亦有浅深，变化无穷。"[1]对于审美而言，就是以字舒之态见喜，以字险之态见怒，以字敛之态见哀，以字丽之态见乐，而且要根据深浅变化，见出其用情的程度。以此再重新审视颜真卿的《祭侄文稿》，是否可以更加深入一步呢？如果把墨迹的状态放在一个具体的时代、环境、事件及个人心性中，还原书写过程和情绪状态，书法作为表现性艺术，情感的把握便不是无所依凭、痴人说梦了。

三、以韵体味

在书法审美过程中，对韵味气息的把握是比形象情感更加深邃内在的一种体察能力。通常说来，书法之气，体现在笔画与笔画、文字与文字、格局与格局之间，既离不开笔画、文字、格局，又不是笔画、文字、格局，是含蕴在笔画、文字、格局之中，又超越了笔画、文字、格局的一种见识体验。

先从气息说起，清刘熙载《艺概·书概》中说："凡论书气，以士气为上。若妇气、兵气、村气、市气、匠气、腐气、伧气、俳气、江湖气、门客气、酒肉气、蔬笋气，皆士之弃也。"[2]士气是刘熙载提倡肯定的，为士所不取的，他一下子举了十二种气。这些气息，在当代仍时有所见，时有所议，如市气便是俗气，兵气便是匪气，村气便是粗鄙，匠气便是造作。江湖气则是流于世俗，哗众取宠。那什么是士气呢？士是对古代知识分子的总称，所以士气便是文气、雅气、书卷气。其实书气绝不止这些。明人赵宧光说：点画不得着粗气，运转不得着俗气，挑剔不得有苦气，顾盼不得有稚气，引带不得有杂气。永、苏诸人不能无俗，米、黄诸人不能无粗，不妨各自名家。但苦、稚、杂、乱，不足道也。[3]

[1]元·陈绎曾《翰林要诀》，《历代书法论文选》，上海书画出版社，2014年第1版，第490页。
[2]清·刘熙载《艺概·书概》，上海古籍出版社，1978年第1版，第167页。
[3]明·赵宧光《寒山帚谈》，《明清书论集·上》，上海辞书出版社，2011年第1版，第303页。

① 清·刘熙载《游艺约言》,《中国古代书论类编》,安徽教育出版社,2009年8月第1版,第437页。

② 北宋·黄伯思《东观馀论》,《书学集成(汉—宋)》,河北美术出版社,2002年第1版,第415页。

③ 明·杨慎《墨池琐录》,《书学集成(元—明)》,河北美术出版社,2002年第1版,第344页。

④《梁武帝·陶隐居论书》,《书学集成(汉—宋)》,河北美术出版社,2002年第1版,第72页。

⑤ 明·杨慎《墨池琐录》,《明清书论集·上》,上海辞书出版社,2011年第1版,第61页。

他把不同的气息与笔画、结构对应起来加以解说,更加真切和摸得着、看得见了,而且态度宽容。即虽有这些气息,仍不妨称为名家。但态度十分鲜明:这些习气、气息不足为道,是不可取的。刘熙载说:"书要有金石气,有书卷气,有天风海涛,高山深林之气。"①还有一种气息称为"毡裘气"。北宋黄伯思论书时曾说:"后魏、北齐人书,洛阳故城多有遗迹,虽差近古,然终不脱毡裘气。文物从永嘉来,自北而南,故妙书皆在江左。"②明人杨慎在《墨池琐录》中指这种"毡裘气",本质是缺"态度"。他说:"北方多朴而有隶体,无晋逸,谓之毡裘气。盖骨格者,书法之祖也;态度者,书法之馀也。毡裘之喻,谓少态度耳。"③再有一种气,谓时人气。早在梁武帝与陶隐居论书时就曾提出"若非圣证品折,恐爱附近习之风,永遂论迷矣"。爱附近习之风,在今天这样一个展厅文化时代,较之南北朝时期,肯定是有过之而无不及的。而"斯理既明,诸画虎之徒,当自就辍笔,反古归真,方宏盛世"④。

不难看出,作品的气息是客观存在的,是不同时代、地域、文化在书法作品中的遗存。所以,书法的审美,要了解和分析这些气息,或优或劣,或古或今,并在此基础上给出正确的评价。

再说韵味。书法中传承和保留的这些气息,不仅见于笔画文字,见于字里行间,更见于整体的风韵面貌。这是从作品的后面隐隐透出的,也是书法审美较难把握的内容。明人杨慎在《墨池琐录》中说:"书法唯风韵难及。唐人书多粗糙,晋人书虽非名法之家,亦自奕奕有一种风流蕴藉之气。缘当时人物,以清简相尚,虚旷为怀,修容发语,以韵相胜,落花散藻,自然可观。可以精神解领,不可以言语求觅也。"⑤杨慎认为唐人书粗糙,晋人书蕴藉,原因在于时代造就了人物风习。而最重要的是,从创作的角度说,"风韵难及";从审美欣赏的角度说,"不可以言语求觅"。所以,一方面是书写者的求韵,一方面是欣赏者的解韵。综而言之,尚韵。

晋人尚韵,在书法史上早有定评。

清人于令淓《方石书话》中把这种不可名状的韵又进行了一层

解析。他说：书画以韵胜，韵非俗所谓光亮润泽也。山谷以箭锋所直，人马应弦而倒为韵，与东坡所谓"笔所未到气已吞"，皆以气势挟远韵也。韵亦不止一端，有古韵，有逸韵，有余韵。古韵如周秦古器，弃置尘土，经数千年，精光不没，一旦出土，愈拙愈古，几不辩为何时典物。逸韵如深山高士，俱道适往，萧散自如，不受人覊。余韵如"看花归去马蹄香""蝉曳残声过别枝"，岂皆出于有意？到心手相忘，若用力，若不用力，各抒胸怀，妙不自寻。①于令淓认为韵不是字画的光泽，而是在笔画不到处，是领略了韵味玄机的。他把韵分为三端：一曰古韵，二曰逸韵，三曰余韵。何谓古？记得窦蒙在《述书赋语例字格》中曾言"除去常情曰古"，与古器物出土成一般风致，并提出愈拙愈古，正是那种不依致巧的韵味，古拙、古朴，与流行风气、当世意趣不同。何谓逸？窦蒙说："纵任无方曰逸。"信笔而书，不为法度所累而尽合于法度，那一份萧散自如，确是与深山高士理趣相谐的。逸就是轻松、自在，超凡脱俗。至于余韵，窦蒙不曾有这一语例，但他说了一个"老"字，"无心自达曰老"。所谓余韵，正是在那些笔画之外、之上的韵味，无心插柳柳成荫，耐人咀嚼，余味不尽，涵泳之后，百般滋味。

所以，韵味是从书法传达的气息中品味出来的，已非人力主观所为，是所有的笔墨情致达成的一种审美体验。对于审美能力而言，就是从作品的艺术表现中，品读和发现这种气息和韵致。

四、以格品位

有一个连续剧叫《宰相刘罗锅》，讲乾隆、刘墉、和珅的故事。其中有这样一个场景：朝堂上，乾隆问刘墉："刘爱卿，昨天晚上又回家练字了？"刘墉答："回皇上，臣昨天晚上没有练字。臣的字不用练了，臣的字写成了。"刘墉是清中期四大书家翁、刘、程、铁之一，乾隆问刘墉写字的事，自是找对了对象。但刘墉说的"臣的字写成了"，很需用心思考。日常生活中经常会听到用"写成了""写得很成"一类的话评价一个人的书艺。应该怎样理解这个"成"字呢？

①清·于令淓《方石书话》，《明清书论集·下》，上海辞书出版社，2011年第1版，第989页。

成就是成熟，成就，学而有成，成果。标志呢？一是能处理各种疑难生僻字。人们在学书的过程中难免会遇到一些字，总是处理得不够理想，达不到自身追求的美学标准，写得与心中想的不一致，不到位。但对于那些"成手"而言，不论什么生僻字，都能进行妥帖的处理，一次性达标。二是在不同的环境条件下，在生疏的环境、氛围和没有任何准备的情况下，众人目睹，词语生疏，笔、纸性能不熟悉，没有书写的心理准备，这时能正常发挥出自己的书写水平，不择纸笔，不嫌生词，一如平常。在日常书法活动中，经常见到一些书家，写不了生词，只能写熟句；对纸笔有太多的挑剔，用不惯便写不好；有各种条件要求，这种情况不能写，那种条件不具备不能写；等等。最重要的是，书写的水准与平时参展的作品和自己在家里反复书写内容的作品水平相差悬殊。对于"成手"而言，在任何环境条件下都能有水平相当的发挥。三是有自己的风格。窦蒙说："一家体度曰成。""一家体度"就是自己的书体风格，是一贯的、稳定的特点。没有自己的风格，写欧阳询再像再好，也是欧阳询。发挥得好时一般模样，差时又是一般模样，今天这般，明天那样，就是不成熟。所以，风格是对一个成熟书家的标志性要求。

对于书法而言，成熟是进入境界的第一门槛。只有达到了成熟的门槛，具备了成熟的基本标志，才可以谈品位格调。

以品论书，始于南朝。梁代庾肩吾作《书品》，把123人分为上、中、下三等，每等中又分为上、中、下，故成九品，但未冠品名。至唐朝李嗣真在九品之前又加了个"逸品"。后张怀瓘作《书断》，把书法的优劣高下，分为神、妙、能三品，各种字体，古往今来，得神品25人，妙品98人，能品106人，并分而叙之。张怀瓘没有给出不同品级的具体标准，只能从分叙中逐次揣摩。如神品中谈到蔡邕时说："体法百变，穷灵尽妙，独步今古。"谈到钟繇时说："幽深无际，古雅有馀。秦汉以来，一人而已。"谈到王羲之时说："备精诸体，自成一家法，千变万化，得之神功。"[1]张怀瓘是开品评格调体统的人，后多因之。神妙能三品之外，加逸品在神品之上，则已四品。北宋朱长文作《续书断》，取张怀瓘体例，

①唐·张怀瓘《书断》，《书学集成（汉—宋）》，河北美术出版社，2002年第1版，第162—164页。

仍主三品。至清人包世臣《艺舟双楫》谈了五品，在神、妙、能、逸之外，又多了一个佳品。他解释说："妙品以降，各分上下，共为九等。能者二等，仰接先民，府援来学，积力既深，或臻神妙。逸取天趣，味从卷轴，若能以古为师，便不外于妙道。佳品诸君，虽心悟无闻，而实则不失苦攻之效，未可泯没。至于狂怪软媚，并系俗书，纵负时名，难入真鉴，庶使雅俗殊途，指归不昧。"①这个解释很有意思。一是五品实为九等，又回到了南朝梁代庾肩吾的分法上，强调能品和佳品，完全可能上升等级。二是佳品所以列为一品，看重的是"不失苦攻之效"。说白了，看在下了不少功夫的份儿上，勉强列了个等。三是雅俗殊途，狂怪软媚之书，俱是俗品，不入流。

可以说，以三品定品级，品中有级，是古来认同流行的一个分法。而神、妙、能三品的具体所指是什么呢？

先说神。

唐人窦蒙作过一个很精彩的诠释："非意所到，可以识知。"②这里所说的"意"，就是"意在笔先"那个"意"。王羲之《笔阵图》中说："凡书贵乎沉静，令意在笔前，字居心后，未作之始，结思成矣。"③显然，这个意是书写动笔之前的思考、设计、凝想。但是，神不是凝想、思虑的结果。"非意所到"可以做两层解：一是神来之笔，神品不是意在笔前的结果，与书写之前的意没关系；二是书写前的主观之念，不可能产生神来之笔和神品。正如虞世南所说："故知书道玄妙，必资神遇，不可以力求也。"④这种神来之笔，来神之笔，让人想到齐白石送给胡佩衡篆书对联中的那句话：胸中富丘壑，腕底有鬼神。所以，书法作品的神品，绝不是刻意追求、创设的结果，而是自然而然的无心插柳柳成荫。明人汤临初《书指》中说："神生于笔墨之中，气出于笔墨之外。神可拟议，气不可捉摸，在观者自知之，作者并不得而自知者也。"⑤到包世臣，他对神品的界定是"平和简静，遒丽天成"⑥。所谓天成，与非意所到可谓是同声异词。不假雕饰，自然才可天成。至于平和简静遒丽，则是神品的艺术境界。平和就是"不激不励，风规自远"；简静就是素朴单纯，不尚雕饰；遒丽就

①清·包世臣《艺舟双楫》，北京图书馆出版社，2004年10月第1版，第87页。
②唐·窦蒙《述书赋语例字格》，《书学集成（汉—宋）》，河北美术出版社，2002年第1版，第241页。
③晋·王羲之《笔阵图》，《书学集成（汉—宋）》，河北美术出版社，2002年第1版，第29页。
④唐·虞世南《笔髓论》，《书学集成（汉—宋）》，河北美术出版社，2002年第1版，第107—108页。
⑤明·汤临初《书指》，《明清书论集·上》，上海辞书出版社，2011年第1版，第511页。
⑥清·包世臣《艺舟双楫》，北京图书馆出版社，2004年10月第1版，第87页。

①明·项穆《书法雅言》，《明清书论集·上》，上海辞书出版社，2011年第1版，第28页。

②明·王绂《论书》，上海辞书出版社，2011年第1版，第30页。

是劲健厚重，"体外有馀"。而这种艺术效果的达成，是不期然而然，不着意得意的结果。从作品的境界、韵致、形态、笔墨反推，这应该就是"心手两忘"的境界。故明人项穆《书法雅言》说："人之于书，形质法度，端厚和平，参互错综，玲珑飞逸，诚能如是，可以语神矣。"①

再说妙品。

"百般滋味曰妙。"怎样理解"百般滋味"？是满汉全席，什么滋味一起端上来，还是特色小吃，一处一处地品尝？明人王绂《论书》中说："质分高下，未必群妙攸归；功有深浅，讵能美善咸尽。"这里说的百般滋味，应是不同的作品有不同的滋味、特点，从而与其他相区别。彰显特色，别具风采，妙而不同，各得千秋，这应该是"妙"的本义。正是基于这样的理解，王绂把不同的特点分成了五种：一曰正确，二曰大家，三曰名家，四曰正源，五曰旁流，因是以定优劣。②项穆在论及品格时，对五种做了以下分论：

> 会通古今，不激不厉，规矩谙练，骨态清和，众体兼能，天然逸出，巍然端雅，弈矣奇解。此谓大成已集，妙入时中，继往开来，永垂模轨，一之正宗也。
>
> 篆隶章草，种种皆知，执使转用，优优合度，数点众画，形质顿殊，各字终篇，势态迥别，脱胎易骨，变相改观。犹之世禄巨室，方宝盈藏，时出具陈，焕惊神目，二之大家也。
>
> 真行诸体，彼劣此优，速劲迟工，清秀丰丽，或鼓骨格，或炫标姿，意气不同，性真悉露。譬之医卜相术，声誉广驰，本色偏工，艺成独步，三之名家也。
>
> 温而未厉，恭而少安，威而寡夷，清而欹润，屈伸背向，俨具仪刑，挥洒弛张，恪遵典则。犹之清白旧家，循良子弟，未弘新业，不坠先声，四之正源也。
>
> 纵放悍怒，贾巧露锋，标置狂颠，恣来肆往，引伦蛇挂，顿拟蟆蹲，或枯瘦而巉岩，或秾肥而泛滥。譬之异卉奇

珍，惊时骇俗，山雉片翰如凤，海鲸一鬣似龙也，斯谓旁流，其居五焉。

夫正宗尚矣，大家其博，名家其专乎？正源其谨，旁流其肆乎？欲其博也先专，与其肆也宁谨。①

显然，王绂对所分之五及项穆所论，并不是高低不分、等量齐观的，但虽有高下，不掩特色。以旁流而论，不正宗之谓，但异卉奇珍，惊世骇俗，非为无取。总而言之，这正是色彩缤纷、五味杂陈之状。包世臣对妙品的认定是"酝酿无迹，横直相安"，可以用"心手双畅"来理解，没有留下雕琢造作的痕迹，但也没有惊人之处，平淡无奇，此之谓也。

最后说说能品。

用今天的话说，能就是做得到，可以达到预想的效果。意在笔先，书能达意，品能见意。窦蒙以"千种风流曰能"，包世臣认为"逐迹穷源，思力交至曰能品"。所以，能可以理解为得法、得体、得意。思力交至，是"得心应手"的书写境界。所谓得法，指的是笔法、字法、墨法和章法。能够熟练掌握这些基本的技法进行书写，作品没有法度上的明显不足，但作品的格调、品位尚不很高。所谓得体，即掌握了不同字体、书体的形态特征，能够做到写什么像什么，但没有形成自己的风格。所谓得意，就是能够在书写前有想法、目标和设计，作品能够见出和体现自己的想法，但没有形成自己的特点。千种风流，就是写什么像什么；逐迹穷源，就是能从作品见出所本的出处，下笔有由；思力交至，则是有思而得力，心有所想，笔有所至。如此，则可称能品了。

就审美能力而言，以格品位的最大不同，是依据一定标准对作品所进行的赏鉴评价，就是说，这个过程是有标准可以遵循的。如果说形象、情感、气息是一个发现美的认知过程，那么，这便是一个使用尺度的分析、认证过程。

美是艺术的第一标准，审美不能无美，美是前提，而发现、认知、评价、欣赏是能力。

①明·项穆《书法雅言》，上海辞书出版社，2011年第1版，第281页。

　　培养书法学习者的基本素养无疑是书法教育的重要内容之一，但与教育工作者必须具备的素养有所不同。学习者必须在书法学习的过程中获得基本素养。基本的就是基础的，是一个人书法学习必需的。就书法的学习和发展而言，又是根本性的。这里将谈到三个基本素养：文字素养、文学修养和文化学养。

一、文字素养

　　汉字是书写的对象和内容，从古人造字、写字到把这种实用的内容变成艺术，走过了几千年的历史，一脉相承，从未间断，使中国文化的脉系一以贯之。文字在中国文化史上的位置可谓举足轻重、功莫大焉。所以，古人根据汉字的特点，形成了不同的学问。汉字是形音义相统一的文字，因此区别于任何一种拼音文字。研究文字构形，形成了文字学，俗称小学；研究语音声调及其变化，形成了音韵学；研究文义的诠释，形成了训诂学。对于书法而言，研究文字的构成，字形的演变，异体字、简体字的区别，成为书法的基本功。写字的过程，就是一个以笔画赋形的过程。作为艺术，又是变换笔画造型的过程。

　　我们现在能见到的最早的汉字是甲骨文，是殷商时期刻在龟甲兽骨上的占卜文字，距今已有3000多年的历史了。现已发掘的甲骨达15万多片，收藏在全世界各大博物馆及收藏家手中，发现汉字4500多个，已经是一个成熟的汉字系统。这个成熟的汉字系统是经过多长的时间形成的，现在还不能确定。可以肯定，一定有一个相当长的产生、发展、完善和使用、传承的过程。但是，甲骨文的发现才只有120年。甲骨文发现的意义，把中国的信史时代推到了3000多年前。但是，在已知的甲骨年代1000多年之后，才有了第一部专门研究文字的专著，即汉代许慎的《说文解字》，收录9353

个字，把文字列为540部。更加重要的是，许慎与同时代人一起探讨了汉字的造字方法，形成了研究汉字的"六书"。对于今天的书法学习而言，要了解汉字的源头，就要学点甲骨文，就要学习《说文解字》。

许慎在《说文解字》中说："《周礼》八岁入小学，保氏教国子，先以六书。一曰指事。指事者，视而可识，察而可见，上下是也。二曰象形。象形者，画成其物，随体诘诎，日月是也。三曰形声。形声者，以事为名，取譬相成，江河是也。四曰会意。会意者，比类合谊，以见指㧑，武信是也。五曰转注。转注者，建类一首，同意相受，考老是也。六曰假借。假借者，本无其字，依声托事，令长是也。"所谓"六书"，就是六种造字方法。今人将其总结为四造二用，即前四种是造字方法，后两种是用字方法。从许慎的记叙中可知，按周礼的规定，小孩子八岁读小学之初，就要接触"六书"了。读书识字，字从何处来，是读书人必须首先明白的，是基础。在汉代，许慎不是第一个提及"六书"的，《周礼·地官·保氏》及《汉书·艺文志》都有所提及，但讲得最详细、最明白并加了字例的是许慎。值得注意的是，《汉书·艺文志》的"六书"称谓与许慎所言有所不同，称为"象形、象事、象意、象声"，强调了"象"字，对于揭示汉字造字的根本，似乎更有意义。当然，许慎是依据小篆解字的，他没有见过甲骨文。但据现在所见的甲骨文进行分析、求证，"六书"的总结是合于古人造字的文字构成实际的。

"六书"是汉代以来对文字构成所进行的分析、概括和总结。在"六书"的关系中，基础是象形，表现的是书写描画与客观物体的对应关系，直接来源于客观事物。会意是对生活关系、文字关系的重建和重组，是象形加象形，用以表现场景、情境、场面以至过程。指事是形象加符号，用符号指示所强调和确指的内容，是对符号使用的初步尝试，体现趋势，意义重大。形声则是造字方法的重大突破，是已有文字形义与音声的组合，从而为汉字满足表达需要提供了科学的方法。

今天的汉字，已经是现代意义的符号了，但对每一个学习汉字的人而言，对于每一个以汉字为表现对象的书法学习者而言，都应从"六书"及甲骨文的解析中，了解汉字的基本构成方式及发展源流。所谓汉字的形象性，所谓汉字的结构，所谓书画同源，一个最根本的原因，是汉字本源于人与自然，是社会生活的客观写照。（参见拙作《甲骨文日课·关于"六书"》）

当然，作为文字素养，所要学习的绝不仅仅这些。许多写篆书的人只能靠工具书照猫画虎，不敢有任何的改变，不要说笔画的增减，连结构的顺序都不敢变，就是缺少文字学基础的原因。由于不懂文字学，有些人胆大妄为，随意改变，又往往贻笑大方。不久前见到一件篆书作品，把"大"字写成"夶"，中间是断开的。"大"的本义是什么？是一个正面站立的人，有头有身有四肢，时至今日的用字，"大"字的总体形态没有任何改变，不可以断开。断开就是"腰斩"。这个字这样写已不是"大"，而是甲骨文、篆书的"冰"字了。

二、文学修养

书法作为一门艺术，表意方式起码是双重的，甚至是多重的。从书法的表面意义上，我们看到的是笔画、结构、章法、墨色以及韵味、情感，而每一个字的本身还有一层意义，字与字之间相联系，构成了语句、篇章，同样是书写表达的意义，是更基本、内在、底层的意义。所以，可以十分肯定地说，乱书不是书法。迄今为止，还很少有人注意书法双重意义的内在关系。比如写一首诗，崔护的《题都城南庄》："去年今日此门中，人面桃花相映红。人面不知何处去，桃花依旧笑春风。"唐人孟棨的《本事诗》和宋代《太平广记》中都记载过这个故事。崔护应考，长安落第，在城南遇见了一个美丽的姑娘，人面桃花，相映生辉。第二年再访，桃花依旧，人面不知何处了。这是一个遇艳和艳不遇的故事。如果用画画出来，那色彩一定是要有春天的明丽和娇艳的桃花的，彩色也一定要出艳。但如果是书法呢？很少有人会去考虑书体、风格、韵致之类，如果用魏碑书写，方严凌厉，恐怕会大煞风景。这就是书法表意的关系，以书体形态韵味与文字内容特色的情致吻合为佳。而这一层意义的底色就是文，主体就是文学。

我国有一部悠久的文学史，从先秦至现当代，体裁多样，形式丰富。从诗经到楚辞，从汉乐府到大赋，从唐诗宋词到元曲小令，以及元明戏剧，明清小说，更加哲学散文、历史散文、记事散文、写景散文、说理散文，以及各类书信小品，还有史论、文论、书论、画论等各种论例文字，等等，是取之不尽、用之不竭的名副其实的宝库。

我国古代的士人、文人和书法家几乎是不分家的。为文书字，是一个知识分子的本职和本分，所以，历史上流传的许多书法名篇，底本都是作者自己的作品。长此以往，自作自书便成了传统。古代书法家没有抄书匠。所以，在书法与文学的关系中，书法家首先是以文人的身份出现的。时至今日，会作诗、会填词、会写文章，仍然是一直提倡的对书家的基本要求。为文之学，也就成了写字人的基本条件和基本修养。

三、文化学养

作为书法教育的内容，在基本素养的培养中我们使用了三个概念：一是素养，用于文字，指必须掌握并已经体现为基本素质；二是修养，用于文学，指已经掌握了一部分，但仍在不断地修为；三是用于文化的学养。任何人都已经有了一定的文化基础和特质，但永无止境，需要持之以恒地学习。因此，学习文化，提高学养，是形成基本素养的一个长期的、累积性的任务。

文化的话题，在当今的生活中随时可见，但应该怎样认识文化，仍然是一个有必要强调的内容。2013年底，中共中央办公厅印发《关于培育和践行社会主义核心价值观的意见》，中华优秀传统文化作为核心价值观的历史基础，再度引起全社会的广泛关注。2017年初，中共中央办公厅、国务院办公厅印发《关于实施中华优秀传统文化传承发展工程的意见》，对为什么传承发展、如何传承发展进行了部署。应该怎样理解中华优秀传统文化呢？弄懂了这个问题，便会对文化学养的内容范畴有一个基本的把握了。

第一个概念是"中华"。中华是一个空间性的概念，小而言之，是中国，是56个民族，是960万平方公里土地；大而言之，是中华民族，是包括所有中华民族后人及其形成的文化圈。因此，"中华"二字包含的文化构成关系中，既包括黄河流域的仰韶文化到龙山文化，包括长江流域的河姆渡文化，也包括塞北的红山文化、新乐文化，大西南的三星堆文化、金沙文化等。当然，还包括散布在全世界范围内的移民文化。中华的意味中，包括了无数个汉语文化圈和中华文化圈。

第二个概念是"优秀"。什么样的文化可以称为优秀？说起来应有四端：一是经过了历史检验的；二是起过促进社会发展积极作用的；三是群众广泛接受的；四是在当代仍然具有现实意义、与社会主义核心价值观相吻合的。中华文化历史悠久，源远流长，有精华，也有糟粕，所以要去粗取精，去伪存真。精华与真理，就是那些站在历史发展、服务现实、面向未来的高度上被证明、被选择、被发扬的文化。比如爱国主义，比如天人合一。

第三个概念是"传统"。什么是传统？一是古已有之；二是今古相承；三是对现实具有指导意义和经世作用；四是不仅见诸经典，而且深入人心，体现为人们思想观念和行为方式的自觉。传统意味着时间的延续和传递，是民族的血脉。

最后一个概念是"文化"。文化是人类物质财富和精神财富的总和，其大其广，包罗万象。而文化的本质是人化。所以，文化是人的意志、眼光、理念、情趣以及思维智慧、生存方式、劳动行为的投射和物化。一是器物层面。如书法教育的工具笔墨纸砚。二是制度层面。大到国家制度、体制，小到制约人们行为方式的风习、法规，包括各种规范，如书法之"法"。三是行为层面，即不同的环境、地域、历史、生产方式、社会形态等形成和积淀的行为方式。古人用笔有单苞、有双钩，有托腕、有悬肘，作为书写的行为方式，都可以从文化的角度做出解释。四是精神层面。即思维方式和理念、价值观、艺术观、审美观等等。这是文化的最高层面。

明白了中华优秀传统文化的含义，而传承、弘扬、发展的核心在精神层面，用精神指导行为。举个例子：近几年国学流行，在中小学，从校本课程到日常诵读，常以国学为名目，花样翻新。在各行各业，也都给自己贴上一个文化的标签。其实，国学是一个国家特有的文化学说和治学方法，不能等同于中华优秀传统文化。国学包括什么？简言之：经史子集。有的学校把《三字经》《百家姓》《千字文》《弟子规》《小儿语》等当成了经。其实这些还谈不上国学，只是"蒙学"，是启蒙教育，识字教育，做人教育。而仅仅去读，更不是对中华优秀传统文化的传承。大家熟悉的南宋理学家朱熹，也是个教育家，写过许多启蒙读物。他在《童蒙须知》中写道："夫童蒙之学，始于衣服冠履，次及言语步趋，次及洒扫涓洁，次及读书写文字及杂细事宜，皆所当知。"在他说的五个方面中，读书写字排在第四位。衣服冠履就是如何穿衣戴帽，言语步趋就是如何说话走路，洒扫涓洁就是环境个人卫生，这些类似小学生守则的内容，朱熹认为都在读书写文字之前。他在"言语步趋"须知中说："凡为人子弟，须要常低声下气，语言详缓，不可高言喧哄，浮言戏笑。父兄长上有所教督，但当低首听受，不可妄自议论。长上检责，或有过误，不可便自分解，姑且隐默。久却徐徐细意条陈，云此事恐是如此，向者当是偶尔遗忘；或曰当是偶尔思省未至。若尔，则无伤忤，事理自明……凡行步趋跄，须是端正，不可疾走跳踯。若父母长上有所唤召，却当疾走而前，不可舒缓。"[1]关于说话走路这些天天在做、随时发生的事，作为童蒙之训，朱熹说得既明确又详尽。从中不难看到，国学、蒙学，绝非仅指诵读，重要的是理解其中的意义，付诸实践，注重行为养成。从精神的层面说，这些日常的行为内容，与更长远的志向直接相关。蒙学先从《三字经》始，"人之初，性本善，性相近，习相远"。第一个字是人。到《百家姓》，赵钱孙李、周吴郑王，进入家的概念；再后学《千字文》，"天地玄黄，宇宙洪荒"，便从个人到家庭到天下了。在国学的体系中，在中华优秀传统文化的体系中，这就是《大学》中"修齐治平"理论的现实体现。格物致知，诚意正心，修身、齐家、治国、平天下，是古代知识分子始终如一的共同追求。所谓立志教育，爱国教育，都融合在这些最基本的内容之中，从而体现一种生生不息的人文精神。

[1]南宋·朱熹《童蒙须知》。《蒙学须知》，山西教育出版社，1991年第1版，第20—22页。

148

文化学养，是既学又养，既传承精神又付诸行动，是知行合一。

书法教育就是一个这样的内容体系。从基本的程式悟法入手，达到提高能力的目的，再上升为一种精神追求、文化追求。那些仅仅把书法教育看成是学点技巧，写一手漂亮字的想法是肤浅的；那种仅仅把书法作为一种艺术学习、艺术追求的目的是狭隘的。书法教育内容的真正高度，确是体现在继承和弘扬中华优秀传统文化上。明白了这一点，才不枉为一种教育。

第六章

书法教学的基本方法

明朝有个书法家叫费瀛，善写大字。别人评价他的书法云物舒卷，蛟龙歙吐，山岳拱耸，要以一写其心中之奇。他写过一篇《大书长语》，专门讲如何写大字，其中"师授"一节写道：

> 刊鞠绝棋亦皆有法，而况于大书乎？草书千文，不敌楷书十字；楷书千字，不敌大书一字。愈大愈难，苟无师承，知从何处下手？必须明师指授，八法、八病、运笔、撮襟等法，逐一讲究，意中了了，然后落笔，则一点一画都从规矩中来，渐觉有趣，欲罢不能矣。临写时，更得精通书法者提掇点化，则心益明，见愈长，临池之业，日异而月不同，骎骎到古人佳处矣。夫以篆、隶、小楷著名，代有其人，鲜克工署书者。苟能诣极超群，可以题署宫殿，壮观堂宇亭台，勒诸金石，垂于后世，章昭代文物之美，斯亦不朽事也。[1]

署书为秦书八体之一，就是今天所说的榜书大字，也称"擘窠书"，用今天的话说就是写牌匾。史载汉丞相萧何为新建的未央宫苍龙、白虎二阙题署，思考了三个月。所以，古人认为署书与篆、隶等不同，别属一法。所以费瀛首先说："苟无师承，知从何处下手？必须明师指授。"在临写时，"更得精通书法者提掇点化"。他在"心悟"一节并提出："书法既得其法，必有所悟，乃能徵而自得。"费瀛讲了从师指授、教师点化和心悟自得三个阶段，俱从自身实践中来，很好地点明了书法学习的基本方法，而学法的另一面便是教法。

书法教育一事，我们曾开宗明义：书法不是教会的，而是学会

①明·费瀛《大书长语》，《明清书论集·上》，上海辞书出版社，2011年第1版，第199页。

的。然而，人非生而知之者，孰能无惑？惑而不从师，其为惑也，终难解矣。这就是主要靠自己学习体悟而又必须从师的道理，是教师存在的合理性，学而从师的必然性、必要性。老师的作用如何体现呢？按费瀛的体会，一曰指授，二曰点化，三曰促悟开悟，即所谓传道、授业、解惑。书法作为技能性、技艺性教育，作为不是教会而是学会的学科，采用的基本方法便是讲授、示范、点化、指导。

第一节　讲　授

通常认为，技能性、技艺性的教学，只要实践就行了，加大实践力度，在实践中学。对于书法而言，就是写、练，反复写、多多练。这是一个误区。教学的意义，第一是讲，不能因为动手实践就废讲，就不讲，就少讲。讲授就是以讲为授，授首先是要讲，而且要讲全、讲通、讲透。

一、讲法

书法有法，法是以知识的形态呈现和存在的。讲法就是注重书法教学的知识性。我们讲执笔法，什么是单钩，什么是双苞，为什么叫"拨镫"，擫、押、勾、格、抵是怎么回事，都要讲。我们讲用笔，讲不同字体、书体起笔如何按，按的角度及如何调锋、转向、行笔、收锋。我们讲字法，从结构特点到举例说明，天覆、地载、让左、让右、撇捺伸缩、三合两段，要讲。我们讲章法，分间布白，行间茂密，运实为虚，断处仍续，又避犯呼应，疏密错落，阴阳向背，鳞羽参差，都要讲。我们讲墨法，浓淡燥润，干湿枯焦，磨墨欲熟，蘸笔欲润，都要讲。这些都是知识性的，老师讲、学生听，是最省减的科学方法。且不可一股脑推给学生，让他们去自悟，那样会浪费时间。

二、讲理

理就是要回答为什么，就要讲道理，是理论性的、因果的、逻辑的。启功先生教书法时专门讲过执笔法。唐以前写字执笔就像现在拿铅笔、钢笔一样，用三个手指，笔在手里是斜着的。因为唐以前人席地而坐，左手拿竹简、木简或硬纸，右手书写，没有现在的桌子，所以书写时笔与纸的角度还是垂直的。宋以后有了高桌子，纸铺在桌子上写字，笔就不能三个手指斜着拿了，所以变成了现在执笔的方法，后来感到不够灵活，又有了悬腕。启功先生说：所谓的悬腕是宋朝人才想出来的说法，而古代没有悬不悬的说法。他们无所谓悬，他就是全空着。腕没处搁，肘也没处搁。他不想悬，手也得在半空中，在半空中操作。执笔有三个手指斜执，有三个手指直执，有悬腕悬肘，分别道理何在，说清楚了。其中还含了一个道理，笔与纸始终是垂直的。唐以前三个手指斜执笔，但由于左手拿着书写材料，也是斜着的，所以，笔对着纸卷仍是垂直的。

这些一教便会的内容，本是道理很简单的，但仍然要讲，讲以解惑。启功先生还讲了一个"回腕"，很有道理，摘录如下：

又比如说回腕，回腕就是这腕子来回转，熬汤熬粥，拿勺子在锅里和弄，人人都会回腕。清朝有个何绍基，他的书前头还刻着一个图，这手拿起来呀，腕子回过来往怀里这么勾着，像个猪蹄。三个指尖捏笔管，拇指与食指之间形成一个圆洞，这叫龙睛法，像龙眼睛。若是捏扁了一点，中间并不是一个圆洞，这样又叫凤眼法。看何绍基那个图，拿起笔来向怀里拳起来，转这么一个圈，然后对着胸口。这样一看就是猪蹄。在广东，猪的前蹄叫猪手，猪的后蹄叫猪脚。这完全是猪手法。这些都是由于不明白大众生活方式、用笔方法、书写工具等等的变化而产生的误解，跟着误解又造出许多不切实际的说法。这样只能使人越发迷惑，并不能指导人真正地去探讨这门艺术是怎么形成的，所以我觉得这些说

①启功《启功给你讲书法》，中华书局，2012年7月第1版，第115—116页。

法都是故神其说，故作惊人之笔，故作惊人之说。①

教育的职责是解惑，对于那些只能使人越发迷惑的种种说辞，正本清源，讲明道理，是必须要讲的内容。教育是一件"诲人"的事业，但不能"毁人"。

三、讲史

在大专院校之外的书法课堂上，大多没有专门讲史的机会。但是，讲到任何一种字体、书家、法帖，都躲不开书史的话题。在书法教育中，讲史几乎是必需的。中小学的书法教材，有以元人赵孟頫楷书为选本的。说到赵孟頫，首先要讲到他的书法源于晋人，源于王羲之，但这远远不够。明代的宋濂、王世懋都说过他的行草书从"二王"中来，但书碑则学的李北海。李北海即唐代的李邕，因做过北海太守，世称李北海，是中国书法史上著名的书法家，一生书碑八百余通，是继李世民以行书入碑后的第一人。李邕现存的《端州石室记》《麓山寺碑》《云麾将军李思训碑》以及墨迹《出师表》等，笔力遒劲，险峻舒朗，风格鲜明。李邕师法何人呢？《宣和书谱》说：初学右将军行法，既得其妙，乃复摆脱旧习，笔力一新。新在何处呢？因为李邕在王羲之《集字圣教序》的基础

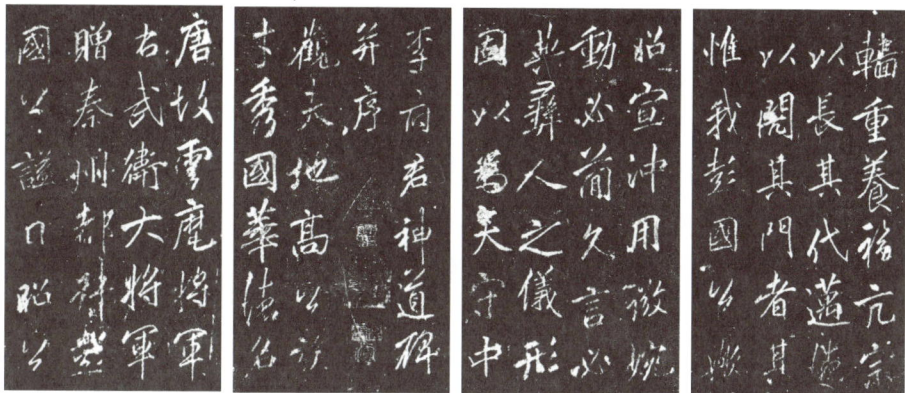

唐·李邕《云麾将军李思训碑》

上，表现出了北魏碑版的浓浓意趣，用笔及结体方式均有明显体现。而后人所以说赵孟頫学李北海，就是因为在他的楷书中，也留有北碑的形意。因此，在学习赵孟頫的课堂上，倘以《玄妙观重修三门记》等楷书为范，不妨告诉学生观览一下北碑。明白了这一点，以史探源，对于书法体悟一定会是大有裨益的。

中小学书法教育中的讲史，本质上是揭示传承关系，强调传承性。

四、讲事

事即事例、故实、典故，指那些具有典型意义，对书法学习有启发、借鉴意义的故事。这样的事例比比皆是。清人朱履真在《书学捷要》中说：古人以书法称者，不特气质、天资、得法、临摹而已，而功夫之深，更非后人所及。伯英学书，池水尽墨；元常居则画地，卧则画席，如厕忘返，拊膺尽青；永师登楼不下，四十余年。若此之类，不可枚举。而后名播当时，书传后世。[1]这里的故事都在说用功之深。伯英即汉末张芝，创立今草，成一笔书，每用功之后于池塘涮笔，致使一池水都成了黑色。元常即钟繇，汉末三国时曹魏的书法家，以楷书名世，《宣和书谱》称其"备尽法度，为正书之祖"。他白天一有时间，就在地上画字，晚上就在被子上画字，以至被子被画出了窟窿，甚至上厕所忘记出来，把胸脯都画得淤青了。永师指隋朝的智永禅师，为了学习、传承王羲之笔法，三十年不下楼，写真草千字文八百本，传播于世。这些例子的典型性在于正确传达了学书要下苦功夫的信息。要写得一手好字，除了天资之外，非下苦功不得流传后世。

五、讲人

人即人物，体现榜样的力量。比如怀素。他早年出家，不拘小节，率性，以草书畅志，兴之所至的时候，寺壁、里墙、衣裳、器皿无不书字。此其一，言其"颇好笔翰"。贫，买不起纸，在故里种芭蕉万株，在叶子上书字。叶子不够，又做了一个漆盘和一方漆板，结果把漆板都写穿了。此其二，言其用功之勤。后跟随中表

①清·朱履真《书学捷要》，《明清书论集·下》，上海辞书出版社，2011年第1版，第1118页。

兄金吾兵曹邬彤学书。邬彤是张旭的学生，把张旭见孤蓬自振、惊沙坐飞而有所悟的事情告诉了他，怀素不复应对，连叫数十声"得之矣"。此其三，言其从师学法。颜真卿听说怀素是邬彤的学生，与他谈及"屋漏痕"，怀素抱颜公脚唱叹久之，说自己观夏云多奇峰，因风而变，虽无常势，一一自然，得到颜真卿的肯定。此其四，言其学有所悟，书有所成。爱好、苦学、从师、有悟，这样一个完整的成就书法大师的故事，对学习者的启迪应是多方面的。要保持兴趣，把爱好发展成特长；要克服困难，下苦功夫，才能有望成就；要从师解惑，提升自己的认识；要在实践中体悟、促悟、开悟，提升学习的境界；等等。

虽然讲的是一个人，一个典型，一个学有成就的榜样，但可以起到学习、借鉴的作用。榜样的力量是无穷的。仅就书写讲书写是教书，而利用各种史事、材料、人物、故事去实施教学才是教育、育人。

六、讲书

这里说的书指的是法书，即不同时代流传下来的经典碑帖作品。如果说一部书法史是一条长长的线索，那么，不同时期的作品，就是这条线索上的珍珠。对于书法教育而言，介绍、展示、欣赏这些经典性的作品，不仅可以展示不同时代的不同字体，不同作者的不同风格，也可以展示同一时期的时代风貌和同一作者不同时期的风格差异。

比如汉隶。两汉的历史较长，共历407年，这期间的隶体成为通用文字。在我国汉字字体演变的历史上，隶书的意义重大，完成了由篆而隶、由曲向直的重大变化，并定型了今天所用的汉字。在此基础上，汉末成就了时至今日仍然承续未变的所有体式。在400多年的演变过程中，除时间因素外，包括地域因素、实用需要、物质材料等，都对字体的变化过程产生过影响，而其中最主要的因素，是审美趣味的变化，书写者个人追求的不同。所以，笼统地讲隶书如何，便会忽略了这些历史性因素。而如果把隶书做一个划分，便会因风格的不同而突出不同的特色。如《祀三公山碑》《裴

汉《夏承碑》
（局部）

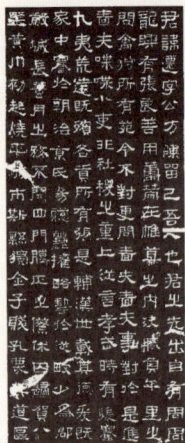
汉《张迁碑》
（局部）

晋《好太王碑》
（局部）

汉《孔宙碑》
（局部）

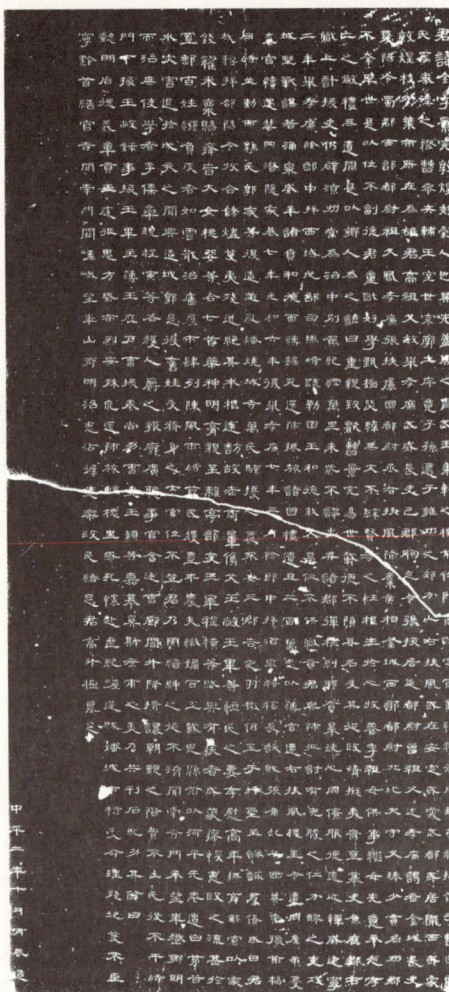
汉《曹全碑》

汉《石门颂》

晋《爨宝子碑》（局部）

岑纪功碑》，明显带有篆书的笔画意态，为一类。汉简，帛书，由于材料的限定，形成了另一种风范，为一类。《石门颂》为一类，不仅仅因为刻在崖壁上的材料原因，工艺限定，更因为其展现了一种雄劲野逸的风貌而自成一格。还有《夏承碑》，以近于夸张的手法强调蚕头雁尾，自为一路。在汉隶中，最有代表性的是蔡中郎《熹平石经》一路，成为近于官方书体的主流，如《乙瑛碑》《礼器碑》《曹全碑》《史晨碑》《封龙山碑》《西岳华山碑》《韩仁铭碑》《孔宙碑》等，风格均以典雅、秀美见称，有庙堂之气。《张迁碑》自为一路，以方笔见胜。后有晋《爨宝子碑》《好太王碑》，一个西南，一个东北，虽时代晚出，但边疆远僻，仍是汉隶风致，均以古拙见长。如此，学汉隶，讲隶书，不囿于一碑一路，不讲则不得全体，不得全体则不尽知一体。

又如颜真卿。唐之后，学颜者众。以宋四家苏、黄、米、蔡言，均从颜楷入手，虽深浅不同，但途不二径。对颜书有微词的是那个口无遮拦的米元章，但看看现在传为颜真卿书的《湖州帖》，可能就是他的手笔。时至今日，学颜书的人仍然很多。颜真卿是中

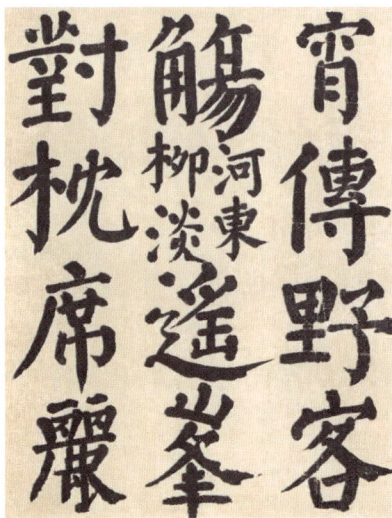

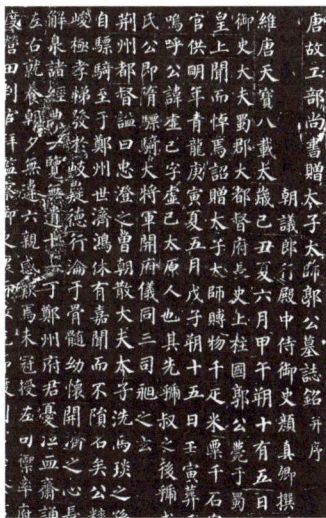

唐·颜真卿《竹山堂联句》（局部）、《郭虚己墓志铭》（局部）

国书法史上的又一个高峰，楷书的影响比王羲之为大，行书也有第二之称。这样一个从人品到书艺都为后人称道的书家，存世作品又多，怎么讲颜书呢？其实颜书的不同时期风格是有很大区别的。1997年在河南偃师出土的《郭虚己墓志铭》，是天宝八年（749）的作品，当时颜真卿只有40岁，还没有完全形成自己的风格，笔画气韵，明显带着唐初四家的痕迹，与《多宝塔碑》《东方朔画像赞》两碑不出五年，但风格各有不同。至其晚年，《竹山堂联句诗帖》66岁时书，《颜勤礼碑》70岁书，《自书告身帖》71岁书，时又在五年之内，但风格已成，特点彰显。至于行书三稿，时隔在六年之内，又是别一番风致。对于学颜书的人而言，从哪一帖入手，选择什么发展方向，了解颜书的内在差异和发展脉络及不同时期的风格特点，无疑是十分重要的。

在当代的学习生活条件下，人们获取法书信息的渠道甚多，能博览而广见识，能见全貌而图一人一帖，是学习书法的一条重要渠道。眼界一开，便有了见识选择。对于那些对各代各体法帖不甚了了的学生而言，老师的讲便是洞开的一扇门。明人赵宦光《寒山帚谈》中说过这样一段话："鉴赏法书之乐，声色美好一不足以当之。玩好虽佳，无益于我。惟法书时时作我师范，不可斯须去身。尝谓博古之士而不好法帖，是未尝博一古；善书之士而不好法帖，是未尝写一字。名家亦有但择墨迹而不贵拓本者，此正不知真好者也。墨迹故佳不可得，而善帖为稀世之宝矣。善拓又不可得，而常拓亦为不可阙之物矣。即使其家多藏墨迹，或一帖不具，则刻本终不可少也。如是鉴赏，方是好古，方是知书，方是识去取，方是识好恶。不然皆浮慕也。"①

今人获取碑帖的渠道太多了，是时，老师之讲，又有甄别引导之用。

①明·赵宦光《寒山帚谈》，《明清书论集》，上海辞书出版社，2011年第1版，第334页。

示范就是打样儿，是书法教育的基本方法。所有的教育都有讲解，但只有技能性、技艺性的教育才要打样儿。同是技能、技艺性教育，打样儿的方式又有所不同。一个木匠教徒弟，要凿卯作榫，在做的过程中让徒弟看就可以了，这叫"做中学"。但书法不同，书法不能老师怎么写、写什么学生就学什么、看什么，老师打的样儿，不一定是自家模样，而可能是他家的模样。写欧写柳，哪一个是老师自己的模样？所以，书法教学中示范的教学方式，是带了许多的要求和限定的。

在示范这种教学方法中，示与范又是有区别的。对于老师来说是示，演示、展示；对于学生来说是范，按照老师展示的样子、方法去实践。范的本义是规矩、模型、模范。对于一个事物的制作而言，内为模、外为范，范有框定之义。所以，在教学中，教者为示，学者以范。教师展示的时机、内容、针对性和方式是什么呢？这是示范这种基本方法的内容。

一、辅助性展示

书法教学的基础方式还是讲解，但老师讲如何执笔，光靠语言讲是不行的，学生听得不甚了了，且不直观。于是老师要做示范，何谓单勾，何谓双苞，何谓擫，何谓押。老师做出样子，展示了，演示了，学生自己按老师的讲解要求做执笔训练。这个过程中，老师的演示是服务、服从于讲解的，在教学过程中起到的是辅助的作用。

辅助性展示是最常见的示范，也是展示形式最宽泛的。老师讲到甲骨文、大篆，但老师可能不会写或写不好这两种字，怎么办呢？老师可以展示别人临写的作品，可以用书本、挂图展示，还可以用多媒体。因为展示起的作用是辅助性的，方式也最常用、最宽泛、最灵活。

二、过程性展示

这是示范教学法中最核心的内容。对于书法学习而言，大多数时候面对的是碑帖，是可以效法的作品，或者说，面对的是一个结果。结果中凝结了书写过程，但不能展示这个过程，这样，就形成了一个过程空白。教师的作用，就是为学生还原这个过程，展示这个过程。

过程展示是书法教师赋予书写乃至创作的一种理性，这种展示不是教师写一遍便完成了，而是边写边讲，边分析边讲解，要时时地停下来，甚至反复演示。这个过程还是原本的书写过程吗？当然已经不是。这时候所进行的分解式示范，甚至已经偏离了书写自身，如书写感、气脉的贯通等。另外，你要演示的是王羲之的《兰亭序》，笔不同，墨不同，纸不同，书写方式不同，书写环境不同，书写目的不同，书写心境不同，这许许多多的不同，致使教师的展示已经不可能是原本的过程形态、状态了，仅仅是做做样子而已。这无疑是示范过程中最难的。

过程性示范会遇到各种各样的问题。首先是动作的标准程度问题。一笔按下去，何谓轻，何谓重？一笔写过来，何谓疾，何谓徐？让笔画在字中行，何谓牵，何谓掣？等等，这些过程必须加以解说讲述。这时，示范是主要的，讲解是辅助的。其次是笔画的衔接运行过程。经常会有学生问：这个字先写哪一笔，后写哪一笔？这一笔与那一笔之间的连带关系如何体现？不这样写行不行？等等。听起来问题很简单，示范起来便不那么单纯了。有人问唐集王羲之书《圣教序》的"域"字如何下笔，有人问"济"字可否不这样写，有人问没有书写感怎么办，这些问题示范不难，让学员读懂、看懂、听懂却很难。再次，有些示范不具有普遍性的指导意义，但必须展示。颜真卿的竖钩与魏碑的竖钩形态、写法、用笔完全不同，演示颜的写法，对学碑的学员没有指导意义。先不要说老师是否有能力展示所有的字体、书体，即便有，教学如何开展？最后，还有展示的不可重复性问题。书法作为一门艺术，每一次都是一个独特的表现过程，同样是一支笔，一个字，一个笔画，这一次盖闻二仪有像，显覆载以含生；四时无形，潜寒暑以化物。是以窥天鉴地，庸愚皆识其端；明阴洞阳，贤哲罕穷其数。然而天地苞乎阴阳而易识者，以其有像也；阴阳处乎天地而难穷者，以其无形也。故知像显可征，虽愚不惑；形潜莫覩，在智犹迷。况乎佛道崇虚，乘幽控寂，弘济万品，典御十方。举威灵而无上，抑神力而无下。大之则弥于宇宙，细之则摄于豪釐。无灭无生，历千劫而不古；若隐若显，运百福而长今。妙道凝玄，遵之莫知其际；法流湛寂，挹之莫测其源。故知蠢蠢凡愚，区区庸鄙，投其旨趣，能无疑惑者哉！然则大教之兴，基乎西土，腾汉庭而皎梦，照东域而流慈。

域 济

唐集王羲之书《圣教序》
（含"域""济"字）

示范与那一次示范就有可能不同。那么，书法的展示又应该遵从什么标准、规则呢？所有的展示都是个性化的，却要用共性的书写语言和讲述语言去解决问题，这就是过程展示的关键。

三、参照性展示

在示范性教学中，有一种他山之石、可以攻玉的方法，即是这里所说的参照。或问黄庭坚的楷书风格，教者不以黄书示范，而写《瘞鹤铭》，盖黄庭坚楷书所本。或问隶书的钩如何写，教者不书钩，而写撇，盖隶书的钩和撇本为同一笔法。或问魏碑的方笔，教者以汉《张迁碑》为范，同是方笔，隶在前，楷在后，其法可参。所以，参照性展示是一种间接展示，是对所应展示的书写内容寻找一个更有说服力或启发意义的新方式，用参照的方法、追根溯源的方式给人以启迪。这是一种站位更高、指导性更强的展示方式。

四、针对性展示

针对性展示的内容是源于教学中所发现的问题。如初学者在行笔时，往往是一笔滑过，这时，用语言告诉学习者如何行笔，什么叫牵掣，如何写实，力透纸背，什么是涩笔，等等，可能都是丈二和尚摸不着头脑。学习者不能从语言解析中真切地体悟到，教者

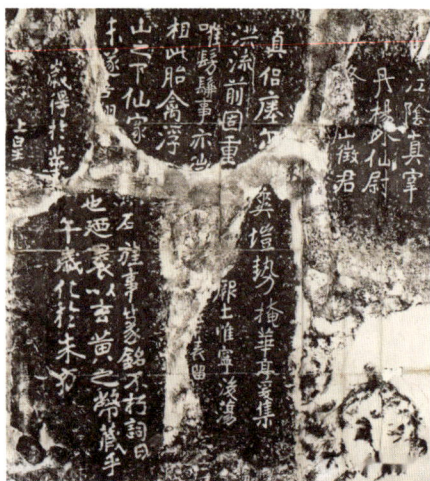

（传）南朝梁
《瘞鹤铭》

就必须进行针对性的示范。所以，针对性展示的出发点是问题、是病。这些问题和病，有时是在现场书写的过程中发现的，大多数时候是在完成的作业、写成的作品中发现的。老师不具体指出，学生不以为病。书法教学中经常遇到的问题是，学生对自己的书写，不知道问题在哪里，甚至把错的当作对的，这时，针对性展示就需要上场了。

古人对书法之病有很系统的总结，如前面所提及的牛头、鼠尾、扫帚、竹节、锋腰、鹤膝、钉头、折木、柴担、锯齿、尖棱、发丝、垂尾、耸肩、脱肩、柳叶等，这些还都是体现在笔画上的病，至于结字、章法、墨法以及运笔过程，还有许许多多的病。对于教学而言，教师既有责任告诉学生应该怎么写，还必须告诉学生不应该怎么写，往往怎么写。不应该是从学员的实践和作品中发现的，应该怎么写就需要具体的示范了。实践证明，及时发现学员学习过程中出现的问题，并通过示范及讲解及时纠正，是书法教学中十分重要的环节。只有这样，学员才能少走弯路，教师的指导作用才更能有针对性地发挥。

清人汪沄在《书法管见》中举过这样一个例子：

> 字分雅俗，全在含蓄。然不在一笔写完，始思停留，要一下笔时便得中锋，分毫与纸相搏，则不独本笔神气朴茂，并次笔位次亦可施展。今人有二病：一爱面上光洁，不求沉郁，其失轻滑；一贪急趋取势，不求顿挫，其失草率。若逐笔研辨，只觉细贴不到，何暇疾行。人之所可学者法度，不可学者性情，自唐、宋、元、明，凡称书家者，孰不极力体仿魏晋？惟是古帖工夫精密，学之未能尽到，遂存古法一半，自露性情一半，亦自卓然成家，后世无其用功之笃，天质之高，书卷之积，徒从其不到处袭取，岂惟俗劣可厌，且使名贤为其掩污矣。①

这个例子说得深刻而有现实指导意义。一说字分雅俗，那些雅的作品是怎么创作出来的，强调中锋。二说今人有二病，轻滑、

①清·汪沄《书法管见》，《明清书论集》，第978页。

草率，指出现象。三说形成二病的原因：可学者法度，不可学者性情。并说不能与那些自露性情一半的书家相比，因为用功、天质、素养不同。结果是俗劣可厌。

如果在课堂上遇到了学员有如上二病，但指出原因，大概是很难改掉这些毛病而见出成效的，于是需要针对性地展示，用示范施教。示范什么呢？针对轻滑，用笔求沉郁，分毫与笔相搏，这就是我们所说的牵掣。针对草率，用笔求顿挫，不要一开始就把重点放在取势上，而要精研碑帖，入手精细。针对形成这两病的原因，告诉学员要把注意力放在法度的学习体悟上，那些表现情感的内容是学不来的。

针对性展示，是教学中最切合实际、最有效的示范方法。

五、对比性展示

对比性展示体现为两种基本方式：一种是现场书写所做的动作展示形成的对比。学生写、老师也写，许多时候是学生书写过程、动作、速度、力度等方面存在的问题，有的是长期书写形成的坏习惯、小动作，所以，只能通过展示来体现。什么是对的，什么是错的，这个对比主要体现为老师写、学生看、学生比、学生悟。一种是静态的比对，把老师书写的与学生的作品进行比较，把学生的习作与碑帖进行比较，把学生写错的与写对的进行比较，把学生初学所书与学习一段后的书写进行比较，等等。

对比性展示的要素有三：一是形体的比较，这是最直观、最重要、最有说服力的。对于初学者而言，形是必须求的，一定不要让那种但求神似、不求形似的说辞扰乱了视听。形之不存，神之何求？形是结构，是美感所在。二是笔画、功力的比较，是在形的基础上，从微观的、细节处看笔画是否沉实、遒丽，看笔画是否合于文字的规定性和变化，看用笔的正确与否、到位与否。三是神采、韵味的比较，一字一体一帖，是否体现了所临的风格特点，是否具备了基本特征，是否有了味道、神韵。

① 郑板桥《题画》，
《郑板桥全集·五
编》，北京市中国书
店，1985年第1版，
第2页。

六、隐秘性展示

　　在技能性、技艺性教学中，几乎所有的门类都会遇到只可意
会、不可言传的问题。有些技能、技艺可以在实践中体会、感悟，
但难以用语言表达、传达；有些在实践中很明确、很准确的体验和
感受，但用语言表达时，便会变得模糊、含混和不确定。书法也不
例外。郑板桥在谈画竹时说过类似的感受："江馆清秋，晨起看
竹，烟光日影露气，皆浮动于疏枝密叶之间。胸中勃勃遂有画意。
其实胸中之竹，并不是眼中之竹也。因而磨墨展纸，落笔倏作变
相，手中之竹又不是胸中之竹也。总之，意在笔先者，定则也；趣
在法外者，化机也。独画云乎哉？"①这段话所言的画竹感受，与
表达那些只可意会、不可言传的技艺有异曲同工之妙。创作者在书
写时，并非对书写没有体会、感受，但这个感受与实际的书写是有
距离的，而语言表达与心理感受又是有距离的。书法的最高境界是
表现。表现是一种不自知、不尽知的状态，所知本已有限，表达就
更加有限，在这个时候，语言很苍白，表达很无力。最好的方式，
便是展示，用实际的书写行为、过程、效果做示范给学习者看。学
习者看到了，感受同样是有限的，当他通过自己的实践去体会、感
悟之初，仍然是感受不到的，但那个过程已经在心里，那个样子实
实在在地留在记忆的影像中，自身的每一次实践都会有一次回顾和
重放，这样日积月累，他可以在自己的实践中获得属于自己的体悟
和意会。所以，所谓的技巧，技是可以交流的、教学的，但其中的
巧处，却茫然不可及。这就是技能、技艺性教育的隐秘处。

　　近年来学习褚遂良楷书的人越来越多，《雁塔圣教序》《大
字阴符经》《倪宽赞》是人们习见的法帖。以《倪宽赞》为例，褚
字中的笔画粗与细、疾与徐对照鲜明。尤其是那些细瘦的笔画，不
但骨力刚健，而且弹性十足。如果要用语言去表达由厚重的笔画向
细挺笔画的转换过程，恐怕是难以说清楚的。对于褚遂良而言，这
是一个根据文字的构成，随机化成的结果。恐怕让他自己说为什么
这一笔要细，速度如何把握，粗细如何转换，笔锋如何调整，也是
很难说清楚的。但是在示范性的展示中，便可以自然而然地完成这

个转换过程。个中奥妙，只可意会，不可言传，随机化成，本乎自然。

正是由于这样的原因，有的书体具有经典性，却很少有人涉足。在楷书国展中，有相当一部分人写魏碑，但几乎没有人写《郑文公碑》，学龙门造像记的，学《张猛龙碑》的，学《张黑女墓志》及北魏墓志的大有人在，唯独无人问津《郑文公碑》。是此碑不好吗？当然不是。包世臣在《艺舟双楫》中说："北碑体多旁出，《郑文公碑》字独真正，而篆势、分韵、草情毕具。"① 《郑文公碑》有上下碑之分，字体一也。本是楷书，又含篆势、分韵、草情，诸般字体，融为一炉了。与其他北碑相比，以真正比旁出，当然更具经典意味。但是，怎样理解字中的篆势、分韵、草情呢？

① 清·包世臣《艺舟双楫》，北京图书馆出版社，2004年第1版，第51页。

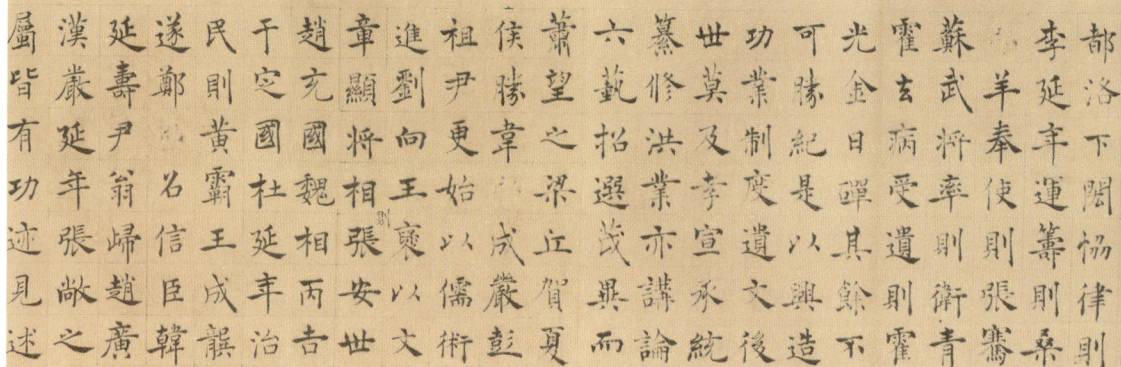

《郑文公碑》"内""为"二字

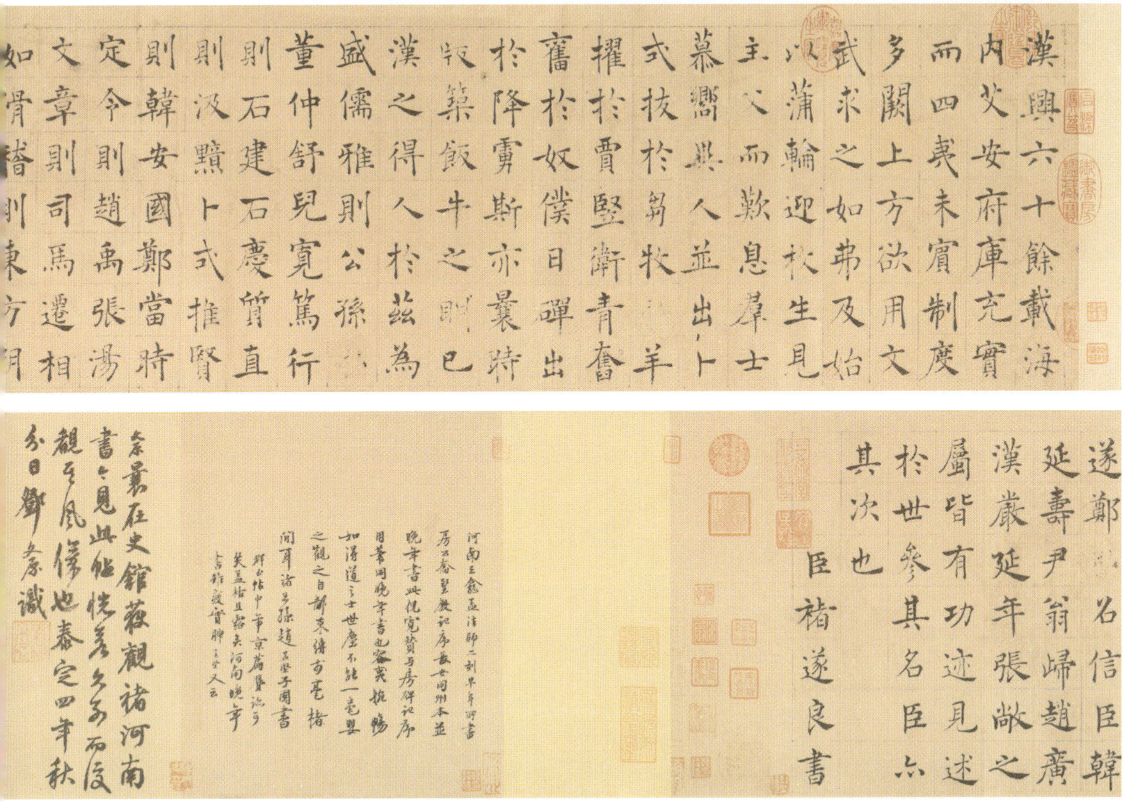

汉兴六十馀载海
内乂安府库充实
而四夷未宾制度
多阙上方欲用文
武求之如弗及始
以蒲轮迎枚生见
主父而叹息焉群士
慕嚮异人并出卜
式拔於刍牧弘羊
擢於贾竖卫青奋
於奴仆日磾出
於降虏斯亦曩时
版筑饭牛之朋巳
汉之得人於兹为
盛儒雅则公孙弘
董仲舒兒宽笃行
则石建石庆质直
则汲黯卜式推贤
则韩安国郑当时
定令则赵禹张汤
文章则司马迁相
如骨鲠褚州东方

遂郑
延寿尹翁归赵广
汉严延年张敞之
属皆有功迹见述
於世参其名臣亦
其次也

臣褚
遂良书

河南王孟莆盂注许之刻序盖古
房云莆此倪宽赞与房碑记序
晚年喜此�🜚宽赞与房碑记序
目景间晚字书皆喜黄抃畅
如溯道二十世唐不兆一毫异
之观之自觉奉绝有笔楷

间有迢立
書
閏十七年

余最在史館获
書乙恩此能偹咨多多而巳
観至凤傦地泰定四年秋
分日鄧文原識

唐·褚遂良《倪宽赞》及历代题跋

汉代蔡邕有《篆势》《隶势》可参，晋人卫恒作《四体书势》篆、隶、草俱有所陈，但怎样体现为一笔一画，怎样体现在一字之中，见其势，得其韵，含其情，便不那么容易了。正是因为这些特点，《郑文公碑》与其他魏楷大异其趣。《龙门造像记》用笔方严紧致，笔画平直，直中带曲，《张猛龙碑》以斜为正，《张黑女墓志》略见方圆，北碑雄强已失。《郑文公碑》则不然，以曲为直，以松为紧，变化多端，正是多种笔法融合的结果。举"内""为"二字为例，何谓篆势、分韵、草情，已属难言，奇妙机巧之处，只可玩味。在这样的时候，展示、示范，把文字中隐秘难言之处，尽用具体的行为、过程示范出来，无疑是最有效、便捷和可取的方法。

第三节 评 点

评点是书法教学中最常见的方法之一，评点也是点评。点是指点，就是挑毛病，发现问题。发现的问题是在实践过程中表现出来的，学习者不自知，老师要指出问题的所在。所以，指点大多是具体的、细节的。评是评价，不但指出问题，还对问题的原因、危害、倾向性进行评说。点一般是在过程中体现的，评则可以直接面对结果；点一般是具体的、细节的，评则可以相对宏观、综合，可以由此说开去。所以，评点作为一种教学方法，就是发现并指出问题，对问题的产生原因进行评说的过程。评点的方式是多种多样的。

一、点评

点评多发生在课堂上，发生在学习者书写过程中。有时是一句话，有时是一个动作。老师对学生说："笔立起来，要直。"因为发现了学生在书写时的笔是侧斜的。书写时笔与纸的角度要垂直，以利中锋行笔，这是常识性的，不需多说，纠正学生的书写姿势、状态就可以了。有时则可能是一个具体的问题，如写折笔时，笔在纸上拖曳，缺少一个笔稍稍提起、调整笔锋的动作，老师就会告诉学生这样写不成，包括做出示范，进行动作分解式的讲析，让学生明白调锋的动作、过程、效果和基本的提按方式。这已经不是一句话能解决的问题了。

点评方法的前提是发现问题，要求老师要及时、准确地见出问题，给予及时的纠正、解决。在书法实践的课堂上，不是学生写老师就没有事情可做了。学生开写，老师就要开始观察，进行点评了。

二、讲评

讲评是比指点更具普遍性的内容。问题可能出现在一个学员的身上，但问题是普遍的、倾向性的问题，这时就要停下笔来，让所有的学员引起注意。所谓讲，就是指出问题具有普遍性；所谓评，就是从具体的事例出发，通过具体的分析、评述，达到让所有人有所借鉴的目的。对于书法教学而言，越是学习之初，这一类的问题越多。

讲评是一个面对个别讲述一般的过程。问题发现要准确，要体现倾向性，抓出的问题要典型。所以，讲评是提高课堂效率的一种有效方法。

讲评还有一个特别的含义，就是对作业的评述。因为所有的作业都不是课上现场书写的，所以面对的是书写结果，而非具体的过程。这种讲评大多是从普遍性问题入手的。实践证明，有作业就要有讲评，这能使作业有意义。那种布置作业后教师不再过问的做法是不负责任的，久而久之，便会使作业成为可有可无的程序了。

三、综评

综合性评论的前提是综合，不再指一时一事，一个小问题，一个小细节。当具体的问题体现为一种倾向时，不再是孤立的、个别的、特殊的现象；当经历了一个学习时段，如一个学期，学完了楷书的基本笔法和进行了充分的结字练习，准备进入下一个学习阶段内容，如某个有共同特点和经历的群体需要共同面对的问题，等等，就需要对这些现象、内容、达到的水平、取得的成绩、结果及仍然存在的问题等，进行综合性的分析、讲评。所以，综评的对象是一般，是从无数个别现象中归纳、概括、总结出来的，是阶段性的。

通过无数实践总结出来的共性问题是综评的基本对象。在书法教学中，这些问题大多不体现为笔画、结字、临帖一类问题的发现和评点，而是体现为一种倾向、趋势，如学习目的是否端正，学习兴趣如何保持，学习时间如何保证，等等。这些问题是从一个个具体现象中概括、归纳而来的，既要以具体事例说明问题，又不是在评说一人一事。所以，综评是一个讲道理的过程。对于教师、教学而言，是一个居高临下、拨乱反正的过程。

四、评论

评是就事说事，就现象提出解决问题的办法和要求。评论则是以事说理，是对具体事物、现象的理性分析。因此，评论是理论性的评说。

当今书坛里，丑书、乱书大行其道，射书、吼书等各类奇奇怪怪的现象时有所见。在这些光怪陆离的现象面前，总能看到一些追随者，也时时能听到叫好声。这些现象是不宜进中小学生课堂的，但中小学生未必不接触，不了解。对于成人的书法教学来说，则要正面面对这些现象。这些现象之后的理念，也会影响课堂教学。这时候，一句两句评价，提倡什么，反对什么，有时起不到正本清源的作用。这时候就需要讲道理了，需要论，需要哲学的、美学的、书法史的、社会文化的高度。

所谓评论，评的对象是现实，论的方式是说理，这同样是评点的重要方式之一。

五、朱批

朱批是一种传统、实用的课业点评方式。为了区别教师和学生的笔墨，一般教师用朱红色墨，故称朱批。朱批一般分为圈点和指要两部分。在写得好的地方画一个圈，以资鼓励，意为这一笔、这一结构安排做得很好，很到位，学生会受到鼓舞。不要小看了这一个红圈圈，对于学生而言，这种鼓励对于激发和保持兴趣十分有意义。对于那些写得不够好、不到位的地方，老师往往会批上几个字，如"注意收笔""不宜偏锋""雁不双飞""行笔勿滑"之类，言简意赅，一看就懂。因为在具体的笔画、结构上进行圈点，针对性极强，往往会引起学习者的充分注意和认真思考，促进学生反复练习，易收事半功倍之效。

朱批是过去授徒学书的常规性点评方式，是面对学生课业结果的指授，如再与现场书写结合，看看学生的书写过程和动作，更能收到改进效果。有许多学生会拿着先生的朱批再向老师当面请教，这时，学生现场写写，老师在审视学生书写过程中，参以示范，会大幅度提升学习效率。

六、批改

批是告诉学习者应该如何做，不该如何做；改则是把有问题的笔画、结构等改正过来，是在纸上的示范。曾在一位成人学员家见到一位老先生对他课业的批改。他原本墨色的笔迹上，老师用朱笔叠写，以正其误。这种改正主要体现在结构安排上，笔画的轻重，是否到位，以及笔画关系安排处理是否得当等，同时加以简要的朱批。学生把课业的批改稿裱成一幅长长的手卷，时常拿出来比照学习，深刻领悟。看完这个手卷后有两点感受：一是老师的负责精神，不仅要告诉学生问题出在哪里了，应该如何做，还用叠写的方式，对不符合要求、规律、标准的字进行改正。二是学生的重视程度，装裱已能证明其重视、珍视的程度，还时常开卷观览，领会先生指授之意。

既批又改，既指出不该如何，又书写改正，是教师负责精神的体现。这样的态度是应该加以提倡的。

七、示例

在点评学生书写过程及习作的过程中经常会发现，有些问题

沈阳故宫"紫气东来"匾额

不仅仅体现在一个字、两个字的书写中，而是对一类技能、技巧没能正确掌握，这样的情况，可以就一个字进行点评批改，但更应对一类问题提出修正意见。这时，在指出问题后，便需要具体的示例了。示例也称例示，是针对一类问题举例子，除了点评之外，还要写出来，以实例纠正问题。

在批改中，教师的写是针对一个具体的文字进行的。比如老师布置的作业是写四个字：紫气东来。老师发现，学生的竖钩和斜钩都不正确，已经不是一个笔画的问题，而是没能掌握写钩的基本要领。这样的情况下，老师为学生写出"气""东"二字，是批改，而老师选择了能体现钩这一笔画特点的其他字作为示例，如"风""永"，通过这两个字演示钩的正确写法，并讲明基本规范和要求，进而指出所有竖钩、斜钩的书写技巧，继而推演到竖弯钩、弯钩、卧钩的写法。用一个例字的演示，既纠正了错误的，又展开了一系列正确的。这就是示例。

八、题跋

批注、题跋是中国文化传统中阅读、欣赏、鉴定文学艺术作品时常用的批评方式，以读书最常用。批一般指阅读者自我感受的文字，写在书页上部叫眉批，写在书行之中叫间批。注则指对文中词语典故的诠释、索引。题指写在作品前面的话，对书写者的身份有较高的要求，如所涉及内容的专家、名家、师长、同道而尊者，以及长辈，等等。跋则是写在作品后面的文字。

在书法教育中，批是十分常用的方式，题跋不多用，但也是点评的方法之一。老师对学生的习作、作品，可以写在前面，作题，也可以写在后面，称跋。这个跋，大多是对作品的意见、建议、评价、指授等。一般说来，题跋作为点评方式使用，不仅很正规、很严肃，也对习作、作品提出了要求。如国展上获奖的作品请专家、推荐人在后面写上一段评价性文字；如学生的一件习作，老师在作品后面写上一段寄语式的文字，都可归入此类。

总之，评点是书法教学中最常用的方法手段之一，特点是从问题出发，指出不足，教学正确的方法、技巧，以至做出展示、示范。在教学过程中，评点是随时发生、随机进行的，教师没有准备的时间，靠的是眼光和平素的积累，对教师的素质、能力要求很高。

指导是一个内容很宽泛的概念，指即指示、指点，导则是教导、引导之义。所以，在教学活动中，所采取的方式、方法，无不具有指导之义。古人有把指导写作"指道"的，可以理解为道理之道，也可以理解为道路之道。不论指明道理还是指明道路、出路，都是指导的真意。所以，用今天的话说，指导即是解决之道。

我们这里所说的指导，与前所言讲授、示范不同的是，针对书法教学中经常遇到的多发性、普遍性、倾向性问题，提供引导性方法，提供解决之道。

一、运笔之法中的用腕问题

在书法学习中，执笔是第一课，居诸法之先。从表面看，这是最简单、容易掌握的知识内容，实践中很容易做到掌握要领，姿势正确。人们总结了执笔学习的口诀：指实、掌虚，笔直，腕活，肘悬、肩平、眼宽、心正，教者照本宣科，辅以示范，学者手挥笔握、依样从事。但是，当这支笔一动起来，问题一下子全暴露无遗了。指压得不实，则执使不力；指用力太实，则倏成死笔。笔执着本直，一动则偏。而其中最重要的是用腕问题，非但不活，甚至不能以腕运指，以指运笔。手指死死地攥住笔，很多初学者是以臂拖手，牵拽运动，腕子根本不会动，不起任何作用。在书写过程中经常会见到这样的情形。总结起来，表现为四端：一曰撅笔无力；二曰转笔扭曲；三曰送笔不到；四曰长画拖曳。长笔画如写悬针竖，笔画拖得很长，笔提不起来；写撇、或不能到位，或拖延无掠势；写捺笔，或不成波磔，或拖沓难收。有时老师反复示范，学生终不能领悟。而看看学生的执笔运行过程，就会发现，这种情况发生的根本原因，不是学生如何控制笔的问题，也不是控笔能力问题，而是方法问题：不用腕。

古来谈及用腕的人甚多。明人莫云卿《论书》言："钟元常谓'多力丰筋者胜，无力无筋者病'，盖知笔端之妙全在筋力，筋力之势运于指腕。"[1]又明人倪后瞻在《倪氏杂著笔法》中说："羲公云：'执笔在手，手不主运；运笔在腕，腕不知执。'此四句贵先讲透。观此语，转腕之法贵矣。"[2]清人王棠在《知新录》中对用腕的作用说得更加透辟：写字要血、骨、筋、肉四者俱全，又要有间架，有形势。而紧要在运笔，有肘运有腕运，肘为一手之总，腕为十指之总，不腕运而运指，下矣。[3]清人陈介祺《习书诀》又说："凡用手者，皆运腕乃得法，盖莫不然。手只用以执笔，运用全责之腕，运用吾腕，是在吾心，岂腕自运乎？运腕而指不动，气象、意思极可体会，能如此方是大方家数，方是心正气正。手不动方可言运腕，犹心不动然后可言运心也。指动则腕不得为主，心动则心不得为主，心无主，则静而所得者甚少，动而所失者必甚多矣。"[4]不一而足。

不会用腕是初学者中存在的十分普遍的问题，怎样给予卓有成效的指导呢？可以给出两种学习、训练方法。

首先要解决悬腕的问题。明朝徐渭在《笔玄要旨》中论执管

① 明·莫云卿《论书》，《明清书论集·上》，上海辞书出版社，2011年第1版，第214页。
② 明·倪后瞻《倪氏杂著笔法》，《明清书论集·上》，上海辞书出版社，2011年第1版，第531页。
③ 清·王棠《知新录》，《明清书论集·上》，上海辞书出版社，2011年第1版，第755页。
④ 清·陈介祺《习书诀》，《明清书论集·下》，上海辞书出版社，2011年第1版，第1206页。

①明·徐渭《笔玄要旨》,《明清书论集·上》,上海辞书出版社,2011年第1版,第124页。

②明·汤临初《书指》,《明清书论集·上》,上海辞书出版社,2011年第1版,第513页。

③明·汤临初《书指》,《明清书论集·上》,上海辞书出版社,2011年第1版,第507页。

法时说:"古人贵悬腕者,以可尽力耳。大小诸字古人皆用此法。若以掌贴桌上,则指便粘着于纸,终无气力,轻重便当失准,虽便挥运,终欠圆健。盖腕能挺起,则觉其竖,腕竖则锋必正,锋正则四面势全也。近来又以左手搭桌上,右手执笔按在左手背上,则来往也觉通利,腕亦自觉能圆。此则今日之悬腕也,比之古法,非矣。然作小楷及中品字、小草犹可,大真、大草必须高悬手书。如人立志要争衡古人,大小皆须悬腕,以求古人秘法,似又不宜从俗矣。"① 过去人多写小字,故执笔时腕托于纸上,由于字小,以指掌的活动范围便可完成书写了。由于腕托在纸上,执笔时须手掌上昂,腕子想活动几乎不可能,抑制了腕力的使用。所以,腕不能悬,则难以动,难以活,难以运。明人汤临初在《书指》中举了一个很形象的例子:世传右军好鹅,莫知其说。盖作书用笔,其力全凭手腕,鹅之一身,唯项最为圆活,今以手比鹅头,腕作鹅项,则亦高下俯仰,前后左右,无不如意。鹅鸣则昂首,视则侧目,刷羽则随意浅深,眠沙则曲藏怀腋。取此以为腕法而习熟之,虽使右军复生,耳提面命,当不过是,非谑谈也。想当时,兴寄偶到,且知音见赏,兼为后世立话柄耳。② 羲之爱鹅的故事转而用于解释用腕,恐是后人附会者多,但可以说明问题。要在腕如鹅项,最为圆活。但这只手腕要活动起来,前提是不能托于纸上,要悬起来方可施展。腕子托在纸上,腕子就死了。再看汤临初怎么说:"古人书,自篆、隶而下,必须悬腕,虽作小楷,无不皆然。所以不著之言论者,以无所复事,不虞后世之不察,一至此也。盖腕悬则掌自虚,掌虚则笔自直,而众指俱得力。为用指各得力,则前后左右轻重疾徐,罔不如意。此不易之谈,中庸之道。然指欲可用而不欲用,能动而卒不动。方寸以下运之在腕,而不觉腕之劳;径尺以上运之在肘,而不藉肘之力。此玄解斫轮之喻,彻上彻下一以贯之矣。学者诚寻绎斯旨,博涉泛观,冢笔池墨,所谓鬼神通之,何患不臻其妙?俗书乃谓执笔欲紧,腕着纸则有力,自相授受,目为前代典刑。习之既久,腕骨掌心皆生重趼,虽使九华与居,何益成败之数矣。"③

可见悬腕在书写中是一件关乎成败的事,是一件不须多言、别无选择的事。作小楷不例外，悬肘作大字也不例外。那种认为执笔要紧、腕着纸有力的认识是错误的。

其次要解决运腕训练的问题。运腕的方向讲求高下俯仰，前后左右，仔细想来主要有四个方向，从左向右，勒笔为横（提笔同此）；从上向下，努笔为竖；右上到左下，掠笔为撇；左上到右下，磔笔为捺。而磔笔为捺与从左向右本为一理，故训练三个方向的运转即可。一作撅笔短横，全力用腕，指不可动，体会勒笔之势；二作隶书之撇或左钩，以腕推出，指不可动，体会掠出之势和手腕之动态，亦可以楷书长撇做此练习。三作悬针之竖，先将笔抵出，然后以腕下按，至自然提笔离纸。如此者三，左右、上下、推掠，腕之活力，则可有所体会了。

二、书写过程中的笔力问题

笔力是评价一个书法家优劣的重要标准之一，强健遒劲者优，疲弱软媚者劣。什么是笔力呢？就是书家在书写过程中运用技巧所产生的力量感、力度感、力道。这个力，与人的气力，与人在书写时用了多大气力不是一回事，这个力是巧力。因此，对于笔力的培养、关注，是书法教学中必须注意的话题。发现有关笔力中存在的问题，找出笔力不足的原因，提供提高笔力的有效指导，是必须掌握的教育方法。

通常情况下，笔力多在四个方面存在问题：一曰浮，二曰滑，三曰薄，四曰嫩。

若无所归曰浮。墨浮纸表，笔不入纸。在衡量笔力如何时，经常提到的一个词是"力透纸背"。一个笔画写过，翻开纸的另一面看一看，笔画在背面清晰地透显出来，是笔力让墨色穿透了纸。实践证明，绝非每个人、每一笔都能达到这样的书写效果。如果纸的正面有墨迹，而背面看不见、看不清这些墨迹，或者影影绰绰、若隐若现、若有若无，那这样的墨迹，就是浮在了纸表，而未能入纸而透。还有一个词叫"入木三分"，是说王羲之的。唐人张怀瓘《书断》中记载了这样一个故事：王羲之十二岁那年，在他父亲王旷的枕头底下见到了前代的《笔说》，便拿来读。父亲问他为什么拿了他秘藏的东西，王羲之笑而不答。母亲为他解围说，你是在看用笔法吧？父亲觉得他年纪尚小，担心他不能保守笔法的秘密，告诉他等长大了再教你。王羲之说，那不就耽误了少年美好的时光了吗？父亲见此很高兴。从此，王羲之笔力大进，以至他的老师卫夫人感慨：这孩子将来一定会超过我。东晋明帝时到京郊祭祀土地神，让王羲之把祭文写在木制的祝板上，然后使人雕刻。刻者发现，墨迹渗到了木板的深处，后来就用入木三分来比喻笔力雄劲了。所以，衡量笔力的一个重要标准，是笔墨渗透入纸的程度，透深则优，漂浮则劣。

造成笔墨浮于纸表的根本原因是不能中锋用笔。笔锋在笔画中行运，则入纸深；而用偏锋、侧锋，则入纸浅，则浮。所以，对笔力漂浮者的指导良方无他，中锋用笔而已。

遂乏风采曰滑。滑的表现形式是一笔带过，笔画虚行，不踏实，沉不下去。为什么缺少风采呢？一笔带过，不精神，没韵味，显得漫不经心，不负责任。经常看到一些书写者，信笔写来，毫无敬畏之心，放任无度，缺少认真态度，笔墨只是一种色彩痕迹，毫无技巧可言，毫无力道可称，松懈垮塌，草率粗放，这就是滑。

滑的根本原因是行笔时无牵掣，故无力道。对于书写而言，任何一个笔画，都要精力内含，全神贯注。因为有一种反作用力，所以只有万毫齐力，才能达到预想的效果。具体言之，就是笔的锋毫托于纸上，能感受到前行的制约、阻碍。因此，笔画不能虚过，而只能实进，是一种想快但快不起来，想带过但难能带过的感觉。给笔力滑开出的药方是用笔要涩，找到前行中的反作用力。唐人李华有"二字诀"，自诩为"至神之方"，可医笔滑之病。他也讲了一个故事：鸿文先生教授弟子，讲完了，要给学生做书写的示范，但不善书，所以有的学生在下边嘀咕，老师能讲儒家典籍，但字写不好，让我们学什么？结果这话让先生听见了，责问学生：你是靠学问立身呢，还是靠写字立身呢？如果以写字立身，那就不用说孔子了。你所说的学书，无非是记记姓名而已，拉倒吧。李华说，他见到这些话，愤愤然，所以写了一段文字加以议论：

夫六艺中，此为难事，人罕晓其奥；予非能也，亦尝闻其旨。盖用笔在乎虚掌而实指，缓䫒而急送，意在笔前，字居笔后，其势如舞凤翔鸾，则其妙也。大抵字不可拙，不可巧，不可今，不可古，华质相半可也。钟、王之法悉而备矣。近世虞世南深得其体，别有婉媚之态，凡云八法，学者悉善。予有二字之诀，至神之方，所谓"截拽"也。苟善斯字，逸少、伯英，彼何人哉！噫，谅哉！书功之深，人之难能知也。是欤曷可已乎！①

　　李华认为，在礼、乐、射、御、书、数六艺之中，书法是比较难的，很少有人洞晓其中的奥妙，但他认为，"截""拽"二字，是写好字的至神之方，把这两个字悟透了，王羲之、张芝这些大书家都不算什么。李华是开元进士，散文家，善古文，未见其墨迹。但他的二字诀，确实点到了学书的要害。这两个字，"截"是反作用力，想要运笔前行，如前有所截，行不动，过不去；"拽"是正向之力，过不去怎么办，用力拽、牵、拉。这种欲行觉难行、难行又须行的状态，就是我们前文所说的"牵掣"。牵等于拽，掣同于截。恰是此法，可医笔滑之病。

　　阙于圆备曰薄。血肉丰满为圆备，薄就是不丰满，不厚重，表现为单薄、瘠瘦，没精打采，是对付付、勉强过得去的样子。单薄而不厚重的原因，主要在于笔墨不实。因此，令笔墨沉实，可以变薄为厚，变缺失为圆备，变纤瘦为丰满。

　　笔怎样沉下去呢？清人徐用锡《字学札记》说："书法下笔便觉锋粘纸上，像推不动，锋陷纸中，像拔不起，方好。逆、顿、放、收、叠、回，每笔皆如此。著力要匀足，不要尽。"②沉下去与托得住实为一意，锋粘纸上，锋陷纸中，便是以笔着纸的感觉。所以，沉者，不轻也，不轻则不薄；沉者，行难也，缓也，行缓则笔墨润，则笔墨丰秾，则不薄。一言以蔽之，笔不虚过。

　　到什么程度算是实呢？实则不虚。清朝王澍在《论书剩语》中谈到运笔时说："使尽气力，至于沉劲入骨，笔乃能和；和则不刚不柔，变化斯出。故知和者，沉劲之至，非软缓之谓；变化者，和

①唐·李华《二字诀》，《历代书法论文选》，上海书画出版社，2014年第1版，第282页。

②清·徐用锡《字学札记》，《明清书论集·上》，上海辞书出版社，2011年第1版，第734页。

① 清·王澍《论书剩语》,《明清书论集·上》,上海辞书出版社,2011年第1版,第761页。
② 清·于令淓《方石书话》,《明清书论集·上》,上海辞书出版社,2011年第1版,第991页。
③ 唐·张怀瓘《玉堂禁经》,《历代书法论文选》,上海辞书出版社,2014年第1版,第217、218页。

适之至,非纵逸之谓。"①王澍给出的标准是沉劲入骨。

薄与厚相对,今人多以薄厚评书,鄙薄而崇厚。那什么才是厚呢?清人于令淓《方石书话》中说:"不入纸则浮浅,古人所谓'力透纸背',极言入耳。又要字字轩昂,光射纸外。世传右军字高纸二分?论者遂以为墨浓,真小儿强作解事。墨即极浓,何能高至二分?要知入纸出纸,其机全在用笔,真气内蕴,精光外溢,未有不跳跃纸上者也。"②传王羲之的字高纸二分,应是真气内蕴的结果,乍听起来很玄,其实是有见识语。本人曾做过这样的尝试,在光面的纸板上书字,浓墨、中锋,字干之后发现,因纸板太厚,不能力透,但背面已经凸起。再细细观察所书之字,中间有一条隐隐约约的墨线,正是笔锋运行的轨迹,且墨色聚敛,亦有微凸之感。真气内蕴,精光外溢,非虚言也。能见出字比纸高,亦非虚言也。常听人言墨迹起鼓,即凸起之意,有了立体感,这便是厚。而这个厚从何而来呢?中锋沉劲,锋陷纸中,亦须从水墨中求之。

力不副心曰嫩,即稚嫩之嫩。嫩的表现形态是骨力不济,从结字的间架结构看,所书没有问题,但给人的感觉是软,不挺括,无力,不承重,完全是骨骼初具,未见丰盈,不堪重负之貌。嫩是初学者的通病,要在心气不济,落墨拘谨,胆气不足,故骨力不强,筋力不健。

解决嫩的通病,其要有二。一要大胆落墨,从气度襟怀上下功夫,下笔不必迟疑谨慎,要放得开。张怀瓘在《玉堂禁经》中说得好:"夫人工书,须从师授。……设乃一向规矩,随其工拙,以追肥瘦之体,疏密齐平之状,过乃戒之于速,留乃畏之于迟,进退生疑,臧否不决,运用迷于笔前,震动惑于手下,若此欲速造玄微,未之有也。"③二要经常练习,功夫下到,增加用笔的实力。这两条做到了,嫩自然会转向老,老熟,老辣。无心自达曰老,至此,那些刻意追求的过程、阶段、技法等,已经走过了,走完了。

笔力问题是一个普遍性问题,需要功夫涵养,非一日可致,也是技能、技艺最着力的内容。

三、结字布排中的取势问题

书法重势、讲势，自古亦然。汉代蔡邕作《篆势》《隶势》，晋人索靖作《叙草书势》，卫恒作《四体书势》，就是证明。清朝康有为在《广艺舟双楫》中说："古人论书，以势为先，中郎曰'九势'，卫恒曰'书势'，羲之曰'笔势'。盖书，形学也。有形则有势。兵家重形势，拳法亦重扑势，义固相同。得势便则已操胜算。"①怎么理解势呢？体现在笔画、文字关系中的角度、力度、方向感和趋向性便是势。所谓取势，就是对这种关系中的角度、力度、方向、走向、趋向进行把握和控制。在自然事物中，有形便有势，所以有形势、走势之说。在文字中，因其有形，所以有势，有纵势、横势、平势、险势。而把握与控制，一是遵从文字的固有之势，二是根据书写需要、搭配需要及书写者的审美需要进行调整、安排。取势的目的，正如清人王墨仙在《书法指南》中所言："作字贵有姿，尤贵有势。有姿则能醒人眼目，有势则能摄人心神。否则味同嚼蜡矣。譬如美人有色无姿，则不能动人。"文字本身是有姿态的，但给人的感觉是静态的、僵硬的、死板的，而取势的不同，能将这些文字激活，并在动态的、活脱的联系中，产生风神韵致。

取势的普遍性问题是什么呢？清人张树侯《书法真诠》中有这样一段话："世俗作字，通弊有七：左低右高，左轻右重，左短右长，左挤右散，上锐下丰如镫檠，上宽下削如雨伞，上下窄中间宽如枣核。以之作蝇头细字，为妍为娓，尚不甚觉，一旦扩而大之，则牛鬼蛇神，一时毕露矣。此结构之通弊，首当知所戒也。"②这段话所讲的七弊，主要是针对合体字而言的，左右结构者四，上下结构者三。从取势的角度说，绝不止于此七端，如单体字中的扁、方、直、斜、偏、散，均有习弊可察。在此，仅就"左低右高"论之。

由于书写时右手执笔，横向的笔画由左向右取向，所以左低右高形成的很重要原因，是由于这种书写方式，是顺势而为的结果。清人徐用锡《字学札记》中就说过："让左侧右，不徒说手臂，每

① 清·康有为《广艺舟双楫》，北京图书馆出版社，2004年第1版，第251页。
② 清·张树侯《书法真诠》，《明清书论集·下》，上海辞书出版社，2011年第1版，第1475页。

①清·徐用锡《字学札记》,《明清书论集·上》,上海辞书出版社,2011年第1版,第733页。

②清·蒋衡《书法论》,《明清书论集·上》,上海辞书出版社,2011年第1版,第862页。

③清·包世臣《艺舟双楫》,北京图书馆出版社,2004年第1版,第177页。

字体势须皆如此,虽字体不同。亦有左昂右低者,而势多取趋右。古人字右肩多耸,可想其故,盖执笔者右手不如此不合局,不得力矣,理势然也。"①如果这种左低右高的取势成为一种倾向、习惯、定式,便会影响书写的整体效果,甚至造成整体取势的偏斜。

翁方纲是清中期的著名书法家,与刘墉、成亲王永瑆及铁保,共称四家。翁方纲存世的墨迹有隶、行、楷诸体,尤擅隶书,行书亦有可观,楷书见绌。翁的楷书学欧阳询、虞世南,或言尤得益于欧书《化度寺碑》。清人蒋衡在《书法论》中曾这样评欧书:"正则言横画,悬臂用力太过,则右昂起不平,如《皇甫君碑》'书''無'诸字,尚犯此病,乃少作也。《九成宫》则平正,的是老笔。夫一字之中,主笔须平,他画则错综用意,乃不呆板。"②《皇甫君碑》的书刻年代早于《化度寺碑》,因全称为《隋柱国左光禄大夫弘义明公皇甫府君之碑》,所以人或认为应在隋时所书。翁方纲对此碑大加赞赏,认为"是碑由隶成楷,因险绝而恰得方正,乃率更行笔最见神采,未遽藏锋,是学唐楷第一必由之路也"。翁方纲学书谨遵法度,笔笔有出处,不越雷池一步。结合翁氏对《皇甫君碑》的评价及其所书,知其得益此碑多于《化度寺碑》。而正是学习了此碑的笔势,从而形成了翁方纲楷书的总体风貌:左低右昂,中了世俗作字的通弊。

清人包世臣《艺舟双楫》中记载过这样一个故事。乾嘉年间,都下言书推刘诸城、翁宛平两家。戈仙舟学士,宛平之婿,而诸城门人也。尝质诸城书于宛平。宛平曰:"问汝师哪一笔是古人?"学士以告诸城。诸城曰:"我自成我书耳。问汝岳翁哪一笔是自己?"学士之子以此语质于仆。仆曰:"宛平书只是工匠之精细者耳。于碑帖无不遍搜默识,下笔必具其体势,而笔法无闻,不止无一笔是自己已也。诸城冥悟笔法,而微变其体势,正是深于古人。必云'自成我书',亦稍涉于矜张矣。"③刘诸城即刘墉,翁宛平即翁方纲。翁讥评刘"哪一笔是古人",刘讥评翁"哪一笔是自己",可谓都是一针见血。至于包世臣说翁方纲不止无一笔是自己,于碑帖遍搜默识,下笔必具其体势,结果成了精细的工匠,说得更加深刻。看看笔笔有出处、具体势的翁方纲楷书,这个精细工

清·翁方纲
《夏承碑》题跋

匠的俗处便可以找到根源了。

翁方纲楷书的问题就出在左低右高的取势，以横笔最为明显突出。在汉《夏承碑》的题跋中，"三""王""玉""生"诸字，横画一律向右耸起，且排布齐整，已如算子，况三横的最后一笔均与起笔第一横同一取势，以至整字失平，坐落难稳，失于端正。至于"其"字的四横，"真"字的六横，"摹"字的七横，殆无变化。蒋衡所言《皇甫君碑》中"书""无"字的右昂起不平之病，在这里被无数次地重复着。而一字之中主笔须平，他画则错综用意乃不呆板，正是对翁楷的批评与指导。

在书法的取势中，一画成一字之准，一字成通篇之准，因此任何一个笔画的角度、力度、方向、趋向，都将对一字、一篇产生意义。掌握每一个笔画和文字的特征，强调控制、调控、安排，也便成为取势的关键。那些千篇一律的笔画，字异形同的取势，大小疏密相同的力度以及左右上下相同的取向，都需要做出调整，或安于平正，或求于险绝，最忌呆板无变化。

　　这是一个绝不可以忽略的问题。在传统的师生、师徒关系中，入得师门，首先要记下庭训。过去人把父亲对儿子的训诫称为庭训，其实就是家教。师徒如父子，所以课徒的基本规矩也称为庭训。就书法教育中技能、技巧的学习而言，问题是方方面面的，言不尽意、举一反三。但修为问题只有一个。这是比技能、技艺更加重要的、具有关键性作用的问题。修为是什么？是价值观、是态度、是行为准则、是核心要求。根据书法教学实践，总结出如下具有普遍性意义的四训：崇德，师道，修身，悟法。

一、崇德

　　在我国的文化传统中，崇德是立世之本、立人之本。人什么都可以没有，但不能无德。德成为所有人处世为人的第一标准，君有君德，士有士德，民有民德。《大学》开宗明义：物有本末，事有终始，知所先后，则近道矣。古之欲明明德于天下者，先治其国，欲治其国者，先齐其家；欲齐其家者，先修其身；欲修其身者，先正其心；欲正其心者，先诚其意；欲诚其意者，先致其知。致知在格物。物格而后知至，知至而后意诚，意诚而后心正，心正而后身修，身修而后家齐，家齐而后国治，国治而后天下平。[①]这就是影响中国历代知识分子几千年的"修齐治平"理论，是德的基本内容。这一理论的关键节点在修身。格物、致知、诚意、正心以致修身，都是个人的行为，而齐家、治国、平天下，则是社会行为。所以，在今天的崇德内容中，包括了社会公德、家庭美德、职业道德和个人品德。这里所说的崇德，重点体现在职业道德中的个人品德修养，亦可以称为书德。因为书如其人，那些德行败坏之人，即便艺有可取，仍然会被时代、历史和世人唾弃。蔡京、秦桧非不能书，无德之人，书又何用？所以被人们唾弃了。清人松年《颐园

①《大学》，《四书集注》，巴蜀书社，1986年影印版，第2页。

画论》中说："书画以人重，信不诬也。历代工书画者，宋之蔡京、秦桧，明之严嵩，爵位尊崇，书法文学皆臻高品，何以后人吐弃之，湮没不传？实因人大节已亏，其余技更一钱不值也。"①在这里，德是一束光，是一面镜子，德可以照亮书、照见书。明费瀛《大书长语》中说："大书笔笔从心画出，必端人雅士，胸次光莹，胆壮气完，肆笔而书，自然庄重温雅，为世所珍。故学书自作人始，作人自正心始，未有心不正而能工书者。"②蔡、秦心不正，何以得能工书？古人解释说，二人或年轻之时，心性本不如此之故。这是强调学书"自作人始"，亦是从崇德始。

怎样理解书德呢？有四要四否，可供参考。

一要敬畏文字。书法所写的文字，是中华民族祖先留给我们的一份最重要的文化遗产，不仅体现了古人先贤的创造智慧，还是中华民族的文化基因、标识和名片，每个中华民族的后人，都会从中体会到一种亲切的文化归属感。所以，对于文字，必须以敬畏之心待之，认真学习，传承保护。要像敬重自己的祖先一样敬重文字，要像保护传家宝一样热爱文字，不可草率，不可擅改。写错了字，等于犯了错误；错了笔画顺序，等于坏了规矩；应该认识而不认识，便有数典忘祖之过；当保护而未保护，便有不孝不敬之虞。

二要谨守师门。当代人学书，有公学私授之分。所谓公学，就是从公共文化教育渠道所得到的学习机会，教者为师，学者为生。因为公共供给的特点，许多人并不重视。所谓私授，就是师父教徒弟、带徒弟的方式。找到一个好的书法老师是一件很难的事情，旧时拜师，要有一个得力的引荐人，老师绝非逢人便收，而是要认真地了解方方面面的情况，尤其是为人品性，方可收为徒弟。而徒弟一旦拜了师门，便不得擅改。改师门要遭到世人的鄙视。所以，对于从学者而言，谨守师门是规矩、铁律，不能破坏。徒弟对师父是入门，现在的话是到家里学习，学到外人学不到、师父不外传的独门绝技，许多技艺因而有门派之别。入得家门，一如父子，世上岂有认他人为父之理？入门称弟子，弟之子，当然不是外人。在公学的环境里，师生关系没有师徒关系那么严格了，但尊师重教的本质没有改变，谨守规矩的风气没有改变。

①清·松年《颐园画论》，《画学集成》，河北美术出版社，2002年第1版，第835页。
②明·费瀛《大书长语》，《明清书论集·上》，上海辞书出版社，2011年第1版，第197页。

三要爱惜字纸。从表面上看，爱惜字纸是勤俭节约，不浪费、不糟蹋书写材料，而深层，则是一种文人品格、处事方式。过去纸张短缺，一页纸上正写反写重复写，是节约。今天许多成名的大家，绝不乏购纸之资，但仍然是正写反写重复写，不仅是一种好习惯，更是一种生活态度和处世精神。书不能俭，其行必奢。以小见大，培养精神。

四要勤谨志学。勤是勤奋，谨是认真。以勤奋认真的态度对待书法学习，是学生的本分，是格物致知、诚意正心的表现，是一种道德品质。《论语·季氏》记载过这样一段故事。陈亢问于伯鱼曰："子亦有异闻乎？"对曰："未也。尝独立，鲤趋而过庭。曰：'学诗乎？'对曰：'未也。''不学诗，无以言。'鲤退而学诗。他日又独立，鲤趋而过庭。曰：'学礼乎？'对曰：'未也。''不学礼，无以立。'鲤退而学礼。闻斯二者。"陈亢退而喜曰："问一得三，闻诗，闻礼，又闻君子之远其子也。"[1]陈亢字子禽，本姓妫，陈国人，是孔子七十七位学生中的第六十八位。伯鱼即是孔子的儿子孔鲤。陈亢问孔鲤听没听到孔子有什么特别的教导，孔鲤讲了孔子两次站在庭中，他趋而过庭时问他是否学了《诗经》和《礼记》的事。孔子说：不学诗，就难以把话讲好；不学礼，就没办法在社会中立身。陈亢很高兴，问了一次，知道了三个道理：学诗的意义；学礼的意义；还有便是先生教育要求儿子，与别人是同样的，不因为是自己的儿子而不严格。《三字经》中说"教不严，师之惰"，这里的"严"字，是谨严之严，认真之谓。所谓"师严然后道尊"，严字也是认真谨严的意思。老师要谨严，对于学生来说，就要勤奋认真。过去常说弟子不辱师门，就是不能给师父丢脸。学生的学业成就从何而来呢？自然是勤奋、认真学习的结果。因此，勤谨是向学之德，不偷奸、不取巧、不走捷径、严于律己之谓也。这种学习态度，已经上升为一种志学精神了。

五曰不随波逐流。按照老师的教诲，守一而为，不为世上流行的观念、做法所动，有定力，有追求，有执念。这一条对于今天的学习者尤为重要。对于书法学习而言，社会上有各种风气，意念稍有松动，便可能为时风所挟，失去所守，失去追求。

① 《论语·季氏》，《四书集注·论语·卷八》，巴蜀书社，1986年影印版，第15页。

六曰莫不懂装懂。书法表面上看似简单，而实际上奥妙无穷、境界悬殊。古往今来，书法是一条历史长河，是汪洋大海，切不可一知半解，便招摇撞骗，大言不惭，信口开河，口若悬河。保持谦逊谨慎的态度，不自以为是，不矜夸己长，不自吹自擂，谨言慎行，向别人学习，才可以不断进步。

七曰莫妄讥人短。经常看到贬抑他人、抬高自己的行为。其实把别人说得很低，绝不等于自己便高。每个人都有自己的长处，也都有自己的不足，取人之长，补己之短，才是有德行的表现。讥人之短，是没有口德。

八曰休贪图名利。当今之世，专家泛滥。有伪专家，有空专家，有自诩的专家，有名不副实的专家。中国书协有会员一万五千人，也未必都是可以称家的。而看看名头，有的是著名书法家，有的是中国当代十大书法家，还有世界级的大书法家，盛名之下，其实难副者太多太多。更有人通过各种炒作、包装，抬高自己的身价，动辄一平尺几万、十几万，世风不古。不贪图名利，是书德的最基本要求之一。是不是已成一家，应由世人评说、历史评说，绝不是印在名片上的虚名。名利心一生，便会生出钻营，生出歪道，而背离了学书的本意。

崇德不仅是学书人的追求，也是全社会的追求。对教育而言，立德树人是第一位的。

二、师道

从师学艺，本自平常。教者有所教，学者有所学，亦不需要多言。但教学之中的倾向取舍，却必须符合教育规律。清人张树侯在《书法真诠》中说过这样一段话，仿佛针对的就是今天现实中正在发生的事情。他是这样说的：

> 今之习字，通弊有二：学者，好为舍己以从人；教者，又每强人之从己。初学知识未开，固知别择，原无足怪，而教者不应戕学子之性灵，妄自神圣也。无论教者所造未必神圣也，即神圣矣，与其使我之外，复增一我，何若使

①清·张树侯《书法真诠》，《明清书论集·下》，上海辞书出版社，2011年第1版，第1482页。
②清·杨大瓢《大瓢偶笔》，《明清书论集·上》，上海辞书出版社，2011年第1版，第706页。

圣之外，更增一圣也。况教者出于性灵，学者得之标榜，即使步亦步，趋亦趋，亦万不能逮其师也，必也。吾谓教人者，但当因学子笔之姿，为之多其标本，且与学者商榷，半令自为主张，教者不过做识途之老马，俾勿入于坎窞、陷于荆棘足矣。令其自为别择，从其心之所好，自尔事半功倍。①

这里说的弊，其实只是一件事：学生学老师，老师让学生学自己。在当下的书法教学中时有所见。这种弊端出现的原因自然在于教者，所以张树侯讲了一番让学生自为别择的道理。这里涉及了一个教学中的普遍性问题，就是学生跟老师学习什么，怎么选择门路。进了师门，不一定与老师亦步亦趋。老师学王羲之，学生也必要学王羲之；先生写《散氏盘》，学生也一定要写《散氏盘》。最最忌讳的是学成老师的模样、体势。那怎么学呢？"吾师道也。"韩愈在《师说》中把这一番道理已经说得很清楚了，教师和学生都是耳熟能详的。"道之所存，师之所存"，这个道，是书法的技巧、技艺、规律，绝不是老师的体势模样。即便如此，由于老师教学理路、示范举例的引导，由于学生耳濡目染，浸润其间，学生总难免有老师的痕迹，但师道不师人，是师道的第一理要。

师道的第二层要义是学艺先学"做"人。我们在前面引用过明人费瀛说的话："学书自作人始，作人自正心使，未有心不正而能工书者。"所以，学做人成为学书师道的一个前提。书学师道，绝非仅限于为书之道，更重要的恰是为人之道。老师也可能不专门去讲如何"做"人，但师者的思想境界、言行举止、为人处世、气节风骨，无不时时影响学生。古时入师门，像家里人一样，吃住学做，几乎总在师父身边，所以，有什么样的师父一定有什么样的徒弟。这不仅是就技艺而言的，更是就为人而言的。清人杨大瓢在《大瓢偶笔》中说：学书小技也，而必言正心诚意，似近迂腐。不知肘悬指实之后，若心不正，必有欹斜佻达之态；意不诚，则涣散粗浮而无着，不能意在笔先，势且中离，必至参差牵滞，不能气足神完，曲尽一笔之致。此余实从心画中体验得来，故曰：小技也与大道合。②"心画"是汉代扬雄语。他在《法言·问神》中说：

"言，心声也；书，心画也。声画形，君子小人见矣。"写字虽为心画，是书写的墨迹，但从这些墨迹中，可以见出人品人格，或君子、或小人，无以潜形。这是从书迹反观于人。而从学习中反观过程，则是"小技也与大道合"。学书虽小技，但只有与为人之道、处世之道、圣贤之道相合，才能展示书法的风采，做到气足神完。这个过程，师道比学艺似乎更加重要。学习过程中，师就在眼前，言行举止，学问精神，足资借鉴。所以，书不可以与师亦步亦趋，画成一副模样，但做人则需学效。说为师者，必须为人师表，正是由此而言。或曰师之为人不可学，那是师的问题，是学生选错了老师，与理不悖。

师道的第三层要义是转益多师。转益多师是师道不师人的题中之意，是另一种表现形式，即师有道。这里所说的师，指的是学习，指的是博采众家之长，不是改换门庭换了师父，拜别人为师。清人杨宾（即杨大瓢）《大瓢偶笔》中举了两个人的例子："古来书家类无常师，如逸少本师卫夫人，然过江见李斯、曹喜、钟繇、梁鹄、蔡邕、张昶等碑，书始大进，则李、曹、钟、梁、蔡、张皆其师也。谓之曰专师卫夫人，不可也。羲之随卫夫人学书，是所拜之师，而过江所见诸碑，是师法之师，正是博采众家之义。又言米襄阳本学沈传师、颜清臣、柳诚悬，然又学欧阳信本、褚登善、段季展、羊欣、师宜官与王氏父子，则欧、褚、段、师、王、羊皆其师矣。不得专以颜、柳为米之师也。"[1]沈传师与颜、柳、欧、褚都是唐代书家，北宋朱长文《续书断》把沈与欧、虞、褚、柳并列为妙品。段季展也是唐人，米芾在《群玉堂帖》中自言书学其人；羊欣是王献之的外甥，师宜官是东汉的书法家。米芾所师的众人，无一是宋人，故其所师，均指笔法而言。所以，转益多师不是指换个师父，改换门庭，而是指从多家取法。

师道的最后一层要义是倡导书法精神。敬、悟、合、美是书法精神，是从书法作品中提炼出来的，就书法学习而言，还有许多精神财富，需认真去学习、把握。如传承精神：代有所长，下笔有由，但中国书法的文化品格没有改变；如刻苦精神：所有的技艺性学习和能力提高，非刻苦钻研、持之以恒不能奏效，就是要反复实

[1]清·杨宾《大瓢偶笔》，《明清书论集·上》，上海辞书出版社，2011年第1版，第695页。

践，笔不离手，熟而生巧，下笨功夫；如时代精神：法自古人来，书为今时用，体现时代的风气、时尚，符合时代追求和价值取向，为时代服务；等等。

三、修身

对于每个世人而言，修身是一辈子的事，不在一时一事，尽在一生一世，所以学书也不例外。身不修难以为书，所以学书先学做人。为书亦是修养，要把学书当成修身的一部分、一环节、一形式。修身当然要修精神境界，修知识素养，修行为举止，修爱好趣味，但核心是修心。意诚则心正，心正则身修，这是一个颠扑不破的修为逻辑。

一修寂寞心。学书是慢功夫，急不得，欲速不达。忍不住寂寞，急于求成，便会走向浮躁。一个学员学王羲之书集字《圣教序》，问应该写多少遍，告之起码写过一百遍以上，然后才可以讨论。后来读明人项穆的《书法雅言》，其中说："若逸少圣教序记，非有二十年精进之功不能知其妙，亦不能下一笔，宜乎学者寥寥也。此可与知者道之。"看来一百遍还是少了。当代学《圣教序》的人很多，有人不出三五年，便以学《圣教序》自居了，甚至利用现代传媒开始授课。是古人愚笨，不及今人巧慧，还是今人不知深浅，心气浮躁而胆大妄为？不言自明。要之，沉不住寂寞，便言不得修心修身，便容易被世风所挟，一入俗流。

二修淡泊心。诸葛亮说"非淡泊无以明志"，今人经常书写后挂在墙上，以为座右铭。淡泊与明志怎么构成了因果关系呢？淡泊之心，就是非功利之心。不为世俗所动，固能坚守，守住了追求、志向，发愤努力，才可能得以明志。这里的志，也绝非学好书法之志，而是"修齐治平"之志。不为眼前的名望、利益所动，守住自我，在今天是一件很难的事，所以要修。

三修坚忍心。宁可忍受苦难而不改追求之志，便是坚忍之心。学习书法有规律、途径、品位、道法、意蕴等需要明确坚守，其本质就是不改初心，坚持自我选择，认准目标，心诚气定。

修心修身，其实是在讲如何做人。学书法的人要修，不学书法的人也要修。书法本质上是一个人心性、气质、格调、品行的表现，优劣高下，必于笔墨文字中见之，以见于世，以影响于世，便有了社会性。所以必须以修身为务。清人何绍基《东洲草堂书论钞》中说过这样一段话："诗文字画，不成家数，便是枉费精神。然成家尚不从诗文字画起，要从做人起，自身心言动本末终始，自家打定主意，做个什么人，真积力久，自然成就。或大成，或小成。为儒，为侠，为私，为峭，为淡，为绚烂，为洁，为拉沓，为娟静，为纵恣，人做成路数，然后用功于文字，渐渐搬移，其艺必成，适肖其人。鲁公书，似其忠烈间出萧淡，又似其好神仙；东坡书画诗文，皆汪洋出奇，想见其人豪宕闲远可喜也。心声心画，无可矫为，然非刻苦用一番精力，虽人已成就，不见得全能搬移到纸上，所以古来名人，不是都会诗文字画。"[1]

做什么人的问题，将决定书法的风格成就。做人是第一位的，可以不体现在书法上，但修身不可不为。而欲在书法上有体现，便要刻苦用一番精力。这番刻苦，正是修身的一种形式。

四、悟法

在书法学习的修为指导中，悟法是最底端的内容。崇德是社会性的，人皆当此；师道是理论性的，是教育规律；修身以崇德为前提，悟法则以师道为前提。在所有技能、技艺性内容的教学中，都是讲悟的，非独书法然。古人对书法之悟多有讲究。如唐代虞世南在《笔髓论》中说："故知书道玄妙，必资神遇，不可以力求也。机巧必须心悟，不可以目取也。字形者，如目之视也。为目有止限，由执字体既有质滞，为目所视远近不同，如水在方圆，岂由乎水？且笔妙喻水，方圆喻字，所视则同，远近则异，故明执字体也。字有态度，心之辅也；心悟非心，合于妙也。且如铸铜为镜，明非匠者之明；假笔转心，妙非毫端之妙。必在澄心运思至微妙之间，神应思彻。又同鼓瑟纶音，妙响随意而生；握管使锋，逸态逐毫而应。学者心悟于至道，则书契于无为。苟涉浮华，终惭于斯理也。"[2]古人说事说不明白的时候，就会用喻。虞世南以笔喻水，以方圆喻字，以铜和镜喻笔和心的关系，无非是说心里有了，需用

[1] 清·何绍基《东洲草堂书论钞》，《明清书论集·下》，上海辞书出版社，2011年第1版，第1132页。

[2] 唐·虞世南《笔髓论》，《书学集成（汉一宋）》，河北美术出版社，2002年第1版，第107、108页。

① 清·蒋和《蒋氏游艺秘录·学书杂论》,《明清书论集·上》, 上海辞书出版社, 2011年第1版, 第876页。
② 明·倪后瞻《倪氏杂著笔法》,《明清书论集·上》, 上海辞书出版社, 2011年第1版, 第529、537、538、541页。

笔去表现, 笔是因为心的支配, 才最终形成了字, 或方或圆, 并不是笔说了算。而心是如何发挥作用、把握技巧的呢? 全在一个"悟"字。既然悟这件事必资神遇, 不可力求, 那么, 到什么地方去遇呢? 清人蒋和《蒋氏游艺秘录》中指出: 书之法, 可学而得也。然有非所学而学, 有无可学而学, 此在法之外也。古今论书者几数万言, 无一相同, 要于法中求精, 法外求胜耳。① 蒋和说了两个途径, 一是学而得, 既法中求法, 通过具体的技能、技巧的学习而习得。还有一种, 叫"非所学而学""无可学而学", 即不是从所学内容中学到的, 甚至是无可学, 不知道从哪里学到的。非所学而学, 还可以用联想通感一类的方式去解读, 而无可学而学, 该到哪里去学呢? 其实无可学已不是学, 而是悟, 是触类旁通, 法外求法之悟。明人倪后瞻《倪氏杂著笔法》中举过历代古今妙悟的例子: 历代书家各有妙悟, 如"孤蓬自振, 惊沙坐飞", 如"飞鸟出林, 惊蛇入草", 如"折钗股, 屋漏痕", 如"印印泥, 锥画沙, 圻壁路", 如"两峰出云, 忽然自合", 如观舞剑, 如见担夫争道, 如见道上斗蛇, 如闻嘉陵江声。倪后瞻是董其昌的学生, 这里举的例子, 在他的文章中还有多处提及。怀素问邬彤笔法, 彤昔闻长史语"孤蓬自振, 惊沙坐飞", 自是得奇怪笔。颜鲁公曰: "师亦有自得乎?"素曰: "吾观两峰出云, 忽而合辙, 尝师之。其疾快处, 如飞鸟出林, 惊蛇入草。又入圻壁之迹, 一一自然。"真卿曰: "何如屋漏痕?"素起握手曰: "得之矣。"颜平原屋漏痕、折钗股, 谓欲藏锋。又言: 张长史"折钗股", 颜太师"屋漏痕", 王右军"锥画沙, 印印泥", 怀素"飞鸟出林, 惊蛇入草", 索靖"银钩虿尾", 可以悟入是真笔法也。又言: 观舞剑而悟者, 张旭也; 见斗蛇而悟者, 文与可也。"舞剑""斗蛇", 最得古人用笔之法, 余于此亦深有悟入。② 这里提及的张旭、颜真卿、怀素、王羲之、索靖以及未提及者, 都是书法史上"外悟"的经典事例。这种悟, 自与在习书过程中有所悟大不同, 是书事藏于心底, 触物而生灵感的妙悟。明人陆深在《书辑》中说: "古人书法, 皆由悟入。若长史之舞剑器, 鲁公之锥画沙, 理宜有之。"故李阳冰亦曰: "于天地山川得方圆流峙之形, 于日月星辰得经纬昭回之度，于云霞草木得霏布滋蔓之容，于衣冠文物得揖逊周旋之体，于须眉口鼻得喜怒舒惨之分，于鱼虫禽兽得屈伸飞动之理。乃知夏云随风，担夫争道，与观荡桨，听江声，见蛇斗，进于书也。"①

悟于学与悟于非学，是书法之悟的两途。前者体现在习学过程之中，是对技法、技艺之悟，非勤学不可致思，非功到不能有得。书法学习、实践需要量的积累，虽人与人资质有异，或慧质天资，或朴实励志，需要量的道理是相同的。后者则是自然事物之悟。书法之事无一刻不在心中，虽表面上没有思考，但心底里一直盘桓不去，所以才能触物而生发。董其昌在谈到临王羲之《官奴帖》真迹的体会时说："抑余二十余年，时书此帖，兹对真迹，豁然有会，盖渐修顿证，非一朝夕。"此言前者，渐修、有会、顿证，是悟于学。所言"假令当时力能致之，不经苦心悬念，未必契真。怀素有言'豁然心胸，顿释疑滞'，今日之谓也"。②此言后者，悬念、契真、顿释，是悟于非学，一如怀素然。

悟法以师道为前提。书法之法，有笔法、字法、墨法、章法、草法等。书法有法，就要从入法始，悟法得法。法无定法，就要出法化法，自成我法。法不是道理，而是技巧、规律，存在法帖之中，见于实践之后，悟于习练过程之中，是把知识、原理转化为技能、技巧的过程。所以，悟法的过程，就是学习、实践、理解、体悟的过程。向古人学习，向经典学习，向老师学习，向生活学习。所谓道法自然，正是此意。

崇德、师道、修身、悟法是一种修为指导，基于书学，达于人生，又以人生反观书学。虽貌若离旨，实学书根脉。对于学书指导而言，此则至关重要，不可轻言轻弃。作为教学方法论，这是一个立根本的过程。君子务本，本立而道生。

① 明 · 陆深《书辑》，《书学集成（元—明）》，河北美术出版社，2002年第1版，第322—323页。

② 明 · 董其昌《画禅室随笔》，《明清书论集 · 上》，上海辞书出版社，2011年第1版，第262页。

书法教学论 书 怎样教书法

第七章

书法教学的课程设计

教学是一门艺术。

把教学作为艺术的观点表明：教学可以创造一种引人入胜的艺术境界。首先是引导，是由教师完成的；其次是进入，是由学员自主完成的；再次是达成的愉悦、陶冶的境界，是由师生共同完成的。

教师在教学活动中的位置是主导性的。因为可以创造艺术境界，所以人们常说，教师应该像个演员，把三尺讲台变成艺术表演的舞台。就教师的角色而言，其实仅做个好演员是远远不够的。作为主导者，教师首先是个编剧，他要把教材、课本的内容改编成一个教师可以表演、学生可以参与的生动故事。其次，教师必须是个好的导演，让学员参与其中，完成其各自的角色。同时，要设置场景，分配角色，要给每个学员说戏。再次，教师要演好自身的角色。最后，教师还必须是一个出色的评论家，像是一场戏剧比赛的裁判、评委，要给每个演职员打分，下评语。

学员在教学过程中是参与性的，并完成一个由被动参与到主动参与，再到成为自己角色的过程。所谓"入胜"，入的不是教师，教师只是在引导，指明方向、路径，入的是学员。入的行为是由学员自己自觉主动完成的，是心甘情愿，是不由自主，是进入角色，是达成境界。当代教学理念中的主动学习，就是学生的自觉进入、深入。当教师把学生引入特定的学习道路后，不可否认，有的学员会超越教师，跑到教师教学节奏的前面，实现超前进入。

教师引，学生入，最后将达到不同的境界。在学员完成从被动参与到主动进入的过程后，教师也会从引导者转变为评价者、裁判员。而评价和裁定的恰恰是那个"胜"字，即境界。

因此，教学艺术首先是引导艺术，是由教师完成的。因为内容脚本的不同，引导的路径可以是叙述的、论证的，可以是逻辑的、理论的，可以是参与的、过程的，也可以是实践的、成就的。教师作为引导者的功课，主要体现在教学设计上：目的目标，任务内容，方法途径，手段条件，过程环节，验收评价，等等。这些教学设计的基本要素，体现在任何一种教学活动之中，是完成教学活动的基本前提。

第一节
书法教学设计的出发点

书法教学设计必须充分体现书法教学的特定要求，必须重视和关注四个出发点：

一、从目的出发的设计

书法教育的目的可以概括为三句话：提高书写能力，欣赏书法艺术，传承书法文化。目的是一种预期，一种渴望，一种心理活动，作为动机，贯穿在行为的始终。所以书法教学活动要围绕如何达到和实现目的展开。目的是相对抽象的，在具体的行动中，还要把目的转化、分解成一个个具体的目标。目标是具体的，可量化，可检验。无数个循序渐进的目标联系、连接起来，成为贯穿始终的目的线索上的一个个节点和珍珠，从而成为达成目的的具体过程和路径，这就形成了目的与目标的特定联系和关系。目的与目标的关系、联系、区别是一个常识性话题，可以用下表来说明。

目的与目标关系表

目 的	目 标	关 系
比较抽象	具体，可量化	具体目标体现抽象目的
具有普遍性	特殊性，个别的	特殊、个别体现一般
具有终极性	是阶段性的	各个阶段连接达到终极
贯穿于目标之中	分解为一系列行动	目的是线索，行动达成目标
不体现时限	时限清晰	特定时间内追求的结果，共同达成目的
具有整体性	具有关联性	有联系的目标达成目的
是心理预期	是具体行动过程	目的在过程中逐步实现

通过这个关系表不难看到，书法教育的目的，是通过一个个的教学活动目标来实现的，目的贯穿行动的始终，一系列有内在联系的教学活动目标，达成最终的教育目的。对于教学设计而言，就是依据目的、课时分解成无数个教学目标并实现的过程。

一要体现阶段性。书法教育的阶段性目标体现在每一次课堂教学之中。教学设计的第一件事，是依据目的划分阶段，依据课时数分解内容。所有的课时要囊括所有的内容，有多少课时，就要分解成多少相对应的阶段目标。在教学中，这就是教学计划，教学任务书。不能课时用完了，有些阶段目标还没有完成，这叫作没有完成教学任务；课时没用完，阶段性目标都实现了，就要反思计划的科学性，考核目标达成的质量。目的、目标、任务、时限在这里成为体现阶段性的基本要素。

二要体现整体性。为了实现目的，需要涉及哪些基本内容，是教学设计必须认真思考的问题。有的教学设计有教材要求，教材提供了内容依据；有时没有教材，需要教师选择、取舍内容，依据是教育目的。还有时教材内容与实际不符，要根据教学目标、教学目的调整教材，或增或减，或删或改。教学设计的整体性要求，就是不能疏漏，不能课时完结了、结束了，但有的内容还没讲。而这些内容是必须讲的，不讲就不足以形成完备的书写、欣赏、传承能力。目标体现目的，所有目标实现的时候，应该等于所要达成的目的。目标缺陷，从而造成的目的缺失，是教学设计的大忌。

三要体现关联性。检验目标是否合理，科学的尺度有两个：一是所有的目标是否足以支撑、体现目的，即整体性要求。二是目标之间的关系，应该是关联的，循序渐进的，先后次序清晰合理。有些内容目标比较容易把握，如总是先讲用笔，然后再讲结构，最后讲章法。但有的内容、目标在什么阶段体现，却要进行精心设计。如墨法在什么阶段讲解。更重要的是，有些内容是贯穿始终的，既要作为单独目标去实现，又要随时有所体现。如欣赏能力、审美能力的提升。教师在课堂上讲解藏锋、中锋、出锋、偏锋，为什么强调要用中锋，为什么重视藏锋，可能随时就要讲到笔画形态的审美特征问题了。所谓关联性，就是既分阶段性目标，又要充分考虑不同内容之间的联系。分解不是分开，关联不是不加分别。设计的科学性、艺术性就是这样体现出来的。

四要体现时限性。教学设计对于时限的要求是十分严格的。在课程规定的总体时限中体现目的，在每一次课程中实现目标，在所有目标的达成中实现目的，整体性、关联性、阶段性是一个有机的整体。所以，教学设计中的每一次课，都可以作为一个节点体现阶段性，又在整体框架中体现目的性。就每一次课而言，就是在规定时限内追求目标和结果。教学设计的基本单位是课堂。时限性固然体现为全部课时，但体现过程效应，目标阶段达成的是课堂。对于设计而言，就是要具体到这一次课教什么，学什么，做什么，达成什么效果，实现什么目标。现在中小学最流行的做法是写教案，教案的第一限定是课时。大学教师的教案没有中小学那么具体、严格，但教学日历的内容同样是时限明确的。

目的→目标→课堂任务，整体→关联→具体内容，课时→课程→课堂，这些因素的总体出发点是目的。围绕教学目的进行教学设计是任何教师必须掌握和熟练运用的方法。没有无目的的教学设计，没有无目标的教学设计，没有不依赖目标达成目的的设计。

二、从内容出发的设计

如果说从目的出发的设计是以目的为线索在时间框架内的目标设计，那么，从内容出发的设计，则是以内容为依据，在时间框架内的重点安排。课程的时间安排，对内容的取舍、增减、主次、详略及侧重点起到了制约性的作用。如何对内容进行合理安排，是这一出发点设计的关键。

内容取舍依据的是重要性、必要性原则。在时间安排充裕的条件下，取舍的问题不突出。但在时间紧缺的情况下，对应讲、应教乃至应学、应会的内容，就要有取舍的问题了。在有固定统一教材的情况下，可以依据教材的某些提示及教师对教材的理解把握进行取舍；在没有固定、统一教材的情况下，则主要依据教师的主观判断进行取舍。就中小学的书法教育而言，一般都要包括执笔、笔画、偏旁练习、结构安排等内容。笔画有28个，最常用的偏旁部首也要超过40个；独体结构5类；合体结构不少于21式。这些内容都是重要的，如果一次课讲解一个问题，就需要90多次课了。中小学每周一次书法课，每学期不足20次课，就要占到5个学期，从三年级一直到五年级。如果需要取舍，就必须在这些内容中选取必讲的，舍弃可讲可不讲或者可以顺带的。如结构中的独体字，就可以与偏旁部首结合起来讲；讲上下、左右结构，可以顺带上中下、左中右结构等。在内容的量与时间发生矛盾时，取舍是随时发生的。

内容增减的依据，主要考虑是必要性。所谓增与减，减是在一个已有的内容框架中进行的，取舍已经涉及，关键是增。即使已有固定统一的教材，增加内容的情况也会经常出现。这种增加内容的必要性是由教师直接把握的。在中小学书法教材中，理论是一个弱项，甚至是缺项，但有时增加一些理论引导，对于迅速提高学员对书法这门课程的理解，达到一定的认知高度至关重要。如讲解一些基本的美学理论、审美常识以及书法史、书学故事等。增加在内容安排中是一个变量，是一个能动项、机动项。不增不减，可能不妨碍教学任务和目标的完成，但在设计中增加了必要的内容，减去了次要的、不必要的内容，对于教学效果，将产生不同的影响。

主次和详略是从不同的角度认知的。主要内容在取舍的过程中一定会选择保留下来，在教学过程中，则需要详细、深入，分配较多的时间。次要则略。在主次的认定上，其实是有规律可循的。人们常说"金钩银点"，指的是钩的写法、技巧和点的写法、技巧在笔画中的地位。这之间的规律是什么呢？一是钩比点样式多，形态写法更复杂；二是点比钩更富于变化。但一个合格的、掌握了书写规律的教师，不会在点的书写技巧上下太多功夫，耗费太多时间，因为任何一种点都是笔画的起始部分。掌握了不同笔画的写法技巧，就学会了不同点的写法技巧，这就是规律。再如钩，横钩为一式，竖钩为一式，竖弯钩为一式，斜钩为一式。弯钩可以在竖钩教学中体现，卧钩可以在斜钩中体现，何为主何为次，何处详何处略，已经不言而喻了。

侧重是教学设计中的主观安排，即教学重点的设计。好的教学重点设计可以充分体现两个维度：一是就内容而言，重点一定是主要的。教学内容本身是一个系统，即不可缺少某种要素，不同要素在内容的系统结构中又有不同的位置和作用。把那些位置和作用重要的作为重点，是教学设计的必然要求。笔画的内容和偏旁部首哪个地位更高，作用更大？当然是笔画，所以在这部分内容中，要下功夫，练到位。二是就教学实际而言，重点一般是较难的。在书法的笔画教学中，"捺"即"磔"的写法就是一个难点。这个难点不仅体现在与其他笔画教学的比较中，还体现在大多数初学者的身上。所以在教学设计中，可以设计为内容的重点。但从书写运用的角度看，用得最多的还是横与竖，这是笔画的位置和作用决定的，也可以设计为学习重点。其他笔画不重要吗？学习中不会成为难点吗？当然不是。所以，重点的设计取决于教师对内容、对学生学习情况的了解和把握，是经验式的，既带有主观性，又体现规律性，还具有随机性。

教学内容在教学设计中是以任务的形式体现的。讲好与学会，是任务完成的基本形式，是由师生共同完成的。

三、从对象出发的设计

以对象为出发点，核心在于调整教学内容安排，做到内容适合，节奏适度，设计适用。

从一般的意义上说，通常的教学对象可分为三类，一是初学者，我们称为零起点。不论年龄大小，也不论是公学课堂还是私相授受，零起点等于一张白纸，教什么样子就是什么样子。内容适合于由浅入深，循序渐进；节奏宜于初慢后快，不可用急，基础要打牢；设计的教学训练方式，可以从易到难，也可以由难而易。新人学书多从楷书入手，在正书的楷、隶、篆三种书体中，楷书讲究最多，法度最复杂，但人们大多还是从楷书入手。以执笔方式言，站立悬肘悬腕最难，以臂肘腕托纸最易，但以腕托纸能书写了，悬肘悬腕仍然不能书写。反之，先悬肘悬腕，然后托纸而书，不学而能。以写字的大小言，大字难于小字，挥运之难，结构不易，每一笔之误都清楚可见，所以，习字多先大而后小。对于初学者而言，内容也好，节奏也罢，训练方式如何选择等，其实既可以按部就班，也可以进行调整，本没有绝对的适用与不适用。但有一条至关重要，就是书写习惯的培养、养成。人们的行为动作，肌肉是有记忆的，养成良好正确的习惯，就是养成行为肌肉的记忆。我们所说的方法对与不对、好与不好，路子正与不正，都必须从养成习惯的角度培养和检视。尤其是中小学生，最忌养成不良习惯，形成不良习气。

二属得法类。这一类对象的特点是有一定的书写基础，那些最基础的训练似乎已经完成了，从入法进入得法的阶段。入法是学习了基本的方法技巧，也可用所学的要领书写练习了，但对于方法技巧并没有真正掌握，还没有真正形成自己的体悟，转化为自己的技能、技巧。这一类对象的教学内容，核心是促悟。要加大训练量，加大指导力度，是下笨功夫的时期。

这一类对象存在的最大的问题是基础参差不齐，尤其那些自学训练的对象，那些训练不正规的对象，那些该悟的没悟，却有了不正确的书写方式，养成了坏习惯的对象，必须一边纠正问题，一边

① 梁启超《书法指导》，《民国书论精选》，西泠印社出版社，2011年第1版，第22—23页。

指明方向。梁启超对这一类对象说过一段很中肯的话，他说：

> 模仿任何事物，初入手时，最要谨慎，起初把路子走错了，以后很难挽救。今人不如古人，不是天才差，只是习染坏，如像性本相近，习则相远。唐朝有一个弹琵琶的教师，没有学过的去学，他说三年就会，弹得好的去学，他说五年才会，弹得有名的去学，他说非十年不可。人问何故，他说没有学过而质地好的人，教得得法，成功容易。弹得好弹得有名的，最初几年的工夫，须把坏习气改过，才能学好，所以格外费时间了。无论何种艺术皆然，习字也是一样。清朝的字，比较不好，因为人人都要学大卷子白折子，很呆板，没有灵性。我年轻时候想得翰林，也学过些时候的翰林字，到现在总不脱大卷子的气味。①

梁启超以自身的经历感受说了路子走错之害，坏习气改过之难，也等于说了请一个好教师之必要。达到得法阶段的学员虽不尽

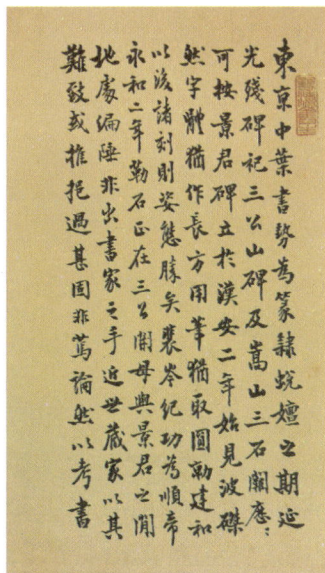

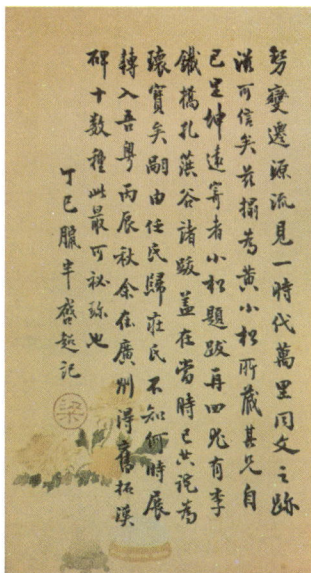

近代梁启超墨迹

然如此，有的是从开始就走了正路而没有养成坏习气的，但毕竟有那许许多多下了功夫的对象，开始时并没走上正路，而是走了邪路、小路，就需要过改掉习气这一关了。习气难改，需要调整教学内容，面对和正视每个人的习气，负责任地进行适合于对象的教学设计。

三曰出法类。这一类对象属于写得有了一定名气的一部分人。假定他们没有坏习气，这部分人的教学内容与前两类应该有很大的不同。许多学员就是达到这个阶段再也上不去了，后劲不足了，自己难以发现自己的问题了，所以才请教教师，入门深造。这一类人的问题不在技法，不在一般意义上的书写能力，而在于境界、眼光。仅就书法讲书法，难以通过这个门槛。所以，这部分对象适合的内容是提高，方法是开阔眼界，提升境界，提高欣赏水平、理论水平及艺术表现力。

在中小学的书法课堂上，学生大多属于同一类型，初学者居多，但不含在社会上各类补习班学过书法的学生。所学不同，从师各异，染上习气的问题是时有所见的。书法教师需要负责任地把他们领上正确的学书之路。在社会力量办学的学员对象中，参差不齐是常态，分别不同的学员进行教学设计，便有了十分重要的现实意义。

四、从实际出发的设计

从一个教育工作者的角度看书法教育、教学的实际，会发现许多不尽如人意的现象。这些现象体现在教学中，都会直接影响到课堂教学设计。从2011年教育部将书法列为必修课程至今，十年过去了，但仍然处在落实的初始阶段。抛开教师不足、不合格、水平不高等因素外，条件、环境、氛围及学习状态，都是课程设计需要思考和顾及的因素。因此，从实际出发设计课程，便成为一个不可忽略的出发点。

先说条件。作为技能、技艺性课程，书法教学需要一个相对独立的教室或空间，需要一些必备的条件和工具，如桌子、毡子、方便的取水条件，涮笔的水池或水桶等。相比其他的技能性教学，如科学、音乐、美术教室或物理、化学、生物实验室而言，书法教室设置是最简单、容易的。有的书法教室与美术教室或多媒体教室合用一室，只要课程能够排开，工具齐全，当然未尝不可。除此之外，书法教室还应进行一些必要布置，如名家挂图和传世法帖之类，既是一种气氛，又能起到耳濡目染的熏陶作用。还有教室或图书馆中应有一些书法史、书法教程、书法鉴赏以及书法辞典一类的书籍，《说文解字》和历代有代表性的碑帖是必不可少的。在现有的条件下，还可以购置一些书法教学软件和视频资料。再有，其他教室的黑板，对于书法教室则应是一个可以演示书作，悬挂、粘贴习作或作品的地方。

由于教育发展的不平衡，并非所有的学校都具备必备的条件，有的学生甚至没有条件使用宣纸、毛边纸或元书纸。有的学校为学生准备的是水写布。所以，对于教学设计而言，这些现实生活中的实际条件，都会直接影响教学设计。设想每个学生用一块水写布进行练习的学校，应该如何检验学生日常的书写水平？如果学生用的是报纸呢？如果学校没有任何可以参考、阅览的图书资料呢？从实际出发，根据条件设计课程，并争取创造条件，达到最佳的教学效果，是一个很现实的话题。

再说环境。环境也是条件，是比具备一个独立的、设备工具材料齐全的书法教室更现实的条件。我们常说社会的二元结构，即城市和农村的差别，此外，还有经济发达地区、欠发达地区及不发达地区的差别，东南沿海与西部地区的差别，富裕地区与老、少、边、穷地区的差别，这些差别自然会体现在教育上，从而构成环境差别。从校园的角度而言，许多学校不具备校园开展书法活动的条件；从家庭的角度而言，不能想象一个在小板凳上做作业、在田间地头看书的孩子怎么完成书法课外作业；从城乡差别的角度说，城市有展览馆、博物馆、美术馆、文化馆、少年宫，可以把书法课堂搬到社会，把书法实践活动与某一次展览结合起来，但农村的学生则没有这样的条件和环境。因此，书法教学的设计，必须视具体的教育环境而定，许多在城市可以做的、可以采取的形式，在农村则环境不允许。既不能因为环境而放弃了农村学生的书法教育，又不能套用城市的教学设计、教学方式。这种环境差别，等于给农村的、欠发达地区的书法教学设计提出了更艰巨的课题。

再说氛围。氛围是人创造的，是文化形成的。书法教育的氛围体现为重视程度、关注程度和社会风气。氛围和环境不是对应关系。有的地方经济不发达、欠发达，但有很好的文化传承，全社会把写一手好字看得与做人同等重要，所以，这样的文化传承会营造出浓厚的书法教育氛围。中书协曾经认定过一批书法之乡、书法之城，虽并不都是环境、条件优越，但大多有书法的文化传承和浓厚的氛围。所以，氛围归根结底是由认知水平决定的。对于一个学校而言，氛围体现为校长的重视程度和全校教师的认同程度。书法教师多是科任教师，如果班主任不重视，开展书法教学和活动便会很困难，反之亦然。对于一个社会区域而言，全社会重视，一定会促使学校重视起来，会让每一个家庭、学生家长重视起来，同时，各类宣传、舆论也会形成助推的力量。在一个社会重视、学校重视的氛围中设计书法教学，学校支持、社会认同、家长理解，便会创造出各种学习条件。所以，氛围就是风气，就是影响力，就是开展书法教育的文化条件。

最后说说状态。这里所说的状态，既有学习者主观的状态，也有客观上的制约。主观态度上，包括对书法课是否重视、学习的自觉性如何、是否对书法感兴趣等。主观状态是课程设计必须考虑的因素。作为客观实际，可能会千差万别，但归根结底是个如何激发、保持兴趣的问题。客观状态上，包括时间是否充裕，个人的社会、家庭角色等。对一个在校的中小学生而言，总体说是可以安排时间的，但从现实的情况看，到了九年级，要中考了，学习书法的人少了，其他的课业负担加重了，时间也变得难以安排了。至于高中，很多在小学初中学习书法的人，都去准备高考了，能坚持学习、训练的人已寥寥无几。对于一个已经工作的社会成员而言，工作性质、学习态度都会影响他的时间安排。所以，学员的学习状态，是教学设计时调整内容、方法的重要参考因素。

从实际出发所做的教学设计，核心是增强针对性、提高实效性。好的教学设计，将起到克服困难、因地制宜、激发兴趣、形成氛围的良好促进作用。

书法教学的基本课型，首先是由教学内容决定的。不同的内容需要不同的呈现方式。其次来自书法教学经验的总结。相对稳定的课型，正在形成不同的教学模式。最后取决于书法教育工作者的不懈探索、设计、实验、总结，随着教学工具、手段、条件的变化而不断创新。

一、讲授型

讲授型就是老师讲，学生听。这是传统教育方式中最常见的课堂教育方式。在新的教学理念下，很多人认为这种课型把学生置于了被动的位置，不再提倡，甚至反对。其实，那些知识性、理论性的内容，那些历史常识，那些欣赏性内容，讲授永远是最佳方式。有时学生的主动性不体现在说与做上，而是体现为倾听和思考，是不是听进去了，是不是引发了思考、感悟，是不是激活了学生的思维，这才是最重要的，也是主动性的。那种本可以教师十分钟讲完的内容却让学生讨论半小时的做法，不仅是浮于表面形式的，而且是不负责任的。

讲授课就是要以教师为中心，至于少讲还是多讲，讲粗还是讲细，与学生互动还是教师一言堂，用启发式还是灌输式，全依内容、效果而定。对于教师而言，衡量的标准只有一个：讲明白，让学生听懂、受益。至于授课风格，或平实，或生动，或言简意赅，或娓娓道来，本不是可以强求的事。

二、示范型

示范型课堂是以教师的书写示范为主的课。如果说讲授型课是教师讲、学生听，那么，示范型课就是老师写、学生看。一般说来，总是先讲授，后示范，但在示范的过程中，仍然需要必要的解析、讲授。对于所有的技能、技艺性教学而言，许多时候，语言是苍白的，光靠讲是讲不透、讲不会的。对老师而言，百讲不如一示；对学生而言，百听不如一看。有时不是讲不明白，而是能讲得既清楚又明白，但仍然需要示范，讲的效用仍然不如示范的效果。所以，对于书法教学而言，示范是必需的。不是讲不明白、难于讲明白才示范，而是许多技法、技艺性内容，都要有示范，都要通过示范加深学生的理解，都要通过示范给学生做样子。

书法教学中有一种技法叫"凌空入笔"，也叫"凌空入纸""凌空取势"。古人更是起了个特别的名字，叫"抢笔"。从讲授的角度说，凌空就是笔落在纸上之前，入笔就是笔落到纸上，是落在纸上那一瞬间。所谓凌空入笔，就是有些动作是在空中运行、完成的，待笔落到纸上那一瞬间，产生了与笔画动作在纸上运行相同的效果，而且效果更好，更加灵动、奇妙。在空中挥运的动作，虽然可以用语言说明白，但不论怎样细致周全，都不如示范的效果更好。尤其那个着纸落笔的一瞬间，空中挥运形成的笔势是如何体现在笔画之中的，更是只有示范才能呈现出来。这样的技法、技巧，对于初学者很难理解，对于有一定书写基础的学员，理解起来也会似懂非懂。这种情况下，只有示范才能变得真切，加上必要的分析、解说，才能讲懂，才能学得。

对于书法教学而言，示范伴随始终。作为一种课型，不是只写不讲，而是以示范为讲解，让学生加深理解的过程，示范伴随讲解，甚至是动作的分解、图示，成为技艺性课特有而书法尤其重要的课型。

三、实践型

实践课是所有技能、技艺性课程的标配课型，是以学生实际操作为主体的教学活动。实践课的最大特征是主体的改变。学员从听课、看老师示范转到自己动手操作。对于书法课而言，就是学员的书写课、体会课、训练课和自主学习课。实践课中的教师处在辅助、指导的位置上，关键在于发现学生书写过程中的问题，并随时提供有针对性的指导。

通常情况下，人们对书法作品的感知评价，都是就作品的终极效果而言的。书写的过程结束了，所有动态的行为就都凝结在一笔一画一行一篇之中了，一件作品的优劣高下，一笔一画的短长正误，尽从作品的终极形态出发给予指点。而就一件作品、习作的产生而言，许多问题只有在过程中才能更加准确地发现并得以纠正，在终极作品中见到的是现象，在书写过程中则发现的是原因。所以，就书法教学而言，对具体实践过程的指导，比就作品所进行的评点更有现实意义。

书法实践课的指导，重点在于过程的细节、法度的分寸和习惯的特定性。就过程细节而言，如姿势的正确与否，指掌腕的运用，运笔的速度，提按的方式、方法等，这些细节在写就的作品中是可以大略感知，但难以具体感受的，但在过程中便一目了然了。就法度的分寸而言，虽然书写者技法运用的方式是正确的，但由于个人理解的差异和手上功夫的差异，便会出现度的问题，如驻笔还是顿笔的度，重按还是轻按的度，节奏变换调节的度，中锋与侧锋转换的时机，等等，需要细微而且精确。再如习惯的特定性，每个人的书写习惯都是不同的，而且越趋熟练便差异越大。问题在于许多习惯在作品中察觉不到。如人们常说的"笔不离纸"，不是指笔一直在写，而是在书写间歇时笔提起后离开纸面的高度。所谓不离，就是不能离得太远，笔不能抬得过高，这样会影响书写的连贯性，影响书写的气脉。但确实有许多人，一笔写完，一字写完，笔都要高高地提起，甚至在末笔写完时，加上一个撩笔的习惯性动作。这一类的问题，只有在过程中才能发现，只有在学员的实践课上才能进行直接指导。

四、点评型

点评是教师就学员的作品进行分析、总结、评价、指导的教学活动，当点评成为一次课程的主要教学形式时，就可以称为点评型课。这里所说的点，不是指点的点，而是指作品的具体细节、微观部分等细小的内容；而评，则包括了从细节到宏观、从个别到一般、从一类现象到他类现象等诸多内容。点评不是实践课上的就问

唐集王羲之书《圣教序》的"处""习""若"字

题说问题，不仅仅是提出指导意见，还要说明为什么，找出问题发生的原因，提出系统的评价意见和指导意见。当然，对于那些优点的部分、优秀的作品，也要做出系统评价，指出好在哪里、为什么好等。

　　沈阳市书法教师高研班里，经常对学员的作品进行这种课型的点评。把学员一个时期的作品全部粘贴到吸板上，有作业，有习作，有不同的字体，有临帖的作品，也有学员的创作，然后进行系统点评。在学习唐集王羲之书《圣教序》时，我们讲到过一种"左旋"的笔法，典型的字例是"处""习"两个字。在王羲之书中，这种笔法使用广泛，是王书的基本笔法之一。点评学员的作品时发现，一位女教师的用笔、造型、神采、意韵总是有很大的距离。她的楷书基础是颜真卿，用笔大胆、爽利，多出己意，畅快淋漓，有丈夫气。但左旋的笔法运用时，她的每个字都显得笨拙、迟疑，左旋的弧度生硬、失势。怎样点评呢？其一，由于她以颜楷为基础，在转笔时，她习惯性地有折笔动作。所以，从她的书写实例出发，从她左旋不到位的现象出发，我们再次强调转笔与折笔在技法上的区别。其二，我们从她的实际书写状态中发现，她在运笔时没能处理好指、掌、腕三者的着力关系，指掌用力，而手腕不着力、不灵活，旋转的笔画是画出来的，而不是转出来的，这就是既小心翼翼又生硬笨拙的原因。因此，我们再次强调用腕及指、掌、腕的运笔着力关系。其三，由于以上的原因，她书写左旋的笔画时，不能笔笔借势，失势状态明显，气势不能贯通，笔画之间不能自然顺畅地衔接和连带，更不能借势得力，所以，我们又讲解了笔与势的关系。这样，从左旋技巧的一两个字出发，指出具体的缺点所在，分析原因，并以此拓展开去，从个别字例上升到一般的层面进行指导。这不仅让这位女教师获益，也让所有学员们都从中受益了。

点评课型是学员们十分喜欢的课型，因为既具体又概括，既有针对性又能推而广之，既指出问题又分析原因，既提出具体的指导意见又引申出相关内容。对于初学者和出法阶段的学习者而言，越是基础好、处于瓶颈期的学员，对这样的点评感悟越深，收益越大。这样点评的更高层次，是大数据分析。作为综合性点评，则需从五个方面入手。一曰源流，从何处取法，是否做到了"下笔有由"。二曰法度，是否得法，是否合度。三曰功力，即作者的书写水平处于何种阶段，是入法阶段、出法阶段还是我法阶段。四曰境界，即便源流清楚，法度合宜，书法作品也有境界问题，即作品达到的艺术高度。这不仅与技巧、技艺相关，更与视野、追求和个人心性有关。五曰风格或特点，即是否有了自己的表现特色并形成了一贯风格，有了自己的书写语言。因此可以说，点评课从具体到整体，是一个有内在逻辑系统的评价过程，对教师提出了很高的要求。

五、比较型

比较是一种研究方法。通过不同作品、不同时段、不同人之间作品的比较分析，提高书写者的认知、体悟能力，从而起到推进作用。当这种方式、方法贯穿在一次课的始终，教师有意识地用比较的方法指导书法教学时，我们便称这样的课为比较型课堂。

第一种比较是习作与法帖的比较。对于临帖而言，学习者动笔临写，法帖是比照对象，是范本、样板，从一笔一画到一字一篇，比较是随时随地的。习作与法帖的比较在课上出现，一定要辅以分析、指导，是教师把学生的习作与书帖进行比较，进行分析，进行指导。所以，这种比较能为学习者留下十分深刻的印象。许多学习者在临帖的过程中，经常会出现忽略差别、错而不觉的现象。书写者觉得尚好，而实际存在这样或那样的问题、不足，书写者感觉良好，实际是问题明显而不自知。举一个实例。许多学习唐集王羲之书《圣教序》的人，多用拓笔而非撅笔，笔法效果与王书大相径庭，但多数不自知。这时把习作与法帖进行比较，个中奥妙便一目了然了。而一旦笔法发生变化，境界便可立见不同。

第二种比较是同一作者不同时期作品的比较。这种比较自我进行时，会极大激发学习者的兴趣，从变化与进步中找到自信。而一旦在课堂上把不同时期的习作进行比较，老师理性地指出进步的点，哪些要坚持发扬，指出尚存的不足，哪些问题出于何因，指导效果明显。

第三种是不同作者之间作品的比较。这里的不同作者，主要指学员之间的作品比较。每个人的认知、感悟能力不同，下的功夫不同，成效自然会存在差异。把同在一个班级、同听一个老师课的学员作品同时展示出来，可以起到促进交流、彼此启发的作用。同学间作品的比较也具有激励性作用。在这里，比较本身就是一种语言：提示、启发、评比、激励。

六、问答型

问答课是以学员的主动为特征的课型，学生提问，老师回答。当然也可以教师提问，学生回答，但通常这是教师的授课需要，不构成一种课堂模式，而是附属于讲授、点评等其他课程，属于一个教学环节。但学生问老师答就不同了。学生可能会结合自己的学习实践，结合自己的见闻感受，结合接触到的书法现象，结合自己读的书、看的作品提出问题。学生提出的问题，未必都是这一笔应该如何写，这个字结构应如何安排那么单纯、简单，而可能是一种书法现象。所以，问答型课堂，等于学生在考老师，老师需要博古通今、眼界宽阔，需要学问扎实、真知灼见。

如果有人问把当代书坛搞得闹闹哄哄的吼书、乱书、射书、人体书应该怎么看，丑书和"宁拙勿巧"是什么关系，该如何回答？如果有人问书协可否取消，古代没有专业书家，怎样看今天的专业书家，又该如何回答？如果有人问，许多写得很好、雅俗共赏、大家认同的书法作品入不了国展，而国展的初选，一件作品的过眼时间可能不过几十秒，该如何回答？当然，更多的人会问：请教某书家，告诉我应该这样，请教另一位书家，告诉我应该那样，而他们两人的意见是抵触的、矛盾的、相反的，该听谁的，为什么？又该如何回答？

其实问答型课程的真正魅力就在于此，超越通常意义的课堂，超越通常的教学内容，在更加广阔的视野中研讨书法，把一些有争议的、敏感的问题提到桌面上讨论，如能畅所欲言，如能别有见地，这样的问答是应该提倡的。

七、交流型

点评课是老师评学生，问答课是学生问老师，这本身也是一种交流，但都体现为老师与学生的关系。交流课打破了师生交流的教学框架，转换成学生与学生之间的交流和老师与学生之间的交流。虽然所有交流都是认知、态度、信息的交互过程，但关系变了，方式也就变了。交流课是一种各类信息全方位交互的互动过程。

在交流型课程中，教师的角色首先是一个设计者。教师根据教学进度和教学需要，设计并采取了这样一种课堂形式。其次，教师可以是一个主持人的角色，由他来主持交流活动。当然，这个角色也可以由班长、学习委员或课代表担任，也可以委派任何一名学员担任，而老师仅仅做一位听众。最后，教师应该是一个总结者，对交流的信息内容、交流的气氛状态、交流中涉及的问题等，做一个总结性发言。一般说来，交流过程中老师不会做任何的点评，因为那样会对学员的交流起引导性作用，从而不能畅所欲言。

交流课程的内容可以是丰富多样、不加任何限定的，如读书的信息、体会，学员读了一本书、一段书论、一个书法故事，自己有了体会，可以与大家分享。如学员书写实践的体会、体悟，在实践中感受到了什么，可以是收获，也可以是经验，可以是疑问，也可以是现象，现身说法，与大家交流。再如对法帖、书法作品的理解、评价，对书法某方面信息的分享、提示，对一次展览的观感，对自己创作的过程报告，等等，都可以拿来分享交流。如果交流是有主题、有中心、有范畴的，大家就要把注意力、话题集中到一个方面各抒己见了。

交流课程的形式也是多种多样的，如一个人为中心的主讲式交流，几个人为中心的群体性交流，不指定任何发言人的自由交流，分成小组之后的代表交流，等等。还可以进行同一题目的交流，如春节前大家写春联、写福字，同一字体训练心得的交流、同一技巧书写实践的交流等。

交流课程的核心目的，在于每个人都参与其中，在于创设人人有话说、人人能说话、人人有机会说话的气氛。正是在广泛参与、言无不尽的氛围中，每个人有所表现、有所收获。所谓学习的主动性，就会在这样的氛围和过程中有所体现了。需要注意的是，交流与讨论不同，交流是把自己的见闻感受、心得体悟说给别人听，不存在正误之争，不像讨论课那样要分别正误优劣，更没有标准答案。因此，交流课本质上是一种激励课，在一个巨大的磁场中，完成所有参与者的同频共振。

八、电教型

随着科学技术的快速发展，进入21世纪后，以信息技术为代表的科技手段作为当今世界最先进、便捷的传播手段，已经普遍走进了各级各类学校的课堂，成为广大教师最重要、常用的教学手段之一。书法课虽然作为一门课程设置，开课的时间并不长，但信息技术手段依然得到了广泛的运用，最常见的方式有四：一为书法课程视频，大多有书法名家讲解；二为书画的电视频道，专讲书法绘画艺术，在系统地教书法；三为各种书法课程软件开始进入校园、课堂，有历史名家法书的解析书写软件，有不同书家不同书体的教学软件，有专用教学的书写比对评校软件等；四为网上的书法工具书，可以随时查找不同字体、书家们对不同文字的书写样式。《中小学书法教育指导纲要》中明确提出：鼓励学校、教师、学生通过互联网获取丰富的书法教育资源，加强交流，构建开放的网络书法教学平台，充分利用现代信息技术进行生动活泼的书法教学。当以现代信息手段为主展开教学时，我们称之为电教型课堂。

现代信息技术正在以前所未有的力量改变着传统的教育模式，在这个过程中，改变最大的是教师的位置和作用。仅就一堂书法欣赏课而言，播放评论家、鉴赏家、书法家对一篇古代经典作品或当代书家作品的品鉴，很权威，很精到，教师可能仅仅是一个掌握时间的播放员。如果这个角色由学员自己来承担，老师的存在便没有任何意义了。课上，用信息手段讲解书写的技法、技巧、技艺，老师的角色被替代了，由过去的主讲可能变成了现实情境中的辅导、助教。在多媒体技术发展的今天，几个学校、无数个班级可能会通过电教手段上同一堂视频课，一个老师在主课堂讲，无数个学校、班级在不同的地点听讲、看示范，甚至回答不同空间学员的现场提问，老师变成了组织者、服务员。在这种情况下，传统意义课堂上教师的主导位置变了，发挥作用的形式变了。那么，应该怎样认识电教型课堂的位置和作用呢？

首先，在书法教学中，教师的位置、作用仍然具有不可替代性。我们看到的所有视频、软件、抖音、电教手段，说到底，仍然是一般性的、公众性的，永远无法达到师父带徒弟那种一对一的效果，从个别中发现问题的特定效果。换言之，信息手段解决不了最后一公里的问题。可以设想，如果将来有了书法教学的机器人呢？现在，已经有了书法机器人与真实的个体同台书写同一个字的尝试，如果在场的评判者是书家，而不是那些不懂书法的主持人和嘉宾，还是能分辨出何为机器人所书，哪一个是学书者的手笔。机器人可以面对所有的班，但难以对待任何一个充满特殊性的人。机器人可以根据书写的结果去分析，但永远无法指导一系列具体的书写过程。书法作为一门艺术，从拿起笔到临帖，从入帖到出帖，从博采众家到体现个性，任何一个环节和过程，都是以个性、"唯一"为客观前提的，面对过程的现实指导，是信息技术手段永远难以解决的最后环节，这一环节只能由教师来完成。对于所有艺术类、创造性的活动而言，人将永远处于主导的位置。

其次，电教型课堂对教师提出了更高的要求。从表面上看，电教课降低了教师的位置，取代了教师的大部分作用，留给教师可发挥的空间越来越小了。换一个角度就会发现，电教课给教师提出了更高的要求。既要对电教课的内容有全面、透彻的了解和把握，又要把这些一般性内容体现在每一个学生的学习特点之中。学生的接受能力不同，理解角度不同，转化为具体能力的悟性不同，电教手段讲授的语言风格、具体方式、展开速度等，与学生的学习习惯也有诸多的不同，这时，就需要那个已经变成了辅导、助教的老师了。如果说电教手段解决的问题永远带有一般的、面上的特征，那么，教师要着手解决的问题，则永远带有个别的、内在的特征。电教解决了"一"，留给教师的是"万"。这无疑给教师提出了更高的要求，从研究教学内容转向研究对象、研究人，从研究表面的知识性问题转向深入研究人的悟性、能力转化机制，从一般性讲解的效果关注转向个别化效用的关注。老师的角色变了，但任务更重了，问题更复杂了，需要研究得更加深入了。

最后，电教课堂的设计者、使用者是教师。换言之，在多大程度上使用电教手段，发挥信息传媒的作用，是由任课教师决定的。信息技术的发展运用，对于那些缺少师资、师资质量不高的教学单位、机构起到了满足需要、提高教学质量、优质课程共享的作用，对于那些教学中经常遇到但难以解决的问题，起到了辅助作用，可解燃眉之急。如在书法课堂上，老师写欧，学生写颜，老师对写颜学生的示范作用可能弱化了。有了信息软件，颜书如何学习掌握技法技巧，完全可以通过信息手段解决。由于绝大部分教师书法储备不足，从书体到字体，遇到此类问题甚多，都可运用现代信息技术一一解决。但是，对于书法教学而言，信息技术永远是工具、手段。教师不能被手段淹没，信息技术教学本质是补充性的，当用则用，不当用则不用，不能以用为用，为了用而用，不能把手段当成内容。所以，当信息技术手段回归本位，教师的主导性、决定性作用得以充分发挥时，电教课才是正态的、手段的、为教师所用的。

九、活动型

活动型课堂指的是走出教室，在校园乃至全社会，充分利用各种资源开展的书法教育活动，如校园书法活动，到展览馆、美术馆参观书法展览，观赏古代书法作品，参加书法专题讲座，走访名胜古迹，学习书法的应用，访碑，对社会上的商业牌匾进行调查，等等。

显然，活动课有别于在教室中开展的任何一种类型的教学，与讲授、示范、实践、点评等大多数课型完全不同："教"的意义淡化了，"学"的意味增强了；老师的意义淡化了，学生的意义增强了；计划性淡化了，随机性增强了；可掌控的概率淡化了，不可控的因素增多了。如何保证活动课的质量、效果呢？一要做好活动的内容准备。要去观赏古代书法作品的展览，一般要有展览的介绍和图录，涉及了哪些书家，什么作品，时间跨度，作品特征，展览规模等，都会有所介绍，要提前做好了解，像一堂课的课前预习一样，不至于对内容过于生疏。如果要去访碑，大量的背景性内容，都应让学生做到心中有数。二要做好活动中的辅导工作。在展览馆、博物馆，可能有人工或语音讲解，要组织、要求学员像上课一样认真听，认真记。如果是一个当代的展览，要认真看有关的说明性文字，老师也可做简要的解说评点。如果是名胜古迹的书法作品，如匾额、对联、题词、刻石和其他墨迹，可能需要记录、拍照。三要做好活动课后的总结交流，与交流课型、讲授课型等相结合，强化活动课的见闻效果。

　　活动课是各类学员都特别喜欢的一种课型，走出教室、校园，走向社会，在书法运用的实例中、遗存中学习，对于开阔视野、保持兴趣、借鉴参与、学以致用意义明显。而关键在于组织，在于与所学的内容的相结合。如果社会资源有限，在校园内搞一个书法活动周，搞一次书法比赛，以书法的形式参与不同的教育活动，也是有效、可行的。

　　书法课型的分别，既来源于实践经验的总结，也决定于教学内容的需要；既是一种课型，更是一种教学方法。作为一种教学形式，课型服务于内容、目标。在教学实践中，十分纯粹的单一型课程并不多，大多是以综合的、复合的类型呈现的。所谓课型，仅仅是一种人为的区分而已。

第三节
书法教学设计的基本要求

所有设计的灵魂，都是一个人主观能动性的体现。因此，设计总是带有主观的、个性的色彩。同时，为主观性安上刹车的，是客观规律，即事物发展的客观规定性、制约性。因此，在合规律的前提下发挥主观能动作用，成为教学设计的基本理路。上线是主观性的发挥，是教学的艺术呈现；下线、底线是不能违背书法教育的客观规律，是设计的客观现实性。在这个框架下，提出书法教学设计的基本要求。

一、体现教学目的，明确教学目标

在教学设计中，教学目的是通过一个个具体的目标体现的，从初始目标到终极目标形成了一个目标系列。具体到每一次课，可能只追求一个目标。所以，课堂教学目标的设定便成了关键性环节。在企业管理中，有一种目标管理模式，但与教学管理中的课程管理不是一回事，不能把企业目标管理的方法套用到课程管理中。企业目标管理是流程化的，而教学目标的设定是一种既主观又客观的科学化、艺术化行为，是权变大于稳态的过程。那么，设计教学目标应遵循什么原则呢？

一曰适宜。首先相对教学内容而言说适宜，即目标与内容的一致性。不能讲结构，确定的是运笔的目标，即不能用笔力如何去对应结构的内容。其次是适宜教学对象、基础、能力、学识、理解力等。再次是与时长适宜。学校教育的一次课只有四十分钟，教育内容被严格既定在这个时长内，如果定的目标与时长不匹配，便失去了目标确定的意义。在书法教学中，有些目标的完成会持续几次课，但每一次课上，总要体现目标的阶段性特点，可以是一个完整目标的分目标。最后是难度要适宜。不能不分别目标完成的难与易而均等地分时着力，难的时间要长，下的功夫要多。目标适宜，在教学过程中体现为可行性。不可行或者目标过高，难以完成，或者过低，形同虚设，都不是适宜的。

二曰单一。所谓单一，即不设多重目标，不设综合性目标。目标越明确、具体、细微越容易实行。所谓明确目标，就是把目标确定在一点上，而不是多头并进，多点着力。

三曰量化。一般说来，目标是要量化的。但对于知识性、理论性、能力性、技艺性的书法教育而言，量化是一件很困难也未必科学的事情。即便如此，也并非没有可能，比如规定一个字写多少遍，一个笔画选择多少字，至少练习多少时间，规定一个明确的作业量等。这种量化对于初学者是有规定和促进作用的，但对于入门之后的学习，便不再有太大意义了。毕竟书法学习，不是以量化为标准的。那书法教学是否有量化的必要和可能呢？在教学实践中发现，确定评价量表是一个好办法。把教学内容的掌握情况、实际能力的提高幅度、课上课下作业的完成情况以及情感、态度、价值观做成一个综合量表，赋权打分，也是一种有效的量化方式。

四曰评价。有目标就要有评价，对目标的完成、实现情况及时总结，做出评价，适时公布，对教学具有激励性、促进性的作用。评价是检验、测评的方式之一。对于书法教育而言，要准确分辨和使用下列语汇：

了解。在书法教学中，有许多内容是需要了解的，且仅局限于了解，不需要专门的记忆，不需要能力的转化，不需要考核验收。了解就是学过了、听过了、看过了、知道了。所以，了解的内容大多是知识性、常识性的，很基础，很浅显。了解的全部意义在于入门，在于拓宽视野，在于广见闻。但必须明确，了解的内容都是应知应晓的，不可因为没有检查考核必要而放弃学习。

掌握。比了解进一层，是了解、熟习、拥有、达到了可以运用的程度。掌握仍然处在知的层面上，没有强调用，是作为知识储备、能力储备体现的，比如说掌握了某种方法、某种技巧等。掌握是一个很形象的词，掌即手掌，握是动作，即把知识、方法、技能握在了手中，所以，掌握就是拥有、掌控。如果说了解是作为知识储备的，那掌握更倾向于能力储备。

学会。指通过学习、体验、实践、训练等一系列过程所具备的相应能力。了解、掌握也是学习的结果，但更倾向于知识性、储备性内容。我们讲用笔时会讲到用锋，什么是出锋，什么是藏锋，什么是中锋，什么是侧锋、偏锋。所谓了解，就是知道了用笔用锋的这些区别、区分，以知识为目的。所谓掌握可能就要弄懂出锋的笔如何下，藏锋用笔如何逆向入锋，如何下按后反转提起前行。听懂了，明白了，觉得认知、理解上没问题，也可能亲自试用过，到此为止，便可以说掌握了。但是，前两者都谈不上会。知识、能力的储备，还不一定是真实的能力。而学会了，就是具备这种能力了，会就是能。对于书法教学而言，学而能、学而会，才是基本目的，才达到了基本的要求。

运用。把已学的知识、技能应用于实践过程，是举一反三，是独立作业。学书法至于能够运用，能够把技能、技巧、技艺在作品书写的过程中体现出来，便达到了学习的目的。

自如。自如就是如自，就是书中有我，书如其人。"书者如也。"所有成熟的书法作品，总能见出作者的品格痕迹，就是因为所有的技法、技巧、技艺可以灵活运用，自主发挥。或者说，当能力达到随心所欲的时候，技能、技艺已经是人的一部分，但得有我，法度自在其中。

了解，掌握，学会，运用，自如，虽然只是一些目标达成的评价概念，但可以从定性的角度，反映学习的收获、效果和程度。作为评价目标达成的用语，是由低向高的递进过程。

二、突出教学重点，克服教学难点

教学过程中有三个"点"是不可回避的，通俗地讲，叫绕不过去，不可视而不见，不可敷衍塞责。对于教学设计而言，要求把重点突出出来，弄清难点所在，加以克服。同时，随时面对疑点，释疑解惑。

教学重点的确定是对全部内容考查、把握的结果，那些在整个内容体系中具有决定性位置和作用，牵一发而动全身，具有基础性、根本性、贯穿在全部内容始终的，都可确立为重点。难点的参照系是实践，指那些难以掌握、学习过程中学员普遍感到困难的内容。对于书法教育而言，难点不止一个，在不同的内容阶段，都会有不同程度的难点。疑点则是在教学过程中发生的问题，具有偶发性、个别性特征。有的人生疑的地方，有的人则不疑。疑点是学习者的思维结果，是批判性、否定性的，对公理、定论、成说、常识等，都可以从不同的角度提出疑问。因此，这种因人而异、随时发生的问题，在设计中难以预置，只能在教学过程中化解。

先说书法教学的重点。一言以蔽之，书法教学重在能力培养，通过学习者的反复实践，把所学的内容转化成书写能力、审美能力和传承能力。现实生活中书法教学的内容体系是一个技法体系，围绕着不同的法在教学，老师授人以法，学员入法得法；老师要授以活法，书法有法，法无定法。学生要把法学活、用活，变他法为我法。因此，在不同的法度、技巧教学中，那些基本的、根本的，都可以确定为重点。根据教学的阶段性内容，分解成许许多多的小节点，作为重点掌握，一环扣一环，最后形成一个完整的体系。

再说书法教学的难点。对于基础性的书法教学而言，难点有四：用笔的难点在活，运笔的难点在涩，结字的难点在得势，临帖的难点在出法。

什么是用笔的"活"呢？法不凝形曰活。所有的书写技法都是在不同形态的笔画中体现出来的，同样一种技法，可以写出丰富的、千变万化的形态。但如果一种技法、一种笔画固定化了，程式化了，模式化了，概念化了，这种技法便僵死了。所以，任何一种技法，不固定为一种笔画形态即是活。有人把笔法的活理解为书写过程中翻转恣肆、动作灵活，有的人把笔法的活理解为笔墨飞动、大开大阖，都是不正确的。要写一横，笔法从入笔到行笔、收笔，虽然方法相同，但有长短、粗细、方圆、曲直、俯仰、撅拓等各种变化，可以根据文字结构的需要，写出各种形态样式，可以根据自己的心性情感，表现出各种韵致。这才是活。所以，笔法的活，核心在于变，不是笔法之变，而是运用表现形态之变。也正是因此，才说心手两忘是用笔的最高境界，心无所想，笔有所用，不为法而法，而尽在法度之中。至于笔画形态，必然是人格表现和心性流露了。

什么是运笔的"涩"呢？所谓运笔，就是书写者驾驭笔、控制笔。欲进难行曰涩。笔要向前运行，但感到有阻力，有障碍，有一种反作用力在起作用。最重要的是，这种阻力、障碍和反作用，不仅是客观地以笔着纸的摩擦力形成的，还是一种主观作用的涩进，是作者人为制造出来的，不是慢，不是迟疑，不是拖沓，更不是停顿不前。本来是从左向右写一横，却时时感受着从右向左的力量，欲向右行进而时时感觉着阻碍。涩是在反反复复的练习中感受到的，没有足够量的实践训练难以达成。至于人为的造涩，都将沦为造作之病。

什么是"得势"呢？就是利用一笔着纸之后形成的力量、趋向、形势，而形成下一个笔画，以至完成一字、多字。惯性所趋曰势。只要是认认真真地书写，以笔着纸，总是要用力、发力的，这个力既因为笔画的方向而产生方向性，也会因为力道的大小和曲劲的程度而影响到下一笔的入笔、安排、轻重、形态等，注意和利用了这种内在联系，便是取势、得势，反之则是离势、失势。取势的前提是对每一笔画运势的感觉清晰明确，对笔画的承续有利用惯性的意识，同时，又能妥帖地完成续写，不但完成了一个笔画，而且保持了力道、趋向的连续性、一致性、协调性。结构中笔势、体势直接表现为风格、韵味的一部分。书写无势，徒将笔画摆放在应有的位置上，则将失去书写的韵味。

什么是"出法"呢？出就是摆脱法帖的束缚，用其法度，用其势态，用其神采，而不拘泥于原帖、亦步亦趋。不拘体法曰出。临帖都要经过入帖、入法、出帖、出法的过程。出法不是丢弃，不是改弦易辙，而是以出为入，彻底消化了所临之帖的精神境界，变他法为我法。入帖、入法已经很难，出帖、出法就更难。在临帖的基础上形成自己的面貌，得法而不拘，得体而不趋，形成自家面目，是书法学习十分重要、困难的一步。有的学者认为当代的书法展大多在临摹，虽然在自主书写，但并未走出法帖及古人的阴影，没有成一家面目。这个判断不是没有道理的，更加说明了出法之难能可贵。

简单说一下教学的疑点。教学的重点、难点都是教师设计的，疑点却是由学员产生的。一般说来，教师不宜于制造疑点，而十分提倡学生质疑。生疑、辨疑、解疑，是一个完整的思维过程。疑，意味着不确定、否定乃至批判，对于知识、史实、经验、做法、理论、理解以及定理、成说，都可以成为质疑的对象。疑点，就是对其中的某些内容、环节、逻辑、可靠性等提出问题和看法。在书法课堂上，初时对技法一类的内容很少质疑，即学员很难产生疑点，但随着学习的深入，尤其是学员悟入悟出程度的深入和提高，便会对许多内容产生疑问，从而提出质疑。在教学中，教师的职责就是辨析、解疑。对于那些属于个体感悟性的内容，许多疑点教师仅仅是一个"疑义相与析"的角色，是一个参与讨论的人。

因此，书法课堂要求突出重点，克服难点，不意味不重视疑点，仅仅是疑点不应属于设计内容而已。对于重点、难点的确定，则要求体现重要性原则、针对性原则和瓶颈突破性原则。

重要性原则关注的是那些牵一发而动全身的内容，重能力基础。地基不牢，地动山摇。对于技能而言，基础性的往往是根本性的，因此也是最重要的。需要说明的是，在书法教学中，许多重点是与难点重合的，既是重点，又是难点，但核心重点比难点要少。针对性原则关注的是难点问题，针对对象特点和教学过程中发现的问题，既重视一般性的难点，也重视个别性的难点。瓶颈突破性原则关注的是书法学习瓶颈期现象。瓶颈是什么？就是学到一定程度之后，学习者会突然感到不会写了，不进步了，甚至感觉自己在倒退，出现了困难期。困难期就是瓶颈期，是学习过程中形成的自我制约。瓶颈理论已经成为西方管理学的理论之一，但用于书法教学，这些理论原则并不适用，不可生搬硬套。其中有一点需要注意的是，形成制约的往往是学习者知识结构、能力结构中存在的短板。只要研究知识结构，找到能力短板，采取相应措施，补齐短板，就可以克服困难，走出瓶颈期，不断继续进步。

三、关注内容联系，做到环环相衔

书法教学的设计过程，是一个由整体到部分的安排过程。教育的全部内容构成一个完整的、系统的整体，虽然课要一次一次、一节一节地上，内容要一部分一部分地讲，训练要一个环节一个环节地安排进行，实际上，每一次课，每一部分内容，每一个环节，都只能是整体的一部分。我们把整体与部分形成的整分关系，称为内在的逻辑关系。正因为有了这样的关系，内容的安排不是随意的，而是有规律的、合逻辑的。关注内容联系，做到环环相衔，便成为一种要求。所谓环环相衔，意味着先后不能颠倒，不能丢失、缺少了某些环节，也不能跨过、省略某些环节。

通常情况下，我们都会遵从先学楷书后学行草书、先学隶书后学章草或者先学篆书后学草书这样的规律，可不可以越过楷书、隶书，直接进行行草书训练呢？回答是否定的。没见过还不会站立就会跑的。不了解用笔的入笔、行笔、收笔，不可能完成连带这样的运笔方式。但在书法教学中确有从行书《兰亭序》入手学书法的，这是不是没有遵循基本规律，出现了内容联系的缺失或跨越呢？

《兰亭序》被誉为"天下第一行书"，是王羲之的代表性作品，"历代宝之，永以为训"。古人把行书分为行书、行楷、行草。《兰亭序》中，有许多字是楷书的写法，这是学书从《兰亭序》入手的唯一理由。至于大部分行书字，在书写时，就需要补楷书的课程了。"永和九年"，"永""九""年"三个字近楷，可以直接入手学习，"和"字就不同了，第四笔"撇"、第五笔"点"、第六笔"竖"形成了连带关系，用撇势加提笔替代了第四、五笔的"撇"和"点"，而且是一笔写成。如果学生不了解撇的写法、提的写法，不了解由撇势、提笔转向折笔提起的写法，这个字学起来就困难了。所以，解决这一问题的方法只有一个，即用行书的"和"字与楷书的"和"字进行比较，先回到楷法，然后再学行书的笔法。表面上看直接入手行书是超越了楷书，但学习过程中又要时时补楷书的课。结果是楷书的基础常识变得不再系统，这对学生的学习进步无疑是等于走了弯路的。如果有了一定的楷书基础的学员再去学兰亭，就不会这样走回头路和时时补课了。

内容环环相衔的第一原则是系统性原则。设计者的出发点基于的是全部内容，而不是一个部分。从全部内容出发，把全部内容作为一个闭合的系统，讲求部分在整体系统中的结构、位置、作用、联系。所以，任何一节课都不是孤立的，都不是游离于系统内容之外的，作为部分，只能在整体中起到一环的作用。系统的另一种意味是，部分与部分之间是有顺序的，是彼此制约的，是连续的，各有其位，缺一不可，不能替代，不可失环。

内容环环相衔的第二原则是联系性原则。教学过程中要找到这种内在联系。有的书家提出从大篆向大草过渡，而且亲自实践。考察这位书家的作品，他的大篆好于草书，但他是以大草自居的。隶书也很有味道。但楷书、行书很少见，包括落款用的行书，水平实在平平。以大篆为基础习大草，不明白其中的内在联系，会感到突然和跨度太大。其实内在联系只有一个，就是转笔的运用。孙过庭《书谱》中说："真以点画为形质，使转为性情；草以点画为性情，使转为形质。"因为大篆与大草在使转上的一致性，构成了基本的形质特点。这就是联系性原则的体现。在书法教学中，找到不同笔画、书体、技巧、神韵之间的内在联系，做到有因有果、层层相关，是十分必要的。

内容环环相衔的第三原则是连贯性原则。既然内容之间是有顺序的，书法教学就需要体现这种顺序。宋代的理学家、教育家朱熹在《读书之要》中说："未得乎前，则不敢求乎后；未通乎此，则不敢志乎彼。"说的就是前后的顺递关系，强调循序渐进。先讲执笔，然后讲用笔的笔法，然后讲笔画，然后由笔画成字，然后讲偏旁部首及其例字，然后讲结字之法。这就是面对初学者的基本顺序。不讲执笔，无法讲笔法；不讲笔法，无法成笔画，依次类推。到能用笔写字，或临帖，或描红，或用格，或自由书写，作为初级阶段便完成了。临帖之后呢？要讲字体源流，讲书体风格，讲法帖、书家特点和艺术特征，自然而然，欣赏性的内容走进了视野。再之后呢？当然要讲如何的悟入悟出，如何进行艺术表现，如何形成自己的风格，如何传承书法艺术和书法文化，便走向了更高的阶段。对初学者讲如何形成风格，一定会感到遥不可及。所以，连贯性就是科学的内容联系和合于实际的步骤、进度，由浅入深，从基础入门到境界高深，是以内容关系、教育规律为依据的。对于教师而言，必须做到从整体到部分，从部分之间的联系到顺序，从合规律的顺序到形成内在的进阶性阶梯，这样，有基础，有步骤，有内在联系的连贯性，有进步。

四、注重教学效率，创设高效课堂

高效课堂的概念引入是中小学课程改革之后的事，经历了从有效课堂向高效课堂的发展过程。教学效率与教学效果的最大差别，在于效率侧重于学生，效果侧重于教师。就是说，我们通常用教学效果评价教师，但谈教学效率，只能从学生身上体现。所以，高效课堂的核心，就是在规定的课时内学生的受益程度。至于教师如何教，学生如何学，教师处于什么位置，学生的自主性、主动性、能动性如何，用什么样的方式，教学气氛怎样，课堂的时间安排，等等，都是围绕着学生受益程度这一中心展开和体现的，过分强调某一种因素都会流于偏颇。在高效课堂概念引入之后，强调得最多的是学生的自主性。仔细想想，所有的教学过程中，只要是内容有计划、教学有安排设计的，学生的自主都是一个伪命题。至于过分地强调预习，让学生提出问题，老师给予解疑，采取讨论等研习、探究方式以及程式化的教学环节等，都可能与效率准则相背离。对于书法教学，可能更加不适用。所以，书法创设高效课堂是必要的，但只能以书法学科教学的特点为基础，以提高学生的受益率为核心展开。

一要精讲多练。老师该讲的必须讲，开门见山地讲，不要绕弯子，不要等学生发问再讲。书法教师所讲，主要是关于实践技法的相关内容。所谓精，就是以最少的语言把道理、要求、规范说明白，而且越通俗易懂、实实在在越好。言之不及，便辅以示范。多练是在教师讲的基础上开展的，老师讲明白了，学生听懂了，要马上进入实践过程，开始练习。老师讲得精当，自然用的时间就少；留给学生的练习时间长，自然练习的量就多。在书法教学中，绝不可能老师讲完了，学生一写就会。写的过程中，各种各样的问题都会表现出来，有些问题是学生提出的，有些问题是老师发现的，这时候，老师要回答学生提出的问题，要纠正发现的问题，要提供过程指导，然后学生继续练习。如此多次反复，才能见出成效。所以，老师要在学生动手前讲，在学生实践过程中讲，在一种技法、技能达到基本要求后总结、概括。不讲不行，少讲也不行，只能精讲。练是学生的自主行为，书法学习的过程是个性化的、差异性的，只有通过多练，才能把老师教的化入自己的实践，表现为书写的成效。

二要方法得当。教法问题是教学论的重点，学书有法，教书亦有法，最切要的莫过于"得当"二字。得当就是适用、合适。教不得法，学不得法，不是方法本身有问题，而是不合适、不适合。方法的得当与否，要充分考虑以下关系。一是方法与内容的关系。内容决定方法，方法服从、服务于内容，这是常理。以临帖为例，对于楷书、隶书、篆书、行书，讲完了基本的笔法和字体特征、用笔要求，学员就可以临帖了。草书呢？王羲之《十七帖》、智永《草书千字文》、孙过庭《书谱》是可以对临的，而狂草就不能简单地用对临的方法了。张旭《草书四帖》、怀素《自序帖》均为一笔书，初学临帖的学员多是看一笔写一笔，看两三笔乃至一字，临写两三笔乃至一字，这种方式对狂草不适用，对一笔书不适用。那如何学习呢？从根本上说，狂草不可临，徒成画样，鲜能受益。因为书写状态是情感化、情绪化的，是纯粹自我的、表现的，笔走龙蛇，神出鬼没，变化多端，无迹可循。那如果要临写，该如何进行呢？方法只有一个，熟读、读熟，做到烂熟于心，眼前有帖，心中成篇，方可落墨。至于写写停停、看看写写，纵便有几分形似，也与书写、创作补益甚微。有很好功底的尚且如此，何况初学？现在可见的临帖书写视频很多，大多笔画运行很慢，边看边写、时停时写，都可以说有画字之嫌，是失去了书写感的。这样教学生临写，很容易误入了画字一端。二是方法与对象的关系。不同的对象选择不同的方法，与不同的对象选择不同的内容有内在联系，但并不绝对。一般说来，中小学生大多在练习楷书、隶书，偶有学习行书的，也不乏写狂草的例子。一般说来，一个准备冲刺国展的学习者，本应该可以书写各种字体，但却有的作者专攻楷书，只能写楷书。对象的千差万别，根据对象的实际情况和所学内容选择具体方法，尤其是突破性的方法，可以说是一个原则。所谓适用，就是适合对象使用。三是方法与问题的关系。方法是解决之道，所以尤其注重针对性。针对性越强，需要解决的问题越清晰、明确，方法的采取、选择就会越恰切，效率也会更高。通常情况下，一般性问题来自课程设计，具体问题来自过程发现，那些纯粹的个别性问题，如个人的书写习惯不好，习气太重，用笔有小动作或不到位，等等，则具有特殊性。方法与对象，是因人施治；方法与问题，则是对症下药。如果就是书写习惯问题，其实方法很简单，按正确方式书写，把毛病改过来。一天不行两天，一年不行两年、多年。有时，坏毛病是积累的，没有灵丹妙药，时时改正，足矣。四是方法与阶段的关系。书写是个人行为，是表现性的。方法再正确、再好、再适用，也需要学习者个人去用才能起作用。因此，书写者的学习阶段越高，老师的方法就越少，越隔膜。方法终归是外在手段，一个学习得法的作者，有时只需要教师点拨，提出问题所在、前进方向，学生都是可以通过自律、自悟、自新解决的。所以，书法教学法，对于初学者的意义更大，更容易起效。

三要因材施教。对于私授而言，由于学员少，不是为学而学，而是随时随地，所以，师父带徒弟大多是因材而教的。对于公学而言就不同了。一个班级至少三四十名学生，如何因材施教？教育改革过程中采用了分层教学的方法。所谓分层，就是把那些基础相当的学员编排在一起，一个班级可能会分为三个层次、四个层次，每个层次的内容难度不同，教学方法不同，评价标准不同，所花费的教学时间自然也会不同。在社会办学的混合制编班中，这种方法最可行。分层在本质上是分材，而后便于施教。为了修正所分的偏差，分层多采用浮动制，低层可以向高层次晋级，分在较高层次的也可能会降至下一级。这些变动的核心，都是在为学习者提供适宜的方法。因材施教的教育原则自古而然，是以人的差异为基本出发点的；而分层的动态性变化，又充分考虑了不同人的努力程度、悟性和学习态度，对于公学是一种好用、可用的施教方法。

四要总结反思。总结反思是高效课堂不可或缺的一环。一次课上完，一个教学段落完成，就要进行总结。几乎所有的总结反思都是程式化的：教了什么，学了什么，学得如何，哪些值得肯定，哪些需要改进，哪些学员表现突出，哪些学员进步很大，还应该注意什么，等等。总结反思的显著意义，在于不要等问题成了堆再去解决，以致积重难返，而是课课清、段段清。这样，既有利于反复，补上短板，又有利于下一段内容学习的启动。对于书法教育而言，总结反思还有一个特别的意义和作用，防止不正确的书写方法、方式形成积习，以达到随时发现问题随时校正的目的。总结反思的另一个意义带有验收的意味。技能性教学不同于知识性教学，能力转化是缓慢的、渐进的，不可能随时进行考核，但总结反思，却可以起到检验教得如何、学得怎样的作用，对是否实现了阶段性目标进行总结。

五要营造气氛。课堂气氛是高效课堂的重要标志之一，效率如何，完全可以由气氛做出评判。课堂气氛有两个重要标志。一是参与度。参加了不等于参与了，参与度考察的是参与的程度、深度和热情、态度。高效课堂是所有学员参与其中的课堂。二是提高幅度。由于每个学员的基础、悟性等方面的差异，书法教学要达到水平一致几乎是不可能的，但使每个人都有收获，都有提高，都保持了一份浓浓的兴趣却是完全可能的。这样两个标志，一定要以良好的课堂气氛为基础。因此，营造气氛，调动每一个学员的积极性，使他们既是课堂气氛的营造者、参与者，又是收获者、受益者，便成为高效课堂的一种方式和手段了。

高效课堂本不是一个新鲜话题，我们通常所说的多快好省，就是一种效率意识。收获多，进步快，质量好，省时间，都是高效课堂的基本指标。课堂的最大成本是时间，老师在高效课堂中是以信息量发挥作用的，学员则以主动性、能动性体现效率。

第四节
形成科学的训练体系

技能、技艺性教学与知识性、理论性教学的最大区别，在于学员的技能获得必须依赖动手实践，一学二做，不可或缺。学中做，做中学，边学边做，边做边学是基本的运行模式。也正是因此，教师不是讲完了就完了，学生不是听懂了就会了。教师必须把所讲的内容体系，同时设计成一个训练体系，用训练体系体现和负载所讲的内容，才能真正完成教学目标。有一个科学实用的训练体系是必需的。有一些技能性教学，称这个体系为实习方案。对于书法而言，则是一个与内容紧密相关、过程对应的训练设计。

书法训练体系的设计要首先解决三个问题。

一、起点问题

学习书法从何处入手？我们通行的教学是从楷书入手，从讲用笔、笔画开始，但这样做是否科学却需要反思。大家都知道有一个著名的书法家，俗名李叔同，法号弘一。他是个艺术天才，在绘画、音乐、戏剧、文学、书法以及佛学上，都有极深的造诣，那首"长亭外，古道边，芳草碧连天"，时至今日，仍然传唱不衰。他的书法前期学魏碑，尤喜张猛龙，造诣精深。皈依佛门后，一洗人间烟火气，有无欲无求、静穆清徐之态。对于学书法从何处入手，他是这样说的：

> 我对于发心学字的人，总是劝他们：先由篆字学起。为什么呢？有几种理由：
>
> （一）可以顺便研究说文，对于文字学，便可以有一点常识了。因为一个字一个字都有它的来源，并不是凭空虚构的，关于一笔一画，都不能随随便便乱写的。若不学篆书，不研究说文，对于字学及文学的起源就不能明白——

①弘一法师《谈写字的方法》,《民国书论精选》,西泠印社出版社,2011年第1版,第79页。

简直可以说是不认得字啊!所以写字若由篆书入手,不但写字会进步,而且也很有兴味的。

(二)能写篆字以后,再学楷书,写字时一笔一画,也就不会写错了。我以前看到养正院几位学生所抄写的稿子,写错的字很多很多,要晓得:写错了字,是很可耻的——这正如学英语的人一样,不能把字母拼错一个。若拼错了字,人家怎么认识呢?写错了我们自己的汉文字,更是不可的。我们若先学会了篆书,再写楷字时,那就可以免掉很多错误。此外,写篆字也可以为写隶书、楷书、行书的基础。学会了篆字以后,对于写隶书、楷书、行书就都很容易——因为篆书是各种写字的根本。①

弘一法师这一番关于学书宜从篆书开始的话,今天人听起来大多会有些隔膜了。他所说的理由,简单地说有两种:一是从篆书入手,可以顺便研究《说文解字》,弄清楚字源。许慎的《说文解字》是以小篆为解字基础的,共收了9353个字,他的一个很重要的贡献,是把文字分成了540部。从学书法的角度说,说文部首就是学书最好的入门教材。二是篆书是隶、楷、行诸书体的基础。从小篆到隶书,是我国文字发展史上最重要的一次改革,从繁到简,变曲为直,完成了汉字从象形为基础到符号化的全部进程。我们现在的楷书,绵延两千多年,还是隶书的结构,并无变化。但是,好像弘一的这两条理由,还不能让大家完全信服。为什么要从篆书入手而不是从楷书笔画入手呢?

还有第三条理由:因为篆书是书写笔画中最简单、最少的。我们现在入手的楷书,基本笔画最少8个,横、竖、撇、捺、折、钩、提、点,实际变化达到28个,这8个是基本的、必须学的。隶书的基本笔画要少一半,隶书有两类横、一笔竖、一笔撇,共四种。隶书的捺笔与蚕头雁尾的横是一种笔画,钩与撇和捺是同一笔画,折笔分成一横一竖,不是连在一起的,所以无折笔,而点则是不同方向取势的各类短笔画。同样是基础,学习四种笔画比学习八种毕竟少了一半,容易了。至于篆书,则只有两种笔画,即直与曲。横竖为直，其他一概用了曲笔。学习两种笔画，当然比四种、八种要省力得多了。

既然如此，为什么当代人学书，大多从楷法入手呢？一是因为楷书是当下时用的字体，因时而然；二是从唐代至今，一千五百多年，尽以楷法为尚，传统、习惯已成。在唐代，不要说篆书只记下了一个李阳冰，连隶书的书家也已经经传稀载了。陈陈相因，一至于此，一至于今。三是当代人已不懂篆书，又加心浮气躁，很少有人从《说文解字》开始、从文字学基础开始学书法了。于是从楷书入手学书法便成了总体趋势。

二、概念问题

学书要从笔画入手，在当代的书法教学中，人们往往用"线条"的概念取代笔画。其实，笔画与线条是有区别的。线条是绘画语言，是一种技艺，服务于描绘事物的形象；笔画是文字语言，书法语言，是一种技法，服务于每一个具体的文字构成符号；线条的指向是形象、质感，笔画的指向是抽象、构成；线条是描画，笔画是书写；线条是主观性很强的创造，笔画是有客观规定性的书写。大家都熟悉米芾在《海岳名言》中说的那段话："海岳以书学博士召对，上问本朝以书名世者凡数人，海岳各以其人对曰：'蔡京不

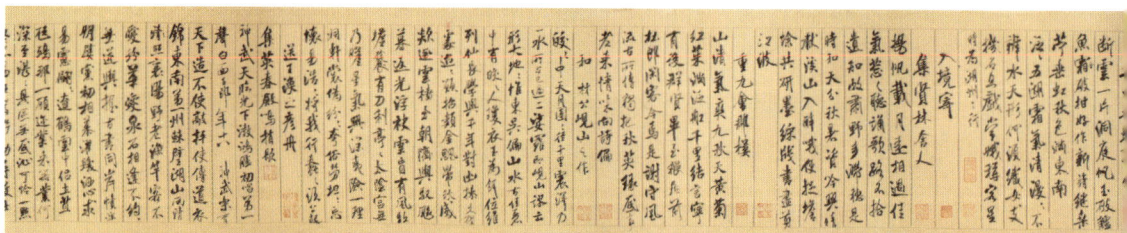

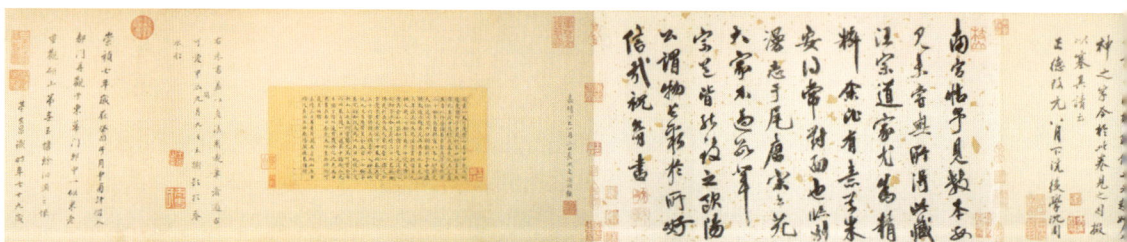

① 北宋 · 米芾
《海岳名言》，
《书学集成（汉—
宋）》，河北美
术出版社，2002
年第1版，第367
页。

得笔，蔡卞得笔而乏逸韵，蔡襄勒字，沈辽排字，黄庭坚描字，苏轼画字。'上复问卿书如何。对曰：'臣书刷字。'"①在这段话里，宋四家都在其中了。以大家熟悉且今世多有学者的黄庭坚、苏轼而言，这里所说的"描字""画字"，不是在肯定、赞美，而是指其不足。

所以，描画的方式在书法上是行不通的。而线条因为是借鉴了绘画用语，便可能会把许多习气带进书法，便会削弱了书写的规范而流于过分强调形象性、随意性和质量，而忽视了字对笔画的制约性、规定性和规范性要求。所以，概念问题的本质是理解性的，是审美价值观问题。笔画同样要求质量，但需要将书写规律、书法规律作为标准。

三、步骤问题

步骤就是教学内容的先后顺序，大多是约定俗成、古来如此的。其实古人学书的情境及过程，今时已经不甚了了，我们所遵循的古，绝大部分是清代、民国的教规和习用。在没有公学体制出现的私授时代，许多内容是没有经过科学的思考的，所以，约定俗成，代有所传，就这样人之我之地走过来了。但书法教学作为一种科学体系的时候，哪些内容要先，为什么，哪些内容要后，又为什

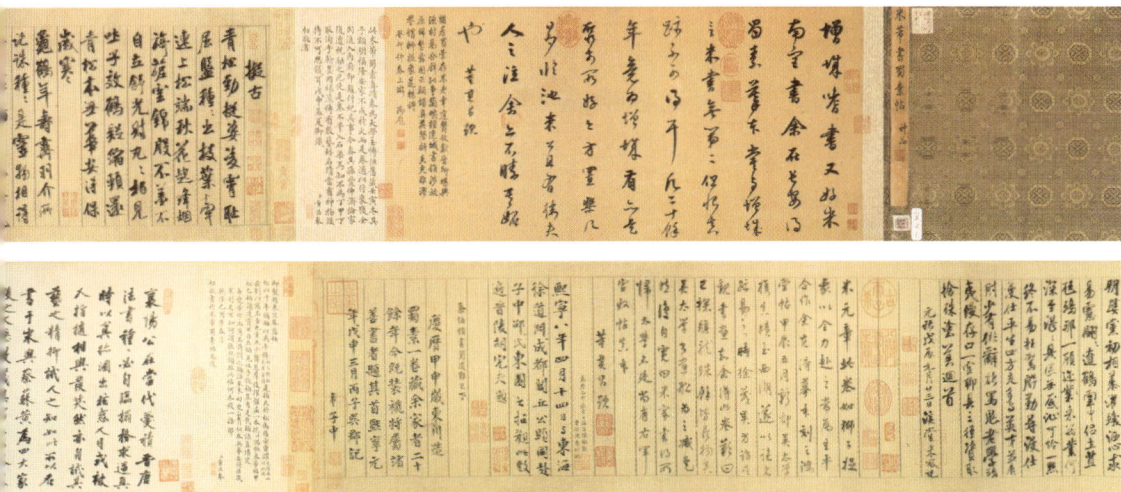

北宋 · 米芾《蜀素帖》及历代题跋

么，都必须给予合规律、合目的的回答。举例言之。在书法教学中，都要对笔画的写法进行逐一教学。有的在教笔画时讲笔法，有的在讲笔法时讲笔画。"欲横先纵，无往不复"，讲的是如何下笔、收笔呢，还是讲的横如何书写呢？便有了步骤的问题。就用笔讲用笔，显得空泛，但有利于启悟，举一反三；就笔画讲笔法，会导致许多学员学一得一，而不能推衍开来。就笔画讲笔画，法又在何处？无法之学，怎么让学生练习？就笔法讲笔画，可能才是最恰切的。这些细微而重要的环节，在训练体系中有十分重要的地位和作用。再如：在讲述笔画的书写时，许多人多从点讲起，这大概与"永字八法"的第一个笔画是"侧"有关。过去文字检索的起始笔画也是从点开始的，现在大多不再采用这种顺序了。从点讲起的最大问题，是点对于运笔的限制，是运笔过程的缺失。而且点形态多样、笔势灵活，学生入手，感受到的便是变化多端，眼花缭乱。最合适的步骤是从横入手学起、写起，既可以学习入笔、收锋，又可以学习运笔、着力的技巧，还可以体会"牵掣"的难度，更可以举一反三，由横而及竖、撇、捺、提、折诸笔画。最后来讲点。为什么呢？点是所有笔画的起始部分，是没有长大、长开的笔画。有一种笔画形态就会有一种点，如横式点、竖式点、撇式点、折笔点、反捺点等等，在此基础上，形成了点排列的各种关系，同向点、相向点、横排点、竖列点、两点、三点、四点等。因为学员已经学过了不同的笔画，对不同趋向、取势的点便会不再陌生，甚至不在话下。通过步骤的调整，入门难的问题就不会出现了。可见，步骤本质上是内容的科学摆布问题。点与其他笔画的关系，就建立在是所有笔画起始部分这一理解的基础上。

四、构建训练体系的原则

明确了以上三个问题、三个基本观点后，便可以对构建科学训练体系的原则进行顺理成章的阐述了。

一是覆盖性原则。训练体系要把所有的学习内容归结为不同的节点，通过有步骤地展开体现全面性、完整性。作为训练体系，既要体现古代的、已有的各种法书、范本的规律性，又要对现实的、即将展开的练习、实践具有指导性，还要把单一的书写行为与有利于悟入、悟出相结合，起到启迪思考的作用。从古到今，从静态的范本到动态的行为，从动手能力到思维活动，都要在训练体系的环节中有所体现，所以，覆盖性也就是概括性、囊括性。

二是实用性原则。首先强调基础性，通过反反复复的训练，在熟练所规定内容的同时，养成良好的书写习惯，培养动作记忆和行为记忆。其次体现目的性，旨在提高书写能力，阅读（读帖）习惯和欣赏、分析、比较、鉴别的能力。再次强调对应性。与所讲述的内容、课堂练习等对应起来，课上学、课下练，步调一致，不能错位和不协调。最后强调简易性。文字一看就懂，简单易学。容易发生歧义的，可以用插图表示。即使没有在课堂上听过讲授，也应可以通过自学、训练而能有所长进和提高。

三是行为化原则。既然是训练体系，就要把每一个环节、步骤都设计成具体行为。训练体系只有说明、解说，告诉学习者怎么做，而不去讲为什么这么做，更不需要分析、论证。既然是行为，就要允许尝试。比如说执笔，是单苞还是双钩，是悬肘还是托腕，都要让学习者试一试。一支笔提在手，有的锋长，有的锋短；有的笔毫很软，没弹性，有的笔毫较硬，有弹性，也要让学员试一试。是用笔尖写，还是用笔铺毫写，抑或是把笔一按到底去写，都要试一试。书法教学是一种个性化色彩极强的教育活动，老师认为对的、合理的、适宜的方式，对于每一个学员来说是否合适，老师只能是建议、提倡，让学员大胆尝试，找到自身最适合的，只能在具体行动中才能清楚、明白。行为化是动作，是动起来，不是读书、观察，而是在做的行为中体会、学习。训练体系必须是一个行动体系。

四是趣味性原则。书法教学的趣味性不仅指讲得激动人心、让人有尝试的欲望，还包括在训练体系中，让学习者体会到学习的乐趣。学习的乐趣是与收获和轻松成正相关的。收获越大，进步越快，越爱学；轻松自如，不是困难重重，自然会愿意尝试。对于中小学生而言，书法教学的第一大问题是玄奥感、神秘感。本来用惯了硬笔，用软笔时不习惯，然后再加上要求这样要求那样，这样不行那样不好，一下子便不轻松了，胆子小了，被限制了。书法教学的训练体系一定要打破这种玄奥、神秘感，允许不正确，允许涂鸦，允许按自己的想法去写。正是在这个过程中，涵养了创作精神、表现欲望，了解了笔性，破除了神秘，与这支毛笔建立了感情，变成了朋友。不知不觉中，控制笔的能力便提高了。这个时候再讲法，再临帖，便会在轻松中训练，在趣味中提高了。

第五节
关于教案

中小学教师在授课前都要写好教案。如果把教师比作演员，教案就是教师授课的脚本或分镜头剧本。中小学教学管理过程中，教案管理是内容之一，有时还要检查、抽查，有时会搞教案展览一类的教学活动，有时还会把同题教案放到网上进行交流。其实教案是教师写给自己看的，写好的教案在授课过程还会根据课堂的实际情况进行微调。教案是自己所写，为己所用，是必要的，但不是绝对的。大学教师是不要求写教案的，而是写讲稿，填写教学日历，这大概与教学内容、方法、对象的接受能力有关，更主要的则是大学更强调理论性、方法论、观点和学生的自主思考。怎样认识教案呢？

一、教案是教学设计的文本化，是思维过程的记录，是实用性的教学文书。教学设计是一个过程，设计者怎么想的，想了什么，为什么是这样不是那样，都应该在教案中体现出来。

二、教案的依据是设计过程中对教学大纲、教学标准、教材内容、教学对象实际的思考，是把纲、准、本与人结合在一起进行思考的过程记录。

三、教案的内容包括课题、时间、对象、任课教师、教学时数，目的、目标、任务、要求，内容、重点、难点，方法、手段、途径、步骤、课型，导课、正课、提问、展示、板书，小结、作业、考核方式，教学后记，参考资料等。

教案的设计有各种模版，不同的课型要有不同的模版，可以直接使用。对于科学的教学管理而言，教案的模版应是管理者设计、所有教师共同使用的。

四、教案是在备课过程中完成的，是备课的内容之一，也是备课的成果。在正常的教学环境和程序中，有个人备课，也要有集体备课。个人备课是一个人单独进行的课程设计，集体备课则是在个人备课的基础上进行集体交流，取长补短，并调整教案。备课的交流方式可以是一人为主大家讨论，也可以各人展示自己的备课成果；可以用取长补短的方式自我调整教案，也可集体规定必要的内容、程序，形成总体一致的教案。集体备课的个人展示方式是说课，即叙述自己准备怎样上这一次课。教案必须在上课之前完成。

五、教案是实施教学的基础。教案一旦形成，就应该在授课时按部就班地实行，课上临时改变方案，就等于演员改剧本、改台词，称为脱案。教案总要把导课、提问、过渡性课堂用语等写在文本中，目的是掌握课堂节奏，把握时间，自然合理。教学过程对教案而言是一个实现的过程，一般不应该走样。

六、教案在教学中的作用表现为：一是研究教材、处理教材。这是十分重要的环节。教材是按着教师的设计呈现在课堂上，呈现给学生的。二是选择方法、手段，以便更充分地展示内容，提高效率。三是时间管理。一次课的时间是有限的，在有限的时长中，教师讲多少，学生如何动起来，由学生动手、动口、动脑的时间占多大比例，以及温习旧课，导入新课，展开正课，铺垫下一课的时间分配，等等，已经成为高效课堂的重要标志。四是教有所思。教师的能动性，是通过具体的教案体现的，如教学资源的运用、教学方法的指导等。

七、教案强调创新性。教案创新本质上是教学设计的创新，第一位的是教师的教学自主性、能动性。每个教师对大纲、课标、教材的把握角度、呈现方式都会有自己的理解和选择，这是十分宝贵的教育智慧，因此要按自己的思路设计教学。在网络背景下，可获取的信息渠道特别多，几乎所有的内容都可以找到设计范本，教师一定要坚守教育个性，体现教育自我，不能盲目地跟着别人的思路跑，而要让别人设计的优长之处成为对自己的提示和补充。这样日久天长，日积月累，久久为功，自己的特点便会形成，创新便会成为可能了。

八、教案强调艺术性。教案的艺术性体现在不同的教学环节上：导课要先声夺人，引人入胜；破题要一语中的，发人深省；讲解要入情入理，明白晓畅；总结要言简意赅，高屋建瓴。设计问题要深邃奇绝，别开生面；课堂展示要生动有趣，形象可感；教学时间把握要环环相扣，时至课结；教学语言设计要富于色彩，情浓意切；等等。任何教师都有自己最出色的能力和特色，把这些特点体现在设计中，是艺术性把握的核心要义。

教学是一门艺术，体现在全部的教学设计中，到写教案的时候，应该已经水到渠成，可以登台献技了。

第八章

书法教学的评价

在现代教育体系中，评价是必不可少的一环。用最通俗的话说，这是对教育活动、教育过程、教育结果的验收。这种验收可以是阶段性的，也可以面对最终的结果，从而形成了教育从始到终的闭环。

教育评价体系建构的历史并不长，对我国而言，最外在的标志是中小学的课程改革，是本世纪开始以后的事，最多只有二十年的时间。在绵延了几千年的教育活动中，并非没有教育评价。在我国，最常见的、通用的、传统的方式是考试。当发现考试并不能完全正确地评价教育活动时，现代教育评价体系便应运而生了。

现代教育评价与传统评价方式的第一个变化是教育价值观的改变，这一观念中理所当然地包括了教育观、教学观和人才观。教育观中更强调人的个性和发展，教学观中更强调学生的主动性和能动性，人才观更强调人尽其才、特色发展。第二个变化是把教育过程纳入评价，不仅通过考试等方式看结果，还要看发展过程、提高幅度和发展可能。一考定终身、一张试卷定取舍的方式不再适用。第三个变化是教育过程中的双向判断，教师教得好的标准是培养目标的实现程度，学生学得好的标准是教师的满足程度，把两者的关系紧密地联系在一起，并以目标的实现反推过程和主体作用。这里对教师的评价依据是学生，对学生的评价依据是教学作用。

现代教育评价是一个新课题，对于书法教育、教学而言，如何把现代教育评价的理念与书法的学科特点结合起来，是一个全新的尝试。无可置疑的是，书法教育、教学需要评价，期待高信度、高效度的评价。

书法教学评价可以在教学活动中发挥怎样的作用呢？

一、诊断作用

诊断是教学常态下进行的，教师按惯常的方式教，学生按平常的状态学。在教学内容、任务与教学目标、教育目的之间，考察这种常态教学的合理性。所谓合理，指内容的深度、难度是否合适，方法是否适宜，确定的目标是否合乎规律。诊断的通用话语是"行"和"不行"。行于所当行，就是按规律办事；止于不可不止，就是发现不合规律的内容和环节。诊断的核心不仅仅是发现问题，更重要的是寻找原因，找到问题的根源，便是诊断。

二、反馈作用

任何一种教学，客观上都存在着四层主体关系。一为教师与学生的关系；二为管理者与教师的关系；三是学生与教师及其管理者的关系；四是教育与社会，即教师、管理者与家长的关系。在常态情况下，对教学的评价是以反映的方式形成和传递的。老师教得不好，往往是学生反映给家长，家长反映给管理者，管理者再反馈给教师。这里有一个环节几乎是断裂的，即学生很少把他们的诉求、意见以至不满直接反映给老师，向管理者反映的情况也较少发生。在教学中，越是年龄小的学生，这种现象越普遍。如果学员是成年人，比如大学生，或社会上的各类学员，这类情况就会是另一种样子。他们会把诉求以各种不同的方式反馈给教师，却不会或很少反馈给管理者，更不会给家长。但是，这种自然形成的反映规律和反馈心理，都会直接影响教学的适时评价。教育评价的一个重要作用，是使反馈正当化、常规化、合理化，连接教学关系中最主要的环节，形成学生对教师的信息反馈机制。评价可以是直接由管理者进行的，也可以在常规化的条件下，由任何一方的主体——学生、家长、教师——进行。反馈的作用就是及时发现问题，并把问题摆到桌面上，正视而不是回避，积极对待而不是消极拖延，及时提出解决方法而不是将错就错。

三、鉴定作用

鉴定就是做评语，下结论，所以一般是就结果而言的，也可能是阶段性的结果、结论。在鉴定的实行过程中，事实上除结果外，还有一系列参照因素。以书法教育而言，既要关注结果、效果，又要关注教师的主观态度，如努力的程度、认真的程度、刻意的程度等。教师是百分之百的投入，煞费苦心、认真求索、毫无保留、毫不懈怠，还是三心二意、敷衍了事、得过且过、做一天和尚撞一天钟，都会在鉴定中反映出来。既要注重结果，也要注重过程。学生在学习的过程中主动性如何，下功夫大小，勤奋努力的程度，也要有所体现。既要注重结果，也要注重社会反映和社会评价。同行是怎么看的、管理者的态度、家长的认同感等，也要成为鉴定的参考内容。所以，鉴定虽然面对结果，却是一个综合评价的过程，从主观到客观，从过程到结果，从教师到学员，从教学表现到社会评价。鉴定的最大意义在于为管理、决策提供理性评价依据。

四、监督作用

因为有评价、要评价，不是教师我行我素，不是教得好与差一律对待，而是要检查、要比较，有时还会有具体的标准，还会量化打分，还会使用特定的技术手段和软工具，客观上起到监督、鞭策的作用。教育管理中有一个共识，即管理的鞭子抽不到三尺讲台。意思是说，不论管理者怎样提要求、做规定，教师一旦走上讲台，管理就会失去约束力，教师就会还原成一个固有的自我，内容、方法、态度、语言的决定权、发言权仅仅属于教师。人们经常说教师的职业是良心活儿，就是指这种走上讲台后的状态而言的。但当评价成为一种教育常态，成为一种管理手段时，这种状态开始改变，因为评价客观上起到了监督的作用。这种监督可以通过不同的评价主体和手段体现出来，如学生、家长、同行、管理者以及社会反映等。可以说，评价是管理手段的延长，直接延长到了讲台上。

五、调节作用

调节作用首先体现在决策者身上，体现在决策过程中。决策者可以根据评价结果，对计划、步骤、目标以及人员做出调整。以目标为例，小学的书写标准是"能正确工整地书写汉字，并有一定的速度"。在一、二年级的分目标中，要求掌握汉字的基本笔画和常用的偏旁部首，能按笔顺规则用硬笔写字，注意间架结构。初步感受汉字的形体美。写字姿势要正确，字要写得规范、端正、整洁，努力养成良好的写字习惯。到三、四年级，规定能使用硬笔熟练地书写正楷字，做到规范、端正、整洁。用毛笔临摹正楷字帖。到五、六年级，确定硬笔书写楷书，行款整齐，有一定的速度。能用毛笔书写楷书，在书写中体会汉字的优美。到七至九年级，指出写字教学要重视对学生写字姿势的指导，引导学生掌握基本的书写技能，养成良好的书写习惯。具体建议中提出关注学生识字、写字的积极性，关注学生写字的姿势与习惯，重视书写的正确、端正、整洁。我们是在书法教育评价不到位的情况下来讨论评价的调节作用的，因此，只能是一种思考，还谈不到建设性。以这里确定的目标而言，小学一、二年级提出"初步感受汉字的形态美"，三、四年级没有提及，五、六年级要求"能用毛笔书写楷书，在书写中体会汉字的优美"，这种目标设定需要在实践中就实际情况进行评价，并做出调节。

六、导向作用

导向是评价的客观影响，是对实现目标的方法、做法、步骤、经验的肯定，是从现实到标准之间客观存在的现实模型。评价总是有所肯定，有所否定，有所修正，有所调整，肯定的意味是坚持、持续、可行，否定的意味是不可行、停止、改正。所以，评价的结果，客观上告诉实践主体应该做什么、不应该做什么、怎样做可行、怎样不可行、怎样做效果好、怎样做不好、怎样做合于标准、社会认同，怎样做不合、不认同。而评价结果将直接影响其他实践者，起到昭示、告诫、指导的作用。导向的核心是评价提供和指明了趋势、方向，表明了受众、管理者及社会的态度。

七、激励作用

教育评价的客观性原则决定了评价的实事求是态度；评价的科学性决定了评价的信度。虽然评价不是表扬，但对于所有被肯定的内容及行为主体而言，都具有很强的激励作用。尤其那些具有改革、探索性质的实践，那些还在过程中的实践，那些结果出现、测定需要时间、周期的实践，这种激励性作用更加明显。激励是调节的另一种维度，主要对象是实践主体。

八、管理作用

传统的教学管理方式是听课、检查、考试、评比等，对于书法教学而言，则可能有隔靴搔痒之弊。现代教育的评价制度是开放性的，既有具体的标准、量表、技术手段、软工具，又从单一的管理主体变成了多方评价主体，对于发挥管理作用便更及时、准确、理性和便捷。管理作用的充分发挥，对于整体教育、教学水平的提高是大有裨益的。

第二节
书法教学评价的方法

教学评价的方法对于不同的学科而言并没有太多的区别，这正是方法论的基本特点。对于书法教学而言，强调的仅仅是方法与学科特点的结合而已。

一、主观态度与客观效果相结合

对于教学而言，教师的主观态度是评价者首先看重的内容之一。书法教学的主观态度可以从三个方面进行考察：准备是否充分，态度是否耐心，过程是否毫无保留。准备得充分与否，在过程中可以看得很清楚，但这种准备不应仅仅是一次课的，而应是教师的全部知识、能力储备，是教师自身条件在一次课中的呈现方式，这便涉及了知识、理论、书写、发现问题的能力、教师的参悟程度等一系列准备，涉及了如何以目的、目标为线索的教学设计水平，涉及了教师对教材内容的准确把握和取舍、增减、调整等。态度耐心，是由书法教学以实践为中心的特殊性决定的。能力训练伴随着一个实践、感悟，再实践、再感悟的反反复复的过程，老师今天课上发现的问题，明天的课上还可能出现；老师今天给出的指导，明天还可能要继续；老师今天做了示范，明天还可能要进行。不厌其烦，是考验书法教师主观态度的一个重要内容，这在其他学科的教学中不多见。过程无保留，不是指老师正常的教学内容，而是教师面对学生反复实践时达不到预期效果所采取的办法、绝招，是捅破学生认知不到的那层窗纸的功夫。尽管这种功夫对不同的教师而言差异很大，有深有浅，但是否指导有方，能否点石成金，对教师指导态度是主要方面。在教学评价中，教师主观态度评价的分量是很重的。作为技能、技艺性教学，学生的自主学习、勤奋实践是必需的，但教师以什么样的态度提供指导，却有着很大区别。尽管这种区别对于学员是感受性的，但却每个人心中都有一本账，都能做到心知肚明。教师的主观态度体现着教育工作者尽职、尽责、尽力的良知。

同样看重的是教学的效果、成果。如果老师的态度很好，但效果不明显，可能是方法、能力、水平问题。即便如此，也比态度不良而受欢迎。但所有的实践能力教学，最终一定是秋后算账的，一定要看实效。书法教学的成效验收是一个难题，但绝非难以进行，也绝不是难分高下，因为那些基本的要领、技法的掌握程度、熟练水平、书写效果都可以从一个字、几个字的书写中清晰地表现出来。这样，反映在学员身上的书写效果与反映在教师身上的教学态度相结合，便可以为书法教学做出评价了。

实践性教学的评价中还有一个难点，即学生的学习天赋和勤奋程度的关系。由于学校书法教学是基础性的，在初级阶段，天赋尚未上升为决定学习效果的主要因素，因此是可以忽略不计的。至于成年人教学和提高阶段的教学，个人天赋的因素需要参照其中。可以区分的是，天赋的因素主要体现为审美能力和艺术境界，这样便为正确的、可信的评价提供了标准上的侧重。

二、定量评价与定性评价相结合

对技能性教学的成效进行定量评价是一件很难的事情，但绝非不可以尝试。现行的量化方式有三种：考试赋分、水平考级和量表分解赋值，但任何一种都存有信度和效度危机。用量化的方法区别学习效果的难度，在于最基本的环节上不能量化，存在主观性，排斥客观性。以考试赋分为例，什么是赋分依据呢？通常评价的一件作品、习作有五个因素的考量：源流、法度、功力、境界、风格。对于中小学生而言，后两项不存在，可以从前三项的考核中赋分。前三项如果再细分，可以分为源流、笔法、结构、功力、相似度、综合考查所达到的水平，但以功力而言，仍难免见仁见智。所以，考核赋分的方法，大多以等级制的方式出现，最科学的方法是优秀、及格和不及格。及格是最基准的考核标准，达不到的为不及格，在达标的基础上有特别之处的，可评为优秀。至于社会上流行的考级，难以回避评价的主观因素。量表的设计、赋权，最后以分的量化形式体现出来，又回到了设计评价因素和赋权的基点上，也又回到了信度、效度的认同危机中。

定性评价方法无疑是技能教学的主要评价方法，描述越客观、准确，越能反映教学实际，了解、掌握、熟练、学会、运用这些词汇，也再次回到评价的视野。定性评价是鉴定式的，需要概括；定性评价也可以是描述性的，可多可少，可以相对笼统，也可以十分具体，还可以举例说明。所以，以定性为主，以定量为辅，采取定量与定性相结合的方式，是书法教学评价的较科学的方法。而这种方法运用于教学活动、过程和结论都是可行的。

三、静态评价与动态评价相结合

静态评价指单一结果或现象的、孤立的、无系统联系的评价，即俗话所说的就事评事。那种单一的结果，如考试的试卷，一篇书写的习作，如教师的一次课，一个教学环节，尤其是具体的问题或教学现象，有时并不能反映真实、全面的情况，以此做出评价可能会流于片面。在传统的评价体系中，静态评价是十分常见的。管理者检查教案，发现教师的教案简单浮泛，便认定教师准备不充分、态度不认真，就属于基于一个具体结果所产生的判断。最普遍的现象是一张试卷定终身。时至今日，各种考试仍在评价中起着十分重要的甚至是决定性的作用。对于教育评价而言，这种静态评价的弊端，正因为动态评价的引入和与静态评价相结合而得以克服。

动态评价就是联系地看问题，用发展的眼光看问题，在全息的综合中做出评价。一张试卷不够好，可能是发挥的问题；一个教师的教案不认真，过于简单，不代表教师的全部教学态度，也可能是教师胸有成竹。在对于学生学习效果所做的评价中，动态评价会把学生的基础、努力程度、个性特点、提高幅度甚至发展潜能综合起来进行评价。所以，动态评价是更科学的评价。不仅看一时一事，还要看全部历史；不仅聚焦现象，还考察现象产生的原因；不仅面对现实的结果，还评价发展的可能。这就是静态与动态评价相结合的现实意义。

四、自我评价与他人评价相结合

现代教育评价有一个不可或缺的环节，就是自我评价的开展。从本质上说，自我评价过程，就是一个总结过程，对照标准，检讨既往，发现特点，找出不足，本身就是一个自我判断和检讨的过程。当然，光有自我评价显然是不够的，主要的还是管理者、受众和社会的评价。管理者在他人评价中居于主导的位置，对一次课、一个教师、一个学习阶段及学习效率、效果的评价，如何选定对象、确定时间，如何确定指标体系，如何做出安排，采取怎样的方式，如何进行，包括评价队伍的组建、各种信息的收集等，都要由评价的主体管理者设计安排，还要通知评价对象和参与评价的人，提前做好相应的准备。在进入评价对象的学校、班级之前，还要组织熟悉标准，进行具体工作的分工，而现场工作完成后，还要综合信息，做出判断，得出结论。

自我评价在现代教育评价的构成中大多是参照性的，但就教育者的教育观、教学观、人才观而言，自我评价应该给予足够的重视。如果自我评价在行为修正过程中既可以先期发挥作用，又能在终点评价中占有一定的权重，对于促进自我评价机制的形成会有很好的促进作用。他评在这一结合中的主导地位是不可撼动的，但自评应该不仅是参照和可有可无。

在他人评价中，教育评价正在向第三方评价倾斜和转轨。所谓第三方，应该是与管理者、被评价对象没有任何利益相关的一方。在当前的情况下，第三方评价的机构设置、人员队伍、实践经验、工具准备等都明显欠缺，还难以承担起评价的职责，但作为方向，不仅是提倡的，而且是必然的。第三方评价的最大特点是公正和客观。而在现代教育评价体系初建的今天，在第三方缺失的今天，评价大多是由系统管理者进行的，于是形成了既做教练又做裁判，自家办、自家管、自家评的现实。而现代教育评价体系的建立和完善，正在呼吁第三方的出现。就书法教育教学而言，这个评价体系的建设似乎尚未启动。

第三节
书法教学评价的实施

书法教学评价实施之前，需要做好一系列准备工作。包括：（1）确定评价宗旨，即为什么开展这次评价，要达到什么目的，基本价值观是什么。（2）选定评价对象，这个对象可以是一个区域、部门、机构，如中小学校、社会力量办学部门、少年宫等，也可以是具体的一所学校的一个年级，甚至到具体的某一位教师。一个市的教育管理部门的评价对象应是区县，区县的对象可以到具体的学校，学校的内部评价可能会直接选定某位教师的某一次课。如果市里的评价部门走进学校，那么，可能是以学校为具体部门、为例证来评价区县。（3）形成教育、教学评价的指标体系，并提前发给评价对象以便自查自评。指标体系是评价主体的直接评价依据。（4）组织评价队伍、人员，即评价的具体工作人员，可以是管理部门自身的人员，外部聘任的相关人员，如教育管理部门聘请书法家参与评价，也可以是聘请的第三方，即社会评价组织全权代表管理部门进行客观评价。（5）对评价队伍、人员组织培训，明确评价目的、指标，具体工作方式，指标内容，赋分办法，注意事项，工作要求等，当然也包括人员的分工、各种工作条件的准备等。（6）确定具体的实施时间。一般来说，下发通知到具体组织实施，要留有一段被评价对象的自查、自评和工作准备时间，同时也是评价对象的工作总结和改进时间。（7）确定具体的工作步骤、方法、程序，并通知被评价方做好准备。在评价实践中，还会出现临时抽检某些环节、对象的情况，但程序应该是明确的。如需要听听家长的评价及社会反映，就需要基层提前有所准备。

评价部门实施教育教学评价，一般要经历或进行如下过程，即一查、二听、三看、四读、五验收、六综合、七反馈、八整改。

一查。即查档案资料。对于一级管理部门而言，所发的文件，年初的计划、年终的总结，以及会议记录等原始文件，都是可以反映教育活动的安排、开展情况的资料。对于一位教师、一堂课而言，可能要看一看教案，学生的习作、教学记录、工作日记等内容。不论是单位还是个人，都要查一下自查报告，对照标准，被评价方是如何自我认知、总结、评价的，等等。查档案资料是教育教学评估的第一环节，起到掌握基本情况的作用。

二听。或者听部门的总结自评报告，或者走进课堂，听老师授课。对于评价对象的总结自评报告，评价方可以提出具体的汇报要求，如汇报人、汇报的基本内容、汇报用时等，也可以不提具体要求。一般说来，汇报人都要涉及做了什么、怎么做的、取得的成绩、存在的不足、自身的特点、今后的打算等，还要提供自评的成绩。评价者则会尽量发现评价对象的认识、态度、所取得的成绩和工作特色等。对于听教师讲课，一般是抽检的，要听教师的授课内容、态度、方法、状态等。学校内部对教师的课堂教学评价，可能会更加注重教育环节。

三看。看环境、条件，看课表、课堂，看课堂气氛、学生的学习状态，看学员的作品，看教师的示范等。看总是体现在最具体的环节上。走进一间书法教室，首先感受到的便是教室的布置情况，以及教室的大小、学生的书桌和书写工具，教师的展示和示范状态，学生的兴趣如何，课堂的气氛是否活跃，师生互动的频率、状态，学生写得如何，老师指导得如何以及老师的书写水平如何等。书法教学是技能、技艺性教学，看的核心，一定要体现在如何实践和学生能力培养上。

四谈。谈就是谈话。可以是两个人的对谈，有主题的个人访谈，也可以是多人的座谈。谈的对象很广泛，可以是评价对象，也可以是评价对象的管理者和受众，可以是对象的上级、管理者，也可以是同行、同事或局外人、旁观者。谈是评价过程中获取资料、信息的最灵活方式，人可多可少，时间可长可短，方式可庄重、正规，也可随机、就便。谈的内容可以是与评价内容直接相关的、问答式的，也可以是间接的、漫谈式、唠家常的。

五验收。验就是验证、验收。被评价对象汇报说做过什么，教过什么，开展了什么活动，在已有记录的基础上，可以采取验收的方式进行考核，如问卷、答题、现场书写等。一般说来，只有在不能通过其他渠道确认的情况下，才采取实际验收、验证的方式。

六综合。综合是对获取的全部信息进行整理、归纳、分析、概括并最终做出结论的过程，是由评价主体进行的关键性环节。综合的基本原则是系统分析，实事求是，以便得出正确的结论，做出合于实际的评价。教育评价的信度如何，这一环节起着至关重要的作用。综合过程是一个从事实出发的过程，不能先入为主，把事前的印象、概念和道听途说的评价作为依据。实事求是讲的是客观性，系统分析讲的是科学性。在综合分析、得出结论的过程中，有时会根据评价目的采取不同的策略，如宽与严、鼓励与鞭策、全面与侧重等，但都是以实事求是为原则基础的。综合得出结论的又一个重要内容是分析原因，对为什么产生了某种结果给出判断，以便对症下药。

七反馈。在评价实施的过程中，反馈是随时随地的。一般说来，评价者对发现的问题，通常会及时反馈给评价对象，以便改进工作。这种反馈是即时性的，参照评价标准有一说一，有二说二，但与集中反馈有所不同。即时反馈是现象，还没有纳入整体的信息系统进行分析。所以，评价反馈是评价主体与对象面对面交换意见的过程。评价者根据评价实施过程中的见闻感受，以结论的方式，有理有据地反馈评价结果和意见，把成绩、工作、特点、问题等都摆到桌面上，被评价的对象可以对结果和意见发表自己的看法，可以反驳，可以解释，可以表态，也可以提出具体请求。这个见面过程的特别意义，在于双方可以坦诚相见。在行政色彩浓厚的评价反馈中，被评价者往往采取表态的方式进行交流，但在第三方评价、同行评价、非权威评价中，交流往往是多角度的。

八整改。对于评价结论，评价主体应以书面的形式通报评价对象。工作性质的评价，往往会提出整改意见，而且会提出具体的整改时限、内容和要求，如需要整改方提出计划措施，做出承诺，以书面的形式答复、备案等。一般说来，对整改的效果还要进行复查验收。有些评价是面对结果的结论，可能只具有借鉴的意义，不需要以书面的形式做出承诺，如考试性的验收评价，但被评者也应依据评价结论做出自我分析。

第四节
书法教学评价的内容

实施过程的八个方面是程序性的，并非所有的评价都有全部的环节，也还有的评价要比以上的环节更多。如工作评价中所开的通报会、总结会等。这些程序和环节，又要围绕着具体的内容选取和展开。

一、对书法教育活动的诊断性评价

书法教育活动是包括课堂教学在内的所有与书法相关的活动，在定课时、排课表、开课、课堂教学、相关活动开始之前，对可能遇到的问题、可能达到的效果、需要做好的准备等进行评估、预测，以便使计划顺利进行、教学顺利开展、活动顺利举办所进行的评价，称为诊断性评价。所以，诊断性评价是在活动开始之前的准备阶段进行的，诊断就是判断，就是防患于未然，就是赋予活动以工作理性。

就书法教育活动的诊断性评价而言，体现在六个方面：

一是学生的学习态度。学习态度的核心是解决为什么的问题，与现代教育体系中学生情感、态度、价值观的判断相一致。学生知道、明确为什么设置书法课，开出书法课吗？所有的学习者都明确学习书法的目的吗？需要在开课前做出评价。学书法好处多多。梁启超当年曾列出过学习书法的七个好处，是从"娱乐"的角度说的。一曰可以独乐，不必要有同伴，与下棋比，下棋最少要两个人，一个人没办法对弈，写字不需要。二曰不择时，不择地，没有条件的限制，可早可晚，可此可彼，时间可长可短，有桌子笔墨就可以进行。三曰费钱不多，笔不贵，纸便宜。现在用墨汁，甚至连砚都不需要了，一个小瓷碟即可。四曰费时不多，打牌要四圈，绘画要五日一山十日一水，写字只要有工夫，提笔便可写，有事便可放下，闲了再继续，时间可以聚散成整，聚少成多。五曰费精神不多，在用心不用心之间，比不得写诗"吟安一个字，捻断数根须"，脑筋并不劳累。六曰成功容易而有比较，把前时写的与后时比较，或十天半月，或三年五载，随时进步、随时快乐。七曰收摄身心。在工作劳累、烦恼之余，写上几个字，收摄精神到一个静穆的境界，身心便会觉得舒畅。[1]这七个好处，是从娱乐的角度说的，是社会性的。如果改换角度，还可以列出无数的好处来。如从广大中小学生及其家长、教师关心学习的角度说，则学写字可以帮助学生多识字、快识字，既有助于对于文字的记忆、书写，也会深入对文字的理解，既可以促进相关学科如语文、历史、美术、思想品德等课程的学习，深刻理解中国传统文化，强化文化归属感、自豪感，也可以锻炼身心。写字时靠的是一口气，像练气功一样。练一手好字，给卷面加分，更有利于学习习惯的培养，使学生静下来，集中注意力。学习书法可以同时开发学生的左右脑，因为书法既是形象的，有不同的笔画结构、字体书体，又是思维的文字工具，书写内容有自身的意义，是抽象的、逻辑的。因此，可以培养、提高学生的审美意识和审美能力，为美的发现、寻求、欣赏打基础，做一个有典雅修养的人。学习书法还可以培养创造能力和思维能力，当然还有传承优秀传统文化的需要，是一个人文化修养的门面。诸如此类，这些认知，对于学生、家长、教师、学校的课程管理者十分重要，可以推进学科教学。反之亦然。

二是学校的设课态度。由于学校的认识不足，当前书法教育的一大障碍在学校的校长及管理者，越是忽略学生综合素质培养的学校越严重，越是不能全面落实教育方针、片面追求智育成绩、追求升学率的学校越严重，往往不能摆正书法教学的位置，或认为可有可无，或以各种理由削减课时，或以时间安排为由采取不积极的态度等。从整体上看，小学的设课态度好于初中，初中好于高中，这当然是与升学有关的。

三是强制设课的反映。书法教育是教育部明确规定的，有的地方教育部门会对学校提出硬性要求，必须开课。如果学校、学生家长、社会思想准备不足，便会出现各种不同的声音，尤其对学习氛围的形成不利，也有学校把课程形式化，不能开全年级、开足课

① 梁启超《书法指导》，《民国书论精选》，西泠印社出版社，2011年第1版，第16页。

时等现象。由于思想准备不充分，造成认真程度不够，努力程度不够，财力、物力、人力、精力投入不够，从而影响开课质量和效果。

四是如何正确处理年级及学科关系。毛笔书法的学习是从小学三年级开始的，三、四年级与五、六年级及七、八、九年级各有各的教学目标。随着年级的增长变化，其他学科的教学内容在变化，学生的认知、理解能力在提高，因此，完成目标的方法、措施等也会随之发生变化。在教学过程中，年级特点、学科特点的关系也会出现许多不同。因此，处理年级关系便会成为一个问题。如教学过程中讲与练的时间安排变化，随着识字量的增加，教学中增加一些复杂结构的字，增加繁体字，随着理解力的提高增加欣赏性内容，等等。在教学安排中，如果是一个书法教师跟班走，从三年一直跟到六年级，教师对学生学习、理解、技法的掌握情况及学习态度会有较多的了解，教学的针对性会比较强。如果换了教师呢？便需要学生熟悉老师的教学方法，老师了解学生的学习实际问题。如果三、四与五、六年级是一个班主任，书法学科与班主任的管理位置没有变化。如果班主任换了，又存在书法教师与班主任沟通教学情况的问题，而学科的增加、内容的变化、学科时间安排的调整等都将成为具体问题。在教学过程中，一直强调的学科整合，也将随之出现变化。

五是学生对毛笔的生疏感和书法作为艺术的神秘感。在中小学乃至全社会书写水平普遍下降的情况下，让学生从习惯了用硬笔书写转而使用毛笔，生疏感是正常的。让学习者尤感生疏的是全社会对毛笔书法的陌生。现在的家长，大多在学习期间没有用过毛笔，于是造成了毛笔书法的社会性隔膜，断代了，难度加大了。学生在学习过程中遇到的任何问题，只能由书法教师发现、指导、解决，从班主任到课任老师，从家长到亲朋好友，能够给学生以指导的人寥寥无几，生疏感不断地被强化。由于毛笔书写已经脱离了实用价值，是从艺术价值、文化遗产的角度进入课堂的，又在本已生疏的基础上加了一层神秘感。而且社会上亦存在各种书法现象，或故弄玄虚、高深莫测，或旁门左道、丑态百出，或夸张，或扭曲，或把书法与写字分离割裂，或强调个性而淡化了基础，学习者往往有不得其门、难能成就之惑。如何消除学习者心中积累的学习压力，便成了一个具体的问题。

六是师资水平和影响力不足的困惑。现在的条件下，书法教育师资不足，质量不高，缺少专业培训及不懂教学是影响书法教育活动的一个关键性因素，而且是非一年两年就能解决的问题。作为教育活动，师资准备明显不足。解决的办法，一是替代，由有一定书写基础或爱好的老师替代，赶鸭子上架；二是外聘，从书法专业人士中聘请，但这些专业人员中大多会写不会讲，也有明显的综合文化素养缺陷；三是培养，短期培训，大多属于临阵磨枪。本专科教育，需要培训周期。由于教师的缺乏，没有形成足够的社会影响和感召力，所以，学校管理者有畏难情绪，家长在本不甚了解、理解的基础上，没能形成对教师的认同，无疑加大了书法教育活动开展的难度，影响质量、效果也是难免的。

就书法教育活动诊断性评价而言，或者不止这六个方面，只能根据具体评价对象的实际去发现和设定。作为活动开展准备阶段的评价内容，将直接作用于过程和结果。

二、对教育过程的形成性评价

形成性评价面对的是教育过程，所有影响过程的动态因素都是评价的内容，目的在于改进和完善。

一是态度变化。对所有进入学习过程的学员而言，态度变化是第一位的。从原本不甚了了的认知到对书法这样一个学科有了较多的了解，从对书法、书写的神秘感到实践、体悟直至走出神秘的误区，从兴趣不高到兴趣的提高和保持，当然也包括社会的认知，管理者的态度变化，都成为评价的内容。一个好的教师、好的课堂，一个好的师父，就在于把学生领进门，让他们进得轻松、愉快、充满信心。因此，评价学习者的态度变化，也就是评价学习者对内容的理解，从不知到有知、深知，从兴趣不高到兴趣深厚、兴趣高涨，是衡量教育、课堂、教师成功与否的第一标志。学校教育遇到的诸多问题中，厌倦学习是一个最大的问题。主观态度决定着学习行为。对于教师而言，把学生的学习积极性调动出来，引导学生按照一条正确的道路和方向认真、勤奋地前行，以至养成自我钻研、不断探究的学习习惯，对于教育过程而言是至关重要的。启功先生举过一个例子，他说："人哪，苦于不自信，特别对于写字，我遇到些人，多半不自信。为什么不自信？就因为他觉得神秘。为什么他觉得神秘？是被某些个特别讲得神秘的人，打开始就把他唬下去了，给他一个吹得绝对神秘的印象，说这可了不得，你可不能随便写，必须问人怎么怎么样，说了许多神秘的话，使你根本就不敢下笔，也不敢自信。""就因为许多讲书法的，特别是著名的人，特别是他讲要用什么方法来学来写，把你唬住了。实在说这些人有功劳（指导人当然算是功劳），当然他的罪过也不小。"①在当代的书法教学中，不论是学校还是社会上，有自信的学生很多，说神秘话的老师也很多。所以，教师怎么带学生进门，怎么认识和开始，便成为一个有意义的评价因素了。学生觉得不神秘了，学习的门也

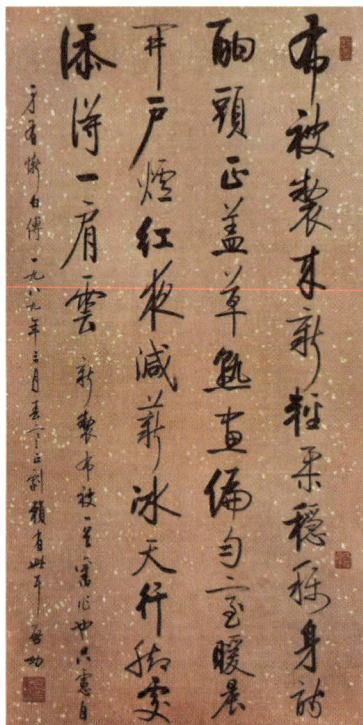

启功墨迹

①《启功给你讲书法》，中华书局，2012年第1版，第103、104页。

就打开了。学生自信了，后边的路也就好走了。

二是教师表现。学生不自信有许多原因，如学习工具改变所造成的不适应，社会上对书法的认识，比如动辄讲艺术如何神圣，如何境界难求，拿毛笔写字的人动辄称"家"，还要加上一些头衔和诸如"著名"一类的定语，日常生活环境中的陌生感，如父亲、母亲、亲朋好友及身边人没有几个用毛笔写字的等，都可以产生神秘感，让学生感到不自信。还有一点很重要，就是学生的书写基础不好，字写得很难看，硬笔字还没写好，换一件更难驾驭的工具岂不是更难了？学生不自信了，畏惧了，这个时候的教师表现变得十分重要了。学生对老师，有社会关系中本身包含的敬重感和亲切感，学生永远会把老师当成他们熟悉的陌生人，永远相信教师能带领他们走出困境，到达学习的彼岸。老师怎么表现呢？一须亲切，让学生感到安心、创造一个自家人一样的氛围；二要耐心，诲人不倦，不急躁，不厌其烦；三要细致，一笔一画，一个动作，一种方法，手把手地教，反反复复地讲；四要展示，老师展示、示范的越多，学生越会感到容易；五要高标准，老师写得越好，学生越加敬重，追求的劲头会越足；六要得法，用具体的方法，以最简要、精粹的语言告诉学生。真理其实很简单、很单纯，弄得玄而又玄的，往往不是真理，不是精华。老师的表现是在全部教学过程中综合体现的，态度、学识、能力、方法、语言等，都需要精心准备，全心投入，用心实施，如何调动学生的自觉性、自主性、能动性始终是第一位的。在教学过程中，教学要处理的第一个关系，便是教师与学生的关系，教材、内容、重点、要点、方法等固然重要，但总要在学生身上体现出来。

三是内容调整。在常规教学中，即便不思考教材的限定和内容安排，教学内容都是大致相当的。说得透彻、明白一点，内容就那么多，留给教育者的选择空间很小，教师之间的差异，取决于领悟的水平。再说得深入一点，这些内容是一事物发生、发展、变化的必然性的体现，体现的是基本规律。可以说，这些内容不是为老师准备的，而是为学生准备的，老师仅仅是一个传承、传达、传播、传授者的角色，一章一节一课，均以学生的接受状态为衡量标准。

因此，在教学过程中，内容的调整是一种掌控手段。当发现学员对所学的内容不能很好领悟时，内容调整便成为一种必要。这种调整不是准备阶段的增删取舍，而是一种过程控制，大体分四个方面。

一调数量。一堂课四十多分钟，一周一两次课，一个学期不到二十周的时间，在这个相对固定的时长中，课堂的信息量大小，成为衡量课程质量的一个外在标准。但是，教学过程和开专题讲座不同，不一定信息量大就好，而是看所讲的内容是不是学生能很好地消化吸收。数量不足会吃不饱，数量太大会消化不良。一个班级如果有四十名学生，认知、理解水平本来不一，以哪一部分学生为标准呢？按照通常的模式，应以中等稍偏上一点的学生为标准，四十名学生，以第二十五位左右的学员为参照建模，调整教育教学内容。在内容总量与时间相对固定的情况下，内容的调整可以与教学节奏相结合。

二调深度。深度指内容的难与易，从理解力、能力转化的角度而言，深则难，浅则易。技法、技巧的问题无难易之分，大多只有熟练程度的不同，难易则主要体现在一些原理性、理论性的内容中。造成深度难易还有一个重要原因，是老师能否用通俗晓畅的语言表达出来。所以，内容难与易的调整很大程度上在教师，从而体现深与浅的调整。所谓深入浅出，用最平实的语言讲述最深刻的内容，就是这个道理。内容深浅的调整主要是从对象出发的。

三调重点。教学重点的设定是教师在教学设计中体现的，重点往往与目标直接相关。当设计者从内容任务的角度考虑重点内容时，大多对象的因素不在其中。有时在教学过程中会发现，设计中的重点，因为某一难点的作用，在实现重点任务之前出现了障碍，这时，就会因为人的差异而出现重点的调整。教学规律中的重点还是重点，但如果有的问题不解决，重点便难以成为重点，这样的时候，解决发现的关键问题便成了重点。有些年龄小的学生在学习书法时，因为手指纤巧无力，执笔成为问题，后面的运笔、行笔中的"牵掣"一类的重点不可能实现。这一问题不解决，就会影响全部教学目标、任务的实现。对于这样的学生而言，执笔成为重点。不难发现，这是教学过程中"问题思维"的基本方式，也称为问题导向。解决影响过程的问题，这时就是调整的重点。

四调节奏。节奏是内容进度问题，要根据学生的接受情况进行调整。一般说来，难的要慢，易的可快，深的宜慢，浅的宜快，重点宜慢，非重点宜快。但对于不同的对象而言，对这一对象表现为难、深，对另一对象则可能会表现为易、浅。这一变化，只能在具体的过程中发现，也因此只能在过程中调整。对于内容而言，诸如顺序、策略等，也都是调整的对象，都必须在过程中发现、甄别并做出调节。

四是方法改变。方法问题是实现教学目标、完成教学任务、提高教学质量的重要手段，是过河与桥和船的关系，教师就是为学生搭桥划桨的。书法教育的通行方法，是通过实践训练让学员悟入悟出，练是最基本的方法。但有时会发现，并不是写得多、次数多、文字量大效果就好，这时就需要改变老师教学生练，学生练时老师给予一定指导的一般性程式。如果把老师带学生入门称为领悟、导悟，那么，靠学生练习而达到的悟，是体悟和自悟。所谓方法的改变，就是在练习的基础上，加入启悟的环节，走出常规的模式，选用新的方法，另辟蹊径。同样是临帖，有的老师强调通临，有的强调选临，有的强调多次反复，有的强调比较玩味，有的强调边临边读，有的强调多读精临，有的强调先读后临，有的认为多读少临。每一种强调，都有其合理性，都有不同的适用对象，都要强调针对性。对于不同的对象可能会采用不同的方法，对于同一对象不同的学习阶段也会变换不同的方法。方法是解决之道，问题发生变化的时候，方法一定会随之变化，这就是所谓的对症下药。可见，教学的方法也不是一成不变的，在具体的教学过程中才能见出方法的有效性，才会出现变化和选择。对于教师而言，就是要用各种各样的方法，面对各种各样的问题。

五是学员参与。在技能、技艺性教学中，学员的参与度是形成性评价的一个重要指标。这一类教学的实际效果，必须在学生动手实践的过程中才能得以体现，老师的能动性与学员的主动性比较，学员的主动性具有更加重要和关键的作用。在书法教学的课堂上，没有主动参与的学习只能说是参加。对于学员参与度的评价，要紧紧围绕数量、范围、频率、程度四个方面进行。

数量指的是参与的人数和次数。书法课堂需要的是全员参与，面向每一个学生，指向每一个学生，考查每一个学生。参与的概念不仅体现为参加了实践训练，还表现为不同环节上的主动性。老师讲，学生在听，在思考；老师示范，学生在看，在观摩，在体察；老师不讲了，学生在训练，在体会；老师指导时，学生在比较，在玩味，在体悟；一次课结束了，学生既要练习学过的，还要预习将学的，是一次新的开始。在课堂上，要发言，提出问题，讲出疑惑，获得直接的指导，而且次数越多越好。

范围是相对内容而言的。主动参与的学员会超越课堂，超越所学所讲，就书法的各类问题进行思考，并反映在课堂上，反馈给教师。范围越宽泛越好。

频率是参与的次数，提出问题的次数，展示自己习作的次数，交流学习体会的次数，在一个相对固定的时间内，越多越好。一个气氛活跃的课堂，一种积极主动的学习状态，学员频频发问，是一种外在的标志。

程度指的则是学习的深度。越是深入实践，越深入问题的本质，就越能提出真知灼见，越能体悟到书法学习的真谛。可以说，对于书法学科而言，教学过程中没有学员的主动参与，达成目标是不可能的。参与的人数量越多，范围越大，频率越高，程度越深，越能说明过程的质量。

六是学员分类。随着学习过程的展开，学员的不同状态便会逐渐表现出来，一个好的教师，就会对学员的不同类型进行归纳分类。从主观态度而言，有被动学习、按进度安排学习、主动超前学习的分别，这与学员对书法课的认知和兴趣有关。从学习的状态分，有体悟迟钝型、入悟常规型和出悟敏捷型，这是由学生的天赋决定的。对书法的感受力不同，决定了学习者悟入悟出的特点和状态。从动态的角度分析，有慢热持久型的，有恒热恒持型的，有先慢后快型的，也有速热持久型的，没有哪一个学生没有变化、不发生变化，重要的是教师如何发现并引导这些变化。学员的分类对内容的调整、方法的变化以及因材施教、分类教学具有十分重要的意义。通过分类发现人才，激发潜能，保持兴趣，克服障碍，成为过程评价中最值得关注的因素。

对教育过程的形成性评价不仅仅这些要素，评价者可以根据教育、教学过程中捕捉到各种因素，纳入过程，发现一个因素在过程中起到的作用。形成就是过程的结果，而过程中的动态性、发展性、变化性，是评价的核心。通过评价发现过程中改进、完善的因与果，对于推动教育教学意义深远。

三、对教育结果的总结性评价

传统的教育评价属于"秋后算账"派：只看收获，不看途径和方法；只看成果，不看过程和经历；只讲成效，不看动机、准备和努力程度。现代教育评价体系同样注重结果，结果是过程、主观动机不能替代的，但会把结果放到过程中去看，去复盘，把结果与动机、准备和努力程度联系起来看，更客观。所以，对教育结果的评价是总结性的。关注的点包括成效、收获、发展、体会、经验和模式。

一是成效。成效既包括了成果，也包括效果。成果是有形式的，可见可衡量的。如写好一幅字，一件作品；如参加了书法的考级，达到了某一级别；如参加了某一级别的展览或获奖；如参加书法类的考试，取得了一定的分数等。只要有形式的载体，我们就可以视为成果。但成效就不同的了。成效可以在过程之中，属于某个阶段的没有成果形式的收获。掌握了某一笔法，了解了某些学习内容，对书法学科有了某种体悟，包括认知水平的提高，都可以说有了教育成效，有了学习效果。进步了，开悟了，找到感觉了，兴趣提高了，都是效果。作为总结性评价，把过程、阶段性的成效纳入其中，是现代教育评价的特点之一。成效是终结性的，在传统评价中有形式依托，是成效评价的主体。

二是收获。书法教学中的收获，除了对技能、技艺的提高外，很多时候是感受性的，是学习者的自我感觉。作为总结，这种感受和感觉，可以以收获的形式作为终极结果呈现。

三是发展。发展指的是变化和提高。发展性评价成为现代教育评价的一个重要的方法和指标，核心是基础与取得成效的关系，即进步幅度，也有的评价者称此为增值评价。由于学习者的基础不同，通过一段学习后发现，有的进步很大，进步速度、水平提高得很快，有的则相对而言不够大、不够快。参照基础评价结果，通过提高的速度和幅度认定成效，避免了因基础不同仅看终极结果而产生的评价偏差。发展性评价的另一个十分重要的尺度，是通过这个提高过程的判断，对学习者的潜能及发展方向、可能性做出评价。所以，在发展性评价中，基础、结果、潜力形成了一个从过去到现状到未来的评价链条。书法教育、教学是一个打基础的学科，教的作用是有限的，正是因此，为学生打下了什么样的基础，取得了什么样的成效，在一个学段或全部学习过程结束时，多大程度上激活了学生的兴趣和潜能，成为重要的评价指标。

四是体会。体会和收获的意思接近，体会是可以视为收获的。这里特别提及体会，与书法的学科特点直接相关。书法是讲悟的，开悟、入悟、悟得、悟出，说的都是通过实践体会方法、技巧、规律的过程。这里的体会专指体悟。体就是实践，是身体力行，是在实践中学、在学中实践，而且反反复复，不是浅尝辄止，一蹴而就。悟就是获得，就是知识、方法、技巧向能力的转化，是体会到并化为自身的能力、技巧，有时是一些只可意会，不可言传的内容。在技能、技艺性教学中，那些没有体悟到的方法、技巧还不能视为转化成了能力。

五是经验。经验首先指人们的经历和实践，并强调在这个过程中的感受、认识和体会、收获，也包括学到的知识和技能。经验的意义在于为没有这些经历和实践的人提供认识的范本和借鉴。经验作为现代教育评价中终结性评价的重要内容，更加强调尝试和创新。在书法教学中，经验既包括做得正确、富有成效的尝试，也包括做得不够好的失败的教训。在总结评价时，那些做得好的经验，往往作为评价对象的工作特点加以总结和强调。

举例说明。在书法教学中，学生在学习全部笔画的书写技巧的前前后后，往往已经开始临帖，到讲解结构时，还要继续临帖。如果学生问老师为什么要临帖，不临帖可不可以，教师该如何作答呢？学生提出这样的问题是有道理的。所有的笔画都学了，自己可以组合写字了，临帖的意义何在？当然，不同的老师可能会有各种不同的回答。

下面是一个教学实践中回答的实例。

笔画是材料，比如盖房子，有柱子、栋梁、檩子、椽子、门窗等，还有石头、砖。这些材料在学习了八类笔画、28种具体样式之后，材料备齐了，可以盖房子了。盖房子和搭积木是一种工作。我们写一个"皿"字，像是在地面上盖了三间房子，是平房。再写一个"目"字，同样是横横竖竖，也是三个空间，但这是三层楼房。还用这些材料写一个"西"字，在三间平房上加了一层，成了有屋顶的大阳台，还有房间。再看"面"字，三层楼，上加顶层，楼的两侧有挑空的大房间，楼顶阳台像个小广场，很像是一个体育馆了。这些字都基本是用横竖两种笔画组成的，但组成的字差距很大。为什么有这样的差距呢？图纸不一样。我们写的每一个字都是一幅图纸，按这个图纸盖屋，不能把房子盖得七扭八歪，更不能东摇西晃。所以找来许多图纸做参考，有颜真卿的、柳公权的、欧阳询的、赵孟頫的，还有汉代的、北魏的，你选了一个图纸，学着样子把笔画材料安装起来，就是临帖。

临帖是什么？临帖是给没有图纸、图纸不好的人找来的样子。

临帖是什么？临帖是给新手一个标准。

临帖是什么？临帖是告诉人们怎么在组合、布局的时候修理笔画。

临帖是什么？临帖是人们在参照别人的图纸后，心里有了自己的想法时，画一张自己的图纸。

所以，笔画的意义是准备材料，结构的意义是盖房架屋。有的人心里有图纸，有的人尤其是新手心里没图纸，把别人盖房屋的图纸拿来给新手做样子，给新手使用，就是临摹。在结构中学笔画是临摹，这时修整笔画，是为了适应图纸的需要。根据自己准备好的笔画结构文字，用自己的图纸，是用自己的材料自己的图纸造自己的屋，这是创造，是表现。临摹的目的，是最终扔掉别人的图纸，用自己心中的图纸和自己的材料造自己的屋。

在书法教学中，许多内容并非能用几句话很简洁明了地都能说明白，人们会在教学实践中面对各种不同的问题，形成自己的教学经验。以上讲解用了比喻。中国古人许多事在说不明白的时候，便会用比喻，以浅喻深，以简单喻复杂，以习见喻生僻，以生活喻书法。因此，总结性、终结性评价中，对经验的关注是必需的。越是有特点的、尝试性的、创新的经验、举措、方法、实例，越应给予充分的评价。

六是模式。模式是经验的升华。一种经验的反复适用，最终形成稳定的、固定的样子，可以在其他环境、场合、内容、过程中适用，便形成了模式。书法教学是有模式的。有些训练方式是模式化的；书法教学的不同课型是不同的模式；教师对内容的把握及重点的确定，教师的课程的总体设计思路，都具有模式化的倾向。在书法教学尚未取得足够多的有效经验时，模式的总结具有引导性意义。而一旦模式形成，又会固化人们的思维，对创新起到限定的作用。但作为总结性评价，关注模式的形成与探索，对教学具有理论升华的意义。

第五节
书法教学评价的指标体系

指标体系在教育、教学评价中具有十分重要的作用，是评价主体对评价的目标、目的、态度、侧重及全部教育价值观的体现，也是对具体的政策、动机、方向、导向的体现。所以，教育教学评价开展之前，制定评价指标体系是关键的一环。一般说来，指标体系的制定要体现全面性、完整性，即所要评价的教育教学内容的全部因素，都要在评价指标体系中有所体现，不能漏项，不能以偏概全，全面、完整就是科学性的体现。其次，要体现评价内容的结构关系，用赋予不同权重的方式，对最能体现评价目的的内容给予较大权重，不同的对象、目的、权重可以进行人为的调整。指标体系一般分为三级。一级指标概括所有的评价内容，二级进行分解，三级进入细节，争取量化，以便赋值。

书法教学的评价指标体系制定，全面性体现在对全部教学因素的设置上，即谁教、教谁、教什么、怎么教。所以，一是教师，二是内容，三是方法，四是对象。教学的对象是最终结果、成效的呈现者，通过学员学习情况的认定，印证教师教得如何。而这些因素中最重要的是什么呢？可以根据评价目的进行权重的调整了。从教学主体的角度说是教师，从过程的角度说则是方法，从结论、结果的角度说则是学生的学习成效。

现拟定示意性书法教学指标体系如下：

书法教学评价指标体系

学校：　　　　　　　年级：　　　　　　任课教师：

A 教师素养 （20）	A1 理论素养 （6）	A11	系统掌握书法史知识	1
		A12	对历代碑帖、法书了解并熟悉	1
		A13	系统掌握书法的基础知识	1
		A14	了解书法文化的基本知识	1
		A15	了解书法的各类技法	1
		A16	对书法教学有体会和一定研究	1
	A2 书写素养 （4）	A21	熟练掌握一种书体	1
		A22	对两种以上字体有临习	1
		A23	能对主要书写技法进行示范	1
		A24	能创作完整的书法作品	1
	A3 综合素养 （6）	A31	有一定的文字学修养	1
		A32	能鉴赏历代名家法帖	1
		A33	有一定的古汉语基础	1
		A34	有较好的文学修养	1
		A35	了解文房工具的基本知识	1
		A36	熟悉一门以上相关艺术	1
		A41	热爱书法教育事业	1

	A4 教育态度 （4）	A42	教学态度认真	1
		A43	谆谆教导、诲人不倦	1
		A44	对书法现象有正确的态度	1
B 教学过程 （60）	B1 课程准备 （10）	B11	能准确把握和处理教材	3
		B12	有合理的教学设计	4
		B13	形成了规范的教案	1
		B14	教学目标明确	2
	B2 课程实施 （15）	B21	能够因材施教	3
		B22	课堂气氛活跃	3
		B23	授课语言准确、简明、晓畅	2
		B24	科学布置作业并讲评	2
		B25	能合理合排教学时间	2
		B26	能灵活运用挂图、信息技术等手段	3
	B3 课程内容 （15）	B31	教学内容有体系	3
		B32	教学内容科学、实用	4
		B33	注意课与课之间的内在联系	4
		B34	教学重点突出	4
	B4 教学方法 （20）	B41	能根据教学内容调整课型	4
		B42	及时发现学习中的问题并有效指导	5
		B43	讲练结合	3
		B44	能随时进行教学示范	4
		B45	有调动学生学习积极性的有效方法	2
		B46	能创设不同的教学环境	2
C 教学效果 （20）	C1 学习成效 （7）	C11	学生对书法有正确的认识	2
		C12	学员掌握了所学的技法	3
		C13	学员对书法之美有了初步认知	2
	C2 学习反馈 （7）	C21	学生对书法课有较浓的兴趣	3
		C22	学员能够关注书法现象	2
		C23	学员积极参与书法活动	2
	C3 社会反响 （6）	C31	家长对学生学习书法给予大力支持	2
		C32	学科教师对书法课表示关注	2
		C33	校园内出现书法学习新气象	2

说明：

1.该指标体系仅作为学校书法教学评价的参考。

2.具体的给分方法可以制定具体的评分细则。

3.权重的设定可以根据具体情况进行调整。

4.可以在指标体系外设定加分项和减分项。如学生参加书法展览并获奖，如教师是某一级书法家协会的会员，如教师发表了教学研究论文等。

5.效果评价可以用学生习作作为具体对象。

6.该体系的评价主体可以是本校的管理者、同行及学生、家长，可以聘请专业人员和外校同行进行。

7.本指标体系不针对区域书法教育总体的评价。

8.本评价指标体系应与平时的教学情况记录相结合。

第九章

关于书法教材

2018年4月，教育部官网发布教育部办公厅关于2018年中小学教学用书有关事项的通知（教材厅函［2018］5号），公布了经教育部审定可以选用的11种书法练习指导教学用书。就是说，从2018年秋季开学始，小学三至六年四个年级，将从这11种教学用书中选定一种，作为教材进入中小学校的课堂。

这些教学用书的主编中：一位任过中国书协主席，一位任过中国书协副主席兼秘书长；一位任过省书协主席，三位任过省书协副主席；来自高校的八位，来自研究出版部门的三位，绝大多数具有教授、研究员的职称。近二分之一是博士、硕士研究生导师。

然而，出乎人们意料的是发布之后，人们关注的焦点不是这些人的身份、地位、名气、影响，而是他们的书写水平和风格，关注的是他们的书法价值取向。有些主编被人们认为是丑书的代表，所以有人评论说，应把这些丑书、俗书、乱书代表都清除出书法界，中国书法才有未来，否则，中国书法就没希望了。有人反讽，以后中小学生不会写字的、写错的、写差的，都能找到依据了。有人说，教育部指定这些人编写的教材，是准备把丑书从娃娃抓起，把中国变成丑书大国。有的认为，即便他们编写的教材中没有丑书，但对这些人的肯定，就等于对丑书的肯定，对孩子们学习书法的导向、影响是负面的。

也许这些评价、反映中有的不够准确，甚至有点偏激，但反映的出发点，却是对书法教育事业和中国书法价值取向及未来的担忧。因为教育用书不同于个人书法作品集，因为书如其人、以人论书是我国的文化传统，因为教材的直接对象是中小学生，是中国书法的未来。所以，这种忧患意识不仅是可以理解的，还应该提倡。毫无疑问，这不仅将引起人们对书法教材由谁编、怎么编的深层次思考，还可以因此透视书法教育的现状与未来。

第一节
重申书法教材的编写原则

教材的编写原则，在人们的心目中已经形成了一系列共识，如思想性原则、时代性原则、基础性原则、科学性原则，以及客观性、整体性、准确性、选择性、普遍性、启发性、趣味性、艺术性、逻辑性、灵活性、实用性等。对书法而言，如果充分考虑教育的内容特点和教育行为的特殊性，最应该强调的，应是目的性、兼顾性、规律性、适用性四大原则。

一、目的性原则

目的性原则就是教材的内容要合于书法教育的目的。《中小学书法教育指导纲要》开宗明义："书法教育对培养学生的书写能力、审美能力和文化品质具有重要作用。为推进中小学书法教育，传承中华民族优秀文化，特制定本纲要。"并这样规定了书法教育的总体目标和内容：

1.学习和掌握硬笔、毛笔书写汉字的基本技法，提高书写能力，养成良好的书写习惯。

2.感受汉字和书法的魅力，陶冶性情，提高审美能力和文化品位。

3.激发热爱汉字、学习书法的热情，珍视中华优秀传统文化，增强文化自信和爱国情感。

《中小学书法教育指导纲要》的对象，是广大在校的中小学生，如果把人群放大到全社会，包括大学生和所有成年、老年书法爱好者、学习者，书法教育的目的可以概括为提高书写能力、欣赏书法艺术、传承书法文化三个方面。书法教材的编写，必须扣紧这三个方面，足以体现和支撑这三个目的。

目的性是思想性在书法教育中的具体体现，也是在书法教材编写中的具体体现。思想性的核心是教育功能、作用的发挥，是对教育在经济社会发展中位置、地位、性质的体认。教育是上层建筑，教育是生产力，教育的基本职能是文化传承，教育担负着培养社会主义建设者和接班人的伟大使命，教育要促进人的个性发展和全面发展。正是基于这样的根本出发点，教育必须担负起继承和弘扬中华优秀传统文化的责任。没有继承就无所谓弘扬。对于书法而言，强调继承性，是教育的核心思想。

时代性是目的性的主旨。教育要为社会主义现代化建设服务，而现代化一直是我国经济社会发展的目标。可以说，现代化是时代性的根本标志。什么是教育的现代化？就是用当代最先进的理念、方法、手段、途径促进教育适应经济社会发展、适应教育自身发展、适应人的全面发展的历史性进程。与时俱进、服务社会、面向未来，就是时代性要求。我们所处的时代，是改革开放的时代，是奋发图强的时代，是创新发展的时代，是继往开来的时代，是民族复兴的时代，是中国拥抱世界、世界离不开中国、中国正在走向世界舞台中心的时代。书法作为中华民族最有特点、最亮丽的一张名片，必将随着这个时代一起发扬光大。这也正是中小学生开设书法课，在全社会广泛开展书法教育的客观背景和时代要求。当然，这样一个昂扬向上的时代，对于丑书、乱书等背离传统的各类现象，抑制、反对、摒弃是必然的。

选择性是体现目的性的基本方式和手段。教育的性质、地位和作用，决定了教育从来都是有选择的。面对悠久的历史，面对良莠不齐、精华与糟粕共存的文化，面对不同的社会价值观，面对各种各样的知识内容，任何一个阶级、民族、国家在实施教育的时候，第一项任务都是选择。这是培养什么人、为谁培养人、用什么内容培养人的客观需要。2013年中共中央办公厅下发《关于培育和践行社会主义核心价值观的意见》中指出："发挥精神文化产品育人化人的重要功能。一切文化产品、文化服务和文化活动，都要弘扬社会主义核心价值观，传递积极人生追求、高尚思想境界和健康生活情趣。提升文化产品的思想品格和艺术品位，用思想性艺术性观赏性相统一的优秀作品，弘扬真善美，贬斥假恶丑。"该意见还指出："发挥优秀传统文化怡情养志、涵育文明的重要作用。中华优秀传统文化积淀着中华民族最深沉的精神追求，包含着中华民族最根本的精神基因，代表着中华民族独特的精神标识，是中华民族生生不息、发展壮大的丰厚滋养。建设优秀传统文化传承体系，加大文物保护和非物质文化遗产保护力量，加强对优秀传统文化思想价值的挖掘，梳理和萃取中华文化中的思想精神，做出通俗易懂的当代表达，赋予新的时代内涵，使之与中国特色社会主义相适应，让优秀传统文化在新的时代条件下不断发扬光大。"汉字是中华优秀传统文化的基因，书法是中华文明的符号和标识，这是世所共知、共识的，而书法教育，正是建设文化传承体系的最重要、直接的途径和方式，这里使用的"挖掘""梳理""萃取"等词汇，用一个词概括，就是选择——教育选择，传承选择，教材选择，弘扬真善美，贬斥假恶丑。

二、兼顾性原则

在教材编写的过程中，怎样完整、科学地体现提高书写能力，欣赏书法艺术，传承书法文化三个基本目的呢？唯一的方法是兼顾。

一是书体的兼顾。现有的书法教材，都是以一种书体为学习、讲解、临摹的对象，北京师范大学出版社学柳，华文出版社学赵，西泠印社出版社选颜，人民美术出版社选欧，还有的出版社用的是现代的楷体。但不管用了哪一种书体，只要选了，就有了规定性，规定了教的人，也规定了学的人。因为现有的教材选用机制大多是以省、市为选择区域的，所以，一旦选定，便可能一个省、一个市所有的中小学生都或者学颜，或者学柳，或者学欧，或者学赵。显然，这既不符合书法文化传承的目的，也不符合人们学习书法的实际需要。所以，在书法教材中兼顾不同的书体，已成为不二的选择。这既为教学提供了示范、展示空间，也为学生提供了选择的空间。

二是字体的兼顾。中小学的书法教学从楷书入手，这是合于现状和基本教学规律的，但同样存在绝对化问题，客观上限制了隶书、篆书入手的可能性。从书写的笔画规律及难易程度而言，小篆和隶书的笔画都较楷书更加简易、单纯，因此也入手更快。所以，在以楷书为主体的教材中，兼及隶书、小篆，是十分必要的。

三是书写与欣赏兼顾。现行的书法教材，从严格的意义上说，都是用毛笔写字的写字教材，从内容到训练，从技法到体系，都是围绕着如何书写展开的。小学语文教学课标提出从三四年级接触书法时，就要对书法之美产生认知，现行的教材由于欣赏一类内容的欠缺或薄弱，很难担负起这样的使命。因此，在注重提高书写能力的同时，编入书法艺术欣赏的内容，或在讲解书写技法的同时，讲解书写时创造美的风格特点，是十分必要的。用笔时出锋凌利、张扬，但灵动、畅快，藏锋时含蓄、蕴藉，但沉闷、死板，这些随时可以讲解的内容，必须在学习书写时给予体现。而这些还远远不够，还必须从不同书体、字体、风格的角度，讲清形态、气势、韵致、神采等特点。如何欣赏书法不仅是书法教育中必须给予足够重视的内容，从美育的角度说，已经是必不可少。没有足够的欣赏能力，就不能激发创造力和学习兴趣，就不可能达到应有的文化高度。从社会的角度说，如何欣赏书法之美，如何确立书法的审美标准，如何给全社会做出引导，如何从中小学生抓起，已经是当务之急。

四是书法与文化兼顾。一部书法史，首先是一部书写史、汉字实用工具史，其次是一部变迁史，除文字的字体因时而变外，由于书写载体的变化，从甲骨到青铜器，从摩崖石刻到竹简尺牍，从布帛到纸张，载体变化了，书写的要求也变化了。唐以前没有现在的高腿桌椅，席地而坐，对几书写，从执笔用笔到技法技巧，都与今天有所不同。而在有了硬笔之后，在今天有了计算机之后，当书法的实用功能日渐退去，只剩下艺术功能，并衍生出展厅文化时，对书法的生活之用便改变了。因此，书法的文化传承，从器具、材料到作用、追求，从过去实用性的信息传达载体到今天艺术性的表现，不能等中小学生长大了才去接触，要从孩子拿起毛笔的第一课开始，从文化的角度立意去讲书法，看书法，学习书法。这些内容，必须在教学用书中给予重视和体现。

综上，书法教材不能只去讲技法，只去临摹，而要兼顾书写、欣赏、传承的全部内容。那种先学写，然后再去顾及欣赏、传承的理念是错误的，而兼顾既是一种原则方法，也是一种教育策略。

三、规律性原则

规律性原则主要是对教材内容而言的，即教材编写的内容，要合于书法教学的一般规律，包括内容的完整性、内在的逻辑性、学习的基础性、编排的艺术性等。从目的性的角度看现在通行的教材，在内容完整性上是有缺憾的。从书写的角度注重了内在的逻辑性和学习内容的基础性，编排的艺术性上尚有许多值得改进的地方。规律性原则下的教材编写，必须充分体现书写规律，在读与写相互作用的规律、教育认知规律及学生成长规律上下功夫。

书写规律体现为从执笔到用笔的规律以及从结字到艺术追求的规律。从表面上看，几乎所有的教学用书都是遵循从如何执笔、具体笔法、笔画，再到偏旁部首和结构布局的逻辑顺序展开的，但也都不同程度地忽略了一些基础性的问题。对于当今的中小学生而言，他们是计算机时代的"原住民"，连硬笔这种工具在他们的时代理念中都是可以抛弃的，他们在使用手机和计算机键入时，大多用的是拼音。这是对笔的疏离，更是对笔画的疏离，甚至是对书写的疏离，语音意识淹没了笔画意识，更不要说毛笔了。如何强化书写意识、笔画意识和结构布局意识，如何从对笔的认知开始走进书写和书法艺术，已经是一个继承书法文化的时代性课题。显然，在现行的教材中，这些内容的强调是不够的，对笔的认知和特征的把握是薄弱的。书写规律的始点是正确地执笔、用笔，已经到了从文化的角度对待这些基础性内容的时候了。

读写规律主要体现在对历代法书及名家作品的认识和自我书写的关系上。所谓读，就是观览、熟悉、欣赏历代名家法帖，不是光读一个人的作品，而是对全部书法史有一个宏观概念。现行的书法教学用书通行的弊病，是没有向学生展示书法史的基本脉络，仅就一种字体、书体展开讲解，看不到所讲书体的历史位置，更谈不上教学传承关系。虽然有的教材也强调学生读帖，但是为了临摹而进行的读，不是面对整体书法史的泛读，形不成书法艺术的整体概念，相反，恰恰局限了学习者的眼光。一部书法史，不仅是汉字应用史、演变史，还是一部艺术创造史、书法美学史，汪洋大海，色彩纷呈，风格多样，内容丰富，只有让学习者从一开始就了解书法艺术的丰富性、艺术性，让每个人直观地感受书法艺术的冲击力、感召力，才能激发兴趣，投入情感。所以，读是一个打开视野的过程。把学习者一开始就局限在一体一帖上，对学生的学习成长是不利的。以读发兴，以读促写，以读提升对书法的认识，以读发挥引领导向的作用，对于学习者的意义和积极作用是不可否认的。

教育认知规律主要体现在对书写及书法艺术的主观态度上。一般说来，对学生讲传承中华优秀传统文化的道理是很隔膜的，因为学习、认同以自我认知为前提。对于中小学生而言，甚至越感性越好。书法艺术的魅力可以征服每一个学习者，讲道理没有太大作用和意义。2017年1月中共中央办公厅、国务院办公厅在《关于实施中华优秀传统文化传承发展工程的意见》中曾明确提出"围绕立德树人根本任务，遵循学生认知规律和教育教学规律，按照一体化、分学段、有序推进的原则，把中华优秀传统文化全方位融入思想道德教育、文化知识教育、艺术体育教育、社会实践教育各环节"，"丰富拓展校园文化，推进戏曲、书法、高雅艺术、传统体育等进校园"。这是对传承中华优秀传统文化提出的具体要求，书法教育正是满足这一要求所采取的具体措施，书法教学用书理所当然地应该体现这些要求。在遵循学生认知规律的问题上，除了继承之外，还要强调弘扬和发展。该意见还在"坚持创造性转化和创新性发展"中明确指出："坚持辩证唯物主义和历史唯物主义，秉持客观、科学、礼敬的态度，取其精华、去其糟粕，扬弃继承、转化创新，不复古泥古，不简单否定，不断赋予新的时代内涵和现代表达形式，不断补充、拓展、完善，使中华民族最基本的文化基因与当代文化相适应，与现代社会相协调。"显然，遵循学生的认知规律和教育教学规律，还必须体现文化传承和时代适应、社会协调的问题。从这个角度说，学生学习书法，从一开始就限定在一体一帖中，对培养学生创造性转化和创新性发展精神是不利的。应该走一条先熟悉笔墨，再放纵笔墨，接触历史，自由书写，再到规范体势，临摹学习的路，让学生从一开始就建立书法的表现性意识。

学生的成长规律体现在书法教育对学生发展、成长的基础性作用上，要从书法学习中培养审美意识和文化归属感，并逐渐形成文化自信和文化自觉。近年来，培养学生的健全人格和合格的社会公民，为学生的未来和人生打下良好基础，正在成为一种教育追求。培养学生的健全人格，可以从心理品质（性格特征、情感特征）、思维品质（思维方式、价值取向）、精神品质（精神面貌、处世态度）、行为品质（行为方式、行为能力）等诸多方面体现出来。也正是要在这个过程中，研究学生情感态度的变化和能力水平的提高。作为教材编写，必须立足于为学生成长和发展打基础，必须考虑学生人格构成所能发挥的作用和实际意义。

四、适用性原则

书法的教学用书对中小学生而言就是课本。是在认真研究书法学习规律和书法内容逻辑的基础上，针对中小学生的学习实际需要编排的。当书法教育作为给学生的终身发展打基础的内容时，教学用书的内容既要便于教，又要便于学，既要适于导，又要适于练。对于书法学习的主观态度、价值认知、精神培养和能力提高，要起到积极的引导作用。便于教，主要体现在内容体系、基本知识和技法上，要满足教学的需要；便于学，主要体现在内容的完整性上，要充分体现教学目的，有利于培养达成教育目标；适于导，主要体现在训练体系和实践过程中，能让教者及时发现问题并进行指导；适于练，则体现在学生的自主学习和体悟过程中。

一是便于教。现通行选用的书法教学用书，没能充分体现当下书法教师的需求及现状。由于书法教师总体数量不足和质量不高，由于许多教师是从其他学科转来的，缺少系统的书法学习和教学训练，处于教师教育的非系统状态。比如，某教师的书写基础是颜，对欧、赵等书体便不具备现场指导、展示的能力；某教师的书写基础是赵，对颜、欧等书体也不具备现场指导、展示的能力。如果一个地方选了西泠印社出版社出版的教学用书，使用的书体是颜真卿的《多宝塔碑》，不同基础的教师如何发挥自己的书写特长呢？这里便有了教师适应教材还是教材适应教师的问题。如果教材的内容兼顾数体，这个问题便不再是一个问题了。如果教师的基础可以兼顾数体，教材如何编写也不是问题了，而现实是，如果充分思考和关注了书法教师队伍的现状，便于教则有了很强的现实意义。

二是便于学。前面所说的问题同样体现在学生学习的内容选择上。由于教材书体选用的单一性，客观上限定了学生对书体的选择，剥夺了学生选择的权利。由于教材编写、选择的现状，客观上造成学生自主学习从一开始就是有条件、有规定和有限制的。这种规定性最大的弊端，在于排斥了书法艺术的丰富性、个性和创造性特征，很容易造成单一性的偏知，并影响审美情趣的形成。书法教材对于学生而言，比教师有更大的限制和影响，因为他们是初学者，是一张白纸。

三是适于导和适于练。导是相对教师而言的，练是相对学生而言的，以上所说的问题同样存在，而体现在教师身上尤甚，将会直接影响书法教育、教学目标的达成。

在书法教学用书的编写过程中，诸如艺术性原则、灵活性原则、趣味性原则等同样是需要坚持和体现的，只是与目的性、兼顾性、规律性、适用性比较处于次要的位置，因此不再赘述。

第二节
处理好教材编写的八个关系

教材对于书法教育、课堂教学的重要性是不言而喻的。即便面对诸多版本，选择时可能仍然会感到没有一种是完全满意的。我们毫不怀疑编写者的资历和水平，但面对这样的选择结果，必须对编写过程、指导思想、内容设计、逻辑关系以及诸多细节进行反思，尤其要充分思考以下八种关系，即：教材与课本的关系，书法与写字的关系，字体与书体的关系，一家与多家的关系，赏读与书写的关系，引导与指导的关系，笔画与结构的关系，技艺与品鉴的关系。

一、教材与课本的关系

通常情况下，人们对教材与课本是不加区分的，只是对教科书的不同称谓认知而已，因此，人们并不对教材和课本的细微差别进行关注和分析。但两者又确实应该有所不同。在诸多的解释中，《现代汉语规范词典》的释义更加准确。教材是供教学用的材料，包括教科书、讲义、参考资料、录像、图片等，并进而解释说，跟"教科书"有别。"教科书"包含在"教材"之内，是国家指定并正式出版的课本。在解释教科书时说，根据教学大纲编写的供教师讲授和学生学习的正式课本。可见，教材与课本是有区别的。区别的核心在哪里呢？《辞海》等辞书在解释"课"一词时说："在规定时间内，以一定分量的教材内容，组织一定班级的学生进行学习的形式。"一节课既是一门学科全部教学的组成部分，又是相对独立的教学段落。学校中的学科，也称为课。什么是课本呢？当然是教师用以教、学生用以学的依据。时间、内容的段落规定性，就是教材与课本的最大区别。在实践中，大学更宜于使用教材的概念，因为大学的教材、教科书，对于时间、内容的段落规定性不像中小学那样严格。大学教材作为教师授课和学生学习的依据，有很大的调整空间，内容不绝对，可增、可减，甚至可以不同，可以更改；时间不严格，在一个学科的总时数内，可以进行进度的调节。此外，大学教材之外，还会有各种资料、参考书目、论文等作为内容，由教师做出规定，成为学生必知必会的内容。中小学则普遍使用课本的概念。在中小学的教学过程中，对不同时段规定性强调的意义和绝对性质，在大学是不存在的。中小学的教学任务、内容单元，必须在学段内完成，教师几乎没有选择、调节的空间。对于课本而言，一章一节，都要制定教案，确定重点，找出难点，因此，课本就是上课的直接依据，是作为教学任务来完成的。人们常说课本即一课之本，就是指的这种依据性、规定性、绝对性。

对于中小学书法教材而言，要编写的是课本，而不是教学用的材料。编写者要根据教学纲要的要求，把全部内容分成不同的时段、章节，体现在课本之中。课本是以一课一课的形式体现的，在课与课的内容之间，体现内在的逻辑性，书法教学的规律性，章节设定的科学性，教学内容的完整性、系统性以及体现教育目的、目标的客观性。所以，编写中小学课本，是比编写大学教材和写专著更加谨严、精细的工作。

在可供选择的11种中小学书法教学用书中，教育部审定后，没有使用教材、课本字样，也没有像语文等课本那样，直接使用"书法"作为学科用书的名称，而是使用了"教学用书"的概念。这既可认为这些用书作为课本尚不成熟，还有一个时间、实践检验的过程，也可以认为审定者采取了谨慎、科学的态度。

二、书法与写字的关系

书法与写字的关系既是一个理论问题，也是一个实践问题，学习的实践，教学的实践。因此，也自然而然地成了教材、课本编写过程中必须搞清和注意的一个问题了。

首先要厘清书法与写字的理论关系。其一，书法也是写字，但不能等同于一般意义的写字。书法指的是站在一定艺术追求、文化高度的书写。其二，写字也是有法的。这些方法、技巧，与书法之法并无不同，只是更强调基础性而已。其三，不能用写字替代书法。写字的功用、追求与书法有所不同。写字是实用性的，目的在于用文字传达信息，书法则不同。其四，书法是在掌握了基本的书写技巧、法度之后，赋予了个人情感和时代性特征，是表现性的。其五，将书法和写字截然分开或割断联系的认知是错误的。书法离不开写字，以写字为基础。其六，书法的艺术品格带有鲜明的历史演变传承痕迹，从实用书写到艺术追求的自觉、从实用书写与艺术追求兼而有之到成为一个专门的艺术门类，以艺术表现为目的，从而形成了特有的书法文化。因此，书法是以技法的掌握、运用为基础的，是以美学追求、艺术价值为特征的，是文化累积和个体品格的表现，以综合素养、文化品位为底色；而写字是书法的入门和基础，是初级阶段。

其次要厘清书法与写字的实践关系。其一，学习书法是从学习写字开始的，在初始的、打基础的阶段，写字也是书法。其二，书法教学的终极目的，是对书法艺术、书法文化的继承和追求，这种思考和目标，从写字之初就应该体现和确立。其三，不是所有人都能成为书法家，但懂书法艺术、能够欣赏书法艺术，能自觉地学习、热爱和传承书法艺术，是文化传承对民族后人的客观要求。不是只有书法家才能传承书法文化。其四，用书写的方式创造美，体现个性，抒发情感，表现自我，服务时代，是书法实践的出发点和落脚点。因此，书法教学实践与写字的根本区别，是带着书法文化的自觉意识在写字。

最后，要处理好书法与写字的教材内容关系。就现行的11种供选择的书法教学用书看，与其说是书法教材，不如说是写字教材，写毛笔字的教学用书。问题的核心在如何处理书法与写字的关系上，没能充分体现书法意识。其一，应该以文化人以立心，突出文化高度。书法的文化高度，应该体现在汉字文化构成、书写工具文化、汉字演变文化、书法艺术特征等诸多方面，历史、字体、书家、时代性、艺术性等，在教学用书中体现不充分、薄弱以至缺失。其二，应该以艺育人以立意，选择艺术角度。在书法课堂上，书法是以艺术的角度呈现并进行教学的。书法为什么是艺术，是什么样的艺术，怎样从实用变成了艺术以及这种艺术对中华民族特殊的文化意义，从一开始就应该给学生打上深深的烙印，书法课从一开始就应该明确，这是艺术课，不是用毛笔的写字课，这是方向性的、目标性的内容。显然，现行的教学用书在这方面是远远不够的。其三，以法授人以立基，技巧就是法度。这是现行教学用书内容最充实、到位的部分。但这部分仅仅是为了打基础，打下用笔、结体的基础，学习古人、继承传统的基础，也是弘扬书法艺术和书法文化的基础。虽然教的是法，学的是技，临的是古，写的是字，但都将成为终极的艺术创造和文化传承的基础，同时也是为自身的文化发展和成长打下立身的基础。

三、字体与书体的关系

字体和书体是两个不同的概念，人们往往混为一谈。更重要的是，两个概念属于不同的范畴：字体是历史的、时代的；书体是个人的、风格的。书法教学必须区分，书法教学用书必须体现。

字体是汉字演变历史的标识。从殷商甲骨文至今，经历了甲骨文、大篆（金文）、小篆（时间在秦以前，统称为三代文字，或以篆书名统之）、隶书、草书（章草和今草）、楷书、行书几个不同的阶段，简称为篆、隶、草、楷、行。这些字体，到汉末已基本定型，虽时过字异，但代有所传，绵延不绝，传承至今。我国的汉字，总体上说，经历了文字由少到多、趋势由繁到简、形态从象形到符号、笔画由曲到直、功用由实用到艺术这样一个发展过程，每一次变革，都有明确的记载。历史地看，字体演变最关键的一环，是从小篆到隶书的变化，确定了汉字今天的基本形态，并历经两千多年未有改变。

文字由少到多。从现已发掘的15万片以上的甲骨中，发现甲骨文4500余字，能够正确识读的1500字左右。但甲骨文已经是一种成熟汉字系统，是以象形为基础的文字。许多朝代的古人没有见过甲骨文，所见最早的字体是大篆。西晋卫恒在《四体书势》中记载："昔周宣王时，史籀始著《大篆》十五篇，或与古同，或与古异，世谓之籀书者也。及平王东迁，诸侯力政，家殊国异，而文字乖形。秦始皇帝初兼天下，丞相李斯乃奏益之，罢不合秦文者。斯作《仓颉篇》，中车府令赵高作《爰历篇》，太史令胡毋敬作《博学篇》，皆取史籀大篆，或颇省改，所谓小篆者。或曰下杜人程邈为衙狱吏，得罪始皇，幽系云阳十年，从狱中作大篆，少者增益，多者损减，方者使圆，圆者使方。奏之始皇。始皇善之，出以为御史使定书。或曰邈所定乃隶字也。"[1] 阅读这段文字可知，殷商甲骨文之后，周史籀作《大篆》十五篇，通常认为，史籀是大篆的创造者。此后国异字殊，至秦始皇统一天下，李斯奏请同文，作《仓

① 西晋·卫恒《四体书势》，《书学集成（汉一宋）》，河北美术出版社，2002年第1版，第17、18页。

颉篇》，赵高作《爱历篇》，胡毋敬作《博学篇》，都是用小篆写成的。小篆是在大篆的基础上"省改"的结果。所以，人们认为秦丞相李斯是小篆的创造者。而秦狱吏程邈在狱中用十年的时间对小篆增益损减，演化成隶书，即今天所说的秦隶。以上所说的著作都已亡佚，今天难得看到了，但字体演变的轨迹十分清晰。至汉许慎作《说文解字》，以小篆为正体，以隶书解之，共收字9353个。南朝梁黄门侍郎兼太学博士顾野王撰《玉篇》，唐人代封演《闻见记》载其收字16917个。因其书已残，唐人孙强整理后有所增加，故现存本为22561字。宋仁宗令丁度等人重修的《集韵》，号称收字53525个，今统计实为32381个，已属浩繁。至清康熙年间张玉书等人编写的《康熙字典》，收字47035个；1915年陆费逵等人编写的《中华大字典》，收字48641个。而当代徐中舒先生等编写的《汉语大字典》，收字达54678个，是有史以来收字最多、最全的。

汉字总体的发展趋势是由繁到简。因为简更便于书写和记忆。从古至今，简化字总体走了一条从民间到官方的路子。普通老百姓、知识分子在使用文字时，因书写的便利而省减笔画、改变形态、同音相化等，始时称为俗字，也就是今天所说的错别字，民间的写法、用法，但随着时间的推移、时代的变迁，最终被官方采用，认定为正字、标准字了。1930年，刘复、李家瑞《宋元以来俗字谱》出版，收入了宋元以来八九百年间民间流行的俗字1600多个，都是民间的简化字。正如五四以来最先提倡简化字的钱玄同先生所说：从甲骨、彝器、《说文》以来，时时发现笔画多的字，时时有人将它的笔画减省。殷周之古体减为秦篆，秦篆减为汉隶，汉隶减为汉草（章草），汉草减为晋唐之草（今草）；汉隶的体势变为楷书，楷书减为行书；宋元以来，又减省楷书，参取行草，变成一种简体（即所谓"破体""俗体""小写"）。这都是最显著的减省笔画。而篆与篆，隶与隶，草与草，简体与简体，其中尚有繁简之不同。总而言之，汉字的字体，在数千年中是时时被减省的。从殷周之古体变到宋元之简体，时时向着简单的方面进行，可说是没有间断。[1]

①《钱玄同文集》第三卷，中国人民大学出版社，1999年版，第88页。

第九章 关于书法教材

283

至于汉字的形态，最初是以象形为基础的。仓颉造字只是传说，他也许是文字整理的一个集大成者，但"观鸟兽蹄远之迹"而作书契的造字原理，是与汉字的形态吻合、一致的，是汉字起源的真实反映和描述。这种象形字加上另外的象形字，成为会意字；象形字加上指事符号，成为指事字；象形字表意，加上表音的字，成为形声字。而假借、转注是对这些已造之字的再利用和开发。这种象形基础，决定了汉字的基本形态。随着文字的演进，象形的状态越来越抽象和符号化，以至原本描摹事物形态的笔画，变成了今天文字的笔画、符号的笔画。如果说小篆还或多或少存有象形的痕迹、态度，那么，到了隶书，从象形到符号的演变进程就已经完结了。所以，今天的汉字是符号化了的。即便如此，在每个字的结构中，仍然保留着汉字许许多多的原始形态或要素。当我们从今天的汉字回溯历史时，仍然可以清晰地看到形象的基因。

在汉字的演变历史中，隶书是最紧要、最关键的一环。形态变化的原因，是笔画的由曲变直。世间的所有事物，唯用曲直，便可见尽。但隶书取消了所有的曲笔，变曲为直，以直代曲，从而彻底符号化了。至于从隶书到楷书的变化，把隶书中的那一点波磔也取消了。在汉代，隶楷本是不分的，今天所言之隶，即为当时之楷。楷的本义是模范、法式，用于文字，则如人之端严，如法之公正。在此基础上，刘德升创造了行书，也称行狎书。行狎即今天所说的签名，因书写便利而成为个性化书写色彩最浓的字体。唐人韦续作《墨薮》，论列五十六种书，其中第四十六种说："行书者，正之小伪也，钟繇谓之行狎书。"[1]所谓正之小伪，就是指与楷书的区别，是在楷书的基础上有了小而不正的变化。

隶书的另一种演变形态是草书，最初仅仅是为了写得快速，后来则形成了汉字艺术化、抒情化、人格化的汉字书法代表性字体。东汉赵壹作《非草书》，是现今所能见到的关于草书的最早论述了。在章草已行、张芝兴今草之创的当时，他是给草书挑毛病的，客观上说出了草书之兴的理由，亦没能阻挡今草发展的大势。他说："夫草书之兴也，其于近古乎。上非天象所垂，下非河洛所吐，中非圣人所造。盖秦之末，刑峻网密，官书烦冗，战功并作，

①汉·赵壹《非草书》，《书学集成（汉—宋）》，河北美术出版社，2002年第1版，第4、5页。

军书交驰，羽檄纷飞，故为隶草，趣急速耳，示简易之指，非圣人之业也。但贵删难省繁，损复为单，务取易为易知，非常仪也。故其赞曰：'临事从宜。'"这一段说的是草书古无根基，今非圣业，形非常仪，但也说出了草书是在什么背景、情况下产生的以及产生的过程、方式和目的。临事从宜，是直接服务于生活需要的字体。继而赵壹又说道："且草书之人，盖伎艺之细者耳。乡邑不以此较能，朝廷不以此科吏，博士不以此讲试，四科不以此求备，征聘不问此意，考绩不课此字，徒善字既不达于政，而拙亦无损于治。"①在赵壹看来，草书仅仅是一种书写技艺，从民间到朝廷，从饱学之士到日常应用，都是好坏无所谓的事，写得好，对施政不会有所帮助，写得不好，也不会对政务管理有什么不利。从正统儒学的角度及文字书写与政治关系的角度，赵壹对草书采取了不足为道和可有可无的否定态度。而从字体演变的角度，从书写技艺的角度，从书法艺术品格的角度看，草书开创了书法、字体演变的别一条路径，从实用到艺术，从传达到表现，从服务于社会、政治、生活到自我情感的抒发。作为艺术，草书是书法的最高境界，因为从一开始，草书似乎就与功利无关。

至于字体演变的社会机制，是始终围绕着致用展开的。传达信息之用，简易便捷之用，以至于抒发性灵的艺术之用。这种社会机制，带着鲜明的时代特征和发展程度的痕迹。当毛笔的书写被钢笔

当代篆刻家甘海民刻"张振忠印""晋韵流风"

代替，被无笔无纸的计算机键盘代替，当书写被指尖的敲击代替，字体和书写、书法，因此带上了遗产的性质，而学习和继承、弘扬，旨在从艺术的角度凸显文化的意义了。

其实字体的演变，自始至终与社会生产力的发展水平、物质材料和书写载体相辅相成。书写需要适应条件，字体也因此发生变化。在甲骨作为载体的时代，刀刻淹没了书写。在迄今发现的15万多片甲骨中，有70多片是书写而未刻的，有的朱红，有的黑紫，书写的形态韵致，精美纤巧，与刻辞有很大的不同。但绝大多数甲骨卜辞，很可能是直接刻上去的。中国汉字的书写，因此刀笔相通，并在书写的一脉之外，发展成了篆刻的一脉。甲骨的刀刻，青铜器上錾刻，摩崖、石碑上的石刻，被今天的篆刻继承了下来，而在甲骨、碑石上的书丹，在竹简、木牍、布帛、纸张上的书写，发展成了今天的书法。从这个角度说，书法与篆刻是孪生的。

对于同一种字体，不同人书写，会形成不同的风格特点，这就是书体。在书法教学中，在书法教学用书的编写中，字体是比书体重要得多的内容。我们看到的11种教学用书，在这方面又体现得如何呢？

四、一家与多家的关系

一部中国书法史，不仅是汉字字体的演变史，更是书法文化的传承史。在没有公学只有私授的古代，传承是以书家的薪火相传延续完成的，书法文化的核心，呈现为师徒授受的笔法技艺。所以，书法教育对书家及作品的选择，必须考虑传承关系。源远流长的书法历史长河中，每一个书家都是一颗光辉灿烂的星辰，但从古至今，由前而后，始于传而继于承，体现的是不同书家的文脉关系。唐代张彦远《法书要录》中，记载了这样一段话，直接记录了传授笔法的人名："蔡邕受于神人，而传之崔瑗及女文姬。文姬传之钟繇。钟繇传之卫夫人。卫夫人传之王羲之。王羲之传之王献之。王献之传之外甥羊欣。羊欣传之王僧虔。王僧虔传之萧子云。萧子云传之僧智永。智永传之虞世南。世南传之欧阳询。询传之陆柬之。柬之传之侄彦远。彦远传之张旭。旭传之李阳冰。阳冰传徐浩、颜

① 唐·张彦远《法书要录》，《书学集成（汉一宋）》，河北美术出版社，2002年第1版，第274页。

② 南朝梁·虞龢《论书表》，《书学集成（汉一宋）》，河北美术出版社，2002年第1版，第57页。

真卿、邬肜、韦玩、崔邈，凡二十有三人。文传终于此矣。"①

这是一个从东汉至后唐的书法文化传承谱系，时间跨度近800年，所列诸家，都是中国书法史上的名家、大家。蔡邕曾主刻《熹平石经》，其隶书骨气洞达，妙如神助，并是"飞白"的创始人。石经未必尽为蔡邕所书，但此时的隶书风貌，代表了汉隶的主流样式，《礼器碑》《乙瑛碑》《史晨碑》《曹全碑》《封龙山颂》《西岳华山碑》《孔宙碑》《韩仁铭》等，虽风格不同，各具神采，但笔法脉系，并无太多差别，属官方认同的汉隶一脉，充满庙堂之气。至于晋之"二王"，隋之智永，唐之虞欧，以及"草圣"张旭，篆书李阳冰，直到颜真卿创立新法，可谓诸体完备，一脉相承，因时因人而异，直到唐用新法，完成了从汉至唐末的书法传承演变过程。这是书法文化的传承，是书家的文脉，是文传私授的历史，也是由23位书法史名家穿成的珍珠链。

一部书法史，不仅是汉字字体的演变史、书法文化的传承史，也是书法艺术风格的品评史。历史上对于书家的品评鉴赏，既思考传承关系，更思考和参照艺术风格。传承有先后，法度有传承，但风格无高下。当许许多多历史上的书家汇聚在一起时，注重风格特点，是比时代的先后及传承的序脉更加重要的内容。南朝梁虞龢转录过羊欣的记载，同样见于张彦远的《法书要录》。文中记载说，谢安尝问子敬："君书何如右军？"答云："故当胜。"安云："物论殊不尔。"子敬答曰："世人那得知。夫古质而今妍，数之常也。爱妍而薄质，人之情也。钟、张方之二王，可谓古矣，岂得无妍质之殊。且二王暮年皆胜于少，父子之间又为今古，子敬穷其妍妙，固其宜也。然优劣既微，而会美俱深，故同为终古之独绝，百代之楷式。"②这段话说了三层意思。先是王献之与谢安的对话，王献之说他的书法胜过其父王羲之，谢安说世人可不这样认为，于是王献之提出了质与妍的命题。古质而今妍，数之常，是一般的发展规律；爱妍而薄质，人之常情。何谓质？质就是书之法度的性质、本质、特质，是自然而然、素朴尚质的，与妍美相对，是"天仙玉女，粉黛何施"，不加修饰，而天姿动人之谓。何谓妍？妍就是漂亮、美丽，使人见而悦之。"逶迤并行曰妍。"逶迤也写作委蛇，是婉转灵活、曲尽姿媚之态。而世人多喜欢这样的风致。
而质和妍，也是古与今的认知差异所在。最后，羊欣自己做了结
论：钟繇、张芝虽较"二王"为古，但钟、张之间，也有质与妍的
分别；王羲之父子晚年的书法都好于早年，风格成熟了，而父与子
之间，也可以说是古与今，子作为今时的代表，穷尽书法妍美之
态，应该是合时而自然的。而钟、张与"二王"四者，虽然质妍相
别，但说谁优谁劣，是很难分得开的。所共同的是，质是一种美，
妍也是一种美，所以四者，"同为终古之独绝，百代之楷式"。羊
欣是王献之的外甥，书法得献之传授，无论是主观上不想为羲献分
高下，还是客观上因风格各有优劣，这段话都为书法史上的书家品
评和作品品鉴提供了一个范例。对于风格而言，本来无所谓高下
的，而这正是对星辰一样的历史书家所采取的品评态度。

　　一部书法史，不仅是文字字体的演变史、书法文化的传承史、
书法艺术风格的品评史，还是对书家影响力及历史地位的认定史。
南朝梁武帝萧衍善草隶尺牍，尤好草书。他在谈到今草时说："其
先出自杜氏，以张为祖，以卫为父。索范者，伯叔也。二王父子，
可为兄弟。薄为庶息，羊为仆隶。"[1]这里说的"杜氏"，指东汉
章帝时的杜度，史游做章草，杜度甄妙。因其早出，故称为草之
先。"张"指张芝，是今草的创始人，故称祖。"卫"指三国曹魏
的卫觊，善草书，其子瓘、瓘子恒，均善书。卫觊是三国时在书法
上唯一可以与钟繇抗衡的人，康有为在《广艺舟双楫》中，专门写
了"传卫"一章，认为"钟派盛于南，卫派盛于北"，后世之书，
皆此二派，包括王羲之，也是向卫夫人学过书的，所以称卫为父。
"索"指索靖，"范"指范晔，梁武帝给他们排了很高的辈分，与
卫觊同。而"二王"为兄弟，已经晚一辈了。"薄"指薄绍之，经
南朝至唐。南朝梁袁昂在《古今书评》中评其书"字势蹉跎，如
舞女低腰，仙人啸树，乃至挥毫振纸，有疾闪飞动之势"[2]，归于
"庶息"，终非嫡派正统。至于羊欣，本是王献之的外甥，是跟王
献之学书的，但梁武帝在《书评》中称其书"如婢作夫人，不堪位
置，而举止羞涩，终不似真"。何谓仆隶？《左传》昭公七年记
"人有十等"，王臣公，公臣大夫，大夫臣士，士臣皂，皂臣舆，

① 南朝梁·萧衍《草书状》，《书学集成（汉一宋）》，河北美术出版社，2002年第1版，第64页。
② 南朝梁·袁昂《古今书评》，《书学集成（汉一宋）》，河北美术出版社，2002年第1版，第76页。

舆臣隶，隶臣僚，僚臣仆，仆臣台，隶居第七位，仆居第九位，是很低下的了。

值得注意的是，在梁武帝心目中的草书大家庭里，位置的排布，既不是依据承传关系，也不完全是书法风格，而是十分注重书家的时代性和影响力。在所列的层级中，先、祖、父、兄弟四个层次，父一层中有伯叔，兄弟一层中有嫡庶。至于承传关系，与"二王"特别直接的羊欣，仅仅是仆隶的位置，连放在羲之献一个层次中都有些勉勉强强了。这种对影响力的看重，对今人选学书家作品，无疑具有十分重要的启发和借鉴意义。

对于书法教材的编写和对历史上书家及其作品的选择而言，从历史经验得到的启发是"守住一家，兼及诸家""博采众家，自成一家"。要守住哪一家，以哪一家为基础，要兼及哪些家，用来开阔视野，是必须首先要解决的问题。处理好一家与多家的关系，从传承的角度、风格特点和书史地位的角度研判分析，是编选教材的一个基本出发点。

五、赏读与书写的关系

由于书法教学对技能、技艺的强调，所有教材，都对书法的训练、实践给予了足够的重视。尽管训练体系不尽相同，但注重书家，在做中学，通过实践掌握技能、提高感悟水平和书写能力是一致的，而对于欣赏和阅读，注意力和关注度就不尽相同了。

书法学习过程中的阅读、欣赏对于书写所起到的掌握知识、开阔视野、提高审美能力，从而促进书写的领悟和质量，道理并不深奥。但在教材的编写过程中如何体现，如何选定赏读的内容，是需要统一认识的。

首先要读史。阅读书法史，不仅要领悟书法文化传承的脉络理路，更重要的是要弄懂书法与时代的关系。秦统一中国之前，我们的历史在春秋战国时期，经历过一个诸子百家争鸣的阶段，是中国文化史、思想史的发轫期。文字与书法与之相适应，出现了国殊文异的现象。文字作为交流信息的工具，因异而难，在诸侯国之间已经现出了交流障碍。故此，秦统一六国之后，"书同文"便成了必然的选择，是国家统一的客观需要。而小篆的出现，可以说是有了一种官方规定的、通行的文字。汉承秦制，在思想上"独尊儒术"，汉字书写的形态，从繁到简，由曲而直，适应了书写便捷的需要，也适应了文化整理的需要，思想的一统与文字的一统是一致的。《熹平石经》的意义不仅是内容的，也是官方书写样式的一次获准和展示。而汉末的动荡，三国分立到晋再度统一，人们渴求从文化一统的状态下找到新的文化自我，所以有了又一次的思想大解放，有了又一次的文化多元化发展，从文人的清谈到魏晋的玄学，从田园诗、风景诗、咏史诗到志怪小说、笔记小说，从顾恺之的画到竹林七贤的自我放纵，都带有时代发展的必然性。而王羲之的字，正是在这样的文化背景下形成的。尚韵也好，散逸也罢，镶嵌在时代的背景上，成就了魏晋文人的风流。从隋对南北朝的统一开始：唐代的繁荣，成就了法度；宋人的潇洒，流露了心性；元明承续，赵孟頫、董其昌影响了入主中原的清初皇帝，让所有的文人有了失落感，于是向老祖宗讨生活，出现了追根溯源、访碑复古的回归之风。从秦李斯到唐李阳冰以至宋元明少见的篆书，又回到文人

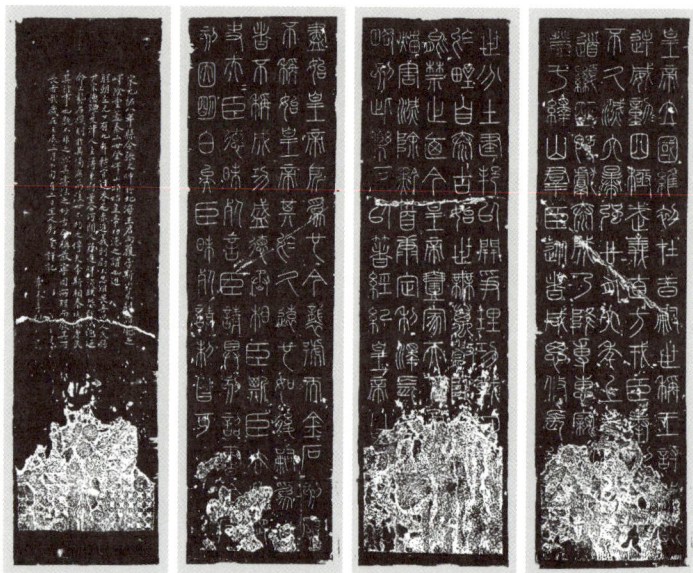

秦小篆《峄山碑》

的笔下。这是历史，是社会发展史，是文化发展史，是汉字书法因时代而变迁的历史。阅读历史，才能真正懂得什么是书法，才能了解书法的生态特征，才能正确处理书体与字体、个人与时代的关系，才能深入思考书法如何为时代服务的文化命题。当然，在这个过程中，也要明白颜真卿变法的意义，也要理解《干禄字书》出现的必然性，更要理解馆阁体出现和存在的必要性，还要理解宋四家都是学颜书的，为什么苏黄米蔡各有风貌，等等。

其次要赏艺。书法作为艺术，是在魏晋的文化背景下孵化和催生出来的。王羲之再写兰亭，虽数遍仍不如稿本，唤醒了书法艺术创作的自觉意识，从此，书法跨入了从实用到艺术的门槛。所有的艺术都是形象的、情感的、个性化的，是唯一的、不可重复的。用形象和情感、个性和不可重复作为标准欣赏书法艺术，从此成为可能。

明人项穆生于博古赏鉴之家，是著名收藏家项元汴的儿子，亦能书。他在《书法雅言》中说过一段很有价值的话。他说：

> 鉴书者，不可求之浅，不可求之深，浅则涉略泛观而不究其妙，深则吹毛索瘢而反过于谪矣。……大要开卷之初，犹高人君子之远来，遥而望之，标格威仪，清秀端伟，飘摇若神仙，魁梧如尊贵矣。及其入门，近而察之，气体充和，容止雍穆，厚德若虚愚，威重如山岳矣。迨其在席，器宇恢乎有容，辞气溢然倾听。挫之不怒，惕之不惊，诱之不移，陵之不屈，道气德辉，蔼然服众，令人鄙吝自消矣。又如佳人之艳丽含情，若美玉之润彩夺目，玩之而愈可爱，见之而不忍离。此即真手真眼，意气相投也。故论书如论相，观书如观人，人品既殊，识见亦异。有耳鉴，有目鉴，有心鉴。若遇卷初展，邪正得失，何手何代，明如亲睹，不俟终阅，此谓识书之神，心鉴也。若据若贤有若帖，其卷在某处，不恤货财而远购焉，此盈钱之徒收藏以夸耀，耳鉴也。若开卷未玩意法，先查跋语谁贤，纸墨不辨古今，只据印章孰赏，聊指几笔，虚口重赞，此目鉴也。耳鉴者，谓之莽儿

审乐；目鉴者，谓之村妪玩花。至于昏愦应声之流，妄傲无稽之辈，胸中毫无实见，遇字便称能知，家藏一二帖卷，真伪漫尔弗求，笔才岁月，涂描点画，茫焉未晓。设会神通佳迹，每嗟精妙无奇，或经邪俗伪书，反叹误愆多致。此谓吠日吠雪，骇羼骇龙，考索拘乎浅陋，好恶任彼偏私，先有成心，将何定见？不若村野愚氓，反有公论也。评鉴书迹要诀何存？温而厉，威而不猛，恭而安。宣尼德性，气质浑然，中和气象也。执此以观人，味此以自学，善书善鉴具得之矣。①

项穆识见惟多，故得言语真切，对于一件书作，初观远望，入门近察，以至席上器宇，妙比佳人，都是有见地的。至于心鉴、目鉴、耳鉴的分别，更是从实践中来。论书如论相，观书如观人，一语中的，正是鉴赏家的眼光。赏艺赏什么呢？就是看作品的整体风貌、风格特点、源流、法度、境界等，从整体到局部，再从局部到整体，做到知书知人。赏艺的目的在于知正误，分优劣，再用这样的眼光反观自己的习作及实践过程，境界高了，自然会有新的追求，便达到了以赏促学的目的。

最后要味帖。对于书法学习而言，读帖是一项基本功，有时比临帖还要重要和讲究。所谓味帖，就是通过对法帖的阅读、观察、思考、玩味和研究，发现书写的规律以至情境过程。清人周星莲在《临池管见》中说："初学不外临摹。临书得其笔意，摹书得其间架。临摹既久，则莫如多看，多悟，多商量，多变通。坡翁学书，尝将古人字帖悬诸壁间，观其举止动静，心摹手追，得其大意。此中有人，有我，所谓学不纯师也。又尝有句云：'诗不求工字不奇，天真烂漫是吾师。'古人用心不同，故能出人头地。余尝谓临摹不过学字中之字，多会悟则字中有字，字外有字，全从虚处着精神。彼钞帖画帖者何曾梦见？"②面对一通字帖，是一味地临下去，还是在临的同时多读、多看、多悟，这段话中举了苏东坡的例子，心摹手追，得其大意。心摹就是多看、多思、多悟、多玩味，用这样的方法，悟字中之字，字外之字，于无字处见字。当代学书

①明·项穆《书法雅言》，《明清书论集·上》，上海辞书出版社，2011年第1版，第286、287页。

②清·周星莲《临池管见》，《明清书论集·下》，上海辞书出版社，2011年第1版，第1215页。

①清·蒋骥《续书法论》，《书学集成（清）》，河北美术出版社，2002年第1版，第355页。

抄帖画帖者甚众，这样但得其量不得其要，不味其意，往往事倍功半的。读帖是一种实实在在的功夫。怎样玩味呢？当代许多书家、学者认为，要回到具体的书写情境之中，笔画顺序，轻重提按，连绵往复，情致色彩，以至把每一笔的起行收、笔与笔之间的连断变，一字之中的气势态都研究清楚，一定会对书写训练起到理性的借鉴指导作用。其实不仅如此，不止于此。清人蒋骥《续书法论》中说："学书莫难于临古，当先思其人之梗概及其人之喜、怒、哀、乐，并详考其作书之时与地，一一会于胸中，然后临摹。即此可以涵养性情，感发志气。若绝不念此，而徒求形似，则不足以论书。"①这是一段高论，也是味帖最重要、最关键、最深入的内容，临帖的时候，不但要读懂书写者，还要读懂时间、地点和书写时的情绪状态。一句话，要体味书家的创作情境。只有这样，才能涵养性情、感发志气，才能得其精神意韵。可见读与临、味与写的关系是何其密切，深读与体味对书写是何等重要了。

在书法教学中，书写训练是无须强调的，所有的教育工作者都在这样做，因为提高书写能力别无他途。但对阅读、赏鉴在书法教学中的作用、地位，却需要加以强调，因为赏读对于书写有着直接的促进作用。而书法教学用书如何满足这种强调，是一个必须引起重视的话题。

六、引导与指导的关系

明末清初的傅山是个奇人，书法之外，哲学、医学、儒学、佛学、诗歌、绘画、金石、武术、考据等无所不通，治先秦诸子，尤喜老庄，是著名的道家学者。满族入主中原后，他曾为反清复明努力过，但历史趋势下，不得不退隐了，穿上朱衣，做了道士。对于别人推荐他应博学宏词试，称病推辞，至于免试授官，终处之泰然，表现了不做二臣的品格气节。他曾以诗歌的形式，写过一篇《作字示儿孙》，诗中写道：

作字先作人，人奇字自古。

纲常叛周孔，笔墨不可补。

诚悬有至论，笔力不专主。
一臂加五指，乾卦六爻睹。
谁为用九者，心与腕是取。
永兴逆羲文，不易柳公语。
未习鲁公书，先观鲁公诰。
平原气在中，毛颖自吞虏。

这首教育儿孙学书的诗，讲的是"作字先做人"的道理。柳公权说"心正则笔正"，意味字本乎心。他举虞世南为例，虽学承王羲之，但做主仍然是心。至于颜真卿，要先学其为人，有了颜鲁公的沉雄刚毅之气，笔下一定会生出豪迈遒劲的意韵来。

傅山在诗之后的自注，便更加耐人寻味了。他说：

贫道二十岁左右，于先世所传晋唐楷书法，无所不临，而不能略肖。偶得赵子昂、香光诗墨，爱其圆转流丽，遂临之，不数过而遂欲乱真。此无他，即如人学正人君子，只觉龃龉难近，降而与匪人游，神情不觉其日亲日密，而无尔我者然也。行大薄其为人，痛恶其书，浅俗如徐偃王之无骨。始复宗先人四、五世所学之鲁公，而苦为之。然腕杂矣，不能劲瘦挺拗如先人矣。比之匪人，不亦伤乎？不知董太史何所见，而遂称孟頫为五百年中所无。贫道乃今在大解，乃今大不自解。写此诗仍用赵态，令儿孙辈知之勿复犯。此是作人一著。然又须知赵却是用心于王右军者，只缘学问不正，遂流软美一途。心手不可欺也如此。危哉！危哉！尔辈慎之。毫厘千里，何莫非然。宁拙毋巧，宁丑毋媚，宁支离毋轻滑，宁直率毋安排，足以回临池既倒之狂澜矣。①

傅山对儿孙关于学书的这一番训诫，对于今天的书法教学有很深的借鉴意义。其一，他从自己的学书经历出发，讲了学唐难肖，学赵孟頫、董其昌易似的道理。一如学正人君子难，与匪人游易。

① 明·傅山《霜红龛论书》，《明清书论集·上》，上海辞书出版社，2011年第1版，第561、562页。

学习那些境界高的书作，下了功夫也不易得法，而那些浅俗软媚的作品，不知不觉就像了。其二，对赵孟頫书法进行了评价。傅山的人生经历与赵子昂有许多相似处，但人生态度却大不同。赵孟頫作为南宋宗室，入元之后成了二臣，仍然自得其乐，自钟其艺；傅山则由明入清，坚辞不仕。因此，傅山的眼中，赵孟頫是个没有骨气的人，还以西周时徐偃王生而有筋无骨作喻。显然，傅山是以人评书的，这一思维逻辑与其教育儿孙学书先做人的思想观念完全一致。不仅如此，他还扯上了董其昌，对董其昌称赵孟頫是"五百年中所无"提出质疑。其三，他作字示子孙，书写时"仍用赵态"，但目的是告诉子孙，不要再犯这样的毛病，以此警示子孙，作为教导做人的手段，而且再次申明，赵孟頫是用心学习王羲之的，是因为学问不正，所以才成了这一番模样。心手不可欺，有什么样的心性品格，就会有什么样的书迹风采。其四，他提出了自己的书法美学主张，即十分著名的"四宁四毋"。今人理解这些主张，往往只强调"四毋"，而忽略了"四宁"，也就是忽略了傅山说这些话的语境和针对性。拙与巧、丑与媚、支离与轻滑、直率与安排，只有在"痛恶浅俗"的条件下，才强调前者而摒弃后者。

把傅山作字示儿孙的这一番教导视为对儿孙的书法教育无疑是合乎情理的。他选择晋唐，舍弃浅俗；肯定颜真卿，否定赵孟頫；提倡作字先做人，反对做人无骨气；强调做人与作字的关系，心手之不可欺，反拨学习者的心性为主，不关所学，如赵孟頫用心于羲之；警示毫厘千里的道理，用"四宁四毋"挽狂澜于既倒。这些，都是内容、方式，而目的，则在学什么的比较中，讲境界，讲追求，讲态度，讲学习内容，讲价值观念，从而完成了导引的目的。

傅山教示儿孙如此，今天的书法教育亦如此。所以，书法教材的编写，编什么绝不仅仅是书家的选择、作品的选择、编排的选择问题，在具体的教学内容中，包含和显示着编写者的主观态度和价值判断，起着示范和导向、导引的作用。这大概就是11种教学用书公布后，许多人提出质疑的根本原因。教学的具体内容发挥着具体的指导作用，但教材体现的价值观和方法论，则起着导引的作用。

而引导作用较之指导作用，在书法教学中有着更加重要的地位。引导作用在教材编写中体现为：选择历史检验、广泛认同的教学内容；形成逻辑谨严、内容完备的教学体系；做出有历史高度、客观正确的审美评价；采取旗帜鲜明、合于时代的文化态度；提出合于实际、方法科学的学习要求。

七、笔画与结构的关系

笔画和结构，是书法教学中必须解决的两个基础性问题，是技法，也是能力。笔画的问题，自"永字八法"出现后，历代相因，论者甚众，每个人都把自己的理解、体会付诸文字，不但把笔画技巧上升到了法的高度，而且趋向于全面深入，细致精微。比如，清人程瑶田在《九势碎事》中这样说："昔人传八法，言点画之变形有其八也。问者曰：'止于八乎？'曰：'止是尔，非惟此于是。'又损之则二法而已。二法者，阴阳也。尝试论之：点画者生于手者，手挽之而向于身，点画之属阴者也；手推之而麾诸外，点画之属乎阳者也。一推一挽，手之能为点画者如是，舍是则非其所能也。"[①]他将八种笔画的用笔方式分为内挽和外推两类，可谓至论。当代人评"二王"，常言羲之用撅笔，献之用拓笔，今人多不解，须大费口舌。其实撅笔就是内挽，拓笔就是外推。八法的不同笔画如何分别呢？他继而说："阴生于阳，阳生于阴，此天地之化，消息之道也。文字得之而为顿挫焉。……尝试论之。侧、弩、掠、啄，点画之属乎阴者也，而必始于阳，阳顿而阴折也。勒、趯、策、磔，点画之属乎阳者也，而必始于阴，阴顿而阳折也。有弩与趯相连者，有弩与勒相连者，先阴而后阳也，阴顿之而阳折之。有勒与啄相连者，有勒与弩相连者，先阳而后阴也，阳顿之而阴折之。"[②]他除了举"永字八法"笔画的例子外，还说"弩与趯相连者，即今之竖钩；弩与勒相连者，即今之竖折；勒与啄相连者，即今之横钩；勒与弩相连者，即今之横折；或始于阳而阳顿阴折，或始于阴而阴顿阳折"。这种两画连成一笔的撅拓笔法，阴阳变化，研究体悟之细，对今天的书法教学是很有启发意义的。

笔画的学习，在教学中是以笔法的内容呈现的，旨在解决用

①清·程瑶田《九势碎事》，《明清书论集·上》，上海辞书出版社，2011年第1版，第930页。
②清·程瑶田《九势碎事》，《明清书论集·上》，第931—932页。

笔能力、书写能力提高的问题。在书法教学中，笔画的学习不是孤立的就笔画说笔法，就笔法说笔力，而是把笔画放到一个一个具体的字中去学习，即因画成字，以字解画。而这个字，又是从法帖中选取的。于是形成了入帖、临字、说笔画的套路。把笔画的技巧、写法、质量、形态、形象、气势、神采等，一下子淹没在了具体的文字之中，往往因此把注意力和侧重点也一下子放在了字上，放在了整体规范上，既束缚了书写时的胆气和舒放，也对笔画的学习产生了淡化的作用，还容易把笔画学死。所以，什么时候入帖，入帖前是否先解决了笔画的书写问题，成为书法教学必须思考的问题之一。

结构的问题，东汉蔡邕就已注意到了。他在《九势》中说："凡落笔结字，上皆覆下，下以承上，使其形势递相映带，无使势背。"至唐，传有欧阳询《三十六法》，明人李淳作《大字结构八十四法》，清人黄自元在此基础上书《间架结构摘要九十二法》，历代书论中，散论者众多。结构的问题，就是结字布局的问题，是把不同的笔画，按字的写法组织在一起的过程和技巧。所以，没有笔画就没有结构，笔画是材料，结构是成字。没有结构无所谓笔画，零散的笔画是没有意义的。需要讨论的是，文字是规范的，笔画是现成的，是否把笔画按字的规范结合在一起就完成了呢？回答是否定的。同样的横、竖、撇、捺、折、钩、提、点，不同的组合方式，能产生和形成不同的形态、气象、韵味、神采。有的组合是美的，有的组合是丑的；有的组合是大将军，有的组合是懦夫；有的组合风雅蕴藉，有的组合粗俗浅白；有的组合成为法书样板，历代流传，有的组合则被世人遗忘，弃之如敝履。何以差别如此之大？要之，结构是一门艺术，是使用相同的笔画材料可以显示不同风格色彩的艺术创作。何以为此呢？清人朱和羹在《临池心解》中这样说："作书当悟波折之法。盖点画长短各有分寸，随其体而结之，不能泥于成见。倘字本用长，而长者不安，则就其短而施之；字本用短，而短者不足，则就其长而满之。若执着成见，凝滞于胸，终不能参以活法活用，必致如《书谱》所云'任笔为体，聚墨成形'矣。虽参活法，亦自有一定不易之势。奔放驰骤，不越范围，所谓师古而不泥于古，则得之。"①结构与笔画的关系，这一段话讲得再透彻不过了。结构无成见，笔画无定形，参悟之法，尽在一个"活"字。活字的核心要义是变化，根据文字和书写的需要变化而变化。字不变而形可变、态可变、体可变、势可变，笔画则无不随变而变。这就是结构的难点，也是结构的美学意义所在，更是结构对于笔画的制约关系。

今人作书是多有程式的，一个国展，风致相同者甚多，取法一人者甚多，结构形式雷同者甚多，笔画凝滞者尤多，关键是有所能但未活所致。在什么环节上活呢？明人赵宦光《寒山帚谈》中说："《书法》云：'点不变谓之布棋，画不变谓之布算。正有不必拘者，如欧氏作"飛"字四点如一，作"靈"字八点无差，以至结构对偶，画画未尝改易，而亦未始不善。若虞氏作"書"字，则上二画下三画俱平，中三画抑左杨右，便符前法。此有得于王氏，作"三"字则二画相从，下画别出；作"佳"字其右"圭"上如"士"，下如重点，或上画先作，中二连绵，此下画仰承之法也。故知各有所取，无往不善，除是无学，不可与言虞、欧师徒也，故比量说之。'"②赵宦光举了欧阳询、虞世南和王羲之的字例，既说了变与不变之理，也说了师承关系与因人因字变化的结构关系。再细言之，他说："结构名义不可分。负抱联络者，结也；疏谧纵衡者，构也。学书从用笔来，先得结法；从措意来，先得构法。构为筋骨，结为节奏。有结无构，字则不立；有构无结，字则不圆。结构兼至，近之矣，尚无腴也。故济以运笔，运笔晋人为最。"那什么是运笔呢？他接着说："运笔者，一画之中结构也。低昂巨细是其构，起伏显谧是其结。书家不学而熟之者，亦能结；学而未熟者，但能构。构为意念，结为性情。有结无构则习俗，有构无结则粗疏。粗、俗都捐，近之矣，然无韵也。合须师古，师古晋人为最，羲之故善，又须去其似是而非者，黄、米诸家辨之详矣。"③把这段话做个概括，他说了什么呢？学书从用笔来，先得结法，结法就是笔画的负抱联络关系；从措意来，先得构法，构法就是笔画的疏谧纵衡关系。用今天的话说，结法是笔画之间的联系，构法是笔画构成的空间关系。所以他认为："结为性情，构为意念。"即

①清·朱和羹《临池心解》，《明清书论集·上》，上海辞书出版社，2011年第1版，第1227页。
②明·赵宦光《寒山帚谈》，《明清书论集·上》，第303页。
③明·赵宦光《寒山帚谈》，《明清书论集·上》，第304页。

使在一个笔画之中，也有结构关系，起伏显谧的，运动过程是结，低昂巨细的，形态是构。对于书法而言，不能有结无构，想怎么写就怎么写，按照字的要求把笔画连起来就算完成了，这样必将流于习俗，字则不立。也不能只注重笔画所形成的空间关系，忽略了笔画的运笔过程和质量，这样就会流于粗疏，字则不圆备。什么是好的结构呢？应该是笔画联系与关系的统一，主观上的空间布置意念与笔画性情特点的统一。明了了这些，就不难明确，在笔画与结构的关系中，笔画必须服从结构关系，满足结构需要。所以，在笔画和结构的关系中，注重用笔固然重要，注重结构同样重要，从艺术性的角度说，也许更加重要。因为我国的书法艺术始于书写传达，终于美的创造。在书法教学选帖用帖的时候，提供的不是笔画的范本，而是为笔画的变化、安排找到范本和依据。入帖的目的，更多的是侧重结构而非笔画。

在书法教学中，笔画解决的是用笔能力，本质是书写能力问题；结构解决的是组合能力，本质是审美能力问题。如何在书法教学用书中既有侧重又互相兼顾，如何根据不同学段的内容进行科学编排，是一个必须深入思考的问题。

八、技艺与品鉴的关系

传为晋人卫铄所作的《笔阵图》中说过一句话："善鉴者不写，善写者不鉴。"从字面的意义理解，就是善于书法品鉴的人不写字，擅长书法创作的人不去品鉴书法。此意一出，作为品鉴与书写关系的命题，后人理解多有歧义。事实如何呢？卫铄即卫夫人，曾为王羲之的老师，其父卫恒，曾作《四体书势》，遍议古文、篆、隶、草诸家，如李斯、曹喜、邯郸淳、韦诞、蔡邕，如王次仲、师宜官、梁鹄、钟繇、张芝等，可谓善鉴者，然师承其父卫瓘，善书，并造散隶。南朝宋羊欣作《古来能书人名》，列自秦至晋六十九人，如列叙张芝时说："弘农张芝，高尚不仕。善草书，精劲绝伦。家之衣帛，必先书而后练。临池学书，池水尽墨。每书云匆匆不暇草书，人谓为草圣。"[1]羊欣从其舅王献之学书，长隶、行，似其师，时人有"买王得羊，不失所望"语，岂不善书？

① 南朝宋·羊欣《古来能书人名》，《书学集成（汉—宋）》，河北美术出版社，2002年第1版，第47页。

唐张怀瓘作《书断》《书估》《书议》，于书论品鉴，涉猎广博，自谓真行可比虞世南、褚遂良，草则独步于数百年间；北宋朱长文用张怀瓘体例作《续书断》，品评唐初至北宋中期诸书家，而其书仿颜真卿。宋代黄伯思作《东观馀论》，于羲、献父子，各有上、中、下三论，而论例古今，无所不包，好古文奇字，尤善篆法，诸体精绝。元明之后，善鉴者愈众，而无不善书。唯南朝梁袁昂作《古今书评》，列自古至今，皆善能书者二十五人。史未见其书名，但善画。唐代李嗣真作《后书品》，又有《续画品录》，不见其书，工画鬼神。可见善鉴者不写之论，非是。又蔡邕善隶，参与校正六经文字，并为《熹平石经》书丹，作《篆势》《隶势》；王羲之被历代尊为"书圣"，作《笔阵图》《笔势论》等。南朝梁武帝萧衍善书，《淳化阁帖》录历代帝王法帖，见其草书，有《古今书人优劣评》一卷。唐代李世民、虞世南、欧阳询、徐浩等，均有书评书论，哪一个不善书？而孙过庭《书谱》，即是书评书论，更是法帖。宋之书法名家如苏轼、黄庭坚、米芾及高宗赵构，书法流传百代，书论品评亦精。如米元章之《书史》，赵构之《翰墨志》。元明清之诸书家，多有品评论鉴。如此，可见善写者不鉴的论断亦不成立。

　　是卫夫人说错了吗？后人把注意力放到了那个"不"字上。明人赵宧光在《寒山帚谈》中涉及这个命题时说："昔人言'善鉴者不书，善书者不鉴'。一未到，一不屑耳。谓不能鉴者，无是理也；果不能鉴，必不能书。"①他认为善书者不能品鉴，不合道理，如果不能品鉴评论，那一定也不能书。从书者必能鉴的角度说如此，那鉴者是否一定善书呢？他认为有两个可能：一是未到，一是不屑。所谓未到，应指所书与所鉴相校，达不到所鉴的境界，即今天所说的眼高手低。品鉴眼光过高，实践达不到自己所认知的境界、水准，所以不书。此不书，不等于不能书，不善书。所谓不屑，指的是主观态度，精务于品鉴，本基于书写体悟，至于放观书史，自以为不如，不屑于自书，其理可通。这种态度，不是不能书、不善书，而是以自知为基础的不去书。赵宧光在《寒山帚谈》的附录二拾遗中，举例对自己的理解做了补充。他说：国朝吾吴以

①明·赵宧光《寒山帚谈》，《明清书论集·上》，第328页。

书画甲天下，惜乎风气所钟，又陷于善书不鉴一语。趋其华不趋其实，遂令名世者多，传家者寡。苟不必争名，即不必避善鉴不书之诮。余作《帚谈》《绪论》，知无不言，言无不尽，评论金石，穷案极断。试令轩、颉、籀、斯，当必为我击节。上古无论，切按丞相、中郎、太尉、右军以及晋、唐而下名世大家，无不有笔法，条论具在。其间托名伪作者无论矣，其人自书勒石者何限，而谓"善书不鉴"，"善鉴不书"，正不然也。①赵宦光生活在明嘉靖、天启年间，南直隶太仓（今江苏太仓）人，既是书法家，又是文学家。他精于篆书，与其妻隐于寒山，夫妇皆名于时，造门求见者众多。从上一段话中，可以见出他的坦然与自信，他对书、鉴关系的理解，也是有理有据，较为客观的。

或者还有一种理解，就是不重，侧重的重。善鉴者不写，非不能写，非不到，亦非不屑，而是不重，即没有把注意力、功夫下到写上，而是专务于品评赏鉴了。善写者不鉴，是把主要精力用在了写上，而没有专意去品鉴。但善鉴者非不能书，善书者非不能鉴，鉴赏与书写于理相通，不能非此即彼，不是舍此取彼，而是亦此亦彼，或可厚此薄彼而已。

这一论题的讨论中，为书法教育过程中如何处理书写与品鉴的关系提供了有益的启示。其一，书法教育的重心不仅仅是书写，还包括品鉴，而且两者应该具有同等重要的地位。其二，现行的书法教学用书，都是以书写为重心的，重书写轻品鉴是一种普遍现象。其三，书法教育以写字为基础，而不是以书法为基础，意味着在写字的基础上，可以形成两条发展理路：有的以书写为追求目标，有的以品鉴为追求目标。其四，从书法教育的现状出发思考，培养书法家不应是书法教学的目的，因为这是最终只有少数人可以追求的境界，是小众的、机缘的、受制于天赋的。但培养和提高一代喜欢书法、懂书法、能够欣赏书法并传承书法文化的人，这个目标是当务之急，也是大众的、社会的，特别有现实意义的。

①明·赵宦光《寒山帚谈》，《明清书论集·上》，第360页。

第三节
书法教材编写的建议

在讨论了上述问题之后，对于书法教材的编写，应该有一个更全面、深刻和科学的认识了。这些问题既来自对书法教育目标的思考，也来自书法教育现实和实践的分析。书法教育、教学要完成的，是有质量、有节奏、有侧重、有规律地走完从实际到目的、目标之间的那段距离，书法教材则在这个过程中起着导引、规定、步骤和趋向性作用。

一、不要低估了学生们的接受、理解和感悟能力

几乎所有的教材都会考虑到学生的接受能力问题，甚至主张或尽力用孩子的语言去表述。这种出发点一是很好，二是多余。就小学三年级学生而言，他们对文字已经有了很清楚的认识。按照教学大纲的要求标准，进入三年级的孩子，应该认识常用汉字1600个到1800个，其中会写800个到1000个；三年级完成、累计认识汉字要达到2500个左右，要求会写1800个左右。可以说，他们不仅有了文字的认知能力、理解能力和书写能力，还有了两年以上的书写实践。对于毛笔书法而言，他们首先面对的，是换了一种书写工具，随之而来的，是书写方式、要求的变化。历史地看，《周礼》规定八岁入小学，保氏教国子，先以"六书"，古人都是用毛笔书写。这个年龄，比三年级的学生还要小一些。古人能做到的事情，今人一定可以做到。现行的学校教育制度没有建立之前，小孩子入私塾、请先生，年龄也较现在三年级的学生要小。更何况，现在的小学生已有两年的书写实践。

至于担心学生听不懂，便更加没有必要了。《三字经》《百家姓》《千字文》，以及《朱子家训》《声律启蒙》《千家诗》《幼学琼林》，直至《四书》《五经》，这些内容，本是小学生的蒙学课程，哪个不比现在的难懂？用孩子的语言编教材，更是没有必要

了。事实上，孩子虽然有自己年龄段的语言特点，但他们从来不是在这样的语言环境中长大的，相反，他们从学习语言时开始，就一直生活在成人的语境中。

二、提高学习者的书写能力是基本目标

书法课的基本目标，是使学生能够用传统的书写工具写出合技巧、合规范的文字来，从中体会和领悟毛笔的书写特性，并能够掌握它、控制它、灵活自如地使用它。毛笔的最大特征是软，但写出来的字却可以刚健有力；毛笔的最大特征是一支笔，可写粗，可写细，可写直，可写曲，可如阵云排闼，可如怪石嶙峋，比硬笔要丰富得多，奇异得多，具象得多，变化得多。毛笔的最根本特征，是可以通过笔画的形态变化，表现人的情感、创造不同意境、体现人品性格、反映人的学问素养。对于中小学生来说，这是要通过传统的书写工具毛笔所了解的。

正是毛笔有这些特征，才会比硬笔难于把握和控制，才有不断学习、追求、进步的空间。书法课程对书写能力的要求应该是基本的，能够熟悉并熟练使用毛笔书写，能够写得合技巧、合规矩，能够在书写中体悟书写的乐趣，能够写得合于法度，有板有眼，能够为学生发展兴趣和未来的书写打下正确的基础，这就足够了。

三、培养学习者的书法审美能力是重要目标

如果说书写能力是一种输出能力，通过笔画、结体、文字、信息把自己的主观愿望、想法、色彩、品格传达给别人，或作为一种客观存在，等待别人去感受、理解和接受、评鉴，那么，审美能力就是一种接收能力，对于一件客观存在的书法作品，去感受、理解、品鉴、发现它的内容、特点、风采、神韵以及创作者的主观态度、人品修养、创作情境及艺术境界。这是一个从感性开始的理性选择过程，每个接收者都会根据自己的经验和认知基础，发现美的，摒弃丑的。对于书法教育而言，这种接受的对象，既有源远流长、色彩纷呈的中国书法史，也有眼前的书法现象、作品和书写现实。正是从这个角度说，欣赏能力更具有普遍意义和社会性，甚至

更加实用。同时，也会对书写形成正面导引和正确示范的作用。

书法的审美能力培养是从感受美开始的。什么是美呢？关于美的性质、定义，千百年来众说纷纭、莫衷一是。有的说美是和谐，有的说美是完善，有的说美是关系，有的说美是生活。有人认为美是客观的，也有人认为美是主观的，有人认为美是主、客观的结合，也有人认为美是超自然的，于是形成了许多美学流派。大家在分歧中也有共识，如认为美分为自然美、社会美和艺术美。从本质上说，美是人的本质力量的对象化。人的本质力量是人的自然属性和社会属性的总和；人的本质力量对象化是人创造物质财富和精神财富能力的总和，表现为社会实践、自然的人化和艺术创造。美是以人为出发点，在客观事物——包括自然的、社会的、艺术的之中看到的人的力量，人的本质。从感受开始，就是感受自然、感受社会、感受艺术品，从中认识人类的自我。这是一个人类反观自我的过程。所以，美的本质，总是以人为出发点的，又总是以人为终点的。

书法呢？当书法作为艺术品展示时，首先要在书法中看到人的本质力量，看到作者通过文字载体和书体样式展现出来的气象、韵味、神采以及人的自我、人性的自我和人类美好情感的自我。说得通俗一点儿，就是欣赏书法作品的人，看到了自己认同的情趣、力量、势态和追求。

书法的审美能力培养要提高对美的理解力。"美"与"美的"是有区别的。"美"是本质，"美的"则可以是具体的现象、事物。感受美，是对美的客观存在的认同。但作为能力，知其然还要知其所以然。说一幅作品是美的，要回答为什么是美的。这个为什么可能不在嘴上或笔下说出来、写出来，但对于欣赏者来说，他的心目中一定要对为什么是美的有自己理解、分析、认定的理由。尽管面对同一幅书法作品时，不同审美主体可能产生不同的评价，甚至大相径庭，结论完全相反，但如果都能阐明自己的理解，说出为什么，真理就会越辩越明。理解力在本质上是依据一定的标准，感受、衡量、评价作品的过程。标准越客观、越具有社会共识，就越能取得大众认同。而凭借一己之好、个人成见甚至歪理邪说，就会背离正确的审美方向。

　　书法审美能力培养要在具体作品美的内容中加以体现。一幅作品客观地存在那里，反应不一，自己认为好、美，那是自己的事，但大家可能不认同，不服气。指出具体的内容，讲清道理，才能让人心服口服，才能反映个人的审美鉴赏能力。这就是主观认知与客观存在相统一的审美过程。辽宁省博物馆举办《又见大唐》书画展，后又召开了书法艺术研讨会。展出中的张旭《古诗四帖》引人瞩目，观者云集。怎样品鉴、欣赏这幅作品呢？本书作者在《张旭之颠与〈古诗四帖〉》一文中是这样写的：

　　　　《古诗四帖》本是一件有争议的作品，北宋入内府，《宣和书谱》著录。南宋为权相贾似道窃据，明归华夏真赏斋，后入项元汴天籁阁。清入内府，题名张旭，《石渠宝笈》列为赝品。当代著名书画鉴定家谢稚柳先生在《鉴馀杂稿》中不仅论例了真赝之争，还以势论帖，显真知灼见。他在《唐张旭草书〈古诗四帖〉》一文中，以势别脉，因派证帖，先举怀素《自叙帖》涉论，虽素书的风格"细劲如鹭鸶般"，"至于笔势，很多地方都与这卷脉络相连，条贯相通，明确地显示了两者之间的渊源关系"。又举颜真卿行书《刘中使帖》，以其"逆笔"证与《古诗四帖》"书势之一脉相通。"他认为这种"血脉相连的关系"是辨证此卷为张旭真笔"唯一的实证"。继而总结说："从晋唐以来的书体发展来看，这一卷的时代性，绝不是唐以前所有，而笔势与形体，也绝不为晋以来所有。从王羲之一直到孙过庭的书风都与这一卷大相悬殊，迥异其趣，这一流派的特征，在于逆折的笔势所产生的奇气横溢的体态，显示了上下千载特立独行的风规。"

　　　　奇气横溢的态势，正是《古诗四帖》的突出特征。这一特征由"逆折的笔势"而来，由横不厌舒、纵不厌展而来，这正是唐韦续《墨薮》中所说的"张旭笔锋诡怪，点画生意"，只是谢稚柳先生说得更加浅近、明白而已。所

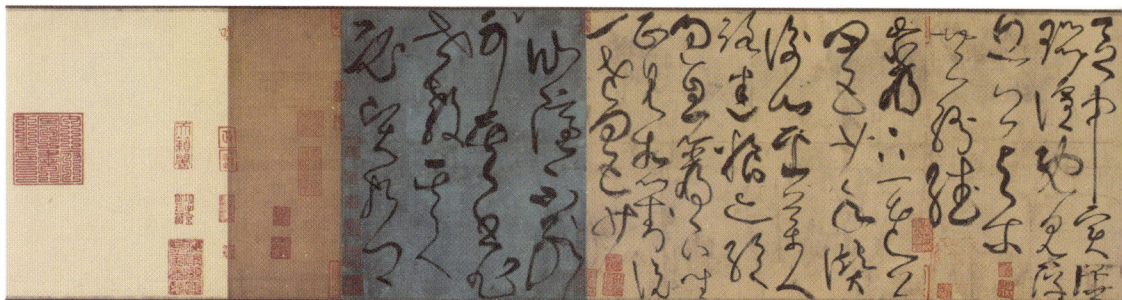

以，《古诗四帖》的体势仍然承袭着草法的一笔连贯，但笔势，则生发出逆锋盘纡的意趣，更以连纵放扁为形势，以偃仰僵仆为态势，从而形成了晋以来所未见的风规，与世称之"颠"达成了相辅相成的笔墨对应。何谓神？非意所到，可以识之，破法立新曰奇。何谓颠？纵横恣性，不履常轨，放任无方曰逸。毫无疑问，奇气横溢张扬了草书横势的颠逸情状。张怀瓘在《书议》中说："草与真有异，真则字终意亦终，草则行尽势未尽。"所谓一气势贯，通章不隔，纵横取势，张旭无疑是更胜一筹的。

张旭的《古诗四帖》是大家都熟悉的，众口一词，无不称道，但美在哪里却多不明究竟。在烟云缭绕、变幻莫测之中，与王羲之、孙过庭、怀素比较，奇气横溢的态势是其最突出的特征，美就美在于各家草书一笔连贯之外，加入了逆笔横溢的奇趣。这样，就回答了张旭草书之美的为什么。

书法审美能力的培养，必须在发现美上下功夫。美是客观存在的，但如果缺少了发现美的眼睛，抑或扭曲了美，都是审美能力培养所力戒的。发现美的核心，在于提高审美意识，形成审美自觉。不是视而不见，不是人云亦云，而是在实践中体察人类的本质力量，并反观现实，反观自我。在于校正审美情趣，对于世俗、低俗、庸俗的现象有鉴别能力，对于假恶丑有旗帜鲜明的反对态度，对于各类旁门左道的书法现象不随声附和，能主动抵制。在于形成

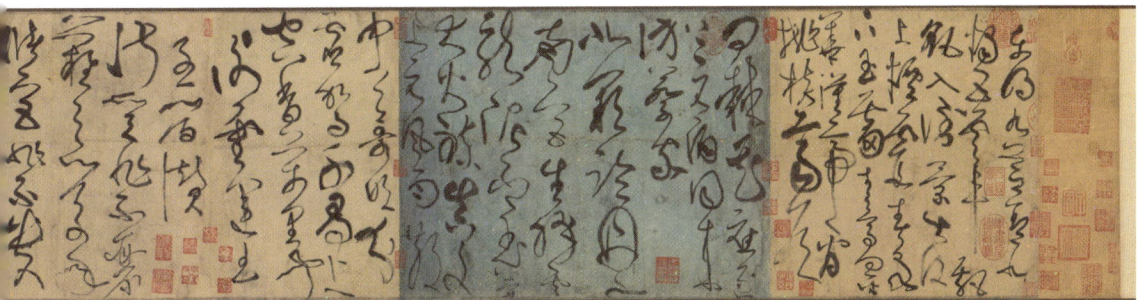

唐·张旭《古诗四帖》

正确的审美价值观和审美追求，吸收传统的书道精华，建立正确的判断标准，积极进行审美体验和指导审美实践。而审美能力培养的目的，在形成大众审美思潮的同时，也必将促进创造美的氛围和能力提高。

四、以书法艺术、书法文化为切入点，播下传承中华优秀传统文化的种子

书法对于中华民族的后人而言，是标志性的、符号性的。写好中国字，做好中国人是一个时代性的命题。当从书法教学这一个点切入时，在直接的意义上是学习书写，提高对中国书法艺术魅力的感知和赏鉴水平，在更深层次的意义上，则将因此扩展开来，让继承、弘扬中华优秀传统文化的种子生根发芽，开花散叶。

一是从文字、文化的源远流长看中华民族优秀文化的强大生命力。从甲骨文至今，中国有文字实物记载的历史已经有3300多年了，从文字的发明创造到甲骨文这一成熟的汉字文化系统，至少要经历千年以上的时光，所以，中华文明五千年的历史是有据可依的。正是因为有了文字，中国的文明史才进入了信史时代。也正是有了文字，才有了文化的记录、传承和发展。甲骨文字仍然是活着的文字，凭借几千年不变的文字工具，使中华民族的文化血脉从未中断。当使用英语的当代人已经读不懂莎士比亚和乔叟的原文时，中国十几岁的孩子，可以背诵唐诗宋词，可以读懂诗经楚辞，可以从先秦诸子的文化智慧中直接汲取文化养料。这是文字传承之功，

这是文字繁衍生息之力。正是这种依托文字、书写、记录所形成的文化接力，昭示了中华优秀传统文化的强大生命力。

二是从文字适应社会生活需要和人民大众的学习需要，因时而变，与时俱进，看中华优秀传统文化的亲和力。从甲骨文到大篆、小篆，中国文字形成了第一次规范和统一，这对文化传承、百川汇海至关重要。汉承秦制，但文字为了适应战争、书写和大众文化的需求，变小篆为隶体，完成了文字从象形到符号的关键一步，还出现了专门对汉字形、音、义进行汇集、例释的《说文解字》，从而开字书之先河。两汉是汉字隶定的时代，从此至今两千多年形体未变。两千多年来，人们的日常生活与文字、书写、信息交流息息相关，社会发展进步与文字的使用相互作用。即便是在国家南北分朝的时候，文字仍然统一，文化仍然统一。文字与时代共存，统一使用汉字之时，就是文化亲和之时，就是血脉相连的民族关系、文化关系。

三是汉字书写从工具到艺术，彰显了中华民族的伟大创造力。没有哪一个民族能像中华民族这样，把文字演化成一种伟大的艺术。文字、书写的最初功能就是记录、传达和交流，是信息载体，是文化工具。在汉字符号化之后，由于改变了最初的形象因素，文字自身的工具性更加突出了。但正是在汉末，出现了草书、行书等书写样式，在继续工具性作用的同时，开始迈开艺术化的步伐，从而经历了两千年的工具性、艺术性并行并存的时代。正是在这个过程中，在民族后人的血脉里，积淀了艺术家的情趣、气质和文化基因。每一个中国人都具有写一手漂亮中国字的潜能，每一个中国人都可以从文字的艺术传承中获得一份创造力。所以，当硬笔及电脑取代毛笔甚至取代书写时，汉字书法，便以独特的艺术品格出现在厅堂之中了。

四是从汉字文化对民族后人形成的文化归属感中，感受文化的凝聚力。每一个中国人在异质文化的环境中看到中国字时，都会产生一种发自内心的亲切感、自豪感、归属感。这是我们的文化符号，我们属于这一文化体系，这是因为文字就是一种标识，就会产生一种发自心底的凝聚力。也正是因此，在全世界各国的唐人街和华人聚集的地方，都会挂上汉字牌匾，挂上汉字书法。这种归属意识未必是完全自觉的，恰恰是这种不自觉，流露了一个民族的文化倾向。一个中国字，就足以把一群中国人召集到门下。这就是汉字文化的力量。

第四节
建构综合性的书法教材体系

书法教材必须承载书法教育的基本目的，在提高书写能力、培养审美能力、传承书法文化的目的中，首先要进行书法教育的理念分析。

一要明确汉字书写能力与书法的理论关系。在书法教育的基本理念中，《纲要》指出："书法教育既要重视学生汉字书写的实用能力，还要渗透美感教育，发展学生的审美能力。……中小学书法教育要让学生掌握汉字书写的基本规范和基本要求，还要关注学生在书法练习和书法欣赏中的体验、感悟和个性化表现。……中小学书法教育要注重基本书写技能的培养，不断提高书写水平。同时在教学活动中适当进行书法文化教育，使学生对汉字和书法的丰富内涵及文化价值有所了解，提高自身的文化素养。"

如何处理这些规定中"要"与"还要"的关系呢？从理论上说，重视书写能力的培养，掌握汉字书写的基本规范和要求，培养书写的基本技能，都是写字课的要求，还不是书法。写字课也是有法的，也是技能、技巧、技艺的训练过程，但未能从书法艺术的角度立意。恰恰是那些"还要"，美感教育、审美能力、个性化表现、书法文化，才是必须给予足够重视的书法教育内容。

二要明确汉字书写能力与书法的实践关系。《纲要》中规定的书写目标，是掌握毛笔的书写技巧，提高书写技能，能写规范的毛笔字，为学生的发展打基础。打什么基础呢？显然是个人发展的基础，而不是打下当一个书法家的基础。会写规范的毛笔字是大众化要求，而能成为书法家的永远是少数。除了勤奋、刻苦的努力外，个人的艺术天赋决定了绝大部分学习者不可能成为书法家。所以，书法教育不是培养书法家的，而是通过这一教育过程，让更多的人了解书法，懂得欣赏、品鉴书法，热爱书法，能够自觉地成为书法艺术的宣传者，在大众化的、高水平的书法艺术氛围中，起到推动全社会传承书法艺术、书法文化以及中华优秀传统文化的目的。书法是从写字开始的，从写字时播下文化种子，但写字还不是书法，仅仅是书法学习的初始阶段，播种的意义远远大于艺术、文化的传承、弘扬意义。所以，《纲要》中把提高汉字书写能力作为基本目标，同时也强调"以书写实践为基本途径"，融入书法审美和书法文化教育。

三要明确书法教材与书法教育目的的关系。在书法教育的过程中，要注重书写，强调书写，甚至从书写入手，在实践中进行书法艺术的审美教育，播下传承书法艺术、书法文化及中华优秀传统文化的种子。但对于教材编写而言，这个立意过程需要立足根本，高屋建瓴。立足于传承和弘扬中华优秀传统文化，以让学生感受文字之美、书法之美、艺术之美、提高审美能力为重心，通过具体的实践、训练手段，让学生走进书写，了解书法，形成正确的书法艺术观和艺术认知能力，这样才合情合理，才更加科学、全面、合规律、合目的。

在书法教育理念分析的基础上，再来审视今天通行的书法教学用书，就不难发现问题了：过于强调书写训练，把教材停留在了写毛笔字教材的高度上。而真正合于书法教育目的的教材，需要打破现有的框架，建构新的书法教材体系。这个体系将是综合性的，以提高书法艺术的欣赏能力为主线，贯穿始终，体现目的性。以提高书写能力为具体目标，作为途径和过程，体现规律性，为传承书法艺术、书法文化和中华优秀传统文化打下发展基础。

一、先入为主，从感知、欣赏书法艺术开始

通行的书法教材，一般是从执笔、入法开始的，知识体系、训练体系都是如此。换言之，是从写字开始，大多不了解书法为何物，随着执笔、临帖，才可能接触到书法的有关内容。从感性认知的角度说，这种起点很容易把学生的眼光限定在写字上，限定在技法、技巧上。又加写字非一日之功，一旦先入如此，便务于书写上求之，其他便处于次要的位置了。对于书法教育而言，学习者最先感知的应该是什么呢？一为书法史常识；二为字体演变常识；三为各体的法帖及书写样貌；四为历史上著名的书家书作。前两者可以一同展示，后两者可以穿插进行。

中国的书法史，首要探讨的是文字、书法与现实生活的关系。文字从创造之初，就是为了满足交流需要，服务现实生活的。甲骨文距今3300年，是殷商时期占卜的卜辞，是古人对所卜之人、之事、之结果的记录。殷商凡事必卜，战争、天气、行事、顺逆，信天问卜，是生活中最重要的事情之一。所用的材料是龟甲、兽骨。从甲骨文中"册、典、编"诸字可以得知，当时已经有简牍在使用，只是今天的考古发掘没有发现实物而已。至于錾刻模铸在青铜器上的大篆，刻在摩崖上的小篆、隶书，以及其他字体的刻石文字，都是在纸张没有发明之前的载体。这些不同的介质，客观上限定和制约了文字的书写，这时候没有草书的出现是历史的必然。而字体的变化，既要适应书写工具、材料的制约，又要为生活服务，提供便捷的书写传达方式，所以隶书出现了，楷书出现了，章草及后来的今草、行书出现了。当然，每一种字体的出现，都有一个具体的文化背景，也有具体的创造者，如沮诵仓颉造字，史籀作大篆，李斯作小篆，程邈作隶书，等等。

汉末以前的遗留文字，大多是没有书者姓名的，但每个书者都会有自己的风格。所以在欣赏历代流传至今的法帖时，因其风格不同，体势气象，神韵风采，成为今天学习的不同范本。汉末之后，有些书写后面留下姓名了，抑或书人没有写上自己的名字，但历史上有了记载，便有了从遗迹风格到书者生平的考辨可能。梁武帝萧

衍说王羲之"字势雄强，如龙跳天门，虎卧凤阁"①，袁昂说"王右军书如谢家子弟，纵复不端正者，爽爽有一种风气"②。什么风气？看看《兰亭序》，参照王羲之的手札，再参考怀仁的集字，便能从时代到作者，从作者的人品格调到字体书体风貌，有一个全面的了解了。书作的风格特点，人品的生平行迹，时代的俗尚风习，统一构成了所以是这一个人、这一个作品的缘由。这已是品鉴欣赏了。

书法教育为什么要从感知、欣赏书法艺术开始呢？

一是中国书法艺术的丰富性，将为学习者建立厚重的历史感打下基础。

一部书法史，绵延几千年，丰富性体现在人物代出、传承各序、遗存众多、风貌各异上。这是一幅由众多的书家、作品、故事形成的文化长卷。从传承的角度说，丰富就是绵长，就是分枝散叶，就是创造发展，就是流派纷呈。清人阮元在《南北书派论》中，曾对书法传承关系进行梳理，并形成了南北异派的结论。他说：

> 书法迁变，流派混淆，非溯其源，曷返于古？盖由隶字变为正书、行草，其转移皆在汉末、魏、晋之间；而正书、行草之分为南、北两派者，则东晋、宋、齐、梁、陈为南派，赵、燕、魏、齐、周、隋为北派也。南派由钟繇、卫瓘及王羲之、献之、僧虔等，以至智永、虞世南；北派由钟繇、卫瓘、索靖及崔悦、卢谌、高遵、沈馥、姚元标、赵文深、丁道护等，以至欧阳询、褚遂良。南派不显于隋，至贞观始大显。然欧、褚诸贤，本出北派，洎唐永徽以后，直至开成，牌版、石经尚延北派馀风焉。南派乃江左风流，疏放妍妙，长于尺牍，减笔至不可识。而篆隶遗法，东晋已多改变，无论宋、齐矣。北派则是中原古法，拘谨拙陋，长于碑榜。而蔡邕、韦诞、邯郸淳、卫觊、张芝、杜度篆隶、八分、草书遗法，至隋末唐初（贞观、永徽金石可考），犹有存者。两派判若江河，南北世族不相通习。至唐初，太宗独

① 南朝梁·萧衍《书评》，《书学集成（汉—宋）》，河北美术出版社，2002年第1版，第78页。
② 南朝梁·袁昂《古今书评》，《书学集成（汉—宋）》，河北美术出版社，2002年第1版，第75页。

①清·阮元《南北书派论》,《历代书法论文选》, 上海书画出版社, 2014年第1版,第629—630页。

②清·阮元《北碑南帖论》,《历代书法论文选》, 上海书画出版社, 2014年第1版,第636页。

善王羲之书,虞世南最为亲近,始令王氏一家兼掩南北矣。然此时王派虽显,缣楮无多,世间所习犹为北派。赵宋《阁帖》盛行,不重中原碑版,于是北派愈微矣。①

　　阮元的北碑南帖之论,对清中后期的书学发展影响很大,由清初学董其昌所衍成的"颓靡之气"而回归北碑。南朝敕禁刻碑之事,是以碑碣绝少,惟帖是尚,字全变为真行草书,无复隶古遗意。阮元在《北碑南帖论》中举例说:"即以焦山《瘗鹤铭》与莱州郑道昭《山门》字相较,体似相近,然妍态多而古法少矣。"②南帖北碑之分,即是传承之异,也是风格之异,南帖疏放妍妙,尽为真行草,北碑拘谨拙陋,长于碑榜书。从南北不通习到唐初王氏一门兼掩南北,不仅让人看到了书法史的发展传承不同,风貌各异,也看到了王氏一门兼掩南北背后的推举力量。阮元之后,清人尚古,以朴茂却颓靡,复古之风与认知和理论的关系亦且分明。这一切,历史,时代,人物,故事,遗存,风貌,传承,变法,分分合合也好,曲折流变也罢,都是对丰富的充实,都是历史的真实,都将启迪学习者在丰富中用历史的眼光品鉴、赏识、取舍、学习。

　　二是中国书法艺术的多样性,能够开阔学习者的文化视野。

　　什么是多样性的标志呢?历史发展了,字体变化了。从一种字

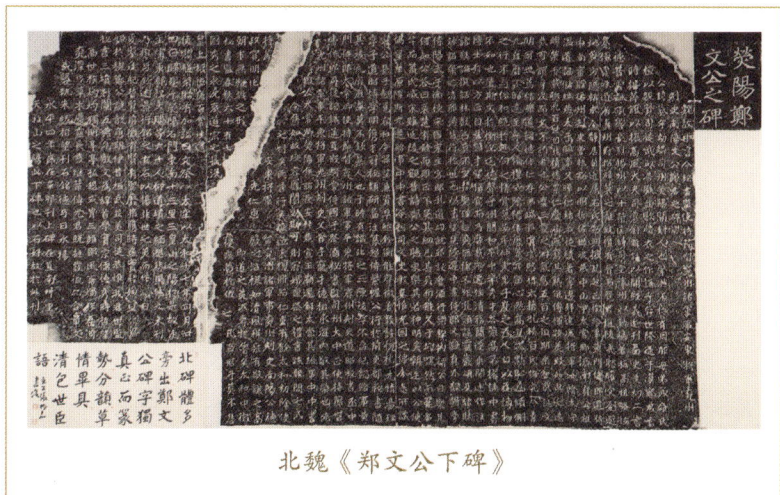

北魏《郑文公下碑》

体到另一种新字体的出现，不是前面的字体废弃了，而是仍然在传承，时虽不用，史不曾弃。因此，当代书法从甲骨文、大篆、小篆到隶、草、楷、行，均有人学习、传承。一种字体，由于书家的不同，形态神采风貌又不同。比如楷书，从小楷到大字碑版，从魏碑到晋唐书迹，色彩纷呈，琳琅满目。随着书法的历史传承过程，时代不同，风格不同，追求不同，审美观不同，法度技巧也在变化发展。晋人是一种韵致，魏碑是一种风貌，唐人是一种法度，宋人又是一种气象。多样性是丰富性的一种表现、呈现方式，是从字体的形态、书体的风格、不同的意趣、法度的角度展示的。对于书法教育而言，学习者的眼界越宽，了解的字体、书体面貌越多，便越能在欣赏鉴别发现中找到和选择自己的所爱。由于学习之初的视野不够开阔，很多学习者对于从何体何帖入手一片茫然。让学习者选择自己喜欢的字体、书体，对于初学者是十分重要的。唯其所爱，才能激发和保持学习兴趣。因为视野不够，便失去了选择的机会，有的由教师指定，有的按教材教学。而选择自己喜欢的理论依据，是个人审美与所选字体、书体美学特征的一致性。

为了展示中国书法的总体风貌，见识字体，欣赏法帖是一个最便捷的途径。为了便于展示和选择，我们从中国书法的历史长河中，选录了有代表性的字体、书体，分门别类，分录如下：

1. 篆书：（殷商—秦）

   1.1　甲骨文

   1.2　墙盤铭

   1.3　猷簋铭

   1.4　散氏盘

   1.5　毛公鼎

   1.6　石鼓文

   1.7　秦诏版

   1.8　李斯《泰山刻石》

2. 隶书：（汉—晋）

   2.1　简帛书

西周《散氏盘》

汉代帛书

汉《礼器碑》（局部）

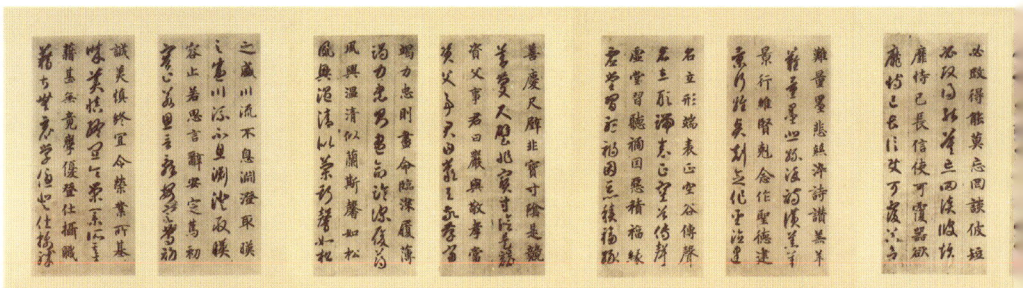

北魏《张猛龙碑》　　　　　　北魏《张黑女墓志》

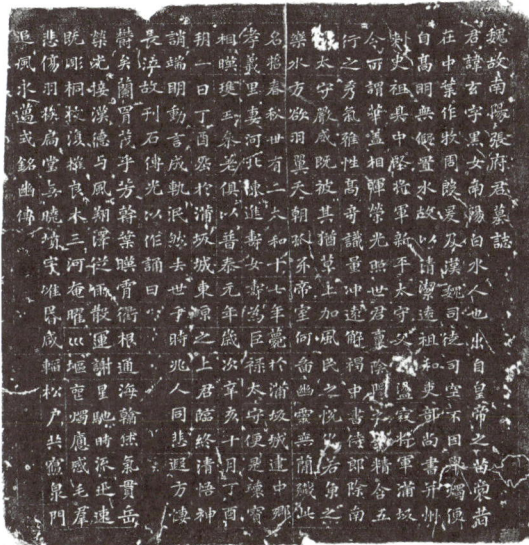

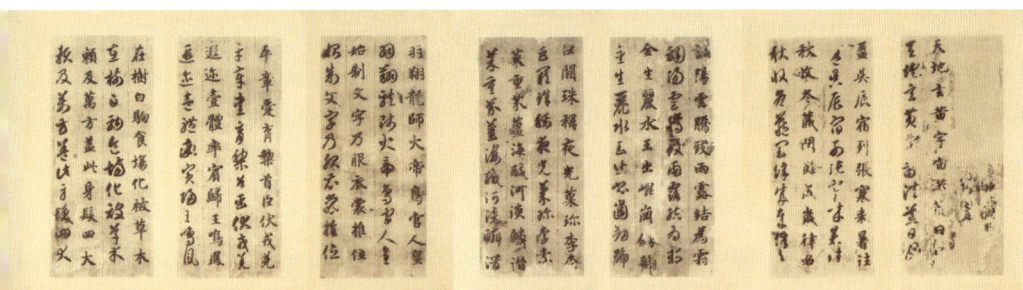

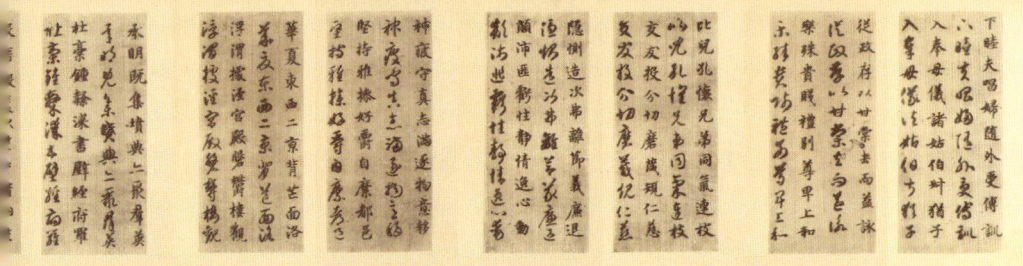

隋·智永楷书、草书《千字文》

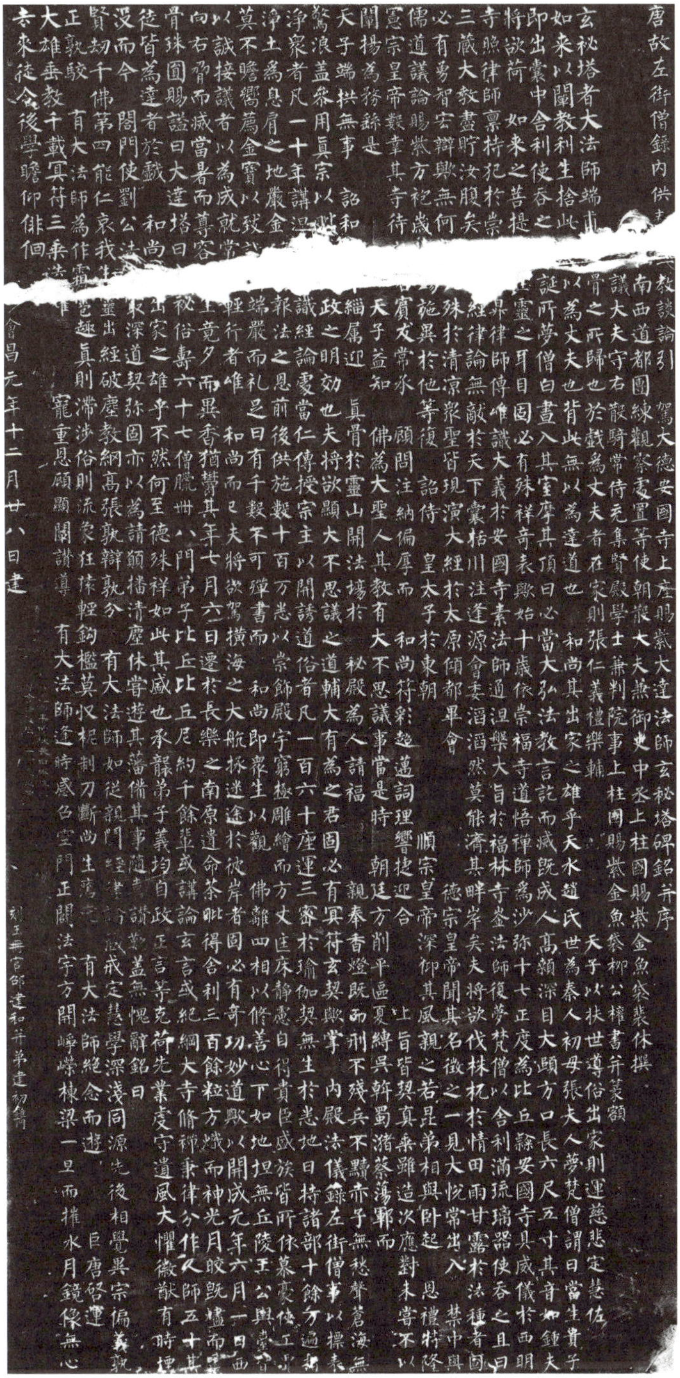

唐·柳公权《玄秘塔碑》

棄則又割意不敢獻聞深念天下今為已平
權之委質外震神武度其拳拳無有二計高
尚自疏況未見信今推款誠欲求見信實懷
不自信之心亦宜待之以信而當護其未自信
也其所求者不可不許許之而反不必可與求之
而不許勢必自絕許而不與其曲在己里語
曰何以罰與以奪何以怒許不與思省所示報
權疏曲折得宜神聖之慮非今臣下所能
有增益昔與文若奉事先帝事有數者
有似於此粗表二事以為今者事勢尚當有
所依違顧若思省若以在所慮可不須復具
節度唯君恐不可采故不自拜表

三国·魏·钟繇《宣示表》

景行維賢克念作聖德建
名立形端表正空谷傳聲
虛堂習聽禍因惡積福緣
善慶尺璧非寶寸陰是競
資父事君曰嚴與敬孝當
竭力忠則盡命臨深履薄
夙興溫凊似蘭斯馨如松
之盛川流不息淵澄取暎
容止若思言辭安定篤初
誠美慎終宜令榮業所基
籍甚無竟學優登仕攝職
從政存以甘棠去而益詠
樂殊貴賤禮別尊卑上和
指薪修祜永綏吉劭矩步
引領俯仰廊廟束帶矜莊
爽回贍眺孤陋寡聞愚蒙
等讀謂語助者焉為哉乎也
崇寧申中中謝賜童貫殿書

尚書宣示孫權所求詔令所報所以博示
逐于卿佐必異良方出於阿是爾蒙之
言可擇郎廟況㣧始以疏賤得為前恩橫
所貽睍公私見異愛同骨肉殊遇厚寵以至

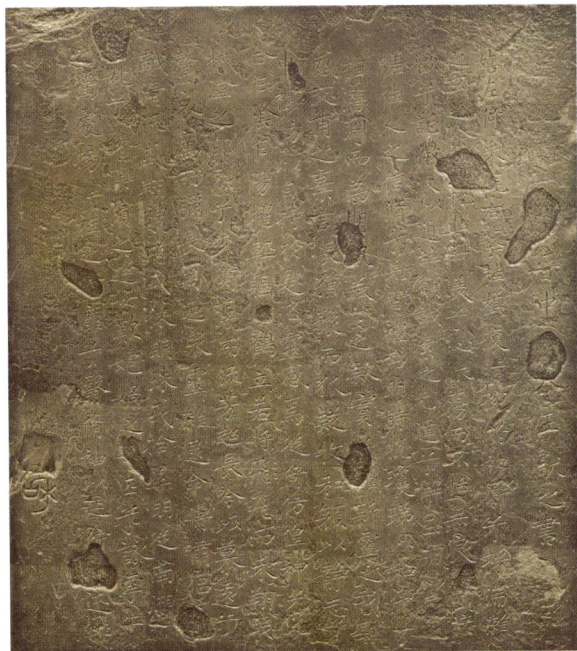

王献之书洛神赋十三行（碧玉版）

千字文
天地元黄宇宙洪荒日月
盈其辰宿列張寒來暑往
秋收冬藏閏餘成歲律呂
調陽雲騰致雨露結為霜
金生麗水玉出崑崙劍號
巨闕珠稱夜光果珍李柰
菜重芥薑海鹹河淡鱗潛
羽翔龍師火帝鳥官人皇
始制文字乃服衣裳推位
遜國有虞陶唐弔民伐罪
周發商湯坐朝問道垂拱
平章愛育黎首臣伏戎羌
遐邇壹體率賓歸王鳴鳳
在竹白駒食場化被草木
頻及萬方蓋此身髮四大
五常恭惟鞠養豈敢毀傷
女慕貞絜男效才良知過
必改得能莫忘罔談彼短
靡恃己長信使可覆器欲

北宋·赵佶《千字文》

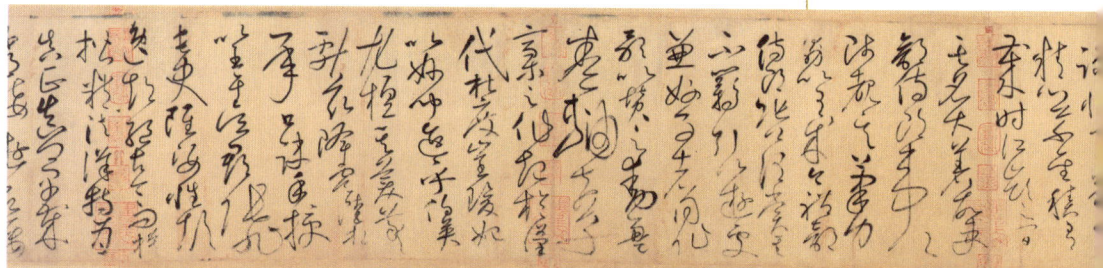

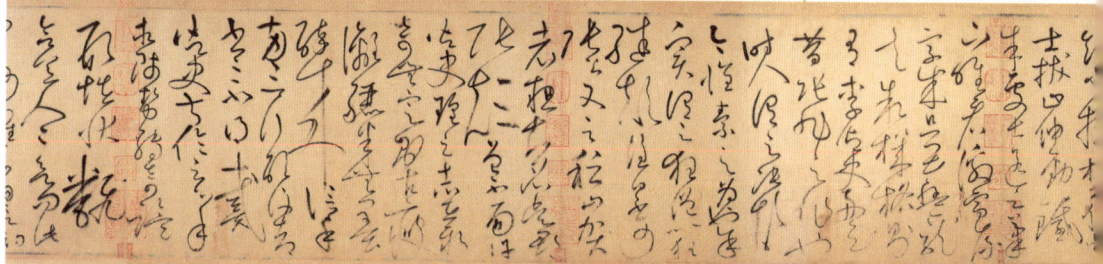

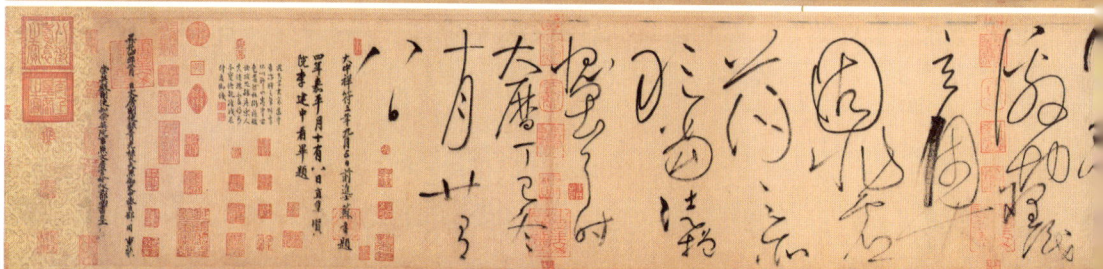

隋《杨异墓志》

隋《董美人墓志》

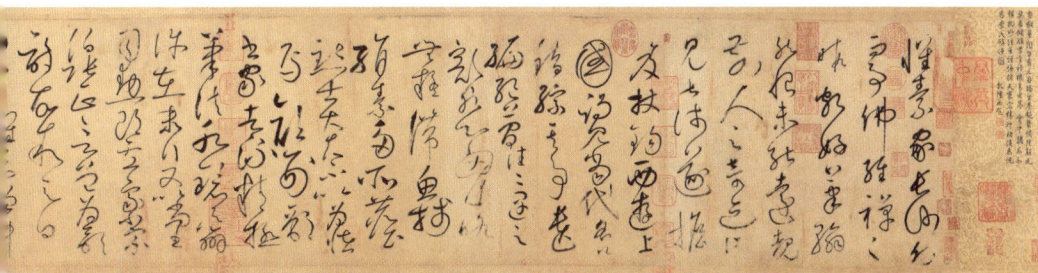

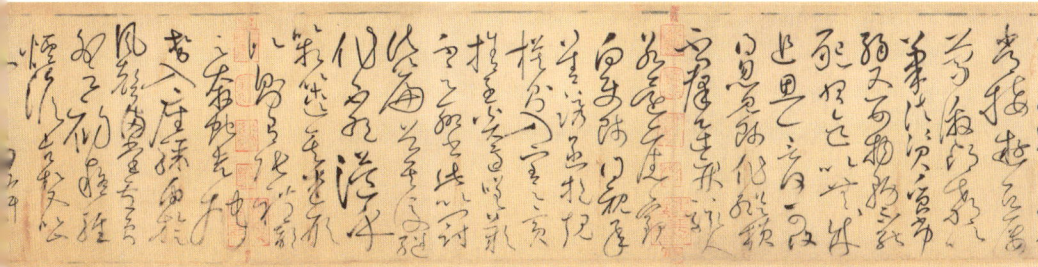

唐·怀素《自叙帖》

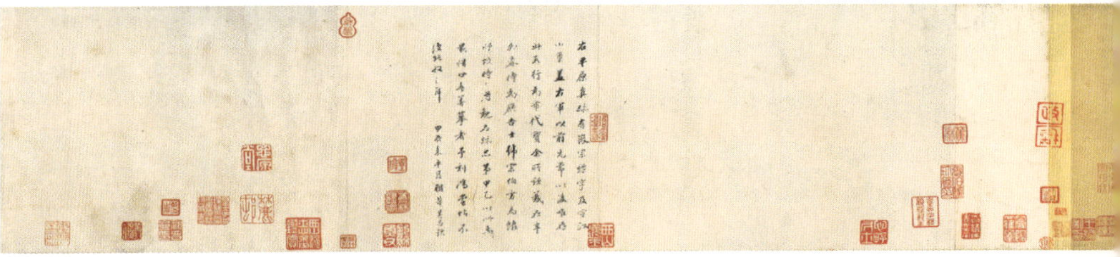

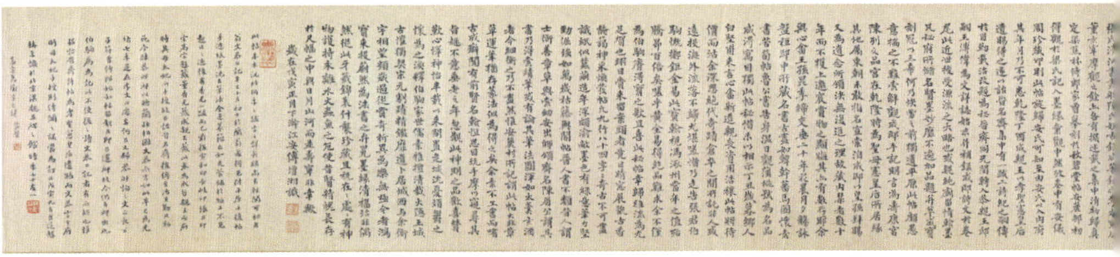

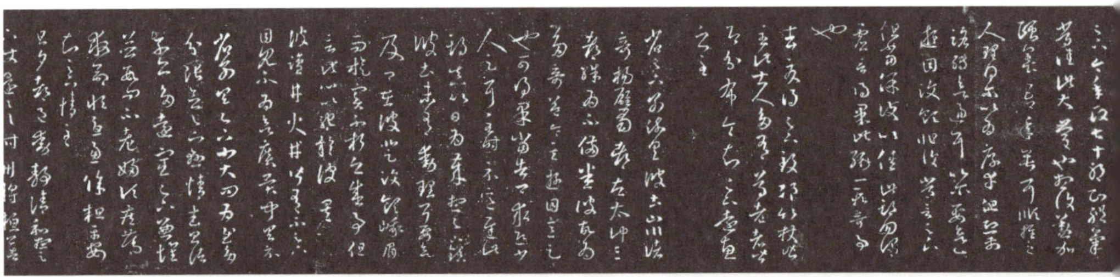

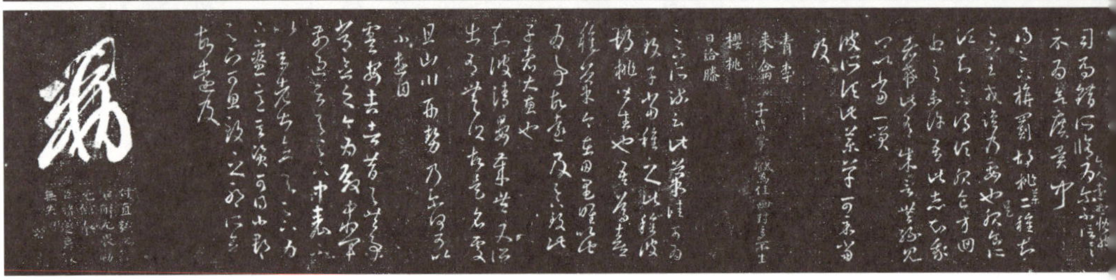

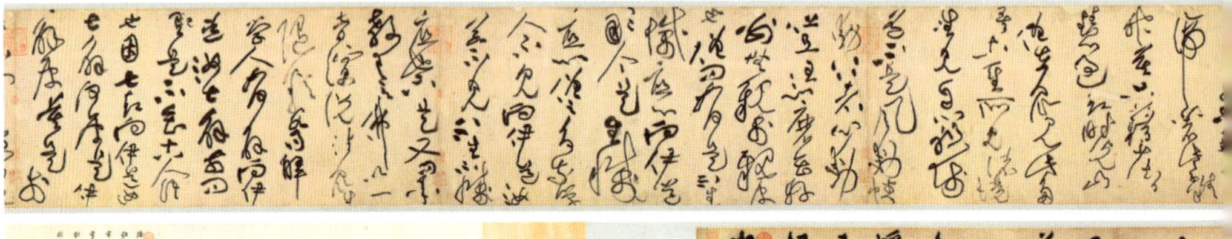

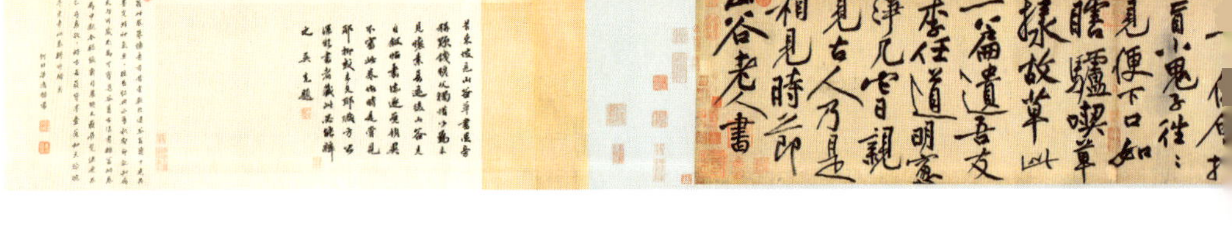
盲小鬼子往往
見便下口如
瞎驢喫草
樣故草此
一篇遺吾友
李任道明窗
淨几宜親
見古人乃是
相見時節
山谷老人書

西晋·陆机《平复帖》

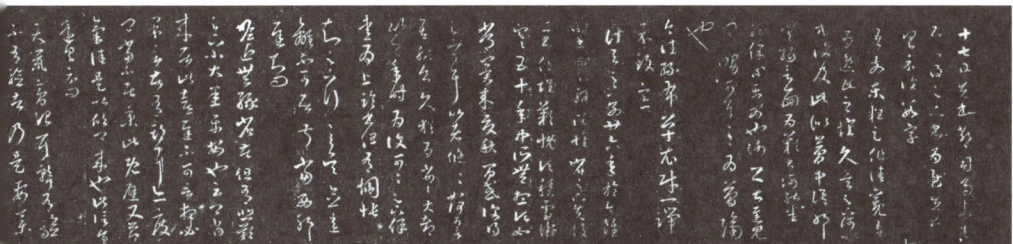

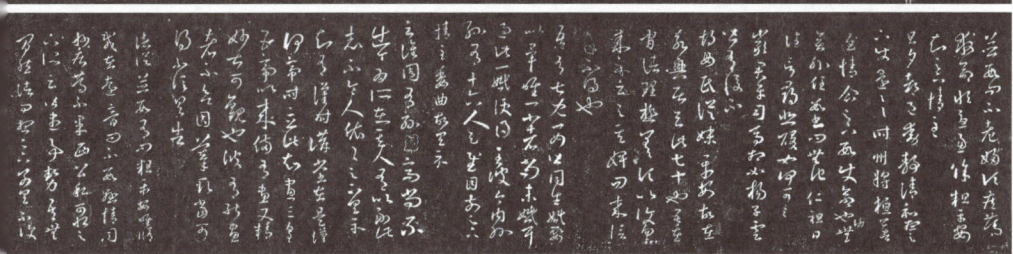

东晋·王羲之《十七帖》

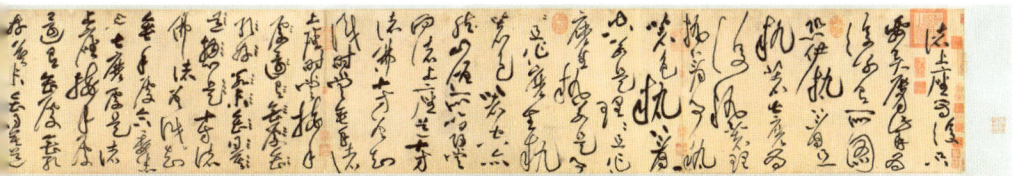

北宋·黄庭坚《诸上座帖》

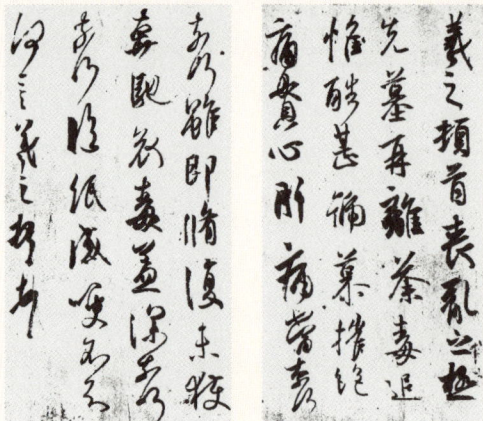

东晋·王羲之《丧乱帖》

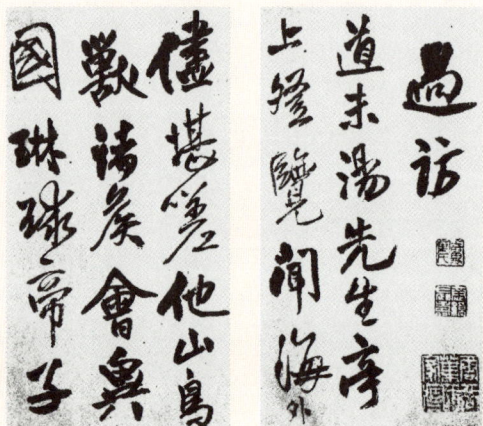

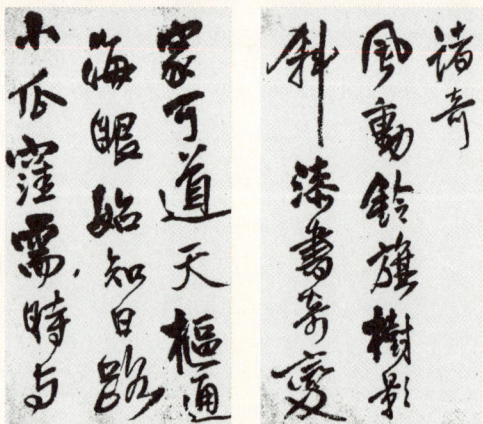

明·王铎《赠汤若望诗册》

7.7　文徵明《滕王阁序》

7.8　王铎《行书卷》

《赠汤若望诗册》

　　这里分字体列出七类近八十种法帖，篆中含甲骨文、大篆、小篆；楷分三类，魏碑楷书、隋唐楷书及历代小楷。有一类多帖者，如反映隶书主流样式风貌者八碑，尚恐难及全貌。有一人多帖者，如颜真卿楷书五碑帖，反映的是不同阶段的历史面貌。有同时代诸帖风格极似，疑为一人所书者，如隋人三小楷墓志。也有一个人的集字、丛帖，如王羲之的《集字圣教序》和《草书十七帖》。这些法书主要是给初学者读的，目的仅在于获得感性认识。整体的多样性及一碑一帖的风格特征，将激活初学者的书法兴趣，产生整体概念，是书法学习的启动工程。

　　三是中国书法艺术的趣味性，将唤起学习者的内在学习动力。

　　中国文字是有故事的，中国书法是有故事的，中国书法史是由一个个人物故事编织而成的。

　　试举数例。

　　《宣和书谱》记载："秦并六国，一天下，欲愚黔首，自我作古，往往非昔而是今。故以李斯变大篆，以程邈作隶文，种种有不胜言者。然而或足以垂法而利民，宜后世有取焉。此隶所由作。初邈以罪系云阳狱，覃思十年，变篆为隶，得三千字。一日上之，始皇称善，释其罪而用为御史。当时此书虽行，独施于隶佐，故名曰隶。又以赴急速，官府刑狱间用之，余尚用篆。此天下始用隶字之初也。然而后人发临淄塚，得齐太公六世孙胡公之棺，棺之上有文隐起，字同今隶。案：胡公先始皇时已四百有余年，何为已有隶法？岂是书元与篆籀相生，特未行于时耶？若邈者，既知此体，乃自作一家法而上于秦，特以解云阳之难耳。不然，何胡公之棺有是哉？"[1]程邈在云阳狱中变篆为隶，从而成为隶书的创始人，不但因此被秦始皇释放了，还做了御史。但发临淄塚在胡公的棺上见到了与隶书相同的文字，比程邈创作隶书早了400年。所以有了疑问。是不是篆籀流行之时，本已有隶字，只是没有流行而已呢？如此，则是程邈本知有此，把古已有之的文字作为自己的创造，解了

①北宋《宣和书谱》，《书学集成（汉—宋）》，河北美术出版社，2002年第1版，第503—504页。

元·赵孟頫《赤壁赋》

明·文徵明《滕王阁序》

①唐·张怀瓘《书断》，《书学集成（汉—宋）》，河北美术出版社，2002年第1版，第150页。

自己的云阳之难，骗过了秦始皇。如果这一推论成立，那隶书的创始年代就不是秦了，而是此前400年的春秋时代了。

唐人张怀瓘在《书断》中谈到"飞白"时写道："案飞白者，后汉左中郎将蔡邕所作也。"王隐、王愔并云："飞白变楷制也。本是宫殿题署，势既径丈，字亦轻微不满，名为'飞白'。"王僧虔云："飞白，八分之轻者。"虽有此说，不言起由。案，汉灵帝熹平年诏蔡邕作《圣皇篇》，篇成，诣鸿都门，上时方修饰鸿都门，伯喈待诏门下，见役人以垩帚成字，心有悦焉，归而为飞白之书。汉末魏初，并以题署宫阁。其体有二，创法于八分，穷微于小篆，自非蔡公设妙，岂能诣此？可谓胜寄冥通，缥缈神仙之事也。[①]当代人对"飞白"已不陌生，在书写时，由于用笔轻或速度快、存墨少，笔画中会出现黑白相间的情况，丝丝缕缕，徒增趣味。但古人写字要求笔画饱满，大篆、小篆、隶书尽皆如此，所以飞白丰富了书写技法，丰富了书写形式和面貌，是一种发展、发现和创造。有意思的是，创造的触发点，是蔡邕在鸿都门下等待皇帝召见时，看见干活的人用白石灰刷墙成字，感到很新奇，所以后来创作了飞白书。张怀瓘所指的"胜寄冥通"，就是我们所说的"灵感"，这种偶然从生活事物中受到启发而丰富了书法的事情不胜枚举。飞白书在今天不仅司空见惯，而且成为许多人的书写追求了。但"起由"的故事，对书法学习创作仍然具有启发的意义。

唐代大诗人李白写过一首《送贺宾客归越》，是送曾任过太子宾客的贺知章回绍兴的送别诗。诗中写道："镜湖流水漾清波，狂客归舟逸兴多。山阴道士如相见，应写黄庭换白鹅。"镜湖是绍兴的风景名胜，曾经自称"四明狂客"的贺知章告老还乡了，送别人想象归乡之人在湖上荡舟的情形，俱是送别之辞。接下来笔锋一转，用一个典故说出了期冀、寄托之语。山阴道士如果知道、见到贺知章还乡了，一定会像当年王羲之写黄庭经换白鹅一样，道士也会请贺知章问书写经了。贺知章也是书法家，又是绍兴人，因这种联系用典寄言，恰切而又深情。"王羲之爱鹅"是人们久久传诵的故事。南朝梁虞龢在《论书表》中记载说："羲之性好鹅。山阴县村有一道士，养好鹅十余。右军清旦乘小艇故往，意大愿乐，乃告

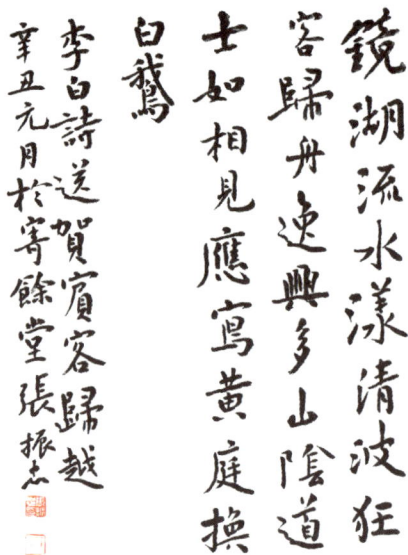

作者书《送贺宾客归越》

求市易。道士不与，百方譬说不能得。道士乃言：性好道，久欲写河上公老子，缣素早办而无人能，府君若能自屈书道德经各两章，便合群以奉。羲之便住半日为写毕，笼鹅而归。"[1]王羲之善书，当世时已经名声显赫了，更重要的是，晋人之后，书法作为艺术的价值观开始形成、觉醒，书法在实用价值之外，已经负载了艺术品格和价值。宋高宗赵构在《翰墨志》中说："唐何延年谓右军永和中，与太原孙承公四十有一人修被禊，择毫制序，用蚕茧纸，鼠须笔，遒媚劲健，绝代更无。凡三百二十四字，有重者皆具别体，就中之字有二十许，变转悉异，遂无同者，如有神助。及醒后，他日更书数百千本，终不及此。"[2]醒后重书，终不及最初的稿本。重书是一种有意识的追求，终不及初时则包含了书道自然的真理。书法艺术的文化自觉，正是以此为标志开始的。

同是赵构，同是《翰墨志》，还记载了智永的故事。"智永禅师，逸少七代孙，克嗣家法，居永欣寺阁三十年，临逸少真草千文，择八百本散在浙东。后并禊帖传弟子辨才。唐太宗三召，恩赐甚厚，求禊帖终不与。善保家传，亦可重也。余得其千文

① 南朝梁·虞龢《论书表》，《书学集成（汉一宋）》，河北美术出版社，2002年第1版，第61页。

② 南宋·赵构《翰墨志》，《书学集成（汉一宋）》，第615页。

330

南宋·赵构草书《洛神赋》

藏之。"①赵构也是大书法家，其行草《千字文》及草书《洛神赋》，气势非凡，今世可赏。他对智永善保家传、克嗣家法是充满赞美之情的。智永真草千字文，传有影印本和石刻本，仍为今人学习王羲之笔法的入门典范。至于唐太宗欲得禊帖而不能，便有了后来萧翼赚兰亭的故事。唐太宗是独崇王羲之书的，搜罗民间只字片纸之外，于《兰亭序》不惜以赚取得。辨才的守护，太宗的赚取，对书迹的看重，对今天仍有着现实的耐人寻味的意义。

又如张芝池水尽墨，王献之书裙，欧阳询观索靖书碑布坐三日，张旭观公孙大娘舞剑器，等等，不一而足。这些故事的趣味性及其蕴含的学书之理，或自然感悟，或勤学苦为，或敬畏虔诚，或传承不怠，生动、形象、通俗、入理，能让初学者感到亲切、真实，激发学书兴趣，汲取文化精神。

四是中国书法的艺术性，将提高学习者的审美意识和审美追求。

中国书法作为世界美术史上最独特的艺术形式，先是经历了实用汉字的书写演变过程，从"画成其物"的象形到抽象为笔画、符号，再由汉字符号到有情感的艺术表现，完成了抽象的形象转化过程。就形态而言，中国书法是抽象的；就艺术表现而言，中国书法又是形象的。从形象的抽象到抽象的形象，是书法艺术的本质和特征。正是因此，中国书法的每一个笔画，都是有生命力的。展示和揭示书法的艺术特质，从艺术的角度、高度看待书法，理解书法，欣赏书法，学习书法，将为书法教学提供全新的文化视角。

中国现代美学的奠基人之一邓以蛰先生在《书法之欣赏》中说过一段很重要的话。他说："吾国书法不独为美术之一种，而且为纯美术，为艺术之最高境。何者？美术不外两种：一为工艺美术，所谓装饰是也；一为纯粹美术。纯粹美术者完全出诸性灵之自由表现之美术也，若书画属之矣。画之意境犹得助于自然景物，若书法正杨雄之所谓书乃心画，盖毫无凭借而纯为性灵之独创。故古人视书法高于画，不为无因。"②邓以蛰是清代大书法家邓石如的五世孙，出身于翰墨世家，其父邓艺孙是教育家，其子邓稼先是著名物理学家，"两弹元勋"。成长于传统文化艺术的家庭氛围中，后留学日、美，专重美学。1923年回国，曾在北京大学、清华大学等学

①南宋·赵构《翰墨志》，《书学集成（汉—宋）》，第616页。
②邓以蛰《书法之欣赏》，《民国书论精选》，西泠印社出版社，2011年第1版，第117页。

①邓以蛰《书法之欣赏》，《民国书论精选》，西泠印社出版社，2011年第1版，第117页。

校任教授。1962年，把家中珍藏的邓石如的一批书法篆刻作品捐赠给了故宫博物院。邓以蛰以中国传统文化、书法艺术为基，以西方的美学理论为视角，对书法作为纯艺术有独到的见地。同时，在北大的大先生中，他又是一个公认的书法家。他从书体的流变入手探究，得出"行草实为意境美之书体"的结论，进而对"意境"的形成进行探讨。他说：

> 意境出自性灵，美为性灵之表现，若除却介在之凭借，则意境美为表现之最直接者。黄山谷论书最重一韵字；又言："士生于世，可以百为，惟不可俗，俗便不可医。"在字重韵，在人唯去俗。俗与韵相反。今欲其书之韵，必先其人不俗而后可。刘融斋《书概》有言："欲作草书，必先释智遗形，以至于超鸿濛，混希夷，然后下笔。"摆脱一切拘束、凭借，保得天真，然后下笔，使其人俗也则其书必俗，使其人去俗已尽则其书必韵。书者如也，至此乃可谓真如。草书者，人与其表现，书家与其书法，于此何其合一之至欤！美非自我之外之成物，而为自我表现。求表现出乎纯我，我之表现得我之真如，天下尚有过于行草书者乎？故行草书体又为书体进化之止境。①

在人与书的关系中，人唯去俗，书方得韵；在书体关系中，行草为进化之止境，须以纯我去表现。所以，书法的意境产生在人，而不是任何其他的凭借。怎样形成意境呢？他从书法的角度再进行深入。他说：

> 气韵为书画之至高境，美感之极诣也。凡有形迹可求之书法，至气韵而极焉。复为一切意境之源泉，其于意境实犹曲之于佳酿焉。书之气韵与画不同，亦无体裁问题夹杂其间，而纯为笔墨本身问题也。书法以笔画为本，而笔画以筋骨为本。骨筋已详论于前，今唯汰其形质而撮其精神。其精神即所谓气韵是也。今斯气韵，其形态究将何若？曰，不

可迟于留，速与遣也。迟速、留遣，正所以为此气韵之动态也。前曾引熙载之言曰："书之要，统于骨气二字。"又曰："字有果敢之力，骨也；有含忍之力，筋也。"而证明气即筋也。筋为含忍之力，含忍不"迟"不"留"，则何如？果敢又岂非能速能遣之力欤？若更唯气是言，则透之说亦佳；中透为洞，边透为达，洞达殊与迟速、留遣之息相通耳。若纤徐款婉亦为迟与留之状；峭拔险峻，亦遣与速之意也，而《书谱》之言亦足宗尚，其言曰："或恬淡雍容，内涵筋骨；或折挫槎枿，外曜锋芒。"恬谈雍容，是何等留连纤迟之致；折挫槎枿，正为遣之有如"陆断犀象"之疾者矣。又其言曰："夫劲速者，超逸之机；迟留者，赏会之致。将反其速，行臻会美之方；专溺于迟，终爽绝伦之妙。"[1]

意境出自性灵，性灵见之气韵，气韵行于笔画，笔画在于迟留、速遣之变。迟留者，纤徐款婉；速遣者，峭拔险峻。他在更深的层面上得出结论：超逸、赏会，是又气韵之精意所在耳。夫骨筋气韵实为一事，盖筋即气韵也。劲利者善于速与遣者也；浑秀者善于迟与留者也。劲利者如欧阳询、黄山谷之书，浑秀者如颜鲁公、苏东坡之书。如何迟速或留遣呢？他再次引用刘熙载的话说：用笔者皆习闻涩笔之说，然每不知如何得涩。惟笔方欲行，如有物以拒之，竭力而与之争，斯不期涩而自涩矣。涩法与战掣同一机窍，第战掣有形，强效转至成病，不若涩之隐以神运耳。最后总结说："由是言之，书法以笔画始，亦以笔画终也。"[2]

书法作为纯美术和艺术的最高境界是公认的，高就高在以笔画成气韵意境，纯就纯在笔画之外不假任何凭借，纯是性灵的表现。这种高超的艺术品格，对于每一个学习书法的人而言，又有谁人不有所期冀呢？

这些，就是学习书法应从感知、欣赏书法艺术开始的理由。

[1] 邓以蛰《书法之欣赏》，《民国书论精选》，西泠印社出版社，第1版，第117、123、137、138页。
[2] 邓以蛰《书法之欣赏》，《民国书论精选》，西泠印社出版社，第1版，第117、123、137、138页。

二、放开手脚，尽情挥洒，从弄笔涂鸦开始

现行的所有书法教材，采取的几乎都是学习笔法、入帖、临摹或入帖、临摹、学习笔法的路子，这是常轨，但也是误区。从常轨的角度说，这种学习套路古已如此；从误区的角度说，与古时相比今已不同。古人学书，提笔习字，一开始用的就是毛笔，别无选择，人人如此，毛笔是必须从学习开始就要接触并最终长期使用的工具。古人必须如此，今天的情形则大为不同。中小学生入学，首先接触的是硬笔，不论是铅笔、钢笔、圆珠笔还是自来水笔，都是硬笔，况且还有计算机打字，还有拼音输入。至于毛笔，只是一种特殊的工具，一种因为书法艺术学习、传承才要接触的工具，没有绝对的必要，只是偶一为之，甚至不会使用毛笔书写，丝毫不影响正常的学习效率和生活需要。因为时代不同了，工具变化了，必要性降低了，使用毛笔变成可有可无了。这时学习书法，已经不能用常规的思路来要求了。书法教育的首要任务，是让学习者熟悉、了解、会使用以至能自由掌控这种已经不再入时的工具。

从使用毛笔的角度说，书法教育的前提是对毛笔的把握，消除神秘感，克服生疏感，产生亲切感，获得自如感。途径是让学生自由自在地挥洒，无拘无束地使用。最好的路径不是学习笔法，不是入帖临摹，而是随心所欲地涂鸦。

从弄笔涂鸦开始的理由有如下四点：

一是从图画开始到笔画符号，是汉字发展走过的成长之路。汉字是以象形为基础的，从现在发现的甲骨文看，象形是对自然风物、山川地理、人物形态、植物动物及人造器物的形象描摹，是简笔画，是从具象的、可见的、日常的、身边的物象中抽象出来的。从这个意义上说，孩子的涂鸦与文字产生之初的描画并无二致。而对于一个八九岁的小学生来说，涂鸦并不是一件难事。所有的儿童都有一个对绘事的敏感期、爆发期。从人类学的角度说，这是人类发展过程中的遗传密码，通过形象描摹，唤起人类的早期记忆。因此，几乎所有的儿童对绘画都充满兴趣。这个涂鸦过程是不需要指导的，教师无须告诉孩子们怎样涂描绘画，只要有些许的引导即

可。如画一棵树，一只眼睛，一个人双腿交叉的动作，一个经常见到的工具、坛子以及天上的日月云鸟，地上的象鹿鱼虫，等等。没有标准，没有规定，没有范本，孩子只需要画出自己心里理解的形象即好。正是这样一个放松的、随意的、任性的、无拘无束的过程中，学生使用了手中的笔，走回到人类儿时的记忆，并为后来的汉字书写打下了形象认知和使用工具的基础。

二是放任天性，漫不经心，尽情展示心中所有，与书法作为艺术的表现性本质相契合。让孩子们根据自己的想法去描画，去尽情表现，一定是一件很愉快的事。这是一个自主的、自我的行为过程，放开了心性，等于放飞了未来。书法难道可以这样学习的吗？当笔墨完全按照自己的想法提按疾徐顿挫纡回的时候，笔墨或浓或淡，着力或轻或重，笔迹或粗或细，轨迹或直或曲，随心所欲的描画乐趣中，已经蕴含了书写的许多基本方式。这些方式不是老师教的，而是孩子们心性中本来就有的。放任天性的过程，变成了释放潜能的过程；漫不经心的过程，变成了自然流露的过程。有的大胆，有的谨慎，有的顾虑重重，有的不可理喻，这些都是正常的、正确的。在教师对这种放任的表现表示允许、认同、肯定、欣赏时，孩子获得的将是轻松、好玩、容易、自信。而这正是书法教育所提倡的学习心态。

三是不设框子、不提要求的涂鸦，能够激发和释放孩子自身潜在的、固有的创造力。几乎所有的书法教学都是从提要求开始的，笔法教学在告诉学生怎么执笔、用笔，怎么写横与竖，怎么落笔、收笔，怎么折转行进。一旦入帖临摹，又在写成什么样子上提供了范本。对于一个三年级的学生而言，对于一个已经能够认识两千字的学生而言，几乎很少有人在书法教学中关注过在没有任何要求、范本的情况下，他们会怎么写，他们会写成什么样子。不设框子，不提要求，他们可能写得不得法，很稚拙，但这之中有他们对笔墨的理解、控制，有他们自身的创设，展示的是他们内在的潜能和创造力，是一个自我发现的过程。他们的稚拙，同那些自号为书法家的成年人弄拙比较起来，恰恰是一种生命的自然、意趣的自然、形态的自然、心性的自然。他们的尽情释放与法度、规范的冲突和不协调，正是他们要走的路。但他们的这些尝试，恰恰可以激发合规律、合目的、合规范、合技巧的学习欲望，并从而形成自己的追求。对于创造力而言，不设框子是发挥的前提；对于书法艺术而言，恰恰是合于法度、精神的创造。而对于学习者而言，无知与无畏，是他们反观自我、正确认识自我创造力的一个起点。

四是毛笔就是书写工具，执掌和使用，本没有任何神秘可言，法无定法就是要打破神秘。对于那些已经开始习惯了使用硬笔的中小学生而言，初接受毛笔，有一种难以控制的感觉是十分正常的，加重了神秘感的是教师，是教学过程，是要求。单包也好，双钩也罢，掌虚也好，腕活也罢，都是一种常规性的要求。执笔不是目的，但书法教学之初，正确执笔往往会成为一种教学目标。对于书法而言，强调执笔方法的核心、目的是什么呢？其实很单纯：便于中锋用笔，可以灵活掌控。再看看今天的书法家，有几个人是中规中矩地执笔写字的呢？面对这些形形色色的现象，一句解释便完成了：法无定法。既然如此，对于如何执笔，就不必对学生太苛求了，只要笔杆与纸面垂直，便于中锋书写，只要腕子能灵活运转就可以了。我们看到的清人戈守智在《汉溪书法通解》中提供的十二张执笔图，也就是十二种执笔法，何必唯一是取呢？当遵从法无定法的规律，当把合目的放到第一位，当注意力侧重于打破学生初学时执笔用笔的神秘感上，执笔的问题也许便不是什么问题了。

有法可依与墨守成规在书法教学中可能会体现为一对矛盾，但当把书法的艺术本质上升为第一位时，让学生放开手脚，展示个性，回归自我，立足创造便有了特殊的意义和必要。弄笔涂鸦仅仅是一种形式，不反对采用其他的形式、方法、途径，但目的只有一个。当我们通过正确的引导，把学生画的一棵树描摹成甲骨文的"木"字，把一个两腿交叉的人抽象为今天的"交"字，当充分展示了"象""鹿"字的演变过程，孩子们的涂鸦便成了汉字书写的原始形态和发展基础。中国书法从生活中来、从形象出发的本质，原来就在漫不经心的涂鸦之中。

教师是指导者，教学是指导过程。如此而已。

三、先以"六书"，讲述构成，从文字字体的演变开始

对于广大中小学生和书法爱好者而言，书法教育就是要为他们讲好汉字文化故事。从哪里开讲呢？首先要讲好三个故事：一是甲骨文发现的故事。1899年甲骨文的发现，开创了汉字文化研究的新纪元，是具有里程碑意义的大事。殷商甲骨文，不仅是迄今为止发现的最早的文字，是中华民族进入信史时代的一个已知的标志，也为汉字的构成特点及传承提供了新的依据。二是许慎写作《说文解字》。鲁恭王坏孔子壁，发现了《古文尚书》《礼记》《论语》《孝经》等典籍，皆古文字，时人已不能尽识。针对当时解经释文的自以为是现象，许慎以小篆为体，参照古文，逐一说解，历二十载，做成了《说文解字》。始料不及的是，这本针对解经释文混乱现象欲以澄清的字书，成为我国第一部开创性的字书。许慎不仅收录了9353个字，加重文1163个，计10516字，分为540部，还在《说文解字·叙》中对文字发展的源流进行了叙录，并详细指明和论例了古人的造字方法，即"六书"。许慎没有见过甲骨文，其创作《说文解字》时，已逾甲骨文的时代1300多年。三是仓颉造字的传说。中国的汉字是谁造的呢？据战国时期的文献《荀子·解蔽》篇记载："好书者众矣，而仓颉独专者，一也。"意思是说喜欢和从事造字的有许多人，因为仓颉这个人"独专"，有独到之处，始终不懈，成绩较大，所以人们就把造字这件大功劳记在他的头上了。晚于《荀子》的《吕氏春秋》《韩非子》等文献，都讲到了仓颉造字。《世本》记载是"沮诵、仓颉作书"。可见在历史传说中，造字者本非一人，只是仓颉是其中的杰出代表，所以仓颉作书便成了共识。仓颉是什么人呢？许慎在《说文解字·叙》中说："黄帝之史仓颉，见鸟兽蹄迒之迹，知分理之可相别异也，初造书契。"原来他是黄帝的史官。汉字的发明创造，是中国历史上最伟大的事件，比之我们今天常说的"四大发明"，要深刻得多，影响久远得多，可以说是中国历史上无与伦比的发明创造。所以，到了汉代，仓颉开始被神化了，《淮南子》中说"仓颉作书而天雨粟，

①鲁迅《汉文学史纲要》，《鲁迅全集》第九卷，人民文学出版社，2005年11月第1版，第354页。
②鲁迅《门外文谈》，《鲁迅全集》第六卷，人民文学出版社，2005年11月第1版，第90页。
③汉·许慎《说文解字·叙》，中华书局，1963年12月第1版影印本，第314页。

鬼夜哭"，用今天的话说，就是惊天地、泣鬼神。在山东沂南的汉代古墓中发现的仓颉画像，有四只眼睛。陕西省渭南市白水县有仓颉庙，据言始建于汉代，庙内古柏参天，有仓颉鸟迹书碑，碑文的十八字，本于宋《淳化阁帖》。还有人推出了他的生卒年为公元前4666年至前4596年，等等。鲁迅先生在《汉文学史纲要》中说："要之文字成就，所当绵历岁时，且由众手，全群共喻，乃得流行，谁为作者，殊难确指，功归一圣，亦凭臆之说。"①又在《门外文谈》中指出："在社会里，仓颉也不止一个，有的在刀柄上刻一点图，有的在门户上画一些画，心心相印，口口相传，文字就多起来了，史官一采集，便可以敷衍记事了。中国文字的由来，恐怕也逃不出这例子的。"②人民大众在劳动实践中根据记事的需要创造了文字，史官采集整理，便把造字的功劳归到了史官仓颉的名头上，这是合于历史发展逻辑的。仓颉传为黄帝时代的人，据我们所见的甲骨文，还有数千年的时间间隔，这个过程中发生了什么？经历了什么？怎样才形成了殷商甲骨文成熟的文字系统？人们仍在不懈地探索。从1991年在山东邹平丁公村发现的有别于甲骨文的11个丁公陶文到距今约8000年的河南舞阳县的贾湖文化中与甲骨文同出一辙的刻在龟甲上的单一"目"字，从《尚书·多士》中记载的"惟殷先人，有册有典，殷革夏命"，推断已有典册，已有对殷革夏命的记载，到汉字史前阶段、初文阶段的宁夏中卫大麦地岩画中的数以千计的符号，仓颉造字的故事，既有太多的谜团，又是历史传说留给我们的一条重要线索。

为什么要让中小学生首先了解这些故事呢？

一是了解汉字之源，才能增强学习者的文化理性，自觉地走向历史深处。汉字的创造与产生、发展，历史地看，绝不仅仅是生存、生活需要，也不仅仅是采取什么方法、形成什么样式的问题。汉字的本质，体现的是中华先民面对自然、社会和自我的基本态度、观念，是价值观、世界观的体现，因此也是民族基本精神的体现。许慎在《说文解字·叙》中说："古者庖羲氏之王天下也，仰则观象于天，俯则观法于地，视鸟兽之文与地之宜，近取诸身，远取诸物，于是始作《易》八卦，以垂宪象。"③法天形地，山川鸟兽，自身外物，八卦垂宪。这种以天地自然和世间万物为造字之本的观念，是中国古代文化思想中占主流地位的自然价值观，而人，仅仅是天地自然中的一部分，既以人为本，又崇尚自然，最终成就了天人合一的思想。有人认为八卦与文字有着不可分割的血缘关系，八卦是以垂宪象的符号，文字也是表现和反映自然的符号，只是更加丰富、细致、周备而已。只有让书法学习者明白了文字产生的源泉，明白了其中隐含的基本理念，才能理性、深邃地理解我国的汉字。

二是了解造字之法，欣赏汉字中凝结的文化智慧，从说文解字入手学习书法艺术。在汉代，《周礼·地官·保氏》《汉书·艺文志》中都提及了造字之法"六书"，但许慎是说得最详尽、明白的，并举了每一种造字、用字方法的例子。"六书"造字法的基础是象形，画成其物，以象其形，作为逻辑起点，处理的是象形之文与客观存在的物体形象的关系，依类象形之文，是对客观存在的物象的直接概括和描画。让学生了解这一造字逻辑基础的特别意义，在于对汉字源头、本源的体认。书画同源，中国的汉字是有形象的，是以简笔画为基础的。至于会意，则是形象加形象，是两个以上的形象的"比类合谊"。因为几个形象放在一起表达字义，所以可以描摹和表现的事物更加复杂，如场景、情境、仪式、过程等。所以，会意是由象形相联系构成的故事，仍然是形象的，但有了结构。指事的基础仍然是象形，是象形加指示符号，强调和突出物象某一部分以表意。符号的加入，把造字的方向引上了趋势化的道路。至于形声，则是以形象表意，以其他的字表音，从而开创了形加音的造字新天地，以至无限。至于转注和假借，则是用字的方法了。不难看到，汉字的基础是象形。所以许慎说："仓颉之初作书，盖依类象形，故谓之文；其后形声相益，即谓之字。文者，物象之本；字者，言孳乳而浸多也。著于竹帛谓之书，书者如也。"[1] 古人造字的方法，不仅展示了高超的文化智慧，也因为象形的基础，为后来的艺术性品格打下了基础。所以，当汉字变成纯粹的笔画所组成的文字符号时，包含的形象基因并没有改变。

三是明确汉字构成，关注结构特点，发掘结构的形态意义和审

① 汉·许慎《说文解字·叙》，中华书局，1963年12月第1版影印本，第314页。

340

美关系。汉字经过世代流传，从"随体诘诎"的描摹演变成了文字符号的笔画，原本的形象意义已经淹没和隐含在结构之中。明确汉字构成的取象特点，可以追问结构因素的原始关系，从文字学的角度理解汉字，以形见义；从形象的角度发掘汉字之美，因态见人；从书写者的特点审视书法艺术的美学特征。文字符号化了，但原本的结构因素，大都保留在文字构成之中，有的一如象形之初的模样，虽加了一些圆转，多了一些方整，但架构并没有改变。这不仅有利于加深对文字的理解和分析，还可以把握组合变化的规律，更不会把"魚"字原是尾巴的四点当成"火"，把行书写法写作三点视为"水"，从而得出不能以火烤鱼、只能以水养鱼的荒谬结论，贻笑大方。对于书法艺术而言，汉字构成中的象形因素，已经成为抽象的笔画，不可能再如文字创造之初直观形象了，但结构的变化和历史完成的抽象过程，赋予了书写者无数新的可能。当象形的意义转化为笔画形态的质量意韵时，便形成了一次新的艺术超越。

四是注重文字源流，实行古今对比，为文字学研究奠定基础。当代书家写大、小篆者众多，学习者有的也开始从篆书入手，但由于没有文字学的基础，所以大多是照猫画虎，不知源流。学习篆书者如此，学习隶、楷、行、草者更是如此。那些分不清"祭"字与"登"字顶部笔画的人，一定不明白"祭"字是以手执肉，而"登"字头是两只脚，至于在简体繁体转换时把美丑的"醜"字写成"丑"，把毛髮的"髮"字写成"发"，都与不知文字源流直接相关。对于从涂鸦开始学书的初学者而言，从所画的树中析出"木"字，从所画的鹿中转出甲骨文、大小篆再到隶，从所画的大象中演化出甲骨文的"象"字，再从今天的"象"字中找到那个长长的鼻子，这样的比较、抽象过程，不但可以加深对文字形态演化的深入理解，还可以激发探索汉字之源的兴趣，赋予汉字书写和书法艺术以历史感和形象性。

综上，不论是先入为主，从感知、欣赏书法艺术开始还是放开手脚，让初学者尽情挥洒，从弄笔涂鸦开始，以至先以"六书"，讲述构成，从文字字体的演变开始，目的都在于增加、强化书法学习的感性认识，要认识书法，认识文字，认识书写工具，这些都

殷 甲骨文

殷 甲骨文

清 杨沂孙

秦 泰山刻石

汉 华山碑

汉 石门颂

唐 颜真卿

唐 颜真卿

甲骨文到楷书的"祭""登"字

不再生疏、神秘了，甚至感受到了其中的趣味、意义，再来深入学习，便有了感性的认知基础和学习自觉。这些内容对书法教学的影响既是初始的，也是根本性的。就教学时间而言，不应该少于两个学期。就内容的布排而言，应该是穿插的、交互的、协调的。就教材的编写而言，则应是系统的、逻辑的、深入浅出的。

四、学习执笔、用锋、运笔等笔法的相关技巧

在有了一年甚至更长时间的涂鸦经历后，学生对笔的性质、特点已经有了很深的了解。学习执笔的过程，是一个纠正动作的过程。学习用锋、运笔的过程，是一个讲规矩的过程，是把过去涂鸦时那种自由自在、随心所欲的行为方式，引导到一个正确的轨道上来，赋予理性。这时候，毛笔的神秘已不复存在，学生对眼前这件古老的书写工具，不仅是熟悉的，甚至是有了感情的、喜欢的、亲切的，这与从开始就进行规范，已经有了极大的不同。

讲用锋、运笔，总要涉及笔画，不论是锋的藏和露还是中锋、侧锋，也不论是摹拓还是折转，对于孤立的笔画练习而言，历代名家的写法，还仅仅是一个参照，目的不是写成名家的样子，而是知道如何写，知道笔如何起落，如何行进、停止、收束。所以，这个时候，还不是临帖的时候，对学生的要求是熟练、合规矩，尽快掌握相关的要领、技巧，要有规矩的大胆。

又一个学期甚至更长的时间过去了。

五、从笔画到结字，会用笔、会笔画到临帖

最早在四年级的第二个学期，也可以在五年级的开始，学生在掌握基本的书写方法后，就可以参照古人先贤的样式结体写字了。这是入帖临摹的开始。临摹的意义在于模仿，在于从他人的作品中获得启发，是把别人的结构图纸借来用。这时，书法教学会遇到学生想从哪种字体、哪种法帖入手的问题。从字体的角度说，最宜小篆、隶书、楷书；从书体的角度说，有李斯小篆，主流隶书和晋、唐楷书，如王羲之、智永、欧阳询、褚遂良、颜真卿、柳公权、赵孟頫、赵佶等。因为学生有了书法史及名家、代表作品的基础，应

该允许他们根据自己的爱好做出选择，从而进入临帖的过程。

只有在这个时候，学生才有能力选择，学习才是借鉴，学生从接触毛笔后感受到的自我心性表达的愉悦，才可能在学习中比较、体会、深入、体现。学生临帖要强调"像"，即形似，因为结构范本的意义首先是形，至于学习者将从临帖中体悟到什么，诸如一字体、一书体的神采在多大程度上影响学习者，本不是临帖的重点和目的。

六、怎样算一手好字，什么是书法学习的标准，怎样建立书法的客观标准

学生在小学阶段课程结束之前，书法教育有责任告诉学生一个结论性、标准性的书写要求。在他们初知了书法为什么有形象的基础上，告诉他们什么是美的，为什么追求美是书法教育的终极目标，书法在什么样的境界上完成了从写字到艺术的升华，从而让书法课从欣赏开始，从感性开始，上升为标准和理性。这是书法教育留给人们的最后的课题。

书法艺术的标准是古已有之的。如卫夫人《笔阵图》中说："善笔力者多骨，不善笔力者多肉。多骨微肉者谓之筋书，多肉微骨者谓之墨猪。多力丰筋者圣，无力无筋者病。"善与不善，在骨肉筋力的分别之中。题为李斯的《用笔法》，疑为唐人所托，讲"书之微妙，道合自然""纵横有可象者，方得谓之书"，合自然，有可象，标准明确，高度仰止。南朝梁武帝答陶隐居论书时说："夫运笔邪则无芒角，执笔宽则书缓弱，点掣短则法臃肿，点掣长则法离澌，画促则字势横，画疏则字形慢；拘则乏势，放又少则；纯骨无媚，纯肉无力，少墨浮涩，多墨笨钝，比并皆然。任之所之，自然之理也。若抑扬得所，趣舍无违；值笔廉断，触势峰郁；扬波折节，中规合矩；分间下注，浓纤有方；肥瘦相和，骨力相称。婉婉暖暖，视之不足；棱棱凛凛，常有生气，适眼合心，便为甲科。"[1]他一下子点出了十几种对应关系，孰优孰劣，泾渭分明，岂不都是标准？至其作《书评》，则把这些标准用在了汉晋以来的三十多人身上，可谓既有标准又有实践了。至南朝梁庾肩吾作

[1] 萧衍、陶弘景《梁武帝、陶隐居论书九首》，《书学集成（汉一宋）》，河北美术出版社，2002年第1版，第70页。

《书品》，从汉代张芝到晋法高道人，计123人，"推能相越，小例而九，引类相附，大等而三"，从此开上中下及上上、上中、上下类推之体例，倘无标准，何得分例？从此开品书分等的先河，后人继之者众矣。

书法标准的确定是有原则的。一是客观性。标准存在于作品之中，是从一件件的作品中提炼概括出来的，不是人为的、主观的。同时，客观性还体现在认同的广泛性上，专家认同，民众也认同，今天认同，明天同样认同。美是客观性标准的核心追求。二是历史性。标准是今人整理、确定的，是站在当今的时代高度上审视历史，面向未来。这个标准，应该适用于对古人作品的评价，也应适用于今人和后人的评价。三是通行性。书法的艺术标准是为所有的字体、书体制定的，可用于篆隶，也可以用于行草。这种对不同字体、书体的普适性，是真理性特征的具体体现。四是指导性。作为标准，不仅可以对已有的作品做出评价，还必须对书写、创作实践具有指导标准的意义。指导性是标准面向未来适用性的具体体现。

书法标准是需要大家今后共同探讨的理论课题。从道理上说，当书法的实用功能日渐淡出之后，建立艺术标准的必要性已经十分迫切，具体的条件已经成熟。我们有几千年的书法史，有浩如烟海的法书、作品、碑帖、遗存，有历代人论书、评书的先行尝试，有改革开放几十年来书法艺术创作、展览、评奖的实践，现在，面对立足于文化传承、艺术实践、书法教育的现实需要，是拿出标准的时候了。

书法教材的编写是一个系统工程，现在的编写实践用力分散、各执一端、因袭传统、商业化意味浓厚。理性地说，教材编写思考，提供的是编写的理论依据和探索，是支撑编写和为编写服务的，还必须有科学的内容框架和训练体系，并有机地结合在一起。

书法教育呼唤这样的教材早日面世。

第十章

写给
书法学员
的话

当代作家史铁生写过一篇很好的小说，题为《命若琴弦》，写的是一老一少两个盲人的故事。故事情节大致是这样的：

老盲人带着小盲人走村串乡，弹琴卖艺。在一个村子里，老盲人弹断了第一千根琴弦，他要去城里了。他的师父说过，只要弹断一千根琴弦，就可以打开琴槽，取出师父封在里面的药方，抓一剂药治好眼睛，就能看到光明了。在师父离开的日子里，小盲人的琴声像失去了方向，是哽咽的、嘶哑的。师父走了，他的心也慌了，乱了。老盲人千辛万苦，走到城里，让人们打开封闭的琴槽，取出药方。没有想到的是，药方竟是一张无字的白纸。老盲人瞬间崩溃了。他想到师父把药方封在琴槽里说的那句话："我记错了，不是八百根，是一千根。"弹断一千根琴弦，就可以开启琴槽，取出药方，看到光明了。这时他想到了徒弟。他立即动身，历尽千辛万苦，找到了落拓的徒弟。小盲人问老盲人，药抓了吗？看到光明了吗？老盲人说："我记错了，不是一千根，是一千二百根。"他像师父一样把那张白纸封到了小盲人的琴槽里：只要弹断一千二百根琴弦，就可以开启琴槽，取出药方，看到光明了。老盲人想，你就是再能弹，这一生也弹不断一千二百根琴弦的。于是，在走村串乡的路上，又见到了老盲人和小盲人的身影，又传来了用生命弹响的琴声。

在史铁生的小说里，原本使用的不是"盲人"的字眼儿，而是一种更通俗的称谓。这是史铁生正视现实的态度和勇气。他在肢残坐上轮椅之后，也许会经常听到瘸子、瘫子这样的称谓，所以，他没有避讳，直接称起了老瞎子、小瞎子。在他的心目中，那张无字的白纸，是希望，是期冀，是梦想，是生命的力量。只要有了希望的支撑，生命就可以奏出美妙的琴声。

在讨论了书法教育谁来教、教谁，教什么、怎么教，以及依据什么教、如何评价所教等一系列问题之后，书法教学论的基本内容已经完成了。所以要在这里写上这样的一章，不仅因为"教谁"的题中之意包括了每一位学员，更重要的是，每位老师都是那个老师父，每一位学员可能就是那个年轻人。在书法面前，我们需要一张无字的白纸，用生命弹奏起书法艺术的琴弦。

2016年，沈阳市宣和艺术馆开始举办公益性的在职书法教师高级研训班。初时，有一家基金会提供了一些赞助，但在第二期班开班的前三天，他们反悔了，玩赖了，欠钱不给了。尤其使人气愤的是用近于威胁的口吻说，二期班能否举办要重新商谈。沈阳市宣和艺术馆是一家新建的民营艺术馆，用嫩弱的双肩担起了这份压力，高研班撑了下来。写作本书及校稿的时候，已经毕业了103人，完成了为沈阳公益培养百名教师的目标。

沈阳市书法教师高级研训班的教学实践，使我们清醒地认识了书法教育的现实。在报名的500多人次中，受过专门系统书法训练的寥寥无几。尽管学员不乏中书协及省、市书协的会员，但他们的综合知识水平、书写水平、理论水平、教学水平有待补课、提高的地方实在太多太多。所以，为了推进书法进课堂，我们把注意力放在了关键性环节——教师培养上。也许做一个合格的书法教师比一个书家更难，不仅要会写、写好，还要会教、教好，不仅要知道怎么写，还要知道怎么鉴赏，还要回答一系列为什么。正是因此，这一篇写给书法学习者的话，也包括已经在从事书法教学、准备从事书法教学或有意于书法教学的所有人。

我是教师，我是师父，我是那个同你们一起走在乡间路上的老人。

第一节
不要为了当书法家学书法

书

人们常说，不想当将军的士兵不是好士兵，这是一句立志的话语，但不能当成句式套裁。如果书法教育套出一句不想当书法家的学生不是好学生，那便离开了学书的本意。一个人要想成为书法家，需要许多的条件，有主观的，如态度、毅力、勤奋程度、钻研程度等等，也有客观的，如学习的环境、教师的指导作用、眼界、氛围、人群，最最重要的、不可改变的是天赋禀性。所以，当书法家这个梦，不是谁都可以做的。从书法艺术的角度说，学书而能独成一家者终归寥寥，天赋使然。没有艺术天赋，一定成不了书法家；有了天赋异禀，不一定能成为书法家。

从立志向学的角度说，学书之人，应该立什么样的志呢？换言之，书法家的追求如果不现实，那什么目标是现实的呢？

一、学书法是为了能写一手好字

现在有一句话很流行，叫"写好中国字，做好中国人"。需要强调的是，写好中国字与做好中国人没有必然联系，更不是因果关系。不会写字、写得不好，同样可以做好中国人，同样可以做一个好的中国人；反之，会写字，写得很好，也不一定就是好的中国人。这句话应该反过来说：做好中国人，写好中国字。一个出色的中国人，无论是情怀、气节、爱国心、责任感还是社会贡献，都应是好的，同时也可以要求他写好中国字，或者说，可以把写好中国字作为一个好的中国人的基本要求。当然，把写好中国字作为传承中华优秀传统文化的基础，并与做人联系在一起，这句话是没错的。

什么样的字算是一手好字呢？怎样才算是写好了中国字呢？首先应该合于规范，其次应该工整清晰，再次应该美观大方，最后应该合于法度。如果要一个实例的话，就是馆阁体，就像印刷字。虽然整齐划一，但规范平正得体。其实字写到这样的程度，不可能没有一点个性色彩的，人性品格、情趣境界，总会在笔下有所体现，只是不那么突出而已。

二、学书法为了能读懂书法

所谓读懂，就是知法度，晓规矩，有眼光，通标准，有辨别美丑、分析高下、判定优劣的能力。写是手的问题，是实践；读是眼的问题，是评价。所以，对于书法艺术而言，眼高手低是大众化的常态。天赋限制了动手表现的能力，但学养、经验、训练可以培养鉴赏的眼光。对于当今的书法而言，社会鉴赏水平普遍低下是现实，这是一个可以通过书法教育改变的现实。如果学习书法的人确立这样一个目标，既是现实的，也是意义重大的。在一个追求文化软实力的时代和一个倡导普遍提高大众文化艺术欣赏水平的社会里，那些功底扎实、风格形成的书家书作不入所谓评委的法眼是悲哀的，各种展览的评委以固定理念、风格、体势甚至个人爱好来评审作品是悲哀的。面对一幅作品，言不由衷，心无定准，不知所以，但凭感觉，同样是悲哀的。可以肯定地说，人民大众书法艺术欣赏水平提高之日，才是中国书法艺术发扬光大之时。

如果有人问，学书人要不要立下传承书法文化、弘扬书法艺术之志，我的回答同样是否定的。书法文化、艺术的传承与光大，需要体现在每个人身上，但绝不是由几个人来完成的。这样的目标太高大上了，太不接地气了，太虚幻无凭了。如果每个学习者都能做到懂书、能写，书法传承的集体潜意识和时代使命感就会体现为一种巨大的社会风尚和推动力量，传承和弘扬就会在时代氛围中成为现实。古人说"书为小道"，一是相对于修身齐家治国平天下而言的，一是书法毕竟要从技巧入手，学以致用，再者就是书法个人与时代力量的关系了。以此观之，说书法是小道，是何等的现实和真切呀！

第二节
找一位好先生

当代的书法教育，存在公学与私授两种不同的授受方式，都有方兴未艾之势。在学校推进书法进课堂，以必修课的形式出现的同时，社会上的各种班都搞得红红火火，热热闹闹。当一个教师面对一群孩子的时候，都带有公学的特征，即一般性的教学冲击着个性化教学。原因很简单：人多。作为书法教育的普及性措施，公学的意义重大。与此同时，以纯自我选择的方式寻师拜师，登门入室，完全按照传统的仪轨，拜师者叩首，收徒者训诫，亦大行其道。古人拜师学艺，生计的意义大于文化的意义，不走这条路，有些技艺是学不到手的，与今天的情况有很大的不同。书法亦然。拜师求艺是一条私授的路，突出的特征是个性化，在实践中学，边学边实践，师父根据学生的特点，采取不同的教授方式。对于今天学习书法的人而言，正常的公学，已经打开了一条宽阔的学书之路，成就如何，与教师的水平、方法、态度直接相关，也与个人的勤奋程度、悟性、动手能力和潜质直接相关。由于公学教师的整体水平不高，社会力量办学又不够规范，在当前情况下，如果对书法有十分浓厚的兴趣，建议找一位好先生。这样，会走一条正路，提高追求的境界，得到更适合自身发展的个别指导。

好先生的标准有四点：人品、书品、知识、态度。

一、人品

在私学授受的传承关系中，人们经常会说到、听到一句话：有什么样的师父，就有什么样的徒弟；什么样的师父带什么样的徒弟。这种传承关系也许不是绝对的，好的师父门下，也会出败坏门风的徒弟，但终属异类和少数。而品行不端的师父，未闻其有优秀门生者。这些都是指人品说的。所以，如果要找一位好先生，第一位的是人品好。书品好、学问好或可立事，但人品好才能立世。在当前的社会条件下，看一个可以为师者的人品，有下面四端便可见端倪了。一是不吹牛。那种自吹自擂，能把自己捧上天，或极尽自我包装之能事者，无谦恭和平之心，有逢人争名之举，不足取。二是不以书法家自识。不用身上的社会标签唬人，以平常人、平常心待人待己者，可尊而取师。三是不贬人而抬己。不能正面对待别人的优长，而是夸大别人的不足，或以己之长较他人之短者，不足取。四是能以敏锐的眼光识见他人，识别现象，识分高下优劣，但知人长而取之，知人短而避之者，可取。人品问题，本质上是道德问题。以上的这些，都是职业道德的范畴。

二、书品

好先生一定还要有好书品，重点是境界要高。境界体现为取法乎上，得法乎心，出法乎己。都学王羲之，都可以说是取法乎上的，但有的人走不出王羲之，入而未出；有的人学成了流行的王羲之，时人之气远过晋人风韵，已不是王羲之，是世俗化了的王羲之；也一定有人既似王羲之，又不是晋人的王羲之，更不是时人的王羲之，而是属于自己的王羲之。这之中的境界高下，不言自明。又如学欧阳询，有人学了方正，有人得了谨严，有人取了险劲，有人成了俗媚，还有人只认得一身的小气，境界亦不言而喻。一个好先生，一定会告诉弟子不要学自己，而应学所当学。即便如此，老师的笔法技巧、取势结体、风格韵致、语言习惯，也一定会影响学生，耳濡目染，眼熟心向，不自然而然。所以，一定要选一个审美价值取向相同或相近的先生。就审美类型而言，所有的书品，不外乎崇高与优美，前者刚健雄强，后者柔美散逸；不外乎熟巧与生拙，前者流丽，后者倔强。审美价值观的吻合，会为今后的学习相参相取提供便利。所谓书品，无非是法度、形势、气象、神韵，这些综合在一起构成了书品境界。说到底，一定是雅俗共赏的，自己喜欢的，足以为范的。

三、知识

所有的师者都是传道、授业、解惑的，基本方式是：老师教、学生学；学生问，老师答；学生实践，老师指导；学生前进，老师指路。所传之道是书法文化之道，是书法与历史、与时代、与社会、与人生、与未来、与其他艺术形式的关系。所授之业是书法之业，是法度，是技巧，是规范，是规律，是精神，是品格，是境界。所解之惑是如何做，为什么做，为什么这样做，还可以怎样做，为什么不能那样做及做的过程、程度、分寸、结果、问题、方法、途径等。所以，知识与写得如何不是一回事，写得好不一定完全源于知识，不等于有知识，至于获过什么奖，参过什么展，都不是一回事。知识与名气大小也不是一回事，不管身上有多少头衔，是官方的主席还是民间的、自封的人物，不说明知识水平。知识与有多少学生不相关，即便有大红大紫的学生、名声大噪的学生、成群结队的学生，也都不是知识的标志，倒显得几分江湖。知识与师承不同等，动辄出自某门，传承几代，师尊何者，兄弟声望，以至于谁的博士、硕士，谁的师弟、师侄，都不能说明知识水平、储备如何。

什么可以称为有知识呢？一曰理论功底。理论是有体系的，既是对历史经验的总结、归纳和升华，也可以解释现象、分析问题、指导实践。老师没有理论基础，便是教书匠、土包子，便达不到历史的高度。二曰通晓常识。见识要广，眼界须宽，仅限于会写，不懂碑帖之学，不问当今现状，不晓同行所尚，不明发展趋势，便会成孤陋寡闻、远离时代的人。知识面要宽，书法之外，工具器物、文房清供、文字文学、诗词曲赋、历史传承、书闻逸事以及其他艺术形式，都要有所了解，才能丰富书法艺术，涵养书学情趣及精神。认识要到位，有自己的见解主张，不是人云亦云，对书道书艺书技有自己的体悟，对历史、现实的书作有自己的认知评价，对纷繁复杂的书法发展现实有明确的方向和定力。这些，都属于日常所处，随时感发，用自己的知识体系而正确对待的平常内容。三曰成果丰硕。最好有自己的研究成果。成果是一个好先生的现实标志，通过成果也可以反观理念、水准、知识储备、认知能力等。四曰治学精神。知之为知之，不知为不知，不因为自己是先生便耻于不知。善于学习，终身学习，向书本学、实践学、社会学、同道学。勇于探索，不耻下问，包括自己的学生。敬畏传统、崇尚经典、师严道尊、教学相长。

四、态度

一个好先生，绝不是什么学生都收的。过往之初，可能会很严格，很挑剔，很慎重。当然，学生选择老师，同样是一件十分慎重的事情。如果一个老师收学生良莠不分，多多益善，挖到筐里的就是菜，就要认真对待了。当下的拜师收徒，社会因素很多，功利倾向很重，搞得很江湖，甚至很低俗，实为好先生所不为。而一个老师一旦认定了学生，同意收之为徒，一定会有四种表现：一曰自我约束，以长者的身份待生徒，这与年龄、性别、职务、社会地位无关，师即师，徒即徒，师徒如父子，不可僭越；好先生一定是讲身份的。二曰有求则应，有问必答，但方式、方法、语气、程度会各有不同。以不变应万变不是好师父，不应不答是生气了。三曰真诚课徒，不留后手，唯恐学生不会，以至不厌其烦。好师父最希望的是青出于蓝而胜于蓝，最难以容忍的是生徒不上进，没出息。四曰不计前嫌。有不懂事的徒弟，没有不宽容的师父。爱徒如子是好先生的共同特征，但总能见到背信弃义的徒弟、惹是生非的徒弟、有辱师门的徒弟、见异思迁的徒弟。一般说来，如果不是涉及门规，破坏门风，有辱师门以及涉及了国格、人格、民族气节一类的大是大非问题，好先生都会以宽容之心、劝惩之心待之。

或问这样的先生今天还有吗？名师难求，好先生常在。他们多是那些大隐于世的人，非诚不足以见知，更不足以求得。

第三节
学书的功夫不能仅用量来衡量

师父领进门，修行在个人。对于书法学习而言，多写多练是绝对真理，也是重要误区。多写多练肯定是学习书法、提高书写能力的不二法门，通过量的积累，可以达到法度、境界的体悟和质的飞跃。但是用多写多练代替一切、排斥一切、囊括一切途径和方法，便是误区。我们说下苦功夫、笨功夫、真功夫，大多是指多写多练，但学书的功夫，绝不可以单纯用量来权衡。修行就是下功夫，这个功夫应该包括以下六个方面。《中庸》有言："博学之，审问之，慎思之，明辨之，笃行之。有弗学，学之弗能，弗措也。有弗问，问之弗知，弗措也。有弗思，思之弗得，弗措也。有弗辨，辨之弗明，弗措也。有弗行，行之弗笃，弗措也。人一能之，己百之；人十能之，己千之。果能此道矣，虽愚必明，虽柔必强。"[1]这里提到了五个方面：博学，审问，慎思，明辨，笃行。对于今天的书法学习而言，还应加上一个方面，即"互喻之"。有弗喻，喻之弗晓，弗措也。

一、何谓博学

博学就是不能就书法学书法，功夫在书外。除了要学习书法的技能、技巧、技艺之外，还要学历史，学理论，学鉴赏，学相关知识，学相关艺术。除了向古人学，向书本学，也要向今人学，向老师学，向同道学，也要生徒互学。博就是宽博，要打下宽博坚实的学书基础，打开眼界，胸怀古今，立足现实，面向未来。就学习条件而言，互联网时代，为学习提供了最便捷的条件。一部手机，几乎可以回答所有的知识性问题。有弗学，学之弗能，弗措也。就是说，既然学了，就要学通学懂学会。没达到尽其所学、博采众学的程度，就不能停下来。

二、何谓审问

审问就是一种刨根问底、巨细无遗的劲头。在私授的学习环境和条件下，所有的提问，都有得到回答的机会，所以要善学善问，问得有价值，问到点子上。自己能解决的问题不要问，要通过自学解决。所以，书法学习之审问，可能恰恰是那些百思不得其解的问题，是实践中遇到的极具个性的问题。有弗问，问之弗知，弗措也。只要问了，开始对问题进行探讨，就一定要探出究竟。没把问

[1]《中庸》，见《四书集注》，巴蜀书社，1986年第1版影印本，第20页。

题彻底搞明白，一定不要停下来。要生疑发问，学而不厌，问而不止，直至问而能知。

三、何谓慎思

思就是思考，学而不思则罔，而且要以谨严的态度、追问的态度、深入的态度、追求真理的态度去思。学要思，问先思，实践过程中更要思。所以学习书法之思的核心，是在实践中深入体悟直至悟出的过程。有弗思，思之弗得，弗措也。强调思，就是强调在练习的同时思考，思考法度，思考巧处，思考熟与生的关系，思考心、意、手、书的关系，等等。

四、何谓明辨

辨就辨别，比较，思考，认定，不盲从。信息时代，自媒体时代，查找信息方便容易的同时，增加了分辨的难度。由于理论体系不同，知识系统不同，认知标准不同，信息主体的水平、态度不同，经常会遇到公说公有理、婆说婆有理，也许都有理、也许都没理的情况，需要鉴别，需要真理性，需要辨而后明的过程和科学精神。一个学生看到一位当代书家书写时经常捻转笔杆，并讲授捻转的用笔技巧，说自己无所适从了，问究竟要不要学习这种笔法。分析可知，这位书家书写时托腕或枕腕，所以以捻转代腕。我们学习时悬肘悬腕，对于那些回环调锋的笔画，不捻自能转。学生明白了。捻转笔法作为笔法是没有问题的，但在什么条件、情况下写什么样的笔画用此法，便不尽相同了。这就需要思，思而慎。有弗思，思而弗得，弗措也。

五、何谓笃行

笃行就是认认真真、踏踏实实地去实践，不马虎，不敷衍，不放松，不三天打鱼，两天晒网，不达到行之有效，见出成效、成果绝不停止。

六、何谓互喻

喻就是亲口对人说，就是面对面地交流。这是针对今天书法学习的实际情况提出来的。引而申之，互喻既可以是互相介绍体会、心得、认知、感受，也可以互相展观习作，互相评价，互相研讨，互相借鉴。因为在今天，完全具备这种环境、条件，当然也更加必要。

显然，学书的功夫绝不仅仅是书写量的问题了，学、问、思、辨、行、喻，都是功夫的组成部分。再看看《中庸》中说的话：人一能之，己百之；人十能之，己千之。果能此道矣，虽愚必明，虽柔必强。别人一遍就能学会，我做百遍；别人十遍能领悟，我做千遍。这当然是量的问题了，但不仅仅指"笃行"，而是"博学""审问""慎思""明辨""笃行"，外加"互喻"。如此，则虽然不聪明，但可以取得与聪明同样的效果；虽然实力不强，但可以与强者比肩。

第四节
对当下的书法现象要有正确的认识

我们所处的时代，是实现中华民族伟大复兴中国梦的新时代。在这样的社会、政治、经济、文化背景下，改革开放四十多年来，书法迎来了回归大众生活、从精英文化向大众艺术转换的时代，是书法以独立的艺术学科、门类闪亮登场的时代，迎来了从国家层面传承和弘扬包括书法在内的优秀传统文化的时代，也是在思想解放的前提下，提倡艺术争鸣和文化建制的时代。春天来了，草绿了，花开了，树长了，虫也活了。去伪存真，披沙拣金，在增强文化自信的同时保持文化定力，是为每一个书法学习者提出的基本要求，也是一次考验。

一、从丑书横行看当下的书法追求

在中国几千年的书法史上，几乎没有尚丑的时代风尚。人们会引用也许是唯一依据的傅山的那句话："宁丑勿媚。"如果全面客观地理解这句话，其实不是尚丑，而是祛媚。意思是即便是丑的，也比媚可取。而这句矫枉过正意味浓厚的话，具体的指向是做了二臣的赵孟頫，言外之意是媚骨媚态比丑更丑。看看傅山的行草书，走的绝非丑的路子。"丑"是对当下乱书、吼书、射书、体书等现象的概括。问题在于为什么在这样一个伟大的时代里会出现以丑为美的反时代、反社会现象呢？

看过一位丑书代表的人生介绍，对于他的奋斗史和文化执着，本来是值得肯定和钦佩的，但对他的艺术观却绝对不敢苟同。直到看到他有模有样地临摹起颜真卿的经典作品，之后又系统临写古人的经典法书时，才忽然明了了其良苦用心。在中国的历史上，成名从来有两种途径，流芳千古或遗臭万年。流芳千古甚难，而遗臭万年甚易，无非是一通胡搞，违背常理，用丑恶的面目刺激起人们的好奇心，于是在一片骂声中出了名。既然臭名可以远扬，完成了扬名的目的，于是收手了，临起了颜真卿，搞起篆刻，还把带着丑态的字搬进了字库。反过来想，如果按照临写颜真卿的路子走下去，那种大众化的水准，恐怕是终无扬名出头之日了。听说最近又发明了新的丑态，大概是走正路沦入了寂寞，便又来装神弄鬼兴风作浪了。殊不知，这一番丑不仅是书法上的，还是心计和套路。丑书的出现破坏了中国书法的文化生态，有悖中国书法的艺术伦理，在人民群众的心目中，抹黑了当代的书法形象，与时代的要求和人民的期待是背道而驰的。

二、从盲目创新看对书法追求的误导

"创新"一词是书法界的人们从社会流行语中套用过来的，把创新用于书法创作是一个十分危险的话题。什么是书法的创新？工具无可创，汉字不能创，字体不须创，技法无能创，创什么呢？眼光落在了形式上。拼帖是形式，别人用过了；字体间杂，款式破规，司空见惯了；于是把字叠起来，有了乱书；工具变成注射器，有了射书；眼睛不看，尽情糊涂，有了盲书；身体沾墨在纸上蠕动，号为体书；写的时候大喊大叫，称为吼书；当这些都还可以入眼时，便有了不堪入目的性书。这些还是书法吗？以书论之，一字谓丑，情何以堪！无非是打着创新的旗号招摇过市而已。

把与已有的不一样就称为创新，是对书法传统的亵渎和对创新的曲解。为了追求与人不同，用故意扭曲、做作、伪饰、变异方式从事者已不鲜见。为了展示个性，标新立异，故意把某字体、书体强加到另一种书体、字体之中，已成许多人创新的方法论，甚至乐此不疲，自以为是，等等。毫无疑问，许多人是用创新的理念来装点自己的丑态和自圆其说的，殊不知，创新对于书法而言是一个伪命题。书法是表现性的，书法之新，不在一字一体，而在心性与品格的流露。所以，盲目提书法创新，客观上对于书法学习起了误导的作用。

三、从名利追求看对书法艺术价值的腐蚀

在市场经济的条件下，书法艺术品进入流通领域，明码标价，无可厚非。有的书展为了吸人眼球，标出十万、几十万元的大奖，如果是用来提升书法艺术的价值，也未尝不可。一群书法家发出倡议，书法作品是有价值的，书法家的劳动是有价值的，反对索书，不可轻予，情有可原。既然书法可以标价明售，一批艺术家纷纷拿起了笔，标出了价，上了大拍，甚至口出狂言，抢下一批书家的风头，开始卖名，等等。这一切，作为偶然的特例、通常的惯例都可以视为正常、正当，但如果把价格标签和交易达成作为书法价值的衡量标准，问题就产生了，直接影响是给全社会及所有人打上了书法可以名利双收的印记，从而腐蚀书法的艺术价值，腐蚀书法艺术传承的空气，把人们的追求变成追逐，并引向唯名利是求的邪路。为了追名，要找诀窍入国家大展，要在各级书协组织中谋取位置，要写文章宣传，要在媒体上吸粉，要想方设法包装自己，因为名就是利，小名小利，大名大利。在这样的氛围和追求中，又有几人还耐得寂寞，保持得一份素朴之心，为真正的艺术价值去探索坚持

呢？书法艺术达到很高的水准后，能得到社会乃至历史的认同，这是正名；一件真正有艺术价值的书法作品明码标价，甚至人们争相竞购拥有，是对书家及书艺的肯定。但风气一坏，导向一偏，在人们总体鉴赏水平不高的情况下，便歪向了名利金钱当道。这种腐蚀性正在侵蚀有几千年历史的书法艺术。

四、从参展秘籍推销看国展的利益链条

当代书法成为展厅艺术，把四年一次的国展推上了时代的高峰。参加两次国展可以加入中国书法家协会，成为功名求进、社会认同的最大诱惑。仅就国展而言，可以肯定不是为利益设定的，也确实成为展示当代书法艺术成就的平台，对推进书法事业发展起到了积极的作用。但谁来组织国展呢？谁来决定作品能否入展的命运呢？谁来培训、教导、辅导、指导那些趋之若鹜的参与者、爱好者呢？进而设问：组织者能够做到公正、公平、公开吗？评委的水平真的很高、客观、不带主观色彩吗？评委认定过的作品风格、样式、书体及艺术取向对此后的评选没有影响吗？评委进行过对参评者的讲评、指导吗？评委办过班吗？有弟子吗？评委会对自己的认同风格进行否定吗？有门派吗？等等。

有人组织举办国展，有人主导、定位国展，有连续数届的评委，有历届的风格取向，有评价作品现场的经验、见闻，这时就会有人研究国展了。广西出了现象，有人出了秘籍，有的书家在展前冲刺班辅导中说：不要写赵孟頫，那样写你永远入不了国展。有的学员在攻习多年后丢开了柳公权，因为历届书展中柳字很少有能入展的。至于有的当过评委的书家教学习者画字，有的指导者告诉学习者不能太规矩，不一而足。这许多的后面都藏了一个人人心知肚明的东西——利益。

改革国展，改革入展评选机制，改革评委选用机制，改革书展评审的随机性，减少主观性、制定客观的评选标准，呼声日高。有的更加绝对，明确提出取消国展。为什么呢？人们非议的也许不是国展，不是国展的作用，而是一个国展产生的利益链。正是因此，进入国展的可以自豪，没进入国展的也不必气馁。

五、从大师遍地反思书法的文化自重、自尊、自警、自律

在我国的文化传统中，人贵有自知之明。老子在《道德经》中说过："知人者智，知己者明。"不是谁都可以称家，也不可随便称人为家。正是因为知人知己的世风变化，许多人自诩为家，称他人为家也变成了一种虚假的客套。久而久之，家泛滥了，贬值了，沦为世俗了，到处都是家了。这时候光称为书法家似乎已经不够了，便加上了"著名"一类的定语；著名不足以表达程度了，便从中国到了世界，加上了"世界著名书法家""20世纪世界十大著名书法家""影响未来发展的书法家"之类。再进一步，家已经不足以表示高度了，便有了各种名号的大师。当别人称谓不以家、大师不足以显赫，自己乐得享用家、大师一类的名号时，文化的自重、自尊，个人的自警、自律便不复存在了。

没有自知之明的世风，造就了一代人的低俗。那些所谓的大师们，有的牛气冲天，有的流里流气，有的满身躁气、俗气，有的举手投足流露的都是浊气、戾气、江湖气、铜臭气。所以，书法界有良知的人们感慨：书法声望的自毁，正在使书法远离大众、远离文化，远离艺术，远离时代。书法确乎通过这些人的张扬，正在一路堕落下去。从最低的层面提出要求，这些都是文化人不屑、不为的。书法遍地称家的热闹，应该从一个文化人的本分戒起。

六、从诸体丛生看书法文化传承的任务

书法在继承传统时迎来一个多元化的时代，从本质上说是一件好事。没有人规定只可以学"二王"，只可以学颜柳欧赵，而不可以学启功、学当代人的隶书。于是，一个众体丛生的时代现象应运而生。传启功先生在世时，有人模仿他的书法作品，启功先生对他说：你写得比我好，以后就可落自己的名字了。一时传为美谈。启功先生去世了，于是有人旗帜鲜明地自诩是启功先生弟子，自称启功体传人、启功体书法。如果有人问字写得如何，应该首先说好，然后说真像。因为启功先生的字，我们都觉得很好，纤巧灵动，充

满了端庄静雅的文人智慧。他是有自己的风格，自成一家的。但启功体，仅仅是一个"像"字而已。从本质上说，诸体丛生，是书法艺术多样性、丰富性的表现，问题在于取法和境界。不是与他人、历史名家不同就好，而是在书法的大众美学梳理下，既有不同的风格特点，又达到了很高的艺术水准和境界才好。把古代人的非经典书写当作标准，便降低了书法的美学追求；把当代人的某种理解和探索当作范本，便很难说是取法乎上。至于求异、求怪的艺术遵循，更是离开了书法艺术学习、传承的主流和本意。

从现象上说，喜欢启功书法、当代某人的书法，甚至喜欢自书自悦，随心所书，并不是坏事，但如果立派论体，便值得研究了。继承和弘扬中华优秀传统文化是一件很严肃的事，喜欢启功先生的人，可以循着先生的路数去临习柳公权；喜欢毛泽东主席气吞山河气象的人，可以去临习怀素的《自叙帖》；喜欢把隶书的波磔舍弃，把每一个笔画写得歪斜不正的人，可以从《爨宝子碑》《好太王碑》《莱子侯刻石》以至秦诏版中体会古拙、朴茂和率性自然；那些喜欢以写字自娱的人，可以尽情写来，但不可妄称一体。这样，才能带着对书法文化的谦恭和敬畏，面对历史，面对经典，面对自我，面向未来，切不可自以为是，贻笑大方。

当下书法现象林林总总，色彩纷呈，没有一个正确的指导思想，失去了分辨的能力，是很容易误入歧途的。仅此举例而已。

第五节
把书法变成生活

中国书法的千年历史，已经客观地镶嵌在中华优秀传统文化的系统之中了。时光流衍，星光璀璨，毛公鼎在哪儿了，石鼓文在哪儿了，汉碑在哪儿了，龙门造像在哪儿了，王羲之在哪儿了，颜真卿在哪儿了，苏轼、米芾在哪儿了。对于每一个中国人来说：书法离我们很近，近在咫尺，唾手可得；书法离我们很远，须仰视才见，满天星斗，苦苦追寻。在这既熟悉又陌生的文化存在面前，我们应该怎样走近书法呢？

一、把书法当成一件乐事、余事，与人生相伴，与生活相伴

我们生活在一个节奏很快的时代里，心气浮躁是社会的共同特点，书坛喧嚣又甚于其他领域。不要期望用个三五年的时间就出人头地，不要对别人进了国展，对同伴的作品换了银子，对有人一夜成名、数载称家羡慕。真正的书法，没有三五十年的功夫，是很难有自己面目的。关键是随时随地、始终不间断地品尝其中的欢乐。

因为书法而有了生活的乐趣，难道还不值得吗？

二、书法会让你走进一个新的圈子，一个文化的、艺术的圈子，可以以书会友，论古说今

信息技术时代、微信生活时代，也是一个圈子的时代。过去讲物以类聚，人以群分，在书法的圈子里，是以书品人的。这个圈子里的人会谈碑帖、论技巧、晒作品，不会家长里短，无是生非。或者偶尔得会大家，也可能无意间遭遇了牛皮，但总归以笔墨论人生，带了几分雅逸。如果你是一个只见得铜臭气的大俗人，与文化艺术无缘，大概不屑走进这个圈子；或者因为进了这个圈子，你开始免俗去臭了也不一定。

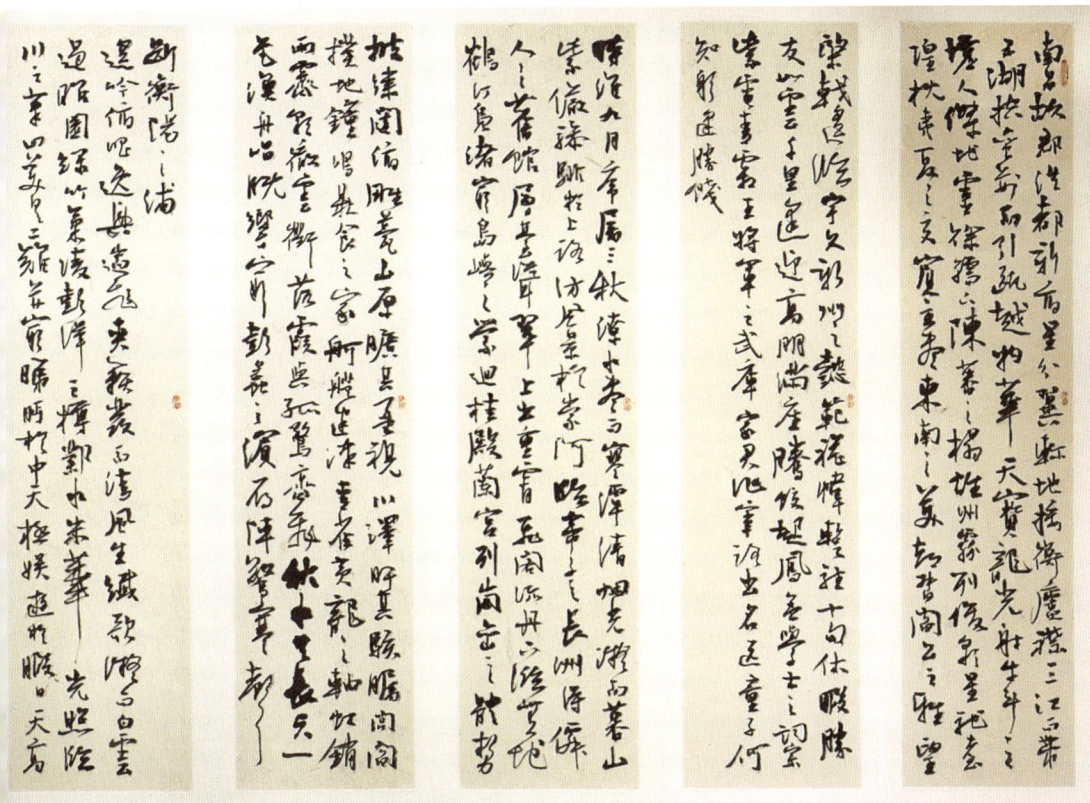

作者书作《滕王阁序》

三、结交一些有较高文化修养的说真话的人

现今的生活里，人们都学乖了，面对一件习作，好的说好，不好的也说好，没了高下是非。真正有文化修养的人，是以理服人的人，是多了几分识见的人，更是一些因为自信而敢说真话的人。谁不喜欢听一点真话呢？谁不喜欢正人君子呢？谁不喜欢结交一些有人格品位的朋友呢？学书法会多一些这样的机会。

书法就在那里，是一个客观存在，如何取舍，全是自己的修为与态度。二十年前，笔者在举办第一个个展时，做了一个短视频，题目是"把自己写进书法"。二十年后，对这句话确乎感受更深了。把书法变成生活，把自己写进书法，此言非虚。

后 记

　　书稿即将付印，对于我为什么要写这样一本书，想写几句大实话，以为后记。

　　我自九岁开始捉笔，随叔叔、舅舅学习书法，初从《郑文公碑》《颜勤礼碑》入手，后专心"二王"，偶涉篆隶，尤喜行草，追求雄健雅逸、自然洒脱的书风，心得颇多。几十年来，书法成了我生活的一部分。在中国书协成立之前，20世纪80年代初，参加过全国首届大学生书法作品展并获了奖，1982年1月留校任教后，专心教学科研，后又做过十个年头的正副系主任，书法是我的余事，放不下，又顾不上，下的功夫便十分有限，参加社会的各种展览就更少了。1995年调到教育行政部门工作后，书法作为业余生活，茶余饭后，展纸临池，平均每天用在书事上的时间都不会少于两个小时，休息日甚至可达十几个小时。2002年之后，陆陆续续在鲁迅美术学院、美国内布拉斯加州立艺术博物馆、宣和艺术馆等地举办了十一次个人书法作品展。作品作为中国联合国教科文组织的国礼，赠送给日、美、俄、印、英、法、韩、蒙古、新加坡、马来西亚及欧盟等国家和地区，被誉为"学者型书法家"。

　　在高校工作了14个年头，在教育行政部门工作近20年，大部分时间从事基础教育的管理工作，从学前教育到普通高中，各层级教育都接触过，还作为研究生导师，在母校沈阳师范大学带了三届教学论方向的硕士研究生。2015年以后，在沈阳市宣和艺术馆举办了两期公益性中小学生书法人才实验班，2016年始，创办公益性沈阳市在职书法教师高级研训班，亲自授课，并到学员所在校及书法课堂听课研讨，每期持续时间都在半年以上，用5年时间，为沈阳市义务培训了103位在职书法教师。2017年起，主持国家艺术基金项目"让你爱上中国字"书法作品展。这是一个以传播汉字文化为主题、以书法为载体的传播交流推广项目，从甲骨文讲到简化字，已于2020年初验收结题。其间，发表过《书法教育的道与途》等论文，配合项目出版了《爱上中国字——甲骨文识字卡》和《甲骨文日课》等著作。

　　这些经历，成为我从热爱书法到关注书法教育的基础。我深知自己始终是一个教师、一个教育工作者。在学习书法、从事书法教学的过程中，不仅感受到了书法艺术的博大精深和源远流长，也在悟入悟出中体会到了书法的神奇魅力，还在教学相长的过程中，对书法教育的现状有了切身的感受、了解和思考，也发现了中小学及全社会书法教育存在的种种问题。正是这些，构成了我写作该书的主观动因和客观条件。

　　2020年初，新冠疫情关上了所有人的家门，从正月十六开始，用大半年的时间，写作完成了这部书法教学论，通俗一点儿说，就是怎样教书法。由于可参照的学科书籍几乎空白，只能从书法教育教学的现状和实际出发，增强针对性；把握书法教育的特点和基本规律，注重科学性；根据书法教育的基本要求、发展趋势和方向，体现目的性；以贴近教育教学实际、突出实用性为基本追求，体现书法教育提高书写能力、提升鉴赏水平和文化传承意识的内在逻辑性和教学关系，形成了现在的理论架构。所以，这部书带有探索、总结、建构、拓荒的性质，问题在所难免，希望各位读者批评指正。

就终极目标而言，这部书仍然是国家艺术基金项目"让你爱上中国字"的一个组成部分，是从项目传播到带动更多人传播的继续和延伸，最终都是为更好地继承和弘扬中华优秀传统文化及书法艺术服务。感谢万卷出版社王维良社长、冯顺利助理及责任编辑赵新楠先生就本书出版所做的各项工作，感谢各位教育界、书法界朋友对本书的关注。

作　者
2021年2月